本科"十三五"规划教材　西安交通大学通识课程系列教材

国际关系学概论

李　科　编著

图书在版编目(CIP)数据

国际关系学概论 / 李科编著． — 西安:西安交通大学出版社，2020.4(2021.1重印)
　ISBN 978-7-5693-1718-3

　Ⅰ．①国… Ⅱ．①李… Ⅲ．①国际关系学 Ⅳ．①D80

中国版本图书馆 CIP 数据核字(2020)第 055643 号

书　　　名	国际关系学概论
编　　　著	李　科
责 任 编 辑	王斌会

出版发行　西安交通大学出版社
　　　　　(西安市兴庆南路 1 号　邮政编码 710048)
网　　址　http://www.xjtupress.com
电　　话　(029)82667874 82668357(市场营销中心)
　　　　　(029)82668315(总编办)
传　　真　(029)82668280
印　　刷　西安日报社印务中心

开　　本　720mm×1000mm　1/16　印张　21.75　字数　355 千字
版次印次　2020 年 4 月第 1 版　2021 年 1 月第 2 次印刷
书　　号　ISBN 978-7-5693-1718-3
定　　价　49.80 元

如发现印装质量问题，请与本社市场营销中心联系、调换。
订购热线:(029)82665248　(029)82665249
投稿热线:(029)82668525

版权所有　侵权必究

前言
Preface

面对世界多极化、经济全球化深入发展和文化多样化、社会信息化持续推进,今天世界各国人民的命运更加紧密地联系在一起。和平与发展仍是时代主题,人类依然面临诸多难题和挑战。了解国际大事和世界局势成为当代人生活中的重要部分,能否科学认识和理性分析错综复杂的国际关系现象也已成为反映当代人综合能力的一个重要标尺。中国的发展从来没有像今天这样与世界联系得如此紧密,世界也从来没有像目前这样关注中国。学习国际关系、培养国际视野、掌握国际规则、增强合作意识,对新时代青年学子来说是十分必要和关键的。

编写这本书的一大初衷,是为学生呈现一本既能系统全面展现国际关系学基本概念、理论体系和发展脉络的宏伟图景,又简明易懂、生动有趣、富有时代感的教材,同时,对学生进行思维能力锻炼和价值引领。

本书的特点有如下四个方面:第一,按照"结构篇——行为体篇——范畴篇——行为篇——制度篇"的逻辑架构进行十二章内容的编排,层层递进,结构清晰,逻辑严谨,体系完整,强调了知识的基础性和理论的系统性;第二,内容丰富,信息量大,理论分析精炼,呈现了国际关系学的内在逻辑和理论体系,不仅告诉读者国际关系是什么,还告诉读者国际关系如何运作;第三,可读性强,简明实用,避免了枯燥晦涩的文风,适合作为国际关系的入门书,期望增加国际关系理论知识、提高国际关系理论素养的读者能从本书中获益;第四,立足中国,聚焦中国,每章内容最终都落脚于中国对外关系领域的有关理论和实践问题,或彰显中国立场、中国智慧、中国价值,或提出中国的努力方向、改革路径,将

"教材育人"的理念贯穿始终,进行价值引领。

本书适宜作为高等院校国际关系通识课教材,也适合作为国际关系、国际政治、外交学、政治学、公共管理及相关专业的本科教材或教学参考书,还可作为对国际关系感兴趣的读者自学的参考书。

本书在编写过程中,参考、吸收、引用了有关专家、学者的论著、文章等,由于篇幅有限,无法一一列出所有参考书目,特此表示诚挚的谢意!

本书获得西安交通大学"十三五"规划教材第二批建设项目立项,得到了西安交通大学教务处的大力支持,在此一并致谢。由于时间较为仓促,加之能力和水平有限,本书在编写过程中一定存在诸多疏漏和不当之处,敬请读者和专家学者提出批评意见,以便今后进一步修改和完善。

李 科

2019年4月28日

目 录
Contents

第一篇　结构篇 … 1

第一章　国际关系导言 … 2
第一节　学习国际关系的作用 … 2
第二节　学科范畴及研究内容 … 7
第三节　国际关系学的发展历程 … 16
第四节　国际关系研究和学习方法 … 33

第二章　国际体系与国际格局 … 40
第一节　国际体系的性质与构成 … 40
第二节　国际体系的演变 … 46
第三节　国际体系的文化 … 55
第四节　国际格局 … 60
第五节　大国战略关系 … 65

第二篇　行为体篇 … 71

第三章　国际行为体与国家主权 … 72
第一节　国际行为体的类型 … 72
第二节　前现代国家 … 80
第三节　现代民族国家 … 88
第四节　国家主权 … 91

第三篇 范畴篇 ·································· 99

第四章 国家利益与民族认同 ····················· 100
第一节 国家利益的概念与性质 ················· 100
第二节 国家利益的内容与排序 ················· 106
第三节 民族认同 ····························· 112
第四节 民族主义 ····························· 117

第五章 综合国力与软实力 ······················· 125
第一节 实力与权力 ··························· 125
第二节 综合国力的构成要素 ··················· 130
第三节 国力要素的不可替代性 ················· 137
第四节 综合国力的衡量 ······················· 141
第五节 软实力 ······························· 144

第四篇 行为篇 ·································· 153

第六章 外交与武力 ····························· 154
第一节 外交及其功能 ························· 154
第二节 当代外交方式 ························· 158
第三节 武力的使用 ··························· 168

第七章 大国战略与大国崛起 ····················· 174
第一节 美俄日中的大国战略 ··················· 174
第二节 当今世界大国的共性 ··················· 182
第三节 大国崛起的两种类型 ··················· 185
第四节 大国崛起的性质和策略 ················· 189

第八章 国际安全与国际战争 ····················· 198
第一节 国际安全 ····························· 198
第二节 国际战争 ····························· 205
第三节 国际和平 ····························· 212
第四节 和平主义运动 ························· 216

第五节　国际恐怖主义 ·········· 220

第九章　国际冲突与国际合作 ·········· 226
第一节　国际冲突 ·········· 226
第二节　国际合作 ·········· 235
第三节　区域合作与区域化 ·········· 242
第四节　经济全球化 ·········· 246

第十章　国际危机管理与国家对外决策 ·········· 253
第一节　国际危机的特征与类型 ·········· 253
第二节　国际危机管理的条件与方式 ·········· 257
第三节　国家对外政策与决策模式 ·········· 264
第四节　博弈论与决策应用 ·········· 273

第五篇　制度篇 ·········· 279

第十一章　国际军备控制与核威慑 ·········· 280
第一节　国际军备控制 ·········· 280
第二节　核武器及防止核扩散 ·········· 289
第三节　核威慑 ·········· 296

第十二章　国际组织与国际法 ·········· 306
第一节　国际组织的特点与发展历史 ·········· 306
第二节　国际组织的作用 ·········· 312
第三节　联合国等政府间国际组织介绍 ·········· 316
第四节　非政府国际组织 ·········· 324
第五节　国际法 ·········· 327

参考文献 ·········· 336

PART 1

第一篇　结构篇

第一章　国际关系导言

国际关系学是一门年轻而又蓬勃发展的学科,像任何学科一样,它有着自己独特的概念、范畴、体系和学科特征。国际关系学从一诞生就蕴含着一种庄严的气质,它是人们对如何避免国家间战争等人类灾难和痛苦、实现人类永久和平这个庄严的历史与现实问题进行深入、理性的思考、研究和探索而产生的学科。国际关系学是一门考验人类和平相处能力与智慧的政治科学,也是一门以问题为导向的社会科学。随着全球化的拓展和全球问题的冲击,人们不得不承认,当今世界是一个相互依存的世界,任何个人、集团、民族、国家都不可能独自求得生存和发展,受到来自内外各种因素、变量的制约,从而成为一个利益共同体。在此背景下,无论是出于自觉还是无奈,人们都会在不同程度上,以不同方式关注世界上发生的事情,并作出相应的思考、回应。国际关系学是一门充满魅力的学科,本章将介绍国际关系学的学科概况、基本理论和研究方法,这对于我们进一步学习国际关系知识具有前提性意义。

第一节　学习国际关系的作用

当今世界,暗流涌动,正处于大发展、大变革、大调整时期。和平与发展仍然是时代主题,炮火和硝烟仍在,大国博弈、教派冲突、恐怖主义等各种问题交织在一起,使国际局势错综复杂、波诡云谲。天下情怀是中国人天生固有的文化传统和文化心理。从"以和为贵""协和万邦"的和平思想,到"己所不欲,勿施于人""四海之内皆兄弟"的处世之道,再到"计利当计天下利""达则兼济天下"的胸襟气度,中国传统文化强调和谐,主张天下为公,推崇不同国家、不同文化"美美与共、天下大同"。古人教导我们要家事国事天下事,事事关心,而且天下兴亡,匹夫有责,要为天下事尽责,而对生活在21世纪全球化时代的人们来说,国际关系可谓是天下大事了。

一、国际关系对个人的影响

在经济全球化的今天,任何一个国家都不可能在孤立的状态下求得生存和发展,闭关锁国的国家已经被抛在人类文明大道之外,各国之间相互依存、彼此融合,人们彼此命运相连、休戚与共。正是在这个意义上,美国社会与政治学家卡尔·沃尔夫冈·多伊奇(Karl Wolfgang Deutsh)指出:"在我们这个时代,研究国际关系就等于探求人类的生存之道。"为了让和平的薪火代代相传,让发展的动力源源不断,让文明的光芒熠熠生辉,青年学子有必要了解国际关系的基本知识与原理,做到家事国事天下事,事事关心。

今天"国内问题国际化"和"国际问题国内化"的趋势,已经使国际关系不仅涉及国家间关系,而且与我们普通民众个人息息相关。虽然我们不是政治家、外交官,但普通人对国际关系的理解、期望和参与也可能会在一定程度上影响国际关系的发展方向。因此,今天的国际关系已经不再是政治家和外交家的专利,掌握国际知识、树立全球意识和了解国际关系的发展趋势已经成为当代公民必备的素质之一。国际关系对个人的影响是多方面的,主要体现在三个方面:安全、生活、个人事业的发展。

1. 安全

国家间一旦爆发战争,难以避免地造成人员伤亡,平民常常会遭到池鱼之殃。20世纪的两次世界大战和难以计数的局部战争,先后夺去了1.87亿人的生命,其中大多数是平民。更何况今天世界已经进入了核武器时代,人类已经掌握了足以毁灭整个地球的武器技术和能力手段,人类的生存能力在自身制造的大规模杀伤性武器面前显得越来越脆弱。因此,国际关系会影响个人的安全,国家之间战端一开,兵连祸结,战火所及,百姓生命和财产安全将面临直接威胁。

2. 生活

国际关系会影响个人的生活,包括物质生活水平、精神文化生活等。例如,20世纪70年代后期美日汽车贸易摩擦呈愈演愈烈之势,两国于1981年达成日本对美国汽车出口自主限制的协议,由于日本减少了对美国的汽车出口,美国汽车市场出现供给不足现象,汽车价格上涨。1981—1984年间美国汽车价格年均上涨4.4%,对美出口的日本汽车价格年均上涨11%,可见,美日两国贸易摩擦所导致的汽车价格上涨,直接造成了美国消费者生活成本的上升。除了影响个人的物质生活以外,国际关系还会影响个人的精神生活。例如在全球化的背景下,国家之间的文化交流日益密切,人们在生活中能够越来越便利地看到各国的影视佳作、听到各国的流行乐曲。

3. 个人事业的发展

国际关系的发展变化会影响个人事业的发展,例如,中国作为世界工厂,大量的出口贸易创造了大量的就业机会,而中外政治关系变化或世界经济的变化很可能影响中外贸易关系,进而影响与之相关人员的就业。2017年美国总统特朗普上台后,认为美国进口太多,扬言要限制从若干国家进口产品。特朗普政府还发起诸多调查,提出美国应限制某些外国产品,包括从德国进口的汽车,从中国进口的钢铁、太阳能板和封箱机钉产品等。在这种背景下,德国汽车公司的雇员、中国钢铁公司的员工等的个人事业就可能受到一定程度的影响。再如,当前中国政府和企业在"一带一路"建设中,不仅为东道国提供优质产品和服务,提高对当地经济社会发展的贡献,还以务实合作加强与当地人民的沟通,积极履行社会责任,造福当地人民。所以当地人民在就业、收入等方面均受到积极影响。

二、个人对国际关系的影响

今天的时代特征决定了个人是有能力参与和影响国际关系的,只要你有这样的意愿和行动。

(1)全球公民社会时代,个人可以通过参与国际组织来影响国际关系。即便像联合国、亚投行这样的全球性或区域性政府间组织,也时常招收"国际公务员"。另外,还可以通过参与非政府国际组织来直接影响国际关系,例如推动一些国际协议的形成、参与国家项目的执行、促进某些国际事务的解决等。如今发达国家轰轰烈烈的反经济全球化运动,参与者多数是普通农民、工人。再如,20世纪末,来自80多个国家的1000多个民间组织齐心协力推进国际禁止地雷运动,推动123个国家在加拿大渥太华签署《禁止杀伤人员地雷公约》(又称《渥太华公约》),至2007年已经有155个国家批准了这一公约,该项运动的领导人乔迪·威廉姆斯由此获得了诺贝尔和平奖。

(2)外交民主化成为当今外交发展的方向,个人可以通过参与国内政治来间接影响国际关系。对绝大多数国家而言,对外政策都需要得到社会民众的广泛支持,才能获得合法性。通常情况下,国家对外是战是和,是筑高壁垒还是扩大开放,是增强军备还是扩大福利,很大程度上得看大众平民的意愿。

(3)在信息时代,个人有了解国际关系的条件,能够充分认识外部世界,并通过各种机会和渠道表达观点、提出建议。只要你以积极的态度去了解这个世界、关注对外关系,就能成为充分知情的世界公民,就能以自己的方式影响国际关系。对国际问题发表见解、在国际会议提出看法、和国际人士交流观点,都能对国际关系产生不同程度的影响。

正是在这个意义上,我们认为,国际关系本来是人的关系,而不应只是抽象的国家间关系。任何个体的人,大人物或小人物,政治家或老百姓,都受历史的支配和支配历史,他们的区别仅仅在于有着不同的形式,站在不同的位置,产生不同的影响。

三、学习国际关系的作用

学习国际关系的作用主要体现在以下四个方面:

(1)培养宏观分析与理性分析能力。现代媒体铺天盖地的新闻报道为人们了解国际事务提供了方便,但同时也提高了误导大众判断的概率。媒体不发达、信息不充分的时代,人们根据不充分、不完整的信息常作出错误判断。但在现代媒体发达、信息渠道较为丰富的时代,人们在相互矛盾的信息和各种差异很大的评论引导下,依然常作出错误判断。国际关系学已经发展为由诸多理论和方法论构成的独立的学科体系,它也是一门训练思维的科学,以其严谨的知识框架和科学的研究方法,帮助人们分析纷繁复杂的国际现象。较为系统地学习国际关系理论知识,有助于人们提高自身的宏观分析和理性分析能力,习惯于用全局的、长远的、系统的观点看问题,剖析每个国际体系成员行为背后的原因和动机,对其给出科学合理的解释,也有助于人们锻炼理性思维,不盲目从众,做勇于探究的人和善于思考的人。了解当代国际关系的千变万化,是一个有趣、益智和无止境的学习过程。

（2）了解世界的多样性和中国的特殊性，培养国际视野和中国情怀。目前，联合国成员国有193个，不同的国家在发展道路、文化背景、政治经济结构、具体国情等方面存在差异。学习国际关系有助于人们较为深刻地认识和掌握世界的多样性，培养自身的国际视野，学会用国际眼光或国际视角审视本国和世界各国的政治、经济、人文环境的状况，加深对彼此文化差异的深刻理解。同时，这也有助于人们更加清楚地、全面地认识本国。一个人对国际社会的多样性有了基本了解，就能从宏观的角度增强对本国特殊性的了解和认识[1]，从而以世界眼光观察中国故事、中国奇迹、中国方案，反思中国经验、中国智慧、中国精神。学习国际关系还有助于人们理解国际社会的性质和规则，认识国际社会和国内社会存在的诸多方面差异，从而为自己在国际大舞台上施展才能、求得发展奠定基础。

（3）了解国际关系常用概念，为理解国际现象、研究国际问题打下基础。媒体上关于国际关系的报道量日益增大，各种各样的国际关系新闻评论也越来越多，但其中很多专业词汇是无法简单地从字面理解的。较为系统地学习国际关系知识有助于人们了解国际关系常用概念，为接受国际关系媒体信息、与他人就国际关系问题进行讨论争辩，甚至从事国际关系研究打下基础。任何一门知识发展成为独立学科都需具备两个基本条件：一是理论体系，二是专业术语。自20世纪20年代以来，国际关系的研究已逐步建立起自己的理论体系，主要由现实主义、自由主义、建构主义和马克思主义四大流派构成。虽然每种理论的核心变量、关注问题、解决途径存在差异，但它们使用越来越一致的专业词汇来进行研究和分析。如"实力结构""无政府性""预防性外交""非传统安全""消极安全保障""结构性矛盾"等，这些词汇的含义是很难通过字面理解的，日常生活中也较少使用。另外，很多国际关系专业词汇来源于国际活动，随着国际行为体之间的交往日益密切，有关国际组织、国际机制、国际会议、国际条约等方面的术语越来越多。为方便起见，人们习惯上使用缩略语进行表达，国际关系研究中经常使用字母表示组织或机构，这给未系统学习过国际关系知识的人增加了理解困难。例如"在TPP可能流产的背景下，中国将成为APEC会议的中心，其倡导的FTAAP以及RCEP将是峰会上关键的经济和地缘政治潮流"

---

[1] 阎学通、何颖：《国际关系分析（第三版）》，北京大学出版社2017年版，第5页。

这句话,没有学习过国际关系知识的读者可能就难以理解其内涵。学习国际关系能帮助人们了解这些国际关系的常用概念、专有名词、缩略用语,为深入理解国际现象和国家对外政策发挥积极作用,甚至为今后从事国际关系理论研究及外交实践打下基础。

(4)提高自身多学科素养和综合素质。国际关系是国家、国际组织等国际行为体之间的各种跨国界互动关系,包括政治、经济、军事、文化、社会等关系。国际关系学是一门涉及领域广泛、内容丰富、信息量大的多学科交叉的综合性学科。作为政治科学的一部分,国际关系学和哲学、经济学、历史学、法学、地理学、社会学、人类学、心理学等学科紧密联系,从全球化到领土争端、战争、冲突、和平、核危机、民族主义、经济发展、恐怖主义、人权等,都是国际关系研究的议题。国际关系学具有鲜明的综合性和跨学科性特征,系统地学习国际关系知识,将有助于人们提高自身的多学科素养,强化对不同学科知识的理解,进而增强自身综合素质,促进自身的全面发展。

第二节 学科范畴及研究内容

上一节介绍了国际关系对个人的影响、学习国际关系的作用等问题,本节主要探讨国际关系学的学科范畴、学科性质以及研究内容等问题。

一、国际关系学的学科范畴

1. 什么是国际关系

1789 年英国哲学家杰里米·边沁(Jeremy Bentham)在《道德与立法原理概论》一书中最早使用"国际关系"一词,来描述国际立法方面的问题。

国际关系是指各种国际行为体(主要是主权国家,也包括政府间国际组织、非政府国际组织、跨国公司等)在跨国界交往、联系与互动中所形成的各种错综复杂的关系总和。国际关系的实质是各种国际行为体之间,特别是国家之间的利益关系。国际关系可以包括主权国家之间的政府关系,也涵盖其他许多不同的活动,如国际往来、经济金融和商业交易、体育竞赛、旅游、科学会议、教育交流项目和宗教文化民间交往等。图 1-1 反映了国际关系的分析与认知框架。

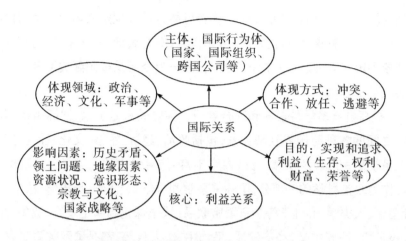

图1-1 国际关系的分析与认知框架

国际关系具有两方面的基本特点：

(1)国际关系的行为主体不是个人、家庭,或一国内的阶级、政党和社会团体,而是国家、国际组织、跨国公司等活跃于国际舞台的行为体。显然,作为一种社会关系,国际关系产生和存在于国家之外(包括国家之间和国家之上),这是其最显著的特点。通常,人们更为熟悉的是以个人、家庭等为纽带的亲朋关系,以社团、政党、阶级等为纽带的政治、经济和社会关系。这些关系无疑大都限于一国范围之内,并受到国家相关法规、制度的制约与影响,成为政治学、法学、经济学、伦理学、社会学等学科的研究对象。而国际关系则完全建立于另外一个基础之上,它超越了国家内部的种种关系,把国家本身以及诸多跨国行为体视为行为主体,并体现这些特殊行为体之间的特殊社会关系。

(2)国际关系不等于阶级关系,也不仅仅是政治关系,而是包括政治、经济、军事、文化等方面的关系。国际关系既然主要是国家及跨国行为体之间的关系,那么各国除其自然禀赋和外在特征的差异外,更明显且更多影响相互间关系的则是社会制度、意识形态的差异。因此,一种看法认为,国际关系就是阶级关系、政治关系,甚至将其视为国内阶级、政治关系在国际的延伸和体现。这种观点显然把复杂的国际关系简单化、片面化了。从更全面的角度看,国际关系无疑包含着阶级关系和政治关系,甚至在一定意义上应该承认,国际关系主要反映的是国家及跨国行为体之间的政治关系。但国际关系绝不等同于阶级关系、政治关系,它有更宽广的内涵和外延。随着人类文明的进步,特别是在世界各国日益紧密联系在一起的背景下,相互依存的国家及跨国行为体之间的关系更多地突破政治领域,向经济、文化和广阔的社会领域扩展,单一的政治关系已难以涵盖国际关系行为体之间多层次、多领域的复杂关系。当然,国际关系并非囊括全部的国际经济、文化、社会关系,而是关注国际经济、文化、社会关系的政治意义与影响。

2. 国际关系学的研究对象

国际关系学是研究国际关系行为体之间相互关系、相互作用以及各种国际体系运行和演变规律的学科。国际关系学是政治学下属的二级学科,是在政治学这个大学科中细化出来的众多小学科之一,与其并列的学科有政治学理论、比较政治学、政治学研究方法等。

关于国际关系学的研究对象,学术界存在种种不同见解。西方学术界的传统观点认为:"国际关系学是关于影响组成世界的基本单位的对外政策和权力的因素和活动的学问。"[1]我国有学者认为"国际关系学是有关跨越国家边界的一切人类互动以及影响这些互动的因素的研究"[2],还有学者认为"国际关系学是关于国际关系体系运行和演变规律的科学"[3]。

结合前人的研究,本书认为国际关系学的研究对象是全球范围内跨国界社会现象及国际体系的演变规律。这门学科所研究的社会现象非常广泛,如国家间的战争与和平、自由贸易区的建立与结束、军事同盟的建立与解体、外交斡旋的成功与失败、国际规则的执行与违反、战略威慑的有效与无效、国际规范的演变与消失、国家解体与统一、国际金融危机与国际金融体制等。国际关系学所研究和解释的问题不断出新,学科发展也是无止境的。

国际关系学最初的研究范围主要是政治领域,可以说当代国际关系学科的诞生和发展在某种程度上是国际政治剧变推动的结果。由于20世纪的大多数时间里,整个世界笼罩在全面战争的阴影下,因此战争与和平问题被视为国际关系学的核心议题。研究者们普遍认为国际行为体的政治活动最具有研究意义,而至于那些与政治关系不大的经济、文化和社会活动等均为"低级议题"。虽然冷战结束已经近三十年,但目前固守政治领域的国际关系学者仍然是数量

---

[1] 斯坦利·霍夫曼:《当代国际关系理论》,中国社会科学出版社1990年版,第7-8页。
[2] 李少军:《国际政治学概论》,上海人民出版社2002年版,第10页。
[3] 张季良:《国际关系学概论》,世界知识出版社1989年版,第10页。

最多的，他们和数百年来有志于探究国际关系的前辈们一样，把战争、和平、安全、冲突、军备和外交等问题作为首要关注的议题。而《国际安全》(International Security)、《和平研究杂志》(Journal of Peace Research)、《冲突解决杂志》(Journal of Conflict Resolution)等学术刊物至今仍然是国际关系领域最具有影响力的专业学术期刊代表。

经济领域原本是经济学家的研究领地，但是自20世纪70年代以来，国际关系学中经济研究的内容也开始显著增加。这主要是因为20世纪六七十年代发生的布雷顿森林体系崩溃、第一次石油危机和欧洲一体化等重大国际经济事件发生，这些经济领域的重大事件，同时又对国际政治产生了重大影响，因此国际关系学者开始关注和讨论国际关系中的经济因素，旨在研究国际体系中经济因素与政治因素之间的相互影响与制约关系。随着国际政治经济关系深刻变化和全球一体化格局的形成，国家间的经济竞争和国际经济合作变成国际关系研究的热门话题，国际政治经济学成了一门炙手可热的研究门类。

社会领域是冷战结束后国际关系学界的新兴热点议题，这主要是因为冷战后，除国家间关系之外，国际组织、国家、跨国公司等行为体之间形成的多重复杂关系已使世界越来越像一个"社会"了，近些年"全球公民社会""国际社会"这样的概念被越来越频繁地使用。冷战后，越来越多的国际现象并不能通过传统的国际政治的研究思路很好解释，于是，有越来越多的学者开始探究国家、国际组织、跨国公司等国际行为体之间形成的错综复杂的关系，研究考察这种关系的成因、趋势和影响。

冷战后，在美国当代政治学家塞缪尔·菲利普·亨廷顿(Samuel Philips Huntington)《文明的冲突》一书的影响和推动下，文化在国际关系中长期不被看重的情况得到了改变，不少国际关系学者开始涉足文化领域。从国际范围来看，一方面，越来越多的哲学、文化学、伦理学和社会学的研究者，应用自己的专业"工具箱"，加入了对全球化时代复杂新奇的国际关系的研讨；另一方面，国际关系、战略和外交研究群体中也有不少志趣广泛者，尝试利用"文化""文明"等内涵丰富、弹性极大的范畴，解析旧的、不令他们满意的国际关系理论框架，冲击曾经被视为经典的诸多论述和推理。两者之间不经意的结合，开辟了国际问题研究新的广阔空间，揭示了看上去有些模糊、充满想象力和延展性、跨学科交叉的一系列领域的问题，例如"文明冲突论"及其批评，"软实力"和"硬实力"的对比分析,新型恐怖主义现象的宗教学、民族学和社会学根源探讨,以及"生态政治""女权政治""话语政治""后现代政治"等讨论的出现。

21世纪以来,不少国际关系学者开始涉足心理领域的研究,心理领域大体是国际关系学目前最为微观的研究领域。心理学与国际政治相互融合产生了国际政治心理学这一独立的交叉性学科。国际关系学作为社会科学,从根本上讲是一门关于人的学科,所以不可能忽视个人和群体心理因素的存在,国际关系学者开始运用心理学理论和方法对国际政治议题进行一种比较微观的研究,这些议题包括国际安全问题、领导人与外交决策(决策心理学)、国际冲突、恐怖主义(国内恐怖主义和国际恐怖主义)、国际战略互动等。例如美国国际关系学者罗伯特·杰维斯(Robert Jervis)的《国际政治中的知觉与错误知觉》就是运用心理学理论和方法对国际政治议题进行研究的代表作。作者从认知心理学角度对一些国际关系的重大问题做出了解释,如为什么国家原本可以维持和平,却走向了战争?为什么国家原本可以合作,却选择了冲突?为什么国家间的敌意如此容易升温,而友谊却如此难以维系?他认为追寻战争和冲突的原因,不仅要分析国际体系和国家体制,而且要研究决策者个人的认知心理,探寻决策者知觉形成的原因,分析错误知觉可能产生的后果。

总而言之,随着时间的推移和时代的发展,国际关系研究的领域不断拓展和延伸。首先,国际关系研究从现实主义之高级政治逐步扩展到自由主义之多样性,研究主题从战争、和平、冲突、危机、国际安全、军备控制等发展到国际政治经济、国际组织、国际制度、国际法、外交、决策者个人心理等。其次,国际关系研究的方法越来越丰富,在传统主义导向的方法基础上又不断从其他学科中汲取理论知识。最后,国际关系研究的内容越来越关注世界中的人、国家中的人,如跨国界的难民、人道主义危机和干预、发展中国家的人口爆炸、领导人与外交家个人的作用等[1]。

正是由于所研究的内容、对象和具体问题是无法穷尽且不断发展的,因此这一学科才能无止境地发展下去。

---

[1] 邢悦、詹奕嘉:《国际关系:理论、历史与现实》,复旦大学出版社2008年版,第17-18页。

3. 国际关系学与外交学、国际政治学、世界史及国际评论的区别

外交学是研究主权国家通过一定的机构,依照国际法和国际惯例处理相互间事务的一门学科。长期以来,把外交或各国对外政策视为国际关系的见解颇有市场,甚至至今尚有很大影响,于是,外交学或外交政策研究常常被等同为国际关系学。此种见解的合理性在于它看到外交决策和外交实践对国际行为体之间关系的影响,但是却忽视了外交学与国际关系学基本立足点的区别。这种基本立足点便是,外交学主要是从某一个国家的角度出发研究如何处理对外关系和制定对外政策,而国际关系学则是从国际社会的整体角度研究多元行为体的互动关系以及国际体系运行和演变的规律。因此,尽管对外关系与对外政策是国际关系的最重要内容之一,并因而成为国际关系学研究对象的组成部分,但从单一国家角度专门研究对外关系和对外政策的外交学,无论是在内涵还是外延上都与国际关系学有着重要区别。

在国内学术界,学者们还常常把国际关系学等同于国际政治学,这虽然反映了国际关系学突出政治,以政治关系为主要内容的现实,但随着国际社会的演变发展和学科建设的深入,应该把两者的研究对象、主要内容严格区别开来。国际政治学研究对象是国际社会中政治体系、格局、秩序的形成和演变的规律[①],突出的是政治角度,以权力和利益为中心,强调的是安全,包括政治安全、军事安全和经济安全,重点研究国际社会中政治关系、政治现象。国际关系学应该突出研究政治关系、经济关系、军事关系、文化关系的总和,重点研究国际社会中各种关系的相互关系及其政治影响。所以说,国际关系学不能等同于国际政治学。

国际关系学者经常引用世界历史上的重大事件和人物来讨论问题,所以一些人把这一学科与世界史混为一谈。国际关系研究与世界史研究分属于政治学和历史学两个不同的学科,它们在性质上有所不同。史学研究在于发现历史事实的本来面目,而政治学研究则在于寻找人类社会的运行规律。作为史学的一个分支,世界史研究在于发现历史上国际关系的事实真相,而国际关系研究则多是以史学研究的成果为基础,寻求国际社会运行的一般规律。这样就自然地形成了学术研究上的分工。

---

① 梁守德、洪银娴:《国际政治学理论(第二版)》,北京大学出版社2013年版,第3页。

另外,由于国际关系学者们会在电视、报纸和新闻杂志上对国际时事发表一些评论,所以国际关系研究有时也被人们误解为国际时事评论。其实国际关系研究与国际时事评论有本质上的不同,前者是科学研究,而后者是新闻工作。国际关系研究分为理论研究和政策研究两大类,前者成果是学术论文和著作,后者成果是政策报告。理论研究需要依照符合学术要求的标准用事实论证一个学术观点,政策研究是提出实现政府决策目标的政策建议,目的都是让阅读者接受其观点,也都要符合学术研究的基本要求。而国际时事评论仅是个人或组织对国际事件表达的看法和立场,不一定遵循学术规范并符合学术要求。

二、国际关系学的研究内容

1. 国际关系学的知识体系构成

在以往的一个世纪里,国际关系学已经发展成一个独立的知识体系,学术研究的专业分工越来越细。以国别和地区为标准进行研究分工是最为普遍的现象,绝大多数研究所的组织机构都按地区和国别划分研究领域。在中国最常见的分类是:美国和加拿大、俄罗斯和东欧、西欧、亚洲、中东和北非、非洲、拉美。在相同国别或地区研究的基础上,又分为外交、内政和经济不同领域的研究。例如新中国成立以后,北京大学、复旦大学和中国人民大学三校于1964年建立了国际政治系,并在地域研究对象上形成分工:北京大学侧重亚非,设立了亚非研究所;复旦大学侧重欧美,设立了资本主义国家经济研究所;中国人民大学则侧重苏联东欧,设立了苏联东欧研究所。同年,复旦大学还设立了拉丁美洲研究室。20世纪最后20年,中国社会科学院先后成立了8个国际问题研究所,除世界经济与政治研究所是综合性机构之外,其他7个均为地区国别研究机构,包括:亚洲太平洋研究所(现为亚太与全球战略研究院)、西欧研究所(现为欧洲研究所)、苏联东欧研究所(现为俄罗斯东欧中亚研究所)、拉丁美洲研究所、西亚非洲研究所、日本研究所和美国研究所[①]。

冷战后,以问题类别为标准划分研究领域的做法日益受到学界重视,许多研究机构开始设立问题研究部门,例如军控和裁军、国际政治经济、国际组织、反恐、国际能源与环保、公共外交等。这些小专业的研究内容也十分丰富,所以

---

① 任晓:《再论区域国别研究》,《世界经济与政治》2019年第1期,第61页。

每个小专业里还要再划分更为具体的专业方向。

有关国际关系学的知识就像一棵大树一样,有根、干、枝、叶。国际关系学的主干是关于国际权力的研究,国际关系学的枝干包括了国别和地区研究、国际政治经济学、国际安全研究、国际组织研究等,在这些大的枝干上有小枝,小枝上又有小树叶①,例如俄罗斯研究的小枝上有俄罗斯政治、军事、外交、经济、文化、社会、宗教等枝叶。国际关系学这棵大树正变得愈发茂盛,其中一个重要原因是这棵树的根越来越多,吸收和借鉴其他学科知识越来越多。国际关系学从哲学、政治学、历史学和法学等社会科学中分离出来,并不断吸取经济学、社会学、心理学,甚至包括数学、系统控制等自然科学的营养,从而具有鲜明的综合性和跨学科性。国际关系学早期知识来源是史学、哲学和政治学,之后生出了法学、经济学、社会学三条根,再后来又生出了数学、统计学、物理学、生物学和心理学等自然科学的根。20世纪50年代末60年代初在新科技革命的冲击和影响下,西方学术界兴起了行为主义革命,主张用科学的、实证的方法研究社会科学。国际关系学恰恰是受影响最明显的学科,随着这场方法论革命的深入,系统论、控制论、信息论、博弈论、仿生学、经济学、社会心理学等学科的研究方法渗透到国际关系理论,从而丰富了国际关系学的研究层次,拓展了国际关系研究领域,进一步促进了国际关系理论的学科化、科学化。当前国际关系学采取的数量化研究方法日渐增多,这也使愈加丰富的自然科学知识成为国际关系学的新知识来源。

2. 国际关系学研究范围和研究问题的类别

国际关系学的研究围绕国际关系的理论和实践展开。国际关系学作为一门学科,包括理论、历史和现状三个部分,国际关系的历史、现状与理论构成了国际关系学研究范围的三大领域。史、论是基础,为现状研究提供强大的思想武器,为现状研究服务。

国际关系史有近代、现代与当代之分,都是国际关系的历史实践,它记载了现代国际关系发生、演进的客观进程。历史是国际关系研究的基础,任何严肃的国际关系研究都必须通过对历史的观察进行政策思考和理论升华。我们应当把国际关系作为一种绵延不绝的传统来加以考察。历史是国际行动的巨大

---

① 阎学通、何颖:《国际关系分析(第三版)》,北京大学出版社2017年版,第11页。

实验室,提供经验、教训与启示,历史理解旨在探索历史事件和行为背后的动机和信仰。如果忽视历史比较的作用,人们对国际关系的研究就会从脱离实际的抽象这一极端走向缺乏概念、注意个别历史事件的另一极端。研究国际关系的历史进程,揭示国际事件的性质、成因和结果,以及它们的内在联系,可以成为国际关系理论之源。历史经验的总结是国际关系理论推陈出新的主要来源,罗伯特·杰克逊(Robert Jackson)和乔格·索伦森(Georg Sorensen)指出,"历史不但是研究国际关系的起点,也是国际关系理论必不可少的指南和矫正"[①]。因此,国际关系史是国际关系学研究不可或缺的基础部分。

  当代国际关系实践即现状的研究,在国际关系学中占有重要地位。它是一种追踪国际问题及其发展趋势的动态研究,通常涉及国家、区域、全球或全人类的重大利益,尤为人所关注。国际关系现状的研究关注现实事态,但不同于就事论事的新闻报道与时事评论,它是从宏观视角概括行为体的互动,从抽象层面解释国际关系的结构、属性、机制、特点和影响因素,探讨发展变化的规律,展望发展趋势,揭示国际关系的实质。正确把握现状,将之导向良性发展的轨道,具有十分重要的意义。此外,现状研究和历史研究具有同样的理论意义,现在发生的事和过去发生过的事都能为国际关系研究提供规律性的认识,前者尤以其前沿性的创新研究指明国际关系未来的演进趋向,极大地丰富和发展了国际关系理论。

  无论是在自然科学还是社会科学领域,理论往往被视为知识体系最为核心的内容。国际关系理论旨在对历史研究和现状研究所得出的结论进行理论抽象,从中发现国际关系发展变化的一般规律,用以解释过去和现在,预测未来。它通过概念、范畴及其理论体系揭示国际关系的内在逻辑和主要特点。国际关系学科诞生一百多年来,国际关系学界可谓百花齐放、百家争鸣,各不相同的国际关系理论相继兴起。每种理论有各自的历史沿革、经典文献、学术贡献和时代局限,理论的蓬勃发展通常还伴随着不断的反思、修正、探索和争论,不同理论之间的激烈辩论更是与世界大势和国际格局的演变密切相关。国际关系理论对国际关系研究的指导作用是不可替代的,它是国际关系学的根基,理论研究是国际关系研究中最高层次的研究。

---

  ① 罗伯特·杰克逊、乔格·索伦森:《国际关系学理论与方法》,吴勇、宋德星译,天津人民出版社2008年版,第209页。

当代国际关系学研究的内容非常丰富,大体来说,主要包括研究国际关系的理论视角和分析方法;国际体系的结构、功能、特点、运行机制、发展演变的过程及其规律;国家的主权、利益、实力乃至国家间关系;国际关系中的非国家行为体;当代世界经济、政治和安全形势及其发展趋势等。

国际关系学研究的具体问题是无限的,但是我们可以将之归为三大类,即描述性问题、因果性问题和处方性问题,通常也被称为"是什么""为什么"和"怎么办"的问题。描述性问题研究是要把国际关系的真实现象描绘出来,例如冷战后的国际格局到底是什么样的格局。因果性问题研究是对国际关系现象的发生、延续、演变、结束的原因给出解释,即回答为什么是这样。例如台湾分离主义现象出现的原因是什么。处方性问题研究是就改变某种国际现象提出实现的方法,包括理论研究与政策研究两类,绝大多数是政策性研究,如中国如何提高自身的软实力、国际社会如何应对国际恐怖主义等。

第三节　国际关系学的发展历程

恩格斯指出,在自然科学和社会科学的领域一旦积累了越来越多的实证材料,对许多具有内在联系的现象了解越来越多,那么出现系统的科学理论知识也就是无可避免的事情。这些系统的理论知识发展到一定阶段,我们就称之为某门自然科学学科或者社会科学学科。但国际关系作为一门社会科学的出现是相对晚近的事。尽管在中国春秋战国时期、古希腊城邦时期,战争与和平的问题相当突出,引发了一些学者的国际政治思考,但总体来说,并没有出现系统的国际关系理论,甚至没有专门的国际关系学者,国际关系研究也不是一个专门的学术领域。一战和二战的爆发以及武器技术进步所带来的巨大伤亡,导致人们开始把国际关系作为一个专门研究领域,研究的核心问题是战争的起源。

一、古代关于国家间关系的思想

国际关系学简而言之就是对国际关系的研究,有了国际关系才会有国际关系学。在某种意义上说,自从出现了国家就存在国际关系,不论这种国家是古代的邦国还是现代的主权国家。这就意味着对国际关系的研究应该有数千年的历史了。只不过,古代国际关系的偶然性和不成熟性决定了古代国际关系研究的零散性和有限性,还根本谈不上学科层次的国际关系理论。古代国际关系研究主要散见于历史学和政治学古典著作的某些部分,比如《伯罗奔尼撒战争史》对安全困境的论述、《墨子》中的攻防理论思想雏形、《战国策》对外交技巧的阐述等。尽管如此,古代所涉及的国际关系研究的某些成果和观点,仍然对系统的国际关系理论的最终形成与确立作出了应有的贡献。

中国先秦时期的先贤著作中就有了关于国家间关系的思想。在《管子》《荀子》《孟子》《老子》《墨子》《国语》《左传》《战国策》《吕氏春秋》《孙子兵法》等著作中,我们可以发现许多具有启发意义的国际关系思想和论述。例如春秋时期法家代表人物管仲在《管子·霸言》中讲:"君人者有道,霸王者有时。国修而邻国无道,霸王之资也。"意思是统治人民必须有道,称王称霸必须合于时机,国政修明而邻国无道,是成就霸王之业的有利条件;指出国家国际地位变化的相对性,一国的崛起必然意味着其他国家的衰败,没有他国的衰败,一国是难以崛起为世界霸权国的。春秋末期战国初期的思想家墨子在《墨子·尚同》中讲:"夫明乎天下之所以乱者,生于无政长。"是说天下之所以大乱的原因,是由于没有行政长官。《左传·烛之武退秦师》中记载春秋时期烛之武劝秦穆公不要帮助晋国攻打郑国,他对秦穆公讲:"秦晋围郑,郑既知亡矣。若亡郑而有益于君,敢以烦执事。越国以鄙远,君知其难也。焉用亡郑以陪邻?邻之厚,君之薄也。"郑国与晋国相邻而与秦国相隔,郑国被灭后必然归晋国所有而不会归秦国,而增加晋国的实力实际上等于秦国相对实力的下降。烛之武以国际政治中的实力相对性原理说服了秦穆公放弃助晋攻郑的政策。

在古希腊,修昔底德(Thucydides)把希腊城邦国家间的战争史实和评论记录在《伯罗奔尼撒战争史》中,不仅考察了希腊城邦之间爆发这一场残酷战争的原因及其对古老文明的影响,还思索了战争与社会的关系等问题。这部著作成书于公元前5世纪晚期(大致相当于中国战国初期),是希腊古典时代兴盛期的重要著作,在西方文化史上具有相当重要的地位,至今学者们研究国家间的冲突仍参考该书的观点。西方在经历罗马帝国和中世纪之后,由于欧洲政治经济局势动荡多变,诸多学者的鸿篇巨著里有关国际关系研究的内容大大增加。这一时期,政治学开始与伦理学分离,不少政治学家和哲学家都对国际关系研究有所涉足。意大利尼可罗·马基雅维利(Niccdo Machiavelli)的《君主论》、荷兰胡果·格劳秀斯（Hugo Grotius）的《战争与和平法》、英国托马斯·霍布斯（Thomas Hobbes）的《利维坦》、荷兰巴鲁赫·德·斯宾诺莎（Baruch de Spinoza）的《神学政治论》、英国边沁的《道德与立法原理导论》、德国伊曼努尔·康德（Immanuel Kant）的《论永久和平》、德国卡尔·冯·克劳塞维茨（Carl von Clausewitz）的《战争论》等著作，均涉及过国际体系，描述过战争和争霸冲突，揭露过"强国为所欲为"的罪恶，论述过"国无常友，亦无常敌"的规律性现象。他们或是要求保护弱小、实现和平，或是呼吁制定国际法标准、建立维持和平的国际组织，特别是很早提出了诸如军备竞赛、威慑、权力、权利、实力、安全、均势、联盟等世人所熟知的国际关系词汇，并于1789年第一次使用"国际关系"的概念。此时的国际关系研究大体可以分为现实主义和理想主义。前者以马基雅维利、霍布斯和斯宾诺莎等人为代表，马基雅维利在《君主论》中提出了"战争不能被避免而只能推迟"的观点，霍布斯在《利维坦》中提出了"所有人对所有人的战争"是一种自然状态的观点。他们都认为国家间关系就是一种不存在公共权力、法律和道德规范的自然状态，权力是至关重要的，"强权即公理"。理想主义则以格劳秀斯、康德等人为代表，强调人类理性的重要作用，认为国际社会并非自然状态，存在共同利益、共同规范和共同价值观，甚至认为未来可能会诞生一个充满和平与合作的世界。

　　有趣的是，中国与欧洲在17世纪之前联系很少，但两种不同文明下的思想者们却对国际关系产生了不少相似的认识。例如，烛之武和马基雅维利两人生活的年代相隔了一千八百多年，而马基雅维利在《君主论》中提出的"谁使另一人强大，谁便是摧毁自己"的观点与烛之武的"邻之厚，君之薄也"的思想认识从本质上看十分相似。这也许是因为国际关系的本质是客观不变的，无论人们的文化背景有何差别、国家类型有何不同，只要他们深入其中，所感悟到的国际关系的本质都是一样的。

二、现代国际关系学的形成与发展

　　国际关系学成为一门独立的学科是在20世纪。人们通常认为，1919年5月30日巴黎和会期间美英代表关于建立专门的学术机构，推动战争与和平研究的决定，在英国威尔士的阿伯里斯特维斯大学建立国际政治系，设立托马斯·伍德罗·威尔逊（Thomas Woodrow Wilson）讲座教授，这是国际关系学科创立的标志。此后,巴黎、柏林及日内瓦的大学纷纷仿效,开设国际关系课程,美国也有四十余所大学设立了国际关系课程。历经两次世界大战的磨难、国际联盟和联合国的实践,以及冷战和各种国际冲突的检验,直到20世纪70年代,国际关系学才有了比较像样的可称为一门学科的清晰轮廓,国际关系学者们在理论体系、主要概念、主要方法和主要研究对象等方面开始出现了明显的共同点,国际关系研究的专业机构、学术期刊和时事报刊涌现。

1. 现代西方国际关系理论

由于民族国家和近现代国际关系体系最早形成于西方,近现代国际关系具有明显的西方中心主义色彩,所以,现代国际关系理论同样体现着西方主导的特点。换言之,无论就国际关系理论的框架、范式、概念,还是研究方法、学术流派而言,现代西方国际关系理论都更为成熟、更为学理化,从而影响着国际关系理论的发展。

国际关系学像其他社会科学学科一样,从上个世纪初成为一门学科以来,逐渐呈现出比较清楚的知识谱系,出现了一条国际关系理论发展的主线。仅从二战后西方国际关系学的简短历史中就可以发现,这一知识谱系的主题是冲突与合作,或曰战争与和平,发展主线从现实主义成为国际关系研究的主轴逐渐发展为当今新现实主义、新自由主义和建构主义三足鼎立的局面。

1) 理想主义兴起(20世纪初至20世纪30年代)

国际关系研究发展历程中,首先兴起的是理想主义学派。理想主义学派兴起于20世纪初,理想主义思潮与实践在一战与二战之间达到顶峰,最具代表性的文献是美国总统伍德罗·威尔逊1918年发表的"十四点计划"演说。"十四点计划"中表达的主要外交政策主张有:不得有秘密的国际协定;外交必须公开;必须保持公海航行的绝对自由;消除一切经济壁垒,建立平等的贸易条件;各国军备必须裁减至符合维持国内安全的最低限度;对所有殖民地的要求做出自由的、坦率的和绝对公正的调整,民族自决;建立国际联盟,保证所有国家政治独立和领土完整,等等。

理想主义认为人性是善的,或者至少是可以通过教育而改变的,通过教育、制度改造环境,人类会不断完善自身走向进步、走向文明。该学派强调国际合作,既然人性并非天生就恶,是可改造的、可完善的,那么冲突特别是战争就绝非不可避免,人类愿意并且能够实现国际合作,以寻求和平,保障共同利益。该学派主张充分发挥国际法与国际组织的作用,认为国际法和国际组织有规范国家行为、协调各国利益、化解各国矛盾的功能,因此,只有强化国际法和国际组织,才能造就和维护世界和平,促进国家和世界的民主化、法治化。该学派倡导并实践集体安全原则,认为可以通过建立类似世界政府这样的组织来避免国家间的战争。该学派重视国际道德的作用,认为国际道德是衡量一国外交政策好坏的主要标准,符合国际道德的外交政策是好的、正确的外交政策,反之,就是不好的外交政策,国家只有受到国际道德的约束,才能在对外关系中不损害他国利益,从而有助于缔造和谐、公正的关系。

理想主义为以后国际关系理论尤其是新自由主义理论的发展提供了强大的理论支持,但其自身却没有得到持续性的发展。理想主义随着第二次世界大战的爆发而衰落,然而其对国际法、国际组织、国际社会、国际制度的推崇与强调,却始终有着影响力。

2)现实主义成为国际关系研究的主轴(20世纪40年代至70年代)

随着国际局势日益严峻与恶化,现实主义在批判理想主义的基础上崛起,并最终取代了理想主义的主导地位。现实主义国际关系理论在二战后得到较大发展,它主导西方国际关系研究达30年。从1948年汉斯·摩根索(Hans J. Morgenthau)的《国家间的政治:为权力与和平的斗争》发表,到1979年肯尼思·尼尔·华尔兹(Kenneth Neal Waltz)的《国际政治理论》问世,现实主义一直是西方国际关系学界公认的理论范式。

现实主义认为冲突是国际关系的根本特征,合作是有限的、脆弱的、不可靠的。无论是以摩根索为代表的古典现实主义还是以华尔兹为代表的新现实主义,都将冲突作为国家间关系的基本事实。摩根索将人追逐权力的本性视为冲突的根源,华尔兹将国际体系的无政府性视为冲突的本因,但由于人性和国际体系的无政府性都具有高度的稳定性,所以现实主义认为国际冲突从根本上也是不可更变的。以国际体系的无政府性替代了人性是新现实主义对古典现实主义的一大突破,将无政府性作为国际关系的第一推动,国际体系的自助性质和国家之间的安全困境命题就都可以成立了,以追逐权力为核心的国家利益也就变成了以保证自我安全为核心的国家利益。新现实主义在20世纪70年代达到发展的巅峰,标志性著作就是华尔兹的《国际政治理论》。这部著作自1979年问世以来,始终被视为新现实主义的开山之作,尤其是华尔兹对国际体系无政府性的强调和对权力分配的关注,为新现实主义构建起了理论大厦。20世纪七八十年代,在现实主义的理论框架中产生了许多颇有影响的著作,如斯蒂芬·克拉斯纳(Stephen Krasner)的《界定国家利益》、肯尼思·奥根斯基(A. F. K. Organski)和亚切克·库格勒(Jacek Kugler)的《战争的比价》、罗伯特·吉尔平(Robert Gilpin)的《世界政治中的战争与变革》等。冷战之后,约翰·米尔斯海默(John J. Mear–sheimer)在2001年出版了《大国政治的悲剧》,将古典现实主义的权力斗争和新现实主义的无政府体系结合起来,提出了进攻性现实主义理论,强调了大国间冲突的不可避免性和争夺霸权的必然性。

这些现实主义学者强调了国际无政府性的不可改变,认为达成和维持和平的关键因素是实力,根本机制是大国间的实力分配。无论是主张单极和平的霸权稳定说,还是主张两极和平的恐怖均势说,抑或是主张多极和平的势力均衡说,无一不是将冲突作为国际关系的基本要素,把和平与国际权力分配联系在一起,认为决定大国命运、决定世界未来的关键在于权力结构的天平呈现的状态。同时,从这些著作之中,虽然可以看到对修昔底德、马基雅维利、霍布斯等西方思想家的继承和发展,但是更为明显的则是冷战的思维烙印,是对国际冲突的强烈关怀和对实力的极度重视。古典现实主义和新现实主义是二战后西方国际关系学知识谱系主线上的第一个支柱理论。

现实主义理论有三个核心假设,第一个核心假设:国际体系的性质是无政府性,国际体系无政府状态对国家间关系起决定性影响;第二个核心假设:在无政府状态下,主权国家是国际体系的最重要行为体;第三个核心假设:国际社会的主角——主权国家是单一的、理性的行为体。总的来说,现实主义认为冲突是国际关系的根本特征,国际合作是有限的、脆弱的、不可靠的,认为国际道德的作用是有限的,强调国际体系的无政府性不可改变,认为达成和维持和平的关键因素是实力,根本机制是保持大国间的实力分配的均衡。现实主义是西方国际关系理论主流学派中的主流,虽在其发展进程中不断调整、变异,陆续衍生出新现实主义、进攻性现实主义,但其核心观点与理念一直长盛不衰。

3)新自由主义、建构主义相继兴起并对现实主义发起挑战,呈现三足鼎立局面(20世纪70年代中期至今)

在政治现实主义主导西方国际关系研究近30年之后,新自由主义开始对其发起挑战。新自由主义的国际关系理论认为国际冲突虽然是国际体系无政府性的产物,但冲突是可以抑制的,国际社会成员可以通过创造适当的条件(如社会交往、自由贸易、民主共和、国际制度等)来达成合作,无政府状态下的国际合作完全是可能的。国际行为体之间的相互依存及它们建立的国际制度的规约作用等,都可以降低战争的风险,加强国家间的合作。新自由主义还认为,国家固然仍是国际关系的基本行为体,但国家的中心地位已被动摇,国际组织、跨国公司等非国家行为体日益广泛地介入国际事务,在国际关系中发挥着不可或缺的作用。

20世纪70年代中期,在美国霸权衰退的惊呼之中,国际关系学者开始质疑物质性权力在维持国际体系稳定过程中的作用。虽然现实主义学者继续探讨什么样的权力结构格局和实力对比关系最能保持世界的稳定与和平,其他流派的学者却开始思考非物质性权力的作用和意义。其中,新自由主义国际关系理论尤其突出,迅速形成了与现实主义两分天下的国际关系研究局面。罗伯特·基欧汉(Robert O. Keohane)与约瑟夫·奈(Joseph Aron)于1977年合著的《权力与相互依赖》在经济学传统自由主义的基础上发展出新自由主义理论,对现实主义的基本假定提出质疑。随即,新自由主义学者发表了一系列重要著作,立足于不同于现实主义的视角分析国际关系中的战争与和平、冲突与合作问题。罗伯特·基欧汉、约翰·拉格(John Ruggie)等学者在理论层面上从国际规制的角度对新现实主义发起了强有力的挑战,同时,新自由主义在学理方面也不断成熟。1984年,基欧汉的《霸权之后:世界政治经济中的合作与纷争》一书出版,标志着新自由主义发展成为成熟的国际关系理论,也全面开启了新自由主义和新现实主义的大论战时期。1988年,约瑟夫·奈使用了新现实主义和新自由主义的标识,为两大学派定名标号。1993年,大卫·A·鲍德温(David A. Baldwin)编纂的《新现实主义和新自由主义》的论文集的出版标志着现实主义一统国际关系研究的局面被彻底打破,新自由主义作为理论论战中的新兴力量迅速发展成为与新现实主义势均力敌的国际关系理论体系。其间,新自由主义学者发表了一系列论著,引起了广泛关注,包括罗伯特·阿克塞尔罗德(Robert Axelrod)的《合作的进化》、亚瑟·斯坦(Arthur Stein)的《国家为什么合作》、约翰·拉格(John Ruggie)的《多边主义的重要意义》等。

这些具有新自由主义学派标签的著作有一个共同特征:认为无政府状态下的国际合作是可能的。新自由主义与新现实主义竞争的突破点是在承认无政府性的同时指出无政府条件下的冲突是可以避免的,合作是可以达成的。虽然新自由主义承认国际体系的无政府性是国际关系的第一推动力,其基本理论体系是理性主义,但是,新自由主义对国际制度的强调无疑突破了物质权力这一现实主义的内核,不但将制度、规范这些属于社会范畴的非物质性内容引入了国际关系理论体系之中,并且使其成为最主要的理论概念和研究变量。至此,新自由主义形成了国际关系学知识谱系中第二个支柱理论[1]。新自由主义在国际关系学发展史上的作用和意义不仅是对新现实主义提出了有力的挑战,而且还启迪和激发了20世纪90年代跻身西方国际关系主流理论行列的建构主义理论的诞生。

1989年尼古拉斯·奥努弗(Nicholas Onuf)出版《我们造就的世界》一书,首先将建构主义引入主流国际关系学研究议程。亚历山大·温特(Alexander Wendt)1992年发表的《无政府状态是国家造就的:权力政治的社会建构》被学术界公认为建构主义国际关系理论诞生的宣言。建构主义国际关系理论认为国家的身份和利益不是预先给定的因素,而是在国家之间的交往互动中通过建构形成的。国际合作不仅是完全可能的,而且国家可以造就一种从根本上就趋于合作的国际政治文化。无政府性不是国际关系的第一推动力,因为无政府性本身也是国际社会的主要成员国家在其相互的实践活动中构建起来的,可以有不同的逻辑内涵。建构主义认为无政府状态是观念的体现,不是不可更变的客观事实。主体间的实践活动形成共有观念,共有观念形成了文化,文化决定了行为体的身份、利益和行为。以和平和友谊为基本特征的康德文化可以从根本上改变国际社会成员的行为。这一理论流派强调观念、文化的作用,强调国际体系结构与行为体之间的互动,特别是结构对行为体身份、利益的建构作用,从而重新设定了国际关系研究的议程、视角。

温特的理论激起了国际关系学界的激烈争论,全面论战又一次爆发了。如果说新自由主义对新现实主义的突破点是质疑无政府条件下合作的可能性问题,那么,建构主义的突破点是质疑无政府性这一基本概念本身,亦即否定新现实主义对无政府性的单一解释,强调无政府性的多种形式。受到震撼和批判的新现实主义和新自由主义的重要学者都参加了大辩论。20世纪90年代中期,

---

[1] 秦亚青:《西方国际关系学:知识谱系与理论发展》,《外交学院学报》2003年第3期,第11页。

建构主义国际关系理论在论战中获得了迅速发展。1995年彼得·卡赞斯坦(Peter Katzenstein)主编了第一部重要的建构主义实证性研究论文集《国家安全的文化》，此后，玛莎·费丽莫(Martha Finnemore)的《国际社会中的国家利益》、玛格丽特·凯克(Margaret Keck)和凯瑟琳·辛金克(Kathryn Sikkink)的《超越边界的行动者：世界政治中的倡议网络》等实证性研究专著也先后问世。1999年，亚历山大·温特的《国际政治的社会理论》出版，标志着建构主义理论的成熟。至此，建构主义成为西方国际关系学知识谱系中第三个支柱理论，西方国际关系理论呈现出三足鼎立的局面①。

比较这三大理论流派，简单地说，"现实主义断定，国家存在于无政府状态的国际体系中。每个国家都以用权力术语界定的国家利益为基础制定政策。国际体系的结构取决于国家间的权力分配。比较而言，自由主义历史上根植于认为人性本善的哲学传统。个人组成团体以及后来的国家。国家一般彼此合作，并遵循彼此已经达成共识的国际规范和程序。……与现实主义者和自由主义者相比，国际关系建构主义者认为，国家体系的核心结构不是物质性的，而是主体间性的和社会性的。国家的利益不是固定的，而是可延展和不断变化的。"②

2. 马克思主义国际关系理论

在国际关系理论的知识谱系中，马克思主义国际关系理论具有一系列鲜明的特征，并因此而具有独特的学术地位与实践价值。马克思主义对国际关系理论的贡献体现在两个方面：首先，马克思主义指明了研究国际关系的基本立场、观点和方法，这是最高层次的世界观和方法论；其次，马克思主义的一般原理对国际关系有普遍指导意义，是国际关系理论的重要内容。如关于生产力和生产关系的辩证关系、关于政治与经济的辩证关系、关于"合力论"、关于战争的根源、关于相互依存和经济全球化、关于阶级分析的观点、关于重视人民群众与领袖人物在历史发展中的地位和作用等，都对国际关系有普遍指导意义。

马克思主义国际关系理论是马克思主义理论宝库的重要组成部分，是全世

---

① 秦亚青：《西方国际关系学：知识谱系与理论发展》，《外交学院学报》2003年第3期，第12页。

② 卡伦·明斯特、伊万·阿雷奎恩-托夫特：《国际关系精要(第五版)》，潘忠岐译，上海人民出版社2012年版，第3页。

界无产者和社会主义国家在进行无产阶级革命和实现共产主义远大理想的过程中,处理相互关系和与外部世界关系的重要指导思想和强大理论武器。它是一个开放的、复杂的体系,主要内容包括国家利益论、全球化理论、世界交往理论、国家理论、民族理论、外交理论、战争与和平理论、生产力理论、世界分工理论和世界市场理论等。马克思主义国际关系理论至少包括四个子系统,即以世界交往、国际阶级斗争与世界革命为主要视野的经典马克思主义国际关系理论;以帝国主义战争、民族解放运动为主要视野的苏联时期的马克思主义国际关系理论;以霸权、批判精神和资本主义世界为主要视野的西方马克思主义国际关系理论;以和平与发展、民族复兴与融入国际社会为主要视野的中国特色马克思主义国际关系理论[①]。

(1)以世界交往、国际阶级斗争与世界革命为主要视野的经典马克思主义国际关系理论。主要代表人物是马克思、恩格斯,他们以阶级斗争、生产力与生产关系的矛盾运动、经济基础与上层建筑的矛盾运动等哲学理念,来研究国内政治与社会矛盾,进而扩及国际政治。经典马克思主义国际关系学说体现在马克思、恩格斯的国家利益观、马克思的全球化思想和世界交往思想等方面。马克思、恩格斯主要关注世界范围内的生产交换与社会革命的内在必然性与外在实现形式。他们的主要结论是:"全世界无产者联合起来",缔建一个共产主义社会。用现代国际关系学的术语对其概括,马克思主义经典作家的国际关系学说主要有以下几部分:一是国际社会是一个世界体系,资本主义的发展把世界结成了一个经济全球化与相互依赖的有机体,而殖民征服和商业战争则揭开了现代国际关系的第一幕;二是国际冲突、国际合作和国际格局等国际关系,根本上是"两个起决定作用的"阶级之间的关系;三是国家利益是各阶级对本阶级利益普遍化和共同体化的社会建构,形式上是一种"虚幻的共同体";四是"国际政治的秘密"是资本主义大国追求霸权和发动侵略战争,要"根绝一切战争"和结束霸权政治的最根本道路是无产阶级革命,其目标是创造一个以和平作为国际原则的新社会;五是世界生产力与世界交往的普遍发展,将逐步消灭资本主义

---

① 郭树勇、郑桂芬:《马克思主义国际关系思想》,军事谊文出版社2004年版,序言第4页。

及地域性共产主义,最终导致占统治地位的各民族共同实现共产主义①。

(2)以帝国主义战争、民族解放运动为主要视野的苏联时期的马克思主义国际关系理论。主要代表人物是列宁、斯大林等,他们主要从被压迫民族解放的角度,探求国际共产主义运动的内在必然性与外在可能性。主要内容有以下几个方面:一是研究"时代"是研究国际关系的一个重要切入点,第一次世界大战前后世界进入帝国主义与无产阶级革命的时代;二是这个时代国际关系主要特点为,帝国主义对世界上绝大多数居民实行殖民压迫和金融扼杀,强者公然掠夺弱者,世界体系变成了垄断资本主义的世界体系;三是帝国主义国家政治经济发展不平衡导致帝国主义战争和不断重新划分殖民地;四是战争与和平都是政治的继续,战争是和平时期政治的继续,和平是战争时期政治的继续,帝国主义战争与民主的和平是帝国主义政治的继续;五是帝国主义的本质决定了帝国主义时代必然会出现一种基本的、极其重要的现象,即民族分为压迫民族和被压迫民族,被压迫民族的解放运动成为无产阶级社会主义革命的一部分,等等②。

(3)以霸权、批判精神和资本主义世界为主要视野的西方马克思主义国际关系理论。其代表人物是葛兰西、科克斯、吉尔、沃勒斯坦、哈贝马斯等。此处所谓的"西方马克思主义",主要是指受到卢卡奇、葛兰西等影响下的重视社会本体论、市民社会建设和社会批判精神同时又兼顾历史唯物主义方法论的思想方法,显而易见,它是一种内容庞杂甚至不乏矛盾的思想体系。西方马克思主义是在20世纪20年代之后的历史文化背景下,西方一批知识分子根植于时代变化并以西方哲学视野重新解读马克思主义和分析社会现实的产物,试图发掘和弥补马克思在非经济领域的思想潜能,光大马克思的社会本体论哲学取向,以重新解释马克思和批判发达资本主义作为自己的双重旨趣,同时将历史唯物主义思想应用于晚期资本主义统治研究。西方马克思主义国际关系理论内容较为广泛,体现在:霸权是权力、观念与制度的统一体,不单单是物质力量,还是文化领导权,因而摧毁霸权不但表现为暴力冲突,还体现为文化领域的斗争;社会、国家与秩序具有辩证关系,生产组织的变化产生了新的社会力量,新的社会

---

① 郭树勇:《试论马克思主义国际关系思想及其研究方向》,《世界经济与政治》2004年第4期,第9页。

② 同上,第9—10页。

力量反过来又塑造了国家结构,而这种国家结构若在不少国家范围内发生同样的变化和"溢出效应",则会改变世界秩序;资本主义世界体系中发达的核心国家与欠发达的边缘国家之间存在着剥削交换关系,并对应着不同的劳动控制形式;国际关系研究应当重视历史社会学方法,等等①。

(4)以和平与发展、民族复兴与融入国际社会为主要视野的中国特色马克思主义国际关系理论。其代表人物是毛泽东、邓小平、江泽民、胡锦涛、习近平。中国特色马克思主义国际关系思想一方面继承了马克思主义经典作家的思想,另一方面也有结合中国外交实践的理论创新,诸多新命题新论断令人耳目一新,如"美帝国主义是纸老虎""打扫干净屋子再请客""发展是硬道理""世界大战一时打不起来""世界大战可以避免""和平与发展两大主题至今一个也没有解决""人权高于主权是站不住脚的""推动构建新型国际关系""推动构建人类命运共同体"等。它主要包括以下几个方面内容:时代主题由战争与革命的时代转向追求和平与发展的时代,世界大战是可能避免的;广大殖民地纷纷独立后,世界"大动荡、大分化、大改组",国际社会出现了两大阵营、两个中间地带以及三个世界;发展中大国进行社会主义革命后,要始终坚持独立自主的外交政策;坚持改革开放,逐渐融入国际社会;国家根本利益高于政治制度利益,实现国家统一是民族根本利益所在,可以采取"一个国家、两种制度"的形式;要尊重各国自主选择的社会制度和发展道路,尊重彼此核心利益和重大关切;坚持以维护党中央权威为统领加强党对对外工作的集中统一领导,坚持以实现中华民族伟大复兴为使命推进中国特色大国外交,坚持以维护世界和平、促进共同发展为宗旨推动构建人类命运共同体,坚持以国家核心利益为底线维护国家主权、安全、发展利益,等等。

马克思主义国际关系理论作为马克思主义理论体系的重要组成部分和当代国际关系理论的重要流派之一,不同于现代西方国际关系理论,它具有广阔的发展前景。马克思主义国际关系理论具有冲突的动态的世界观、历史唯物主义的方法论、对资本主义世界体系的社会分析、对社会主义的向往、与时俱进的

---

① 郭树勇:《试论马克思主义国际关系思想及其研究方向》,《世界经济与政治》2004年第4期,第10页。

理论品质等五大特征①。它对于当代中国维护国家利益,参与经济全球化,处理主权、民族、宗教、边界、领土、领海纠纷和反恐等国际事务,具有重要的理论指导意义和实践价值。马克思主义国际关系理论的基本立场、方法和观点是我们理解当代国际社会、制定对外战略、处理国际事务和建构国际关系理论中国学派的理论基础。

康德曾说过:"任何一个无视理论的人都无法自诩是某一科学领域的高明实践者。"②恩格斯则进一步指出:"一个民族要想站在科学的最高峰,就一刻也不能没有理论思维。每一个时代的理论思维都是一种历史的产物,在不同的时代具有不同的形式,并且具有不同的内容。"③理论是通过详细阐述各个概念之间的关系来寻求解释现象的一套命题和概念,最终目的是预测现象。国际关系理论就是一系列关于国际关系行为体活动规律的集合,并能够解释和预测国际关系事件的发展。随着国际关系学科的发展,国际关系理论越来越受到重视,已成为国际关系、国际政治、外交学等专业必修的课程之一。

三、中国国际关系研究的进程

中国国际关系理论的学科性发展及较为系统的研究是改革开放以后的事情。新中国成立后,政府职能部门负责外交工作的研究,媒体负责关于国际时事的报道和评论,国际关系作为学术研究基本处于一种无人问津的状态,更谈不上学科发展。1963年中央外事工作小组中央宣传部提出《关于加强研究外国工作的报告》。根据其精神,我国在北京大学、中国人民大学和复旦大学设立国际政治系,并陆续建立了一批国际问题研究机构,包括中央一些部委下属的各类国际问题研究所、中国科学院哲学社会科学学部下属的一些国际问题研究所等。但1966年发生的"文革"使这些刚刚建立起来的机构又全面停顿。1976年"文革"结束后,特别是1978年改革开放以后,国际关系研究才在中国有了实质性的发展。改革开放初期,邓小平同志在党的理论工作务虚会上指出:"政治

---

① 李滨:《什么是马克思主义的国际关系理论》,《世界经济与政治》2005年第5期,第44页。
② 胡志丁、骆华松、葛岳静:《经典地缘政治理论研究视角及其对发展中国新地缘政治理论的启示》,《热带地理》2014年第2期,第184页。
③ 《马克思恩格斯选集(第4卷)》,人民出版社1995年版,第284页。

学、法学、社会学以及世界政治的研究,我们过去多年忽视了,现在也需要赶快补课。"从那时起,中国国际关系学进入恢复重建继而快速发展阶段。

1. 发展阶段

自改革开放以来,我国国际关系学术发展大体经历了三个阶段,即大力借鉴欧美经验的"补课"阶段(1978—1991)、批判意识和自主意识得到不断加强的发展阶段(1991—2003)、研究方法自觉和体系性理论创新的新阶段(2003年至今)。

(1)大力借鉴欧美经验的"补课"阶段(1978—1991)。在该阶段,一方面翻译、介绍了一批西方国际关系理论的论文、著作,从而为我们的教学与研究提供了基本的分析工具和理论框架,通过"补课"形式,中国国际关系研究的触角从传统的马克思主义国际关系理论扩展到西方国际关系理论的新领域;另一方面,加强国际学术交流,在部分高校开设国际关系学有关课程等,提高了人们对国际关系理论研究的学术兴趣和对学术规范的认同度。改革开放以后,国际关系研究领域出现了许多新中国的首次学术事务:1978年首批国际关系专业研究生由北京大学招收,1980年首个国际关系学会(原名为"中国国际关系史研究会")成立,1981年首篇介绍国际关系理论的文章发表,1985年首部介绍国际关系理论的著作出版,1987年首次国际关系理论研讨会在上海举行,1988年首部中国外交政策著作出版,1989年首部国际关系专业教材出版等。

1980年,在中国国际关系史研究会成立大会上,金应忠发表了《试论国际关系学的研究任务、对象和范围》一文。次年,陈乐民在《国际问题研究》杂志发表《西方现代国际关系学简介》一文,对西方的国际关系理论流派做了介绍。此后,学者们发表了一系列介绍与评析西方国际关系理论方面的文章。以1985年陈汉文编著的《在国际舞台上——西方现代国际关系学概说》和倪世雄、金应忠主编的《当代美国国际关系理论流派文选》为标志,中国学者开始较全面系统地介绍以美国为代表的西方国际关系学派的主要观点和经典著作,并运用马克思主义观点对各学派代表人物的主要论点进行简评。这一阶段,中国学者关于国际关系史方面的研究成果丰富,出版了一批国际关系研究著作和教材。

1991年6月,中国国际关系学科建设研讨会在北京举行——北京大学国际关系研究所主办的"跨世纪的挑战——中国国际关系学科的发展"国际研讨会。至此,改革开放后,中国国际关系学的"补课"阶段基本完成。"实事求是地讲,在这一时期尽管学习、借鉴的热情不断高涨,但中国国际关系学界并没有沉下心来研讨外国的学术理论和研究方法,更多的是注意和讨论一些带有政治变革意涵的思潮和观念,与此同时缺少自主意识和创造精神。"①

(2)批判意识和自主意识得到不断加强的发展阶段(1991—2003)。在该阶段,更为系统地评介国外最新涌现的各种理论观点和流派,及时翻译出版了一些有影响的西方国际关系理论研究专著,学科建设进展明显,理论研究广泛且日渐深化,开始出现理论创新。这个阶段的一个重要会议是 1998 年在上海召开的"全国国际关系理论研讨会",会议就中国国际关系学科体系的建设、冷战后国际关系的重大理论等问题展开了深入讨论,有力推动了中国国际关系理论的进一步发展。

1991 年苏联解体后,随之而来的美国超强霸主地位的压力,以及在经济全球化时代国际资源市场分割的不均衡、国际力量和权势分配的不均衡、国际秩序由西方国家主导的严重失衡状态,使中国国际关系学者认识到学科发展应立足于本国国情与国际处境,在全面系统了解西方理论发展的基础上,重点解决制约国家发展需求的种种国际困境与难题,反映中国的国际追求与价值观念。基于此,中国国际关系学者及时、全面、系统地推出了大批国外的国际关系理论著作,介绍现实主义、自由主义和建构主义等各种流派,美式理论之外的英国学派和其他国家的研究状况日益成为关注热点。与此同时,学者们就国际关系理论研究的中国特色问题展开长久激烈的讨论,在争议是不是建设中国特色理论的过程中,涌现出"中国化""本土化""中国视角""中国特色""中国理论""中国学派""中国式探索"等多种表述方式。不少学术讨论会也将中国特色理论建设作为主要议题。梁守德先生在 1994 年提出国际政治学理论应突出中国特色,此后更是多次强调"中国理论、中国学派、中国特色"是社会科学理论的内在规律性要求。秦亚青、王逸舟等学者对创建"中国学派"的思考与反思引起了学界的广泛关注,中国学者具备了更多的反思与质疑精神,开始致力于探究建设中国理论或流派的发展之道②。

(3)研究方法自觉和体系性理论创新的新阶段(2003 年至今)。21 世纪初

---

① 王逸舟:《过渡中的中国国际关系学》,《世界经济与政治》2006 年第 4 期,第 9 页。
② 段霞:《改革开放三十年中国国际关系研究之发展回望》,《现代国际关系》2008 年第 12 期,第 51 页。

至今,中国学者们对国际关系学研究走向有方法意识的理论创新,2003年《世界经济与政治》和《中国社会科学》两刊联合召开了"国际关系研究方法"研讨会。此次会议内容刊发后,中国国际关系学界开始强调方法意识、问题意识和理论意识。同年出版的阎学通先生与孙学峰的《国际关系研究实用方法》对中国国际关系转型期的研究起到了领军作用,此后,中国国际关系学界在研究方法领域开始进行大的变革和互涉学科资源的整合。近年来,伴随着中国与世界的互动加快,相关学科建设兴盛,更多年轻人对国际问题的兴趣增加,外国同行的著作引进速度更快,越来越多的大学增设了国际关系和外交方面的课程及专业乃至国际关系院系。国家在国际关系研究和教学领域投入更多的人力与资源,具有较高理论创新性的学术著作以及实证研究、问题研究成果不断出现,中国国际关系理论日益成熟。

2. 取得的成绩

40多年来,经过众多学者的不懈努力,中国国际关系学取得长足进步,取得的成绩体现在如下几个方面:

(1)马克思主义国际关系理论研究不断推进。马克思主义国际关系理论研究是国际关系学研究的重要内容。40多年来,中国国际关系学界坚持以马克思主义为指导,坚持唯物史观和历史辩证法,运用马克思主义世界观和方法论观察和分析世界发展潮流、中国发展大势、中国与世界的关系等。在马克思主义及中国特色社会主义理论体系指导下,中国国际关系学研究展现出清醒的理论自觉、坚定的人民立场,并在开创国际关系理论中国学派过程中始终站稳立场、体现特色。40多年来,我国马克思主义国际关系理论研究不断推进,多部研究马克思主义国际关系理论的著作陆续出版;国外一些马克思主义国际关系理论的重要著作先后有了汉译本;主题多样、数量可观的马克思主义国际关系理论论文在专业学术期刊上发表;马克思主义理论研究和建设工程设置了多个国际关系教材项目并取得预期成果。

(2)梳理辨析西方国际关系理论更加全面。上文已提到,20世纪80年代初,一些中国学者开始向国内学界介绍西方国际关系理论,随后大批西方国际关系理论经典著作的汉译本陆续出版。伴随着西方国际关系理论经典著作的引进,中国学者对西方国际关系理论有了较为全面系统的了解,并对其进行了细致梳理、深入解读、系统辨析。当前,中国学者已经基本完成对西方主流国际关系理论的评介,对其认识更加准确、全面、丰富。

(3) 研究主题和研究方法日趋丰富多元。中国学者在已有研究成果的基础上,结合国际关系的演进状况,特别是中国外交的具体实践,不断丰富与拓展国际关系研究主题。一方面,传统议题研究推陈出新,如国家主权、国家安全、国家实力、国家利益、国际体系、国际格局、战争与和平等方面的研究角度不断扩展;另一方面,新研究议题陆续涌现,如全球治理、新型国际关系等方面研究日益受到重视。在研究方法方面呈现多元多样特点,既有对传统导向研究方法的沿袭,也有对大数据、系统论、计量分析等新方法的尝试,方法意识不断强化、方法运用能力不断提升。

(4) 学科建设不断完善。改革开放后,一批新的国际问题研究机构成立,一些高校陆续设立国际关系、国际政治及相关专业的学位点。进入 21 世纪,中国国际关系学科得到更为显著的发展,"一带一路"倡议的提出与实施使得相关学术机构的建设迎来新的发展局面。目前,中国设置国际关系、国际政治本科及外交学、国际事务等相近专业的高校有近百所。学术机构和学科点建设为国际关系学科发展提供了强有力的机制和人才保障。

(5) 国际关系理论的中国学派建设取得积极进展。40 多年来,随着中国经济社会不断发展、综合国力不断增强、国际话语权显著提升,中国国际关系学者的理论自信、学术自信日益增强,逐渐跳出以冷战思维、零和博弈、强权政治等为基础的西方传统国际关系理论窠臼,提出构建具有中国特色、中国风格、中国气派的国际关系理论体系,着力打破国际关系理论由西方学者垄断的局面①。中国国际关系学者从中华优秀传统文化中汲取智慧,顺应国际社会对国际关系新理论的期待,立足中国外交实践,力图用中国理论、中国智慧、中国话语来研究阐释国际关系新问题,推动国际关系理论创新突破,逐渐开创了学科发展新局面。

与波澜壮阔的 40 多年改革开放同步,中国国际关系学科研究在不断适应全球化时代国家现代化与国际化发展需求中发展,取得了长足的发展与进步。从以社会主义国家和亚非拉世界为研究中心到学习借鉴欧美发达国家的国际关系理论,从大规模引进介绍国外理论和新兴流派到探讨中国特色、中国风格、

---

① 王存刚:《在改革开放中成长发展的国际关系学》,《人民日报》2018 年 7 月 30 日,第 16 版。

中国气派国际关系的建立,从服务于国家外交的对策分析和研究报告到超国家和次国家行为体的对外战略实践探索和理论研究,从仅仅关注和平、安全、主权等"高政治"议题过渡到对涉及经济、社会、环境、人权等"低政治"议题的关注,中国的国际关系学科呈现出蓬勃的生机①。尽管中国国际关系学仍存在学科规范不够成熟、研究方法有待改进、问题研究和基础理论研究还有待深入等问题,但是,在中国与世界紧密相连的今天,国际关系理论的话语权将与中国的国际影响同步增长。

第四节 国际关系研究和学习方法

在了解了国际关系学的学科范畴、研究内容、发展历程以及我国国际关系学的发展概况之后,我们需要进一步掌握国际关系的研究和学习方法。

一、如何研究国际关系

国际关系学的研究方法是为认识、掌握与推进国际关系而进行的实践和理论活动的方式。国际关系的研究方法分为传统主义导向的研究方法与行为主义导向的研究方法两类。前者是哲学、历史等传统的方法,后者是受其他社会科学和自然科学影响的新方法。

1. 传统主义导向的研究方法

20世纪60年代之前,西方国际关系理论研究的主导方法是传统主义导向的方法。这种方法是从哲学、历史学和法学等古典学科派生出来的理论方法和思维方法。这种方法认为,只要依靠判断、直觉和洞察力,依靠历史知识和个人的经历,依靠对事物本质的深刻感受,就可以得出研究成果。显然这种方法的

---

① 从地域上看,国内的国际关系研究可以分为三类:一是核心地区,例如北京、上海,这些地区处在我国对外交往的前沿,对于国际关系研究成果有着较强的现实需求,也是国际关系研究最发达的地区。二是边境地区,例如吉林、云南、新疆等,这些地区与相邻国家有着较多的直接交往,因此在专门针对这些国家的研究方面往往具有优势。三是中部地区,也就是不与任何国家接壤而且又非核心的地区,如陕西、湖南等地。相对前两类地区而言,中部地区的研究优势并不明显。

经验主义(历史主义)色彩很浓,个性化成分比重也很大。它关注并擅长对独特历史事件与现象的描述和分析,而忽视了现代科学所看重的可重复性、可检验性、系统性和精确性,因此被行为主义批评为非科学的方法。传统主义导向的研究方法主要有以下几种:

(1)历史分析法。所谓历史分析法,就是从分析历史事件、历史发展过程入手,从中引申出一些国际关系发展的法则,这种方法常常被用来研究国际关系史、外交史,以便从中总结出有指导意义的理论结论。具体说来,就是通过查看档案、口述历史和观察事件等方式,来描述国际关系现象的产生、发展和演变过程,继而在了解时、地、人、事的基础上,对历史事件的原因和影响作出分析,最终归纳出国际关系现象背后可能的一般规律来。像国际关系理论的均势理论就是学者们从历史事件与过程中提炼出来的,从马基雅维利到基辛格,均势是他们通过历史研究与分析得出的共同结论。

(2)哲学分析法。所谓哲学分析法,就是从本体论或政治哲学的角度分析国际关系的本质和特征,以概括出规律性的内容和法则。哲学关注本体论,也习惯于某种终极的关怀与思考。这种理论方法与思维方式用来研究国际关系,往往就会从人性、宗教等立论,以给出哲学的解释。比如立足于人性恶,传统现实主义就认为权力和利益是国际关系的本质;反之,立足于人性善,理想主义就相信国际社会的进步与合作。总之,哲学的视野及其分析,似乎更便于提升国际关系理论,使之更理论化。

(3)法律—伦理分析法。所谓法律—伦理分析法,就是立足于国际法和国际伦理的角度来分析、研究国际关系,试图为国际关系的发展寻找法律、道德依据,建立法律和道德规范。这种方法的前提是国际法的产生及其作用的显现,从而使人们对于用国际法来规范国际关系抱有期望。这种方法同时又表明了人们对伦理和道德价值的期求,希望通过道德规范国际关系,建立良好的国际秩序。显然法律—伦理分析法体现了理想主义色彩,并具有规范性特点。

2.行为主义导向的研究方法

20世纪60年代,行为主义导向的研究方法日益兴起并明确挑战传统主义导向的研究方法。西方国际关系理论中的行为主义是与20世纪50年代以来整个西方社会科学研究中兴起的行为主义革命分不开的。国际关系理论中的行为主义试图建立一种实证的、较为符合科学要求的、"硬的"国际关系研究方法及体系,强调定量分析和实证主义。正因为如此,定量分析、层次分析、比较研究、系统研究、概念与理论框架的精心设计,资料收集、储存和检索的强化等,就成为行为主义导向的研究方法的普遍要求和共同特征。而实现这种方法论变革与转型的有效途径,就是向自然科学或其他社会科学(如经济学、社会学、心理学)学习,借鉴其概念、理论方法。行为主义导向的研究方法很多,此处仅简要介绍几种:

(1)系统分析法。这种方法是把一般系统论用于国际关系研究。它将国际关系视为一个体系或系统,强调系统的整体性、有机关联性、结构层次性、有序性、协调性、动态性、定量化等原则,信息和能量的输入、输出和反馈是其核心概念。系统内包含若干子系统,例如国家、区域、国际组织等,构成系统的各个子系统、单元和要素之间以及它们与环境之间是相互联系和相互作用的,系统的嬗变,母系统与子系统或子系统之间的互动,均导致国际关系的发展变化。这种方法根据国际关系所具有的系统特征,从整体出发,着眼于整体与部分,整体与结构及层次,结构与功能、系统与环境等的相互联系和相互作用,求得优化的整体目标。系统分析法对国际体系及其活动进行整体性、有机性的宏观分析,是国际关系研究方法论的一大进展。莫顿·卡普兰(Morton A. Kaplan)在《国际政治的系统和过程》一书中,给出了国际系统六大模式:均势系统、松散的两极系统、牢固的两极系统、全球性系统、定向性和非定向性的等级系统、单位否决系统。国际系统的稳定与变化取决于五大变量:基本规则、转换规则、行为者类型变量、权力变量和信息变量[①]。卡尔·多伊奇的政治沟通理论强调,任何政治系统,包括它们的子系统,其内部都包含有一些机制,这些机制能够接受、储存和处理有关的信息,国际系统通过信息的获取、传递、利用和相互作用,对系统的行为进行调节、修正,影响国家的对外决策和行为,从而达到对系统过程的控制。此外,厄恩斯特·哈斯(Ernst Haas)的新功能主义、K. J. 霍尔斯蒂(K. J. Holsti)的国际系统模式、布鲁斯·拉塞特(Bruce Lassett)的国际一体化论也都对系统分析法作出了自身贡献。20世纪70年代以来,系统分析法已成为国际关系研究的重要方法,但同时也受到一些批评。批评者认为,系统论过于强调系统的稳定和均衡,偏重于维持现状,且系统论概念过于抽象,与国际关系现实

---

① 莫顿·卡普兰:《国际政治的系统和过程》,薄智跃译,中国人民公安大学出版社1989年版,第21页。

有一定差距。

（2）心理分析法。这是重要的行为主义研究方法之一。它运用心理学的概念、理论与方法来研究国际关系，着重对领袖、群众等国际关系参与者的行为进行心理分析，试图揭示心理因素对国际关系的影响，以及外部因素对国际关系参与者产生的心理后果。这种方法将国家的对外政策行为看作一个个具体的决定，这些决定不是由抽象的国家，而是由活生生的、具体的、可观察的个人做出的。要解释国家的对外政策，关键就在于要理解这些决策者的决定。而决策者的决定，是其认知的结果，是对环境加以界定（definition of the situation）后做出的反应，"认知以何种方式对决策产生了什么影响"是一个核心问题。不少学者运用心理分析法解析重大的国际行为，剖析决策者的行为根源，对不同层次参与者的行为进行心理比较研究，从中探寻重大国际行为，特别是战争与和平行为的社会心理根源。而这种心理研究方法也受到了一些来自外部的质疑，本身也确实有许多地方有待改进。其中经常受到质疑的是其所用数据的信度问题。由于一般不能对决策者进行直接的心理测验，所以经常使用间接的办法得出决策者的认知，这需要研究者从研究对象公开或私下的、口头或书面的讲话中搜集数据，这时信度问题就出现了。

（3）层次分析法。这是系统分析的深化。把层次分析法专门作为国际关系学方法论加以讨论的是美国政治学家戴维·辛格（David Singer）。辛格于1961年发表了《国际关系中的层次分析问题》一文，明确指出层次分析法是国际关系研究的重要方法，并详细讨论了层次分析法在国际关系研究中的作用。辛格认为，国际关系的研究包括两个主要层次：国际系统和国家。国际系统是最全面、最具综合特征的层次，使研究人员能够从宏观上把握国际关系的规律；国家则是微观层次，可以使研究人员分析国家政策和行为的细节。这两个层次的关系就像树林与树木，研究人员可以根据自己的研究需要选择分析层次。肯尼思·华尔兹主张对国际关系进行系统层次、国家层次和个人层次三个层次的分析。各层次有其自身的规律性，又相互作用，构成了国际关系分析的大框架，使我们能够多层面、多向度审视国际关系①。在运用层次分析法时，有两点是需要注意的：层次分析中层次划分可以是多种类的，对所有适当的国际问题均可作某种

---

① 俞正樑：《国际关系与全球政治——21世纪国际关系学导论》，复旦大学出版社2007年版，第16页。

层次划分和分析;专注于某一层次的国际问题研究是必要的,不同的层次涉及不同的问题,只有把所有层次的分析结合起来,才能形成对国际关系的全面认识。

(4)结构功能分析法。这一分析方法与系统分析法紧密相关,它认为国际社会由相互依存的不同类型的系统组合而成,不同的国际系统有不同的组合原则,不同的组合原则决定各系统不同的结构,结构随原则变化而变化,不同的结构有不同的功能,结构与功能之间存在着互动关系,一旦系统的功能变了,其结构也会随之而变。结构功能分析法较多运用于国际一体化的研究①。它的弱点是对实力及其结构作用过于强调,容易忽视国际规范、国内政治等的影响。

(5)计量分析法。这种方法运用统计学原理和数学形式对国际关系行为者的属性资料和行为资料的各种数据进行统计分析和定量描绘,作纯科学研究,获取对国际关系规律性的认识。计量分析法包括很多方式和模型,使用较多的是变量分析法与内容分析法。

变量分析法是把国际现象归结为一组变量,即量化为统计数据,从量化指标比较研究中得出结论。例如,清华大学国际问题研究所的学者将国家双边关系划分为三大类别:敌对、非敌非友、友善,每一类别按照程度再一分为二,共六个等级,对应不同的分值范围,对抗(-9——6)、紧张(-6——3)、不和(-3—0)、普通(0—3)、良好(3—6)、友好(6—9),把统计指标确定为被赋予不同分值的典型事件,如建立外交关系、建立伙伴关系、签署双边自由贸易协定、国家领导人正式访问、进行全面经济封锁、断交、战前的军事摩擦、外交部门发出严重警告等。选择《人民日报》和中国外交部网站的事件数据,并将已发生事件转换成一维的事件分值,即将当月发生的正负事件的分值相加,求得该月的事件总分值,由此来绘制中外双边关系曲线,定量衡量双边关系的发展②。这种方法便是一种典型的变量分析法。

内容分析法是假设—统计—假设确认的论证方法,即对某一命题用假设的方法做预测性的研究,通过广泛搜集第一手相关资料,并对其进行分类、统计与对比,来验证假设的正确性。内容分析法研究程序大致分为五个步骤。第一

---

① 俞正樑:《国际关系与全球政治——21世纪国际关系学导论》,复旦大学出版社2007年版,第15-16页。

② 阎学通:《中外关系鉴览1950—2005——中国与大国关系定量衡量》,高等教育出版社2010年版。

步，文献回顾和批评。从回顾前人对一种国际现象或一个事件的研究成果入手，研究者可以从多方面受益，从中汲取知识，在前人研究的基础上进一步深入，而且根据前人的研究成果，可以避免走弯路、避免重复研究，进而根据前人研究成果的缺陷或不足确定自己的研究方向。第二步，寻找研究问题。所选择的研究问题应是一个没有答案或是现有答案有缺陷的问题，应是一个有学术或社会意义的问题，并且是研究者有可能回答的问题。第三步，提出合理假设。有了问题之后，研究者需要给出一个假设，即可能的答案，研究者用这个假设指导下一步的检验工作，没有假设就没有检验的目标，假设是用于实证检验的。当检验的结果与假设一致时，这个假设就成了结论，即"最后一个假设是结论"。如果检验结果表明假设是不成立的，就需要修改假设，而不是更换检验的事实。第四步，检验假设。检验假设的方法是多种多样的，如个案分析、案例比较、统计分析、模拟实验、专家访谈等。无论使用什么方法，都首先要制定出检验假设的标准。例如比较两国军事实力差别，需要明确军事实力的定义和衡量标准，可以是算数标准的军费开支，也可以是物理标准的武器装备水平，也可以是两者的结合。第五步，得出结论。一项研究的结论是对一个问题给出的答案。从科学的角度来讲，任何一个答案的合理性都是有条件的，得出结论时，研究者要明确这个答案的适用范围，以及不完善方面和需要进一步深入研究的问题。

以上概括性地介绍了国际关系学的一些研究方法，在面对具体的国际问题时，采用哪种方法研究是最好的呢？这个问题实际上没有标准答案，只能具体问题具体分析，我们所面对的问题决定了我们该用什么方法去研究。我国学者开展国际关系理论研究，要在坚持马克思主义世界观与方法论的前提下，吸收、借鉴西方的成功经验，努力形成既符合马克思主义基本原则，又体现学科发展规律，适应学科发展要求的国际关系理论研究方法。要坚持唯物史观和历史辩证法，正确运用阶级分析的方法，借鉴系统论和层次分析法，注意定性分析与定量分析的有机结合。

二、如何学习国际关系

学习国际关系和研究国际关系有本质区别。学习国际关系是要了解国际关系的历史、现状、理论及其他研究成果，而研究国际关系则是要对国际关系中令人迷惑的问题做出回答。因此学习国际关系和研究国际关系在方法、具体要求上也都有所不同。

国际关系学是一门考验人类和平相处能力与智慧的政治科学,也是一门以问题为导向的社会科学。政治是一种"摆平"的艺术,国际关系也是棋盘上的博弈,其运作与实践体现着国家间交往与互动、驾驭与平衡的政治艺术①。每天我们会从网络、电视等媒体看到许多正在发生的国际事件,国际关系现象已经高度融入我们的日常生活和思想中,这也体现出这一学科贴近生活的美。国际关系学的魅力吸引着我们去学习和思考。

概括地讲,学习国际关系学要做到勤读、勤想、勤说、勤写。勤读是指阅读相关的书籍和报刊,登录浏览专业网站等,了解最基本的国际关系事实和分析方法。不但要读国际关系专业书籍和刊物,也要阅读新闻类报刊,以及浏览国际关系网站,将阅读专业著作和阅读新闻报道相结合,这有助于我们正确理解国际关系。勤想是指培养独立的思考和分析能力。对同一国际关系现象的解释可能是多种多样的,因此我们需要对多种不同的解释进行反复思考和比较,进而得出自己的结论,同时掌握可以支撑自己看法的事实依据和完整逻辑。勤说是指多通过讨论来检验自己的观点或看法的合理性。勤写是指通过不断写作提高分析国际问题的逻辑能力。对于国际关系初学者而言,先从概念学起,然后学习历史,再学习理论,这是一个相对有效的路径。

 思考题

1. 国际关系对个人的影响体现在哪些方面?
2. 对个人来讲,学习国际关系学有何作用?
3. 国际关系学的研究对象、学科范畴、研究内容分别是什么?
4. 如何认识国际关系学与外交学、国际政治学、世界史之间的关系?
5. 现代国际关系学创立的标志性事件是什么?这门学科的主要理论流派有哪几个?
6. 马克思主义国际关系理论的基本特征是什么?
7. 国际关系学研究主要有哪些方法?
8. 国际关系学研究方法中,传统主义导向与行为主义导向有何区别?
9. 中国国际关系研究经历了哪几个阶段,取得了哪些方面的成绩?

---

① 王首伟:《国际关系学概要》,天津人民出版社2015年版,第2页。

第二章 国际体系与国际格局

国际体系和国际格局是学习和研究国际关系的基本背景和出发点。国际体系中存在着从微观到宏观的多个不同层次,国际体系研究属于宏观层面的研究,为了更好地从整体上分析和把握国际社会的现状和未来发展趋势,众多的中西方学者十分关注这一特殊研究领域。本章主要介绍国际体系的性质与构成、国际体系的文化、国际格局及大国战略关系等问题。

第一节 国际体系的性质与构成

国际体系是描述和解释国际现象的重要概念,也是国际关系学界的研究重点之一。要分析和探索国际体系,就必须明确国际体系的含义、类型、性质等问题。

一、国际体系的含义与类型

要想清楚地理解国际体系的含义,首先要理解国际体系概念本身所包含的一个基本假设,即无论是个人还是团体,他们的活动总是会形成一定的行为模式,这些行为模式可以被称为系统。体系是若干有关事物相互联系、相互作用而构成的一个整体。将社会作为一个系统进行研究的思想自古就有。例如,古希腊哲学家赫拉克利特(Heraclitus)曾经指出,所谓世界就是囊括一切的整体。马克思和恩格斯指出,随着自由资本主义生产方式的不断扩展,世界逐渐连成一体。资产阶级对世界市场的开拓,使一切国家的生产和消费都成为世界性的了,"民族国家在经济上处在'世界市场的范围之内',在政治上'处在国家体系的范围之内'。"①

从路德维希·冯·贝塔朗菲(Ludwig von Bertalanffy)于20世纪30年代提出一般系统论以后,系统研究方法在科学研究领域得到广泛应用。20世纪50年代,戴维·伊斯顿(David Easton)将系统论引入政治学,提出了"政治系统"的命题;与此同时,卡普兰将系统论引入国际政治领域,提出了"六大国际系统"的命题。在《国际政治的系统和过程》一书的前言中,卡普兰指出,"本书的写成,乃代表一种从系统论角度所做的努力,从抽象的、理论的和半正规的角度研究国际政治的若干方面。"②后来,华尔兹在《国际政治理论》一书中对体系理论在国际政治领域的应用做出了经典阐述。华尔兹认为,体系可以被界定为"一系列互动的单元,从一个层次来说,系统包括一种结构,结构是系统层次上的一个组成部分,由于它才可能设想单元组成一个体系,而不同于简单的集合。在另一个层次上,系统包括相互的单元。"③由此可见,体系包括两个方面:互动的单元及其结构。

国际体系是国际范围内由各行为主体间相互联系与作用所形成的具有特定结构与功能的统一体。之所以说世界是一个体系,是因为它具备了体系的两个基本特征。其一,在全球化日益加强的今天,国与国的联系愈加紧密。全球公共问题使各国如同一根绳上的蚂蚱,谁都不可能置身事外,不受其影响。其二,在此背景下,国家间的相互依存关系不断加深,各种国际行为体之间的互动性大大加强,国际社会出现了牵一发而动全身的现象。

国际体系可以根据不同标准进行分类:就范围而言,它可以分为全球性国际体系与地区性国际体系;就内容而言,它可以分为国际政治体系、国际经济体系,等等。

二、国际体系的性质

1. 国际体系的自然属性——无政府性

国际体系的自然属性是无政府性。"无政府"顾名思义是指国际政治中缺

---

① 《马克思恩格斯选集(第1卷)》,人民出版社1995年版,第276—277页。
② 莫顿·卡普兰:《国际政治的系统和过程》,薄智跃译,中国人民公安大学出版社1989年版,第3页。
③ 肯尼思·华尔兹:《国际政治理论》,信强译,上海人民出版社2003年版,第53页。

少一个共同的政府,即各国之上没有一个共同的政府来强行施加规则和法律,没有凌驾于各国之上的强制性权威机构来管理国家之间的交往。不仅在古代没有,即使在全球化充分发展的今天也同样没有。无政府状态是国际体系和国内体系的最根本区别。世界体系中没有高于国家主权权威的中央政府,亦即华尔兹所说的"不存在具有系统范围权威的机构"和基欧汉所说的"世界政治中缺乏一个共同的政府"。有读者可能会提出:联合国难道不是凌驾于各国之上的强制性权威机构吗?事实上,联合国是一个成员国议事的机构,没有自己的军事力量,没有强迫成员国服从联合国规则的强力机器。

无论是在国际社会有了主权平等的规范之前还是之后,军事暴力工具只要不被一个超国家机构垄断,国际体系的无政府性就始终存在。由于国家之间是在缺少世界政府的情况之下发生关系的,所以华尔兹在《国际政治理论》中认为:"国家之间,正如在人与人之间一样,无政府状态,或者说没有政府的状态,是与暴力的发生联系在一起的。"① 然而,国际关系的"无政府"只是意味着没有一个凌驾于所有国家的中央政府,并不意味着国际社会一定充满混乱或者毫无秩序。"无政府"与"无秩序"并非是同义语。国际秩序是各种行为方式的有机组合,它是国际社会的最基本要素和目标。事实上在国际社会中存在着一系列为各国所承认的共同的规则和理念,它们使各国的行为处于一种有秩序的状态。新现实主义的代表人物之一罗伯特·吉尔平曾经指出:"尽管国际系统是无政府的,国家之间的各种关系却有着高度的秩序。无政府的国际系统对国家的行为有着一种无形的控制。"均势政治就是一种典型的控制国际秩序的机制。秩序也许潜伏在国际政治中而不为各个国家所知,就像在完备的市场机制中有一只"看不见的手"调节着各个经济人的行为,使它们井然有序地进行着各种交易。国家的行为并不仅仅是由它们的理念和目标所指引,而是由一种超越它们之上的一种共同的框架所约束。

尽管诸如均势、国际法、国际组织、国际制度等因素还很不完善,但是它们通过促进和鼓励国家之间进行相互沟通和形成某种约定的行为惯例,也能使国际政治中存在一定程度的秩序,并且使国家可能有更大的选择空间。正如一个格言所说的,人类既不能完全靠说教(word)而生,也不能仅仅依赖刀剑(sword)

---

① 肯尼思·华尔兹:《国际政治理论》,信强译,上海人民出版社2003年版,第136页。

而活。实际上,国际体系的无政府状态是一个连续统一体,其中秩序的程度是不同的。所谓秩序的程度,主要是指国际法、国际制度的完善状况及国家遵守的情况。无政府状态连续统一体的一端是霍布斯式无序政治,战争是常态;另一端则是康德式高度有序的政治,战争是极其反常的现象。在这两端之间,存在着大量的有序程度不一的各种无政府状态。随着国际法、国际制度数量的增多,以及越来越多的国家在越来越多的情况下遵守这些法律与制度,国际体系的有序程度正在逐步提高。由此可见,"国际体系的发展就是一个由无序走向有序、由有序程度较低到有序程度较高的过程"[①]。

2. 国际体系的社会属性——不平等性

不平等性,或者说等级性是国际体系的社会属性。国际体系是一个无政府的社会,但这不意味着国际体系没有社会等级。有学者认为国际无政府社会的行为体,尤其是主权国家所具有的功能是相同的,因此它们是平等的、没有等级区分的,这与我们所观察到的实际情况并不相符。与国际社会相比较,一国的国内社会是有政府的社会。进一步讲,有政府社会与无政府社会的区别不在于是否有社会等级,而在于决定社会等级的标准不同。在无政府社会体系内,也就是国际社会,实力决定社会等级。而在有政府的社会体系内,也就是国内社会,权力决定社会等级。实际上,今天的联合国就是一个某种程度上的等级体系,成员国分为安理会常任理事国、安理会非常任理事国和普通会员国。

国际体系是由平等的国际政治行为主体组成的,但是它一开始就充满了不平等性。这充分体现在,国际政治经济旧秩序的不公正不合理,国家之间在权力、利益等方面的分配存在不对称性。历史上所出现的国际体系具有浓厚的"西方色彩"。主权国家源于西方文明,曾是西方文化价值的载体,其中既包含着反映人类文明进步的方面,也残留有将被历史所淘汰的旧观念。至今国际社会依然受制于西方文化的影响,国际关系被权力政治所充斥,大国政治(即霸权主义和强权政治)历来是国际体系的主要内容。例如,1945年雅尔塔体系的形成改变了欧洲在世界政治中的中心地位,体现了美、苏两个大国对国际事务的支配和主宰,其实质是大国划分势力范围。需要指出的是,国际体系的不平等性往往决定了国际合作的有限性。

---

① 康绍邦、宫力:《国际战略新论(第二版)》,解放军出版社2010年版,第59页。

三、国际体系的构成要素

一般认为,国际体系由三个要素组成:国际行为体、国际格局、国际规范。为了更好地阐释这三要素之间的关系,有学者打了一个很形象的比方:将国际体系比喻为一个无人管理的集市,国际行为体可以比喻为店铺、摊贩、顾客、流氓团伙、乞丐等,国际格局可比喻为集市上大型团体的实力对比以及他们之间的关系,国际规范可以比喻为集市上约定俗成的"行规"和习惯,例如收取保护费、惩罚背叛者等[1]。

国际行为体是指那些在国际社会中从事跨国活动的国家、组织等,是国际社会活动的基本单位。我们将在下一章中详细介绍国际行为体,尤其是国家行为体的有关问题。

国际格局是国家之间的实力分配和大国之间的战略关系。所谓战略关系主要是指对国际格局有战略影响的大国之间的同盟、敌对或非敌非友等几种情况。历史上曾出现过的国际格局形态有单极、两极、多极三种基本形态。

国际规范是国家间在长期互动、交往中形成的并对国家行为具有不同约束力的习惯、规则、法律等的统称。国际规范是国际舞台上的行为规则或游戏规则,通常包括国际社会的核心价值、行为规则及制度等因素,它制约和塑造国家的对外行为,也是国家行为合法性的重要来源。虽然国际体系具有无政府性,但国际规范却可以在一定程度上维持国际秩序。例如主权规范、核不扩散规范等,这些国际规范是通过国际条约、国际法或国际惯例确立下来的。国际规范可以在一定程度上维持国际秩序就如同约定俗成的习惯可以维持无人管理的集市秩序一样。在无政府性质条件下,各种维护国际体系秩序的规范的约束力是不一样的,比如国际条约的约束力要强一些,而国际惯例的约束力要弱一些。国际规范往往都是大国制定的,而小国在多数情况下只能被动遵守。

构成国际体系的三个要素发生质变的速度是不一样的。与国际行为体和国际规范相比,国际格局发生质变相对频繁。国际格局由大国间的实力对比和它们的战略关系构成,其中战略关系的变化速度快于实力对比的变化速度,短则数年就可能改变。

---

[1] 阎学通、何颖:《国际关系分析(第三版)》,北京大学出版社2017年版,第36页。

四、国际体系与国内体系的区别

由于国际社会与国内社会的性质不同,因此国际体系与国内体系存在显著的区别。

(1)国际体系内部执行主权原则,单元之间是法理层面的平行关系,而国内体系执行等级制,单元之间形成金字塔式的垂直关系。

(2)由于主权原则的存在,国际体系的权力状态是分散的,不存在超越国家之上的强制力,国家从理论上讲不必服从任何外在的权威,而国内体系的合法权力集中于政府,政府具有强制力。

(3)由于权力结构的不同,国际体系和国内体系各自的单元就会出现两种不同的情形。在国际体系下,主权国家获得了自由,但失去保护,原则上只能自助——一切都得靠自己,而在国内体系下,人们受到政府和法律的保护,获得安全,但同时自由受到限制。

(4)由于所面临的问题不同,国际体系和国内体系中的单元所追求的目标也不尽相同。由于拥有了一定的安全感,国内体系的人们首先追求公正和平等,而由于没有了安全感,国际体系下的国家首先追求安全和生存。

国内体系和国际体系存在显著区别,如表2-1所示。

表2-1 国内体系和国际体系的区别

体系	性质	确定等级的依据	法律效力	成员的安全保证	成员的追求目标	认同感
国内体系	有政府状态	权力	存在强大强制力,国家机器负责强制实施	人们受到政府和法律保护,获得安全,但自由受限	人们追求公正和平等	民族国家认同
国际体系	无政府状态	实力	缺乏强制力	国家获得独立,但失去保护,安全只能自助	国家追求安全和生存	缺乏全球政治认同

前文已指出,国际社会的无政府状态并不意味着国际社会一定充满混乱或者毫无秩序,并不必然导致国家间的征战不休、弱肉强食。国际体系中是存在秩序的,这说明国际体系的文化、国际组织、国际法、国际规范等因素都在国际体系中发挥着自己的作用。

第二节　国际体系的演变

国际体系中,主要大国实力对比和战略关系所形成的国际格局是决定国际体系结构的重要因素,下面就简要回顾近代以来国际体系演变的历程,总结国际格局演变的一些特点和规律。

一、威斯特伐利亚体系

自1648年威斯特伐利亚和会到1789年法国大革命前,欧洲的威斯特伐利亚体系成为近代以来第一个国际格局。虽然从地域上说,这个权力结构仅仅局限于欧洲,但它却深刻地影响了全球各地,乃至整个近代历史。

1618—1648年的三十年战争是发生在神圣罗马帝国(近代早期欧洲最大的国家)境内的、德意志新教同盟与天主教同盟之间的战争引发的一场有关政治和宗教平衡的冲突。在1648年召开的威斯特伐利亚和会上,与会各国达成了《威斯特伐利亚和约》(The Peace Treaty of Westphalia)。威斯特伐利亚和会除了英、俄、波兰没有参加,其余所有欧洲国家都出席了,会议解决了战争留下的问题,安排和协调了各方的利益。《威斯特伐利亚和约》是于1648年10月在神圣罗马帝国明斯特市和奥斯纳布吕克市(威斯特伐利亚区)签订的一系列和约,由《明斯特和约》(签约双方为神圣罗马帝国和法兰西王国以及各自盟友)和《奥斯纳布吕克条约》(签约双方为神圣罗马帝国和瑞典帝国以及各自盟友)组成,它确定了国际关系中应遵守的平等和主权等原则,对近代国际法的发展具有重要促进作用。以三十年战争确立的强权关系为主要格局,以这一条约为主要国际法理依据,威斯特伐利亚体系正式形成。这一体系的特点有以下几个方面:

(1)欧洲出现长达百余年的多极格局。《威斯特伐利亚和约》确立了以民族君主国为国际关系的主要行为体和国家主权原则,打破了长期存在的罗马教皇神权统治。威斯特伐利亚体系形成了由法国、瑞典、西班牙、英国、荷兰、奥地利、普鲁士和波兰等大国组成的多极均势格局,但这种均势格局并非一种稳定局面。到18世纪末前夕,瑞典、西班牙和荷兰已不再是大国,波兰则已根本不存在,它们的地位被俄国和普鲁士取代。无论是前期的七极均势格局(法国、瑞典、西班牙、英国、荷兰、奥地利和波兰),还是后期的五极均势格局(法国、英国、奥地利、普鲁士和俄国),威斯特伐利亚体系都是一个多极均势格局,它维持了一个多世纪。受和约限制,这些国家之间未爆发类似三十年战争那样的大规模冲突。

(2)这一时期的多极格局并没有像均势理论支持者预测的那样有效维持体系的稳定,欧洲仍经常呈现混乱的局面。主要原因是,此时欧洲的君主国实际上类型多种多样,英国是实行"君主立宪""虚君共和"的君主国,法国是"开明专制"的君主国,哈布斯堡王朝(奥地利和西班牙)是坚持"正统原则"的君主国,俄罗斯则是"传统专制"的君主国。表面上看起来大家都是君主国,但其实差别很大,君主们对于如何处理主权国家之间的关系未达成共识,大多都将均势看成是国家间自由竞争之后出现的自然结果。于是战争并未止歇,尔虞我诈和弱肉强食仍在继续。

(3)《威斯特伐利亚和约》首次创立并确认了条约必须遵守和对违约进行集体制裁的原则。《威斯特伐利亚和约》结束了三十年战争,它开创了用国际会议的形式解决国际争端的先河,被公认为欧洲最早的一次国际会议。在此前的霍布斯文化下,国家之间对条约的态度是有利则行,无利则背,基本上不讲诚信,把政治和外交当成欺骗的艺术。但在缔结和约后,尽管尔虞我诈仍不时发生,但至少和约以国际法的形式否定了无故违约的合法性,这不得不说是一种历史的进步。此外,《威斯特伐利亚和约》还确立了国与国之间常驻外交使节制度,这是确立主权国家地位的一个重要标志。

(4)相比中世纪的国际秩序而言,威斯特伐利亚和会后的欧洲开始以国际会议形式来解决国际争端和结束国际战争。战争的残酷性有所下降,霍布斯文化的性质开始减少。

二、维也纳体系

1789年,在美国独立战争的鼓舞和国内危机的刺激下,法国大革命爆发。随后的拿破仑战争(1803—1815)打破了威斯特伐利亚体系所建立的欧洲多极格局。在英国主导下,由奥地利、普鲁士和沙俄联合而成的反法同盟经过十多年的血战,击溃了拿破仑帝国。为了重建欧洲均势,避免欧洲大陆再次出现一个企图统一全欧的国家,同时恢复王朝国家的地位,1814年10月,近代国际关系史上规模空前的一次国际会议在奥地利首都维也纳召开。除奥斯曼帝国外,所有的欧洲国家都参加了。出席会议的共有53个国家和邦的代表216名,而起主要作用的是英、俄、奥、普四国的代表,其中普鲁士是德意志神圣罗马帝国中最强大的国家。自维也纳和会起至1914年第一次世界大战爆发前,欧洲的国际格局被称为维也纳体系。维也纳体系下的欧洲呈现出以下特点:

(1)欧洲大国协调和会议外交开创了和平时期解决国际问题的新方式。威斯特伐利亚体系是以和平和外交手段来结束战争,而维也纳体系则更为关注外交和国际会议,倡议以国际会议而非战争来解决各国的争端和矛盾。大国协调存在的百年间,平均每两年至少进行一次多边协商,在此期间,除维也纳会议之外,还召开过1856年的巴黎会议、1871年及1912年的两次伦敦会议、1878年及1884年的两次柏林会议、1906年的阿尔赫西拉斯会议等三十多次大型的国际会议。会议外交已成为欧洲国家处置国际关系时能普遍接受的一项事实,以国际会议处理国际问题已被公认为国际生活中的一种正常制度。

(2)列强的权力格局从"混乱的多极"走向"均势的多极"。很长时间内,欧洲列强都以均势原则维持各大国的力量对比,开始了欧洲均势的黄金时期。此时欧洲确实存在力量超乎一般强国之上的大国,19世纪大部分时间内,奥、法、普的实力都无法和英俄相提并论,但在正统原则和均势思维的影响下,英国专注于本国政治经济变革和海外殖民扩张,并以纵横捭阖的外交手腕,利用欧陆大国间或大国集团间的矛盾斗争,权衡轻重,控制两端,形成鼎足之势。沙俄虽有强烈的领土扩张欲望,但在欧洲仍属可合作和交流的对象。100年间,欧洲大陆只发生了两场规模较大的战争——1853至1856年的克里米亚战争和1870至1871年的普法战争。如此稳定的多极格局在世界史上是较为少见的。

(3)民族君主国向民族民主国家转变,王朝利益让位于国家利益。在威斯特伐利亚体系时期,君主国仍是欧洲政治舞台的主角,但在拿破仑战争时期,拿破仑的对外战争激起了被占领国家和地区民族的强烈反抗,法兰西第一帝国军队的四面扩张开始激发西班牙和德意志等地区的民族情绪,激发民族主义的兴起。在民族主义情绪的驱使下,欧洲相继爆发一系列民族解放运动,从希腊独立开始,除了西欧地区之外,原先分裂的、被奴役的国家都试图掌握自身命运。随着德意志和意大利相继统一,民族国家完全取代了民族君主国而成为欧洲政治舞台的主角。

(4)欧洲经济的发展推动了列强的海外扩张,世界体系初步形成。由于国际环境较为和平,欧洲开始进入经济发展的黄金时期。18世纪、19世纪欧洲相继发生第一次和第二次工业革命,第一次工业革命促使列强在世界各地抢占商品市场和原料产地,把广大殖民地和半殖民地卷入资本主义市场体系,成为经济附庸;第二次工业革命后,各国进一步争夺殖民地和划分势力范围,开拓国外市场,世界基本被瓜分,世界市场最终形成。这种行为将全世界纳入了以欧洲为主导的国际体系,全球殖民体系的出现意味着世界体系初步形成。

在欧洲维也纳体系外,19世纪的世界出现了两个地区性的权力格局——美洲与东亚。在美洲,南北战争以后,美国政治的统一和稳定,联邦政府的政治、经济改革,为美国第二次工业革命和经济腾飞创造了良好的条件。1894年美国工业产值超过英国,成为世界经济规模最大的国家。同时,门罗主义的对外政策将整个美洲变为美国的势力范围,使美洲地区自成一个国际体系。另外,在东亚地区,日本以"明治维新"重建国家制度和社会结构,引进西方先进技术和文明,鼓励发展近代工业,努力发展教育,在极短时间内成功废除了不平等条约,还先后通过甲午海战、日俄战争战胜中国与沙俄,成为近代东亚国际体系的中心国家。

三、凡尔赛-华盛顿体系

1870—1871年的普法战争和德国的崛起极大地改变了欧洲大国间的力量对比。法国战败,实力削弱,德国战胜且最终完成统一,建立帝国,即所谓的德意志第二帝国。1871年德国的统一严重危及欧洲的均势,但在俾斯麦编织的繁杂外交网络下,欧洲的均势勉强维持下来。遗憾的是,俾斯麦在欧洲政坛"五球不落"的才华无人能及。他被迫退休十四年后,如火药桶般的欧洲终于被巴尔干半岛的火星点燃,1914年一战突然爆发,维也纳体系彻底瓦解。随后召开的巴黎和会与华盛顿会议,先后确立欧亚两地的国际秩序。这两场和会确立的世界格局被称为"凡尔赛-华盛顿体系"。

这一国际体系的最大亮点是成立了世界上第一个保障集体安全、解决国际争端的国际组织——国际联盟。作为集体安全的一次制度试验,国际联盟始终没有获得大国的真正认同,没能有效地改变国际社会的无政府状态。虽然其失败的原因众说纷纭,但谁也不能忽视它在国际关系史上的地位,正是在其经验教训的基础上,人类建立了联合国体系。在威斯特伐利亚体系下,国际会议只是解决冲突和结束战争的手段;在维也纳体系下,各国认同国际会议是平时解决矛盾和争端的有效途径;在凡尔赛－华盛顿体系下,国际会议被制度化,当时大部分主权国家都陆续加入国际联盟,并形成定期开会的惯例。

凡尔赛－华盛顿体系的另一个重要内容,是确立欧洲和亚洲－太平洋地区的新秩序,形成了一个"脆弱的多极"。这是有史以来第一个以主权国家为行为体的、全球强国参与的、真正意义上的世界格局。欧洲的中心地位严重削弱,日本和美国以新兴大国姿态跃上国际舞台中央,新老大国之间的角逐与合作关系相当复杂微妙。这个极度脆弱的国际体系,有随时被颠覆的危险。

凡尔赛－华盛顿体系建立后,列强之间的利益得到了暂时的调整,世界也出现了暂时的和平。但是,争霸是帝国主义本性,凡尔赛－华盛顿体系绝不是帝国主义争霸的终结,而是它们另一轮争霸的新起点。大国之间的争霸不断破坏着战后形成的大国均势与平衡。巴黎和会后,英、法的霸权虽然得以维持,但已江河日下。法国执意趁打败德国的大好时机建立自己在欧洲的霸权,英国却以支持德国复兴来制约法国,维持自己海军大国的地位。新兴的美国野心勃勃,寻找着争夺世界霸权的机会。日本和意大利对凡尔赛－华盛顿体系中分赃不均强烈不满。日本被迫将原先德国在山东的权益交还中国,但依然对东亚和南亚地区的大片领土和资源虎视眈眈,时刻筹划如何开疆拓土,压制苏联和美国,成为真正意义上的远东第一大国。德国复仇主义浓厚,它既不能像维也纳和会时的法国那样参与战后和谈,又不得不满足割地赔款的各种要求,指望有朝一日彻底撕毁给它带来耻辱的《凡尔赛和约》。苏联时刻担心资本主义列强的全面包围,本欲专注于国内建设而无心与西方交恶,却遭到西方长期的排斥和打压,加深了对这一格局的不满。随着经济、军事实力的增长,列强之间实力对比不断变化,又进一步加深和激化了这些矛盾,最终形成同盟国和轴心国两大对立的集团,进而由希特勒引爆了第二次世界大战。随着法西斯的侵略扩张,第二次世界大战由帝国主义的争霸战争演变为法西斯与世界反法西斯人民的一场世界大战。1945年法西斯战败投降,凡尔赛－华盛顿体系最终没走出崩溃的命运,代之以雅尔塔体系。

四、雅尔塔体系

雅尔塔体系是在以雅尔塔会议为代表的一系列重要国际会议上,就结束战争与维持战后和平问题通过的各种文件、宣言、公告、原则和协议等为基础的美苏两国在"协调"和"合作"的名义下划分势力范围而形成的全球性国际体系。早在第二次世界大战进入战略反攻阶段后,反法西斯同盟国之间就开始就战后国际关系体系问题举行了一系列国际会议。1944年布雷顿森林会议为战后国际货币体系的建立奠定了基础。同年8月份,苏、英、美三国参加的敦巴顿橡树园会议则为雅尔塔体系的形成做了组织准备。1945年2月,苏、美、英三国首脑在苏联克里米亚的雅尔塔会晤,会议最后签署了《克里米亚会议公报》《克里米亚会议议定书》和《雅尔塔协定》等,宣告新的国际体系——雅尔塔体系正式形成。雅尔塔体系的特点有如下几个方面:

(1)这一体系的主要内容是美苏划分势力范围和战后维持大国合作。根据协议,欧洲被一分为二,德国分裂为东德和西德,东欧和东德是苏联的势力范围,西欧和西德属于美国的势力范围;在远东,苏联收回南库页岛,获取千岛群岛,取得中国东北和朝鲜半岛三八线以北的势力范围,外蒙古独立;美国则把日本、朝鲜半岛南部及中国除东北外的其他部分作为其势力范围。大国合作主要是依据雅尔塔体系所确定的大国一致原则行事,其主要标志是在联合国设立安全理事会制度,对重大问题进行表决,且安理会常任理事国拥有否决权。

(2)它是对抗色彩明显的两极均势体系。雅尔塔体系是一个两极均势体系,这是它与以往国际关系体系最大的区别。经过第二次世界大战,欧洲传统强国或衰或败,世界强国的数目急剧减少,苏联经过战争的考验成为欧洲唯一的强国,美国则在战争中得到巨大发展,成为战后初期唯一的超级大国,国际战略力量重新调整。美国和苏联取代欧洲老牌帝国主义国家,成为战后主宰国际局势的主要力量。国际关系体系终于不再是以欧洲为中心的多极均衡体系。雅尔塔体系的核心是美苏两极对峙格局,对峙的基本方式便是长期冷战。二战后不久即由美苏两个国家的对抗发展扩大为东西方两大阵营的对抗和斗争,双方在政治、经济、军事、文化等各个领域进行全方位的较量,在世界范围内制造紧张与动荡的国际局势。

美苏争霸是战后世界热点问题产生的主要根源,是导致世界局势动荡不安的主要原因,但是同时,美苏在各自阵营内部具有较强的控制力,使危机和局势又不至于失控而导致世界大战。核恐怖均势又增加了这一体系的均衡性。因此,雅尔塔体系的基本特征是两极均势体系,但两极结构时紧时松,总的趋势是向松散化、多极化方向发展①。

(3)实行大国控制的强权政治色彩浓厚。雅尔塔会议上对战败国的处置、联合国组织的设计以及《雅尔塔协定》中美苏关于中国的秘密交易等都带有大国强权外交的阴影。冷战时期,其强权政治色彩更加浓厚。美苏通过政治、经济、军事、外交等各种手段,加强对各自阵营的控制,要求其势力范围内的国家的内政外交必须符合其冷战利益。而美苏两国肆意干涉弱国小国内政,拿弱小国家的主权和利益做筹码进行交易的事情也时有发生。这些充分体现了雅尔塔体系的强权政治色彩。

(4)资本主义阵营和社会主义阵营长期对峙。尽管从凡尔赛－华盛顿体系建立时就存在着两种不同性质的制度,但这一体系的核心内容和特点并不是两种制度的对立和斗争,社会主义制度未超出苏联一国范围,更未形成一个相对独立的体系。第二次世界大战结束后,世界殖民体系逐渐瓦解,一系列人民民主国家相继诞生,社会主义终于超出一国范围并形成独立的社会主义体系。雅尔塔体系的核心内容就是以美苏为首的两大阵营——资本主义阵营和社会主义阵营的对峙,在某段历史时期甚至就是两种社会制度的对峙。国际关系中第一次出现由不同制度的国家形成的相对独立的体系并存。

20世纪80年代末90年代初,持续了半个世纪的两极格局开始瓦解。随着东欧剧变和苏联解体,雅尔塔体系瓦解,世界格局呈现出一超多强的态势。美国以世界全能冠军的姿态成为超级大国,英国、法国、德国、日本、俄罗斯、中国、印度在综合实力上虽然都不及美国,但各有千秋,成为世界多强。

五、国际体系演变的特点和规律

通过回顾近代以来国际体系演变的历程,我们可以总结出如下几点特征和规律:

(1)从国际体系演进的历史可以看出,除雅尔塔体系(两极格局)瓦解之外,国际体系的转换均通过战争方式完成。欧洲从中世纪政教合一的神权统治走向威斯特伐利亚体系时,经历了法国与新教同盟对哈布斯堡家族与天主教同盟的三十年战争;威斯特伐利亚体系转向维也纳体系时,经历了法国和反法同

---

① 葛勇平:《国际关系理论与实践》,哈尔滨工业大学出版社2014年版,第23页。

盟十余年的苦战;维也纳体系转向凡尔赛－华盛顿体系时,经历了一战;凡尔赛－华盛顿体系转向雅尔塔体系时,经历了二战。

(2) 从国际体系演进历史还可看出,以战争方式来改变国际格局的挑战者最终都沦为失败者①。哈布斯堡王朝一统欧洲的野心被法国和新教同盟击垮;拿破仑统一欧洲的雄心被以英国为首的反法同盟击碎;德国称霸欧洲和影响世界的企图在英法俄的抵制和美国的干预下遭打压;重新崛起的希特勒德国和被军国主义思想控制的日本都希望在本地区建立霸权统治,甚至称霸世界,但以美苏中英为代表的反法西斯同盟彻底粉碎了它们的野心。发起战争的挑战者在很长时间内都未能恢复先前的国际地位。哈布斯堡王朝自三十年战争后便衰弱不堪,奥地利长期仅是一个欧洲二流强国;法国在滑铁卢战役后便难以再现路易十四时期的辉煌;德国在一战和二战之后都遭受了极严厉的压制,复兴之后也难再有称雄欧洲的时机。

(3) 当以战争方式来改变现状的挑战者们纷纷溃败之时,它们的冲击也严重削弱了国际体系中的霸主国,当挑战者和霸主国两败俱伤之后,挑战者和霸主国之外的强国"渔翁得利",开始主导国际格局。三十年战争后,原本不起眼的法国崛起为欧洲大陆第一强国;拿破仑战争中,拿破仑帝国虽被击垮,但原本作为中欧强国的奥地利和普鲁士也都被严重削弱,两大侧翼强权英国和俄国分别主导了欧洲的海陆局势;一战以后,英法衰落,两国居然整体实力加起来还比不上战败国德国,美国正式以世界大国姿态影响全球政治局势,苏联成为藏身于边缘地区的潜在大国,日本在东亚的势力范围和国际地位得到列强承认;二战后欧洲丧失了世界中心的地位,曾称霸世界的欧洲国家都沦为二流国家,在战争初期处于观望状态的美国和被排斥的苏联则开始主导国际格局。

大国消长如月之盈亏。未来的国际体系和国际格局一定还会面临转换,而国际体系转换的基本问题依然会是:国际体系中原先的主导国如何应对新兴的崛起国?崛起国又应如何面对现存体系以及体系中的大国?对这些问题的思考和回应,考验着人类的智慧,影响着世界的未来。

---

① 邢悦、詹奕嘉:《国际关系:理论、历史与现实》,复旦大学出版社 2008 年版,第 129 页。

六、国际体系类型变化的动力

威斯特伐利亚体系、维也纳体系、凡尔赛－华盛顿体系和雅尔塔体系是近现代国际关系史上重要的体系名称。虽然命名不同,但这几次体系的过渡并不都意味着国际体系发生了质变。判断国际体系的类型变化,需要建立科学的标准。有学者认为,自近代以来,国际体系经历了两次大的转型:第一次转型起始于16世纪前后,完成于19世纪末20世纪初,基本内容表现为"国际体系由分散、孤立、不成体系的体系转化为整体的全球体系";第二次转型起始于1900年前后、结束于2000年左右,基本内容是"英国主导的全球型体系朝美国主导的全球型体系转型";而当前正在进行着国际体系的第三次转型,主要表现为"美国主导或者说西方主导的国际体系已难以为继,新的国际体系将向东西方共主方向转型"[①]。

国际体系的变化源于体系构成要素的变化,这一点有普遍的共识,然而对于什么是导致国际体系类型变化的根本动力这一问题,不同理论流派的看法是不一样的。

现实主义理论家从权力结构变化的角度理解国际体系的转型,他们普遍将国际体系的类型变化归结于国家权力结构和实力对比的变化,再将权力结构的变化归结于科学技术和生产能力的变化。现实主义认为结构的变化以及随之而来的国际体系的变化,是由各单位权力对比的变化所造成的。国际体系的转型也就主要表现为大国间权力对比结构的变化。现实主义者并不否认国际制度的质变对国际体系变化的重要影响,但是他们认为国际制度变化的物质基础是大国权力结构的变化,因此他们将权力格局视为国际体系变化的首要因素。

与现实主义不同,新自由主义虽然也认为权力结构是国际体系的重要组成部分,但它同时也强调国际组织的作用,认为国际组织具有独立的利益诉求,其行为也表现出某种程度上的独立性,因此,国际体系的本体要素不仅包括国家,而且还包括国际组织等非国家行为体。因此,新自由主义认为除权力结构外,国际制度也是导致国际体系类型变化的一个重要因素。在国际体系中,除权力结构外,国际制度也能塑造国家间的互动。国际制度不是由强权国家创造并为

---

① 林利民:《21世纪国际体系转型论析》,《现代国际关系》2009年第6期,第1页。

其服务的一个依附于权力结构的"干扰性"变量,而是一个独立于权力结构的"独立性"变量。既然国际体系的结构不仅包括权力结构,而且还包括制度结构,那么,国际体系类型变化的动力就不仅是权力结构的变化,还包括制度结构的调整、制度的性质及其疏密程度的变化。

尽管现实主义与新自由主义对国际体系的变化动力认识不同,但它们都是基于物质主义(materialism)的本体论,即国际体系的结构是由权力或权力+制度等要素构成的一种物质性结构①。与此不同,建构主义认为导致国际体系类型变化的根本动力是观念结构的变化。建构主义理论家认为,国际体系的结构是一种基于观念主义(idealism)的观念结构而非物质结构,观念结构是被掩盖于权力结构之下的深层结构,是使物质结构具有意义的社会性结构。因而,尽管建构主义理论也认为国家是国际体系的基本单位,但由于国际体系的结构是可以建构的观念结构,所以国际体系便具有了可以建构的"进程"的性质,而这一点同新自由主义的主张又具有相通之处。在建构主义理论看来,国际体系转型的根本动力在于观念结构的转型。

表2-2反映了现实主义、新自由主义、建构主义三大理论范式对国际体系的本体要素、结构及其转型动力的认识。

表2-2 三大理论范式对国际体系的认识

理论范式	基本要素	结构的特征	转型的动力
现实主义	国家	权力结构	权力结构和实力对比的变化
新自由主义	国家、非国家行为体	权力结构、制度结构	权力结构的变化、国际制度的转变
建构主义	国家	观念结构	观念的转型

第三节 国际体系的文化

国际体系的文化是指国际体系中国家对于自身、与他国关系以及自身所处环境或世界所持有的共同知识。国际体系文化一旦形成,就成为一种客观存在

---

① 韩献栋:《东亚国际体系转型:历史演化与结构变迁》,《当代亚太》2012年第4期,第81页。

的生存环境,对体系中国家的对外政策和行为形成强大的约束力。当国家的行为符合体系文化时,国家往往并不会意识到体系文化的存在和影响,但当国家试图违反体系文化时,体系文化就会对国家形成强大的压力和约束。现代国际体系形成后,虽然无政府状态依然存在,但国家间至少可以有三种形式的关系——敌人、竞争对手和朋友。建构主义者亚历山大·温特以霍布斯文化、洛克文化和康德文化来命名这三种关系,并从理论上阐述了这三种体系文化的特征与性质。

一、霍布斯文化

霍布斯文化的关键词是"敌意",也就是人人为敌。霍布斯文化下的国家不信任除自己以外的任何人。之所以给这种文化冠以霍布斯之名,是因为17世纪英国政治思想家霍布斯(图2–1)在其代表作《利维坦》中提出,人类社会的自然状态是"所有人反对所有人"的战争状态,任何人都将其他人视为敌人,所有人都会为了争夺有限的资源而展开殊死斗争。由于霍布斯的一生几乎都是在目睹战争和冲突中度过的,所以在他看来,国际关系中其实也存在一切国家反对一切国家的"自然状态"。简而言之,霍布斯文化是指一种在"丛林状态"(亦称

图2–1 英国哲学家、政治学家托马斯·霍布斯(1599—1679)

为"自然状态")下的国家对外战略文化,在丛林社会中,所有人都是自己的敌人,国家主体和个人一样是贪婪、自私的,所以便需要一种"谁拳头大谁说话算数"的唯实力思想,强者便可以吞并弱者、奴役弱者。

霍布斯文化的敌意可以具体化为两点:其一,不承认别人作为独立行为体存在的权利,即不认为他国有生存的合法权利;其二,不会限制自己使用暴力的程度,即追求彻底摧毁或者征服奴役他国。国家在战争中不会心慈手软,希望完全消灭他国。

在霍布斯文化下的国家行为模式是什么样的呢?首先,国家往往会采取强烈的暴力方式对待他国。既然每个国家都认为其他国家是自己的对手和敌人,那么为了避免自己任人宰割,必然会采取强烈的暴力方式对待敌人。其次,如

果爆发战争,国家会无限度使用武力,战争迫在眉睫时,国家会先发制人。第三,由于断定敌人一旦有实力必然发动进攻,所以相对军事实力成为决定国家生存和安全的首要因素。国家只有拥有强于他国的军事力量,才能保证不落后挨打,不被其他国家征服和吞并。第四,决策者都从最坏处着想,做准备,从而减少了彼此合作的可能。这种悲观主义的政策取向必然导致国家陷入人人自危的安全困境,并进而引发军备竞赛。

用现代文明的眼光来看,霍布斯文化下的国际体系无疑是极其残酷和暴力的。霍布斯文化下的国际关系具有以下特征:战争连年不断,均势很难维持,和平只是战争的间歇;所有体系成员都被拖入战争,想要不结盟和保持中立十分困难;优胜劣汰,适者生存,弱国减少,诞生帝国。国际体系中政治单位的总数会不断减少,权力越来越趋于集中,最后产生一个垄断体系权力的帝国。中国春秋时代初期诸侯林立,至少存在一百四十多个邦国,但到了战国时代仅余十来个邦国,而秦帝国的崛起更是建立了一个中华大地上的世界政府。

必须指出的是,建构主义理论的代表人物温特笔下的霍布斯文化只是国际体系中的一种文化模式,但是它确实描述和反映了很大一部分国际关系的历史,也尤其符合霍布斯生活时期的西欧政治现实。二战以前,尤其是威斯特伐利亚和会之前,霍布斯文化是国际体系的主导文化。幸运的是,当启蒙之光开始闪耀西欧的时候,欧洲国家关系中的霍布斯文化色彩开始逐渐消散。发展至今,虽然霍布斯文化已不再是国际体系的主流文化,但某些国家之间的关系可以说仍旧处于霍布斯文化的阴影之下。

二、洛克文化

洛克文化得名于另外一位英国的哲学巨擘——约翰·洛克(图2-2)。如果说"不是杀人就是被杀"是霍布斯文化的逻辑,那么洛克文化的逻辑则是"我活也让别人活"。与霍布斯文化相比,洛克文化下的国家以"竞争对手"而不是"敌人"来定义自己和他国的关系,也就是人人为竞争对手。国家虽然希望"谋财",但同时承认别国的生存和自由权利,因此不会为了"谋财"而让他国"丧命"。简而言之,洛克文化认为各国之间都是竞争对手,但国家拥有独立主权和生存权。

图2-2 英国哲学家、政治学家约翰·洛克(1632—1704)

主权原则是这种竞争关系的基础,主权国家在竞争中承认生命和自由是自己和对方均享有的权利,所以往往不会试图摧毁、征服或者统治对方。洛克文化下的国家行为模式是什么样的呢?第一,国家间不管发生何种冲突,都不会以摧毁或者奴役对方为最终目的。主权原则成为所有主权国家在世界舞台上参与竞技的"护身符"。第二,如果争端导致战争,竞争对手和自己都会限制各自暴力手段的使用。第三,军事力量的重要性和地位有所下降。第四,主权制度使安全基本上得到了保障,所以国家更为重视绝对收益,国家不必担心别国实力比自己强时自己就无处立足,国家会乐于接受合作。

创立了主权原则的威斯特伐利亚体系开创了国际关系中的洛克文化,但当体系中的一个强国经历内部革命或完全拒绝洛克文化时,国际体系还可能会暂时倒退回霍布斯文化,所以二战前,洛克文化并未成为国际体系的主导文化。直到二战结束,随着联合国的建立、殖民地的瓦解,洛克文化才在国际体系中占据了主导地位。洛克文化可谓是现在国际间比较普遍认同的国际战略文化范式。相对于霍布斯文化,各种国际条约、国际组织、现代外交和政客们对国家生存权的认同都使得如今的国际社会难以被称为完全的"丛林社会",小国弱国得益于这些国际准则和架构,才获得了人类有文明以来最稳固的生存权。

洛克文化下的国际关系的特征有如下几点:战争虽然仍被接受,但受到很大制约,征服性的战争很少发生,即使出现了征服性战争,其他国家也会采取集体行动恢复原状,1991年的海湾战争就是典型的例子;国家死亡率接近零,弱小国家蓬勃发展,领土疆界基本固定,主权制度下,适者生存、弱肉强食已不再是国际体系的根本逻辑;国际体系的权力出现了分散化的趋势,均势成为一种常态;世界基本走出安全困境,军备竞赛仅存于大国之间,中立和不结盟成为得到认可的状态。

三、康德文化

康德文化是指国家之间是朋友关系的体系文化,也就是人人为友。康德文化之所以以"康德"命名,是因为康德(图2-3)在1795年发表的《永久和平论》中提出了实现世界永久和平的政治构想。在康德文化下,国家间相互遵守两条基本规则:一是非暴力规则,也就是不使用战争和武力威胁的方式解决争端;二是互助规则,也就是任何一方的安全受到第三方威胁,双方都将共同作战。有了非暴力规则和互助规则的相辅相成,康德文化下的国家会期望友谊地久天长。概括起来,康德文化主张一种如今看来仍然有点理想化的国际战略关系:各个国家都应该是朋友的关系,它们应该互相结合成有利于彼此发展的共同体。

图2-3　德国哲学家伊曼努尔·康德(1724—1804)

康德文化下的国家行为模式与霍布斯文化及洛克文化下的国家行为模式都不同,康德文化下的非暴力规则导致国家之间多元安全共同体的出现,而互助规则导致集体安全的出现。集体安全涉及一个群体和外来者之间的争端,今天的欧盟在一定程度上可以说实现了集体安全制度。应该说,康德文化还不是当今国际政治中的主流。

总体上来讲,威斯特伐利亚和会之后,尤其是二战后,世界从霍布斯文化进入洛克文化,并出现了康德文化。"从观念因素方面来说,霍布斯文化的高死亡率使人们有了创造洛克文化的动机,洛克文化的持久暴力使人们有了向康德文化发展的动机"①。

第四节　国际格局

国际格局在17世纪中期的欧洲就出现了,然而直到二战以后学者们才开始对国际格局进行系统研究。20世纪80年代中国把格局概念运用于国际政治领域。国际格局是"认识国际环境,探索国际关系的发展变化规律和当前国际形势发展趋势,认识和研究国际问题的前提与基础"②。国际格局是国际体系的构成要素之一,本节主要介绍国际格局的概念、特征、基本形态等问题。

一、国际格局的概念

格局一般是指事物内在的力量配置、结构或者模式。所谓国际格局是指主要的国际政治行为体在一定历史时期所形成的某种力量对比结构或者态势。国际格局的含义包括三个方面:国际格局的构成角色只能是国际战略力量,因为只有它们才具有超过大多数国家的强大实力,有全球性的战略、利益和影响力(从这个意义上说,成为国际战略力量的必须是大国或者国家集团);几大战略力量之间形成的相互关系;这种相互关系在一定时期内相对稳定。

国际格局由大国实力对比和大国战略关系两个要素构成。大国实力对比是指大国之间相对实力的差别。大国战略关系是指国家之间的敌友关系,大国战略关系可分为三类,即盟友、非敌非友、敌手。大国实力对比在任何条件下都是始终存在的,处于不断变化之中。当大国实力对比处于缓慢变化状态时,其量变在较长时间内都不会引发实力结构的质变,于是将这种状态相对稳定的实力结构称为"国际格局"。而当大国实力对比处于较快的变动状态,并可能在较短时期内出现质变时,这就被认为国际格局的过渡时期。在过渡期内实力结构处于较快变化的状态,国际格局处于未形成的状态。

要准确理解国际格局,需要把握三点。第一,国际格局强调世界体系中那些起主导和支配作用的大国和国家集团,并不涵盖国际关系中的所有政治力

---

① 邢悦、詹奕嘉:《国际关系:理论、历史与现实》,复旦大学出版社2008年版,第98页。
② 张季良:《国际关系学概论》,世界知识出版社1989年版,第80页。

量。第二，国际格局是指一种相对稳定的结构和态势。当大国和国家集团处于激烈对抗的战争状态时，国际体系失去了平衡和稳定，因而国际格局也就不复存在。所以，世界大战期间，不管是一战期间还是二战期间，都是不存在国际格局的。第三，任何一种国际格局都是一定历史时期的产物，反映了这一时期的大国力量对比及大国所形成的战略关系，因此不可能永久地维持下去。随着大国实力的改变和国际体系中其他主客观因素的变化，国际格局也会发生相应的变化。

自从1648年威斯特伐利亚和约奠定现代意义上的国际关系以来，世易时移，一些国家衰落下去，一些国家强盛起来，世界主要力量的此消彼长构成了国际关系的永恒主题。国际格局的发展变化，对国际事务的发展和各个具体力量的发展起着决定性的制约作用。因此，了解国际格局就能够从宏观上把握全球力量的对比关系，从更深层次上分析当时国际上所发生的重大事件的背景和发展趋势。同时，对当前格局的准确判断，直接关系到国家对外战略和对外政策的制定与实施，所以说研究国际格局是分析国际问题的基础。

二、国际格局的特征

国际格局具有以下几个特征。

1. 相对稳定性

既然国际格局是各种主要政治经济力量相互作用的结果，那么这种力量对比的结构或者态势一经形成，便难以在短时间内随着局部事件的发生（或者偶然因素的出现）而破裂。国际格局形成的基础比较牢固，只有在其结构内部力量对比发生根本变化时，才会打破其结构。然而，发生结构瓦解并非易事，主要有几个方面的原因：其一，大国实力对比受到国际社会条件的制约，一般情况下，其变化缓慢；其二，国际格局的改变，并非取决于个别成员的力量或者愿望；其三，国际体系虽具有无政府性，其国家行为体之间的相互关系是受有关准则限制的。因此，尽管各国之间的冲突与合作关系此消彼长、变动频繁，但只要国际上的力量对比未发生根本的变化，各国的经济、政治、军事、科技等综合力量状况不发生大规模、质量很大的突变，国际格局就不会有结构性的根本改变，就会保持其稳定的性质和形态。

2. 全局性

国际格局反映的是全球范围内的整体结构联系和全局性特征,而不是单指该范围内各个国家包括主要大国的孤立存在。在这个意义上说,国际格局不是任何国家力量和意志的简单相加,而是它们力量、意志相互作用、相互影响和相互联系的综合,国际格局会呈现出各个国家孤立存在或若干国家组成局部关系时所没有的整体特性和规律。国际格局作为一种体系结构,决定和控制着作为单元的国家行为体的行为,决定着它们的互动影响和结果,也决定着它们之间的相互冲突、竞争、合作和依存等关系和状态,因此它是国际关系中因果关系的主要决定因素。换言之,国际格局作为一种国际关系的结构状态,其全局性和整体性会制约其结构内的各个国家。虽然主要大国是构成国际格局的基本单元,它们的行为可能对国际格局产生不同程度的影响,但国际格局一经形成就会产生全局性或整体性的结构联系。体系内的所有国家(包括主要大国)均会受到它的全局性或整体性的制约与限制,都只能服从于国际格局的全局性和整体性;主要大国所发挥的作用在国际格局全局或整体的强力约束下也是有限的,其只能通过国际格局的全局性或整体性发生作用和影响①。

3. 一定的结构层次性

在本章第一节中已经指出,国际体系内部执行主权原则,单元之间以平行关系为特征,与国内体系执行等级制的垂直关系不同。即便如此,这种国家之间的平行关系仍然具有一定的结构层次性。国家是国际关系的主要行为体,但体系内的大国才是构成国际格局的支撑力量。虽然按照功能同一性原则,所有主权国家在功能上具有同一性,即它们都具有国家的一般属性和对内对外职能,但是不同国家在国际格局中所处的排列位置是有差异的,在能力的大小方面有很大差距,由此导致它们在国际关系中具有不同的,甚至差异悬殊的地位与作用②。在国际格局中,主要大国和一般小国在力量上不处于一个等级,在发挥作用方面也不是同一层次的。国际格局的确立、发展以及变化是依据主要大国的相互作用和影响模式来判断的。了解国际格局具有结构层次性特征的意

---

① 李义虎:《国际格局的定义前提及其基本特征》,《河南社会科学》2005 年第 2 期,第 4 页。

② 同上,第 3 页。

义在于能够帮助我们认识到,国际格局中处于不同层次地位的国家会产生不同的政策偏好和行为模式,大国与小国会依据自己在国际格局中的地位和作用大小来制定政策。例如在两极格局中,超级大国与普通大国受到的约束大于中小国家,两个超级大国相互受到对方的强力强制,而超级大国的结盟政策给中小国家提供了较大的政策选择空间。

三、国际格局的形态

国际格局的形态是多样的,为了便于描述和理解,学者们制定了三个基本形态,即单极、两极和多极。在物理学中,"极"原本的概念是两个对立的原点,国际关系学借其指代在国际体系中相互对立的主导力量,虽然"极"的概念缺乏共识性的定义,但在多数情况下人们将在一定时期内占支配地位的主导性大国视为"极"。例如19世纪的欧洲,由于英国、法国、普鲁士、奥匈帝国和俄国形成了稳定的均势结构,所以学者普遍将这一时期的欧洲国际格局称为多极格局。图2-4反映了国际格局的三种基本形态。

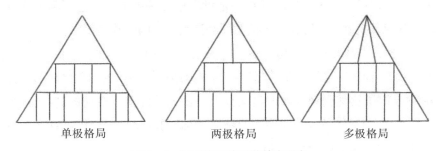

图2-4 国际格局的三种基本形态

冷战后美国一超独霸的国际格局属于单极格局,冷战时期美苏争霸的国际格局属于两极格局,一战后到二战前英法德俄美日诸强共存的国际格局则属于多极格局。中国古代战国七雄相互均衡的局面超过了两百年,这也是多极格局在古代国际关系中的一个典型案例。国际格局基本形态变化的根据和基础在于主导力量的变化,即大国实力对比和大国战略关系的变化。一般来讲,中小国家的实力对比变化对国际格局基本形态不构成影响。

有学者提出了国际格局中关于"极"的量化标准:当一个大国的实力超过所有大国实力总和的50%时,国际格局为单极格局;当两个大国的实力之和超过所有大国实力总和的50%,且这两个国家各自的实力不低于25%时,国际格局为两极格局;当三个或三个以上的大国实力之和不低于所有大国实力总和的50%,且这几个国家各自的实力分别在15%～25%之间时,国际格局为多极格局①。

既然国际格局由大国实力对比和大国战略关系两者构成,那么这两者的质变就都可能引发国际格局的质变。虽然大国战略关系与大国实力结构两者同时决定国际格局的形态,但更深层次的变化动因还是实力对比的变化。导致大国实力对比发生变化,进而引起国际格局发生变化的具体原因是多样的。

四、国际格局与国际秩序的关系

我们在生活中,除"国际体系""国际格局"之外,还会经常听到"国际秩序"这一概念。国际秩序是指国际社会中主要角色围绕某种目标和依据一定规则相互作用形成的运行机制,它表现国家在国际社会中的位置和顺序,具有相对稳定性②。国际社会中的主权国家和国际组织等行为主体按照一定原则、规范、目标和手段来处理彼此间的关系和各种国际问题,建立和维系国际政治经济运行机制和有序状态。国际秩序是在一定世界格局基础上形成的国际行为规则和相应的保障机制。国际秩序包括国际经济秩序和国际政治秩序。

国际秩序与国际格局既有区别又有联系。国际秩序是国际体系的规范化、制度化状态,而国际格局则是国际体系的权力结构状态。国际秩序作为国际政治斗争的产物,必然受到反映国家间权力对比关系的国际格局的制约,这反映在三个方面:国际格局是国际秩序的物质基础;国际格局决定国际秩序的受益主体;国际格局决定国际秩序的性质。

五、当前的国际格局

冷战结束后,世界处于一超多强的国际格局之中,同时,世界多极化趋势在曲折中发展。军事领域,以美国为首的北约及亚太双边军事同盟在加强;金融领域,美元仍可维持基础货币地位。但是,美国的"一超"地位在弱化,其综合实力在2008年金融危机爆发后明显相对衰落,金砖国家等"多强"则进一步走强,并开始打破过去美、日、欧等发达国家和地区对世界经济与政治事务的主导。

---

① 阎学通、何颖:《国际关系分析(第三版)》,北京大学出版社2017年版,第50页。
② 梁守德、洪银娴:《国际政治学理论(第二版)》,北京大学出版社2013年版,第210页。

1. 多极化是世界经济政治发展的必然趋势

多极化是世界经济政治发展的必然趋势,主要有三个理由。其一,世界格局转换的终极原因是经济关系和经济实力对比的变化。当今世界经济的发展是多极的,世界政治格局也必定是多极的。其二,美国幻想维持单极世界格局,但力不从心,而且不得人心。其三,从当今世界力量结构来看,多极化是既定趋势。当今世界存在美、日、中、英、法、德、俄、印等多个强国,多极化体现了除美国以外其他强国争取有所作为的努力和世界的发展趋势,它们之间综合国力较量的结果必然将导致多极化世界格局的诞生。

2. 近年来世界政治的多极化进程加速发展

近年来世界政治向多极化快速发展,具体表现在:欧盟和欧洲大国独立自主倾向继续发展,欧盟加快欧元、欧洲共同安全和防务的建设,法国和德国联合倾向越来越明显;亚欧首脑会议的机制得到进一步的发展;拉美首脑会议日渐成熟;中俄两国加强战略协作关系;20世纪90年代以来,大国关系进行了深刻的调整,大国间建立各种形式的伙伴关系。大国关系的调整既是世界多极化的重要表现,也是推动世界多极化的重要力量。

3. 世界政治多极化的发展过程将是曲折前进的

虽然世界政治向多极化快速发展,但其发展过程将是曲折的。首先,唯一超级大国美国建立它领导的单极世界的战略已经确定,当今世界战略力量平衡还没有形成,推动多极世界与维持单极世界的矛盾和斗争仍然激烈。其次,冷战思维仍在继续、南北差距进一步扩大以及国际金融危机时有发生等对多极化趋势产生各种干扰和冲击。第三,多极格局的形成是世界各种力量重新组合和利益重新分配的过程,由此将产生多种不确定性因素。

我们要清楚地认识到,多极化相对于单极世界而言是国际政治民主化的进步,也符合中国的国家利益。因此,我们应当继续坚持推进国际政治多极化的努力,并争取在多极化格局中占据自己应有的位置。

第五节 大国战略关系

自1648年威斯特伐利亚体系形成以来,世界先后经历了维也纳体系、凡尔赛-华盛顿体系、雅尔塔体系,目前正处于一超多强的世界格局中。前文已提到,大国战略关系是指国家之间的敌友关系,具体可以分为盟友、非敌非友、敌手三种类型。一般来讲,大国战略关系的变化速度快于大国之间的实力对比变化。下面将简要地回顾自古至今大国战略关系的发展脉络。

中国战国时期和欧洲早期。春秋末期,晋、齐、楚、越形成四大国对峙的局面,被称为"四分天下"的国家格局。不久晋国分裂为韩国、赵国、魏国,于是形成了齐、楚、燕、韩、赵、魏、秦七国争霸的多极格局。在战国时期,大国战略关系变化在很大程度上受合纵和连横两种结盟战略策略的影响。换言之,结盟、组成阵营的策略古已有之。合纵是指"合众而攻一强",连横是指"事一强而攻众弱"。合纵和连横是基于当时各大国的地理分布而言的。秦国地处中国西部,因此阻挡秦国东进的理想同盟模式就是建立一道垂直的壁垒。当时地理上国家分布从北向南依次为燕、赵、魏、韩、楚,联合垂直分布的国家建立同盟,就是"合纵"。为了拆散或阻止形成这道南北排列的纵向联盟,秦国的策略是建立横向的联盟,即与韩、魏、齐等国结盟,即"连横"。合纵同盟曾数次成功战胜秦国并延缓其扩张的步伐,而秦国则采用连横策略,对其他国家进行各个击破。

在欧洲,1618年新教联盟公开起义反对哈布斯堡王室,三十年战争爆发,1648年三十年战争结束后,欧洲列强签订了《威斯特伐利亚和约》。《威斯特伐利亚和约》主要内容包括:每一个德意志诸侯国都享有主权,可以单独宣战和媾和;阿尔萨斯大部割让给法国;瑞典得到了波米瑞尼亚等地;法国与瑞典通过领土扩张,可以在任何时候干涉德意志事务等。《威斯特伐利亚和约》对近代以来的国际关系产生了深远的影响。首先,该条约不但使领土性主权国家和国家选择宗教的权利合法化,而且还规定国家拥有各自地理区域内的全面管辖权,不受外部压力的限制,即和约引入了不干涉其他国家内部事务的权利。其次,各国以常备军代替了雇佣军。国家军队的出现巩固了国家主权及其世俗基础。最后,该和约还产生了以奥地利、普鲁士、俄国、英国、法国为代表的欧洲核心国家集团,这个国家集团主导世界一直到19世纪初。

这些强国除了在欧洲大陆不停地对抗、联合外,还在欧洲以外地区展开殖民地竞争,最突出的事例就是英法两国对北美殖民地的激烈争夺。19世纪的大国战略关系主要表现为"欧洲协调"局面的出现。重划拿破仑战败后欧洲政治地图的维也纳和会之后,奥地利、普鲁士、俄国、英国和法国等欧洲五强为当时欧洲国际体系带来了近一个世纪的和平。五大国组成联盟以制衡任何潜在的更有力的集团,防止欧洲支配性国家霸权的出现。在这一经典均势系统中,英国和俄国发挥着更为独特的作用,英国经常以平衡者的角色出现。

19世纪末期欧洲均势体系遭到了严重削弱,先前灵活变动的联盟逐渐固定为两大军事集团。1882年德、奥、意形成同盟国集团。1893年法、俄结成同盟。1902年英国放弃传统平衡者角色,建立了英日海军同盟,随后在1904年与法国达成英法协约,支持协约国集团形成。两大军事同盟最终引发一战(1914—1918)。一战的一个重要结果是俄国、奥匈帝国和奥斯曼土耳其三大帝国的消失,诞生了一个与西方意识形态迥异的大国——苏联。

此后,德国、意大利、日本三国形成了法西斯主义的轴心国集团。面对轴心国的对外军事扩张和法西斯主义意识形态威胁,英法美等国与苏联结成反法西斯同盟。反法西斯同盟在二战(1939—1945)中打败了德意日等法西斯主义国家。

二战后,英法的实力地位都不如二战前,而美国和苏联成为权倾一时的超级大国。随后,美国联合其西欧盟国和日本,与以苏联为首的社会主义国家阵营开始了长达四十多年的冷战历程。冷战期间的大国战略关系也非铁板一块,在社会主义阵营和西方阵营内部,都出现了矛盾和分裂。冷战后国际格局呈现出一超多强的局面,大国战略关系也发生了深刻变化。大西洋两岸的西方大国内部分歧加大,欧洲大国担心美国的霸权,法、德两个欧盟领导国和许多欧盟成员国与美国的离心倾向增强。

20世纪90年代,在东亚地区,随着俄罗斯国力的衰退和中国国力的增长,美国逐渐将中国视为未来可能挑战其领导地位的竞争对手。于是,美国加强了与日本安全保障同盟的关系,将中国台湾地区纳入该同盟的保护范围。2017年1月特朗普正式就任美国总统后,强调美国优先,将重新把美国带回一个孤立主义、保护主义和强调本土主义的新时代。其对外政策倾向于在安全政策上收缩而要求盟友承担更多责任,减少甚至撤出对全球多边治理机制的支持,推行贸易保护主义,促成制造业回流。在特朗普就任后中美贸易摩擦的强度和范围有所增加,但目前合作仍是中美关系的主流。尽管中美在一些问题上存在分歧,但双方有能力管控这些分歧。中美之间只要坚持相互尊重,致力于平等协商,任何难题都能够找到双方可接受的解决办法。2019年是中美建交四十周年,四十年的经验归结到一条,就是合则两利、斗则俱伤,中美之间在开展合作的同时,也会出现一些竞争,这是国际关系的正常现象,关键取决于我们如何看待和处理。一味放大竞争,就会挤压合作的空间,聚焦扩大合作,才符合中美共同利益,也是两国对世界承担的责任。

21世纪以来,由于参拜靖国神社等原因,中日两国政治关系日趋紧张,出现政冷经热局面,自2012年9月日本政府宣布钓鱼岛"国有化"以来,中日经济之间蒙上了一层阴影,慢慢开始出现政冷经冷的局面。2018年以来,在双方共同努力下,中日关系呈现出改善发展的良好势头,这完全符合中日两国人民的共同利益。事实表明,只要日方客观理性看待中国的发展,切实遵循迄今达成的各项政治原则,中日关系就能够排除障碍和干扰,迎来稳定和光明的前景。与此同时,中日合作的潜力也就能得到充分发掘,开辟更为广阔的合作空间。当然,中日关系的改善还只是刚刚起步,接下来应该做到诚实对待历史,客观认识现实,积极开创未来,以脚踏实地的行动沿着正确的方向坚定不移地向前走。通过双方共同努力,筑牢政治基础,深化互利合作,增进民间友好,中日关系就能进入一个稳定发展期,各领域交流会越来越频繁。

冷战结束初期,俄罗斯希望加入以美国为首的北约,因此中俄关系曾一度停滞不前。进入21世纪,俄罗斯加入西方阵营的努力无果而终,中俄开始结成全面战略协作伙伴关系。当前中俄关系处于历史最好时期。习近平就任中国国家主席后第一次出访就选择了俄罗斯。双方在经济领域合作发展迅速,双边贸易额不断上升,2018年中俄双边贸易额达到1070.6亿美元,首次超过1000亿美元,创历史新高。双方在军事领域的合作也取得了极大的进展,由过去单方武器出口逐步转向军事合作和联合反恐。双方在一系列国际问题上的立场都取得了一致,如叙利亚问题、半岛问题。2017年7月习近平主席访俄期间,两国元首签署并发表《中俄关于当前世界形势和重大国际问题的联合声明》,双方外交部发表《关于朝鲜半岛问题的联合声明》,阐述共同立场主张。双方政治上彼此信任,经济上互利合作,国际事务中相互支持,成为当今大国关系的典范。只要中俄站在一起,世界就多一分和平,多一分安全,多一分稳定。

面对中国的崛起,欧洲大国也先后与中国结成全面伙伴关系和战略伙伴关系。中国始终把欧洲放在中国对外关系的重要位置,始终支持欧洲一体化进程和欧盟的团结自强。2019年习近平主席首次出访就选择了欧洲,充分体现了中国对欧洲的支持和重视。中欧关系当前总体向好,双方之间的共识远多于分歧。特别是面对充满不确定性的国际形势,中欧双方在维护多边主义、反对单边主义和保护主义等方面有着一致立场和共同诉求。另一方面,中欧关系也不时受到一些干扰和影响。中国始终希望与欧方加强对话沟通,妥善加以管控和处理。独立自主历来是欧洲的传统。作为国际上的主要力量之一,欧洲从自身的根本和长远利益出发,大体保持了对华政策的独立性、稳定性和积极性,与中国一道深化各领域互利合作,共同为捍卫国际规则、维护世界和平作出贡献。

印度维持了与俄罗斯的传统关系,美国也在拉近与印度的关系,印度还改善了与中国的关系。虽然中印关系中最敏感的领土争端问题仍未彻底解决,但不影响两国关系向好。习近平主席和莫迪总理于2017年9月初在中国厦门会晤,他们向世界传递了"和解"和"合作"的关键信息。2018年4月中印两国领导人举行武汉非正式会晤,中印关系得到实质提升。作为拥有27亿人口的两大文明古国,作为两大发展中国家和两大邻国,中印应当互为实现各自梦想的合作伙伴,互为发展本国经济的重要机遇,携手为亚洲的振兴与繁荣作出应有贡献。2018年以来,中印两国政府部门在落实两国领导人共识方面取得了不少成果,让中印友好合作像长江和恒河一样奔涌向前,为两国关系发展注入强劲持久的动力,已成为两国共识。

2008年世界金融危机发生后,美国的综合实力相对下降,中国的综合实力相对上升。2008年首次召开的二十国集团(G20)峰会标志着G20取代了八国集团(G8)在世界经济中的地位。2016年9月,G20峰会在杭州成功举办,成为中国迈向世界舞台中央的标志性事件,峰会主题为"构建创新、活力、联动、包容的世界经济"。党的十八大以来,我国国内生产总值(GDP)年均增长率保持在了7%左右的较高水平,在高基数水平上实现了中高速增长。2015年我国国内生产总值占世界经济的比重提高到14.8%,2018年,中国经济总量首次突破90万亿元。到2018年底,中国是世界第二大经济体、第一大外汇储备国、第一大世界贸易国、第一大吸引外资国,GDP约为美国的63%。中国的"一带一路"倡议于2013年正式提出,几年来"一带一路"已经成为世界上规模最大的合作平台和最受欢迎的公共产品,截至2019年4月第二届"一带一路"国际合作高峰论坛召开,已有150多个国家或国际组织同中国签署共建"一带一路"合作协议。习近平总书记明确指出,今天的中国,前所未有地靠近世界舞台中心、前所未有地接近实现中华民族伟大复兴的目标、前所未有地具有实现这个目标的能力和信心。

当今世界正处于百年未有之大变局。在实现民族复兴中国梦的进程中,与不同文明相互尊重、与世界各国和平共处、与国际社会合作共赢始终是中国坚持的信念和追求的目标。同时,中国将坚持开放合作,支持经济全球化,维护多边主义,携手构建开放型世界经济。中国将继续坚持和平发展道路,践行合作共赢理念,维护现有国际体系,承担更多国际责任,既为实现民族复兴创造更为有利的外部条件,又为维护世界和平、促进人类进步作出新的更大贡献。

1. 国际体系的性质是什么?
2. 国际体系由哪几个要素构成?
3. 国际体系与国内体系有什么区别?
4. 近代以来国际体系演变的历程是怎样的?
5. 回顾近代以来国际体系的演变历程,可以总结出哪些具有启发性的规律?
6. 不同体系文化下的国家行为模式有何不同?
7. 什么是国际格局?国际格局有哪几种基本形态?
8. 冷战后的国际格局呈现出哪些特征?
9. 对于国际体系类型变化的根本动力这一问题,不同国际关系理论流派的观点有何不同?

PART 2

第二篇 行为体篇

第三章　国际行为体与国家主权

国际关系的形成有赖于国际关系行为体的相互作用和相互影响。国际行为体是分析和研究国际关系的逻辑起点和重要前提。国际关系行为体中的主要成分是主权国家,它们多以民族国家的形式存在,具有不同于其他行为体的基本特征,拥有基本的权利和义务。国家依据不同的实力,为满足国家生存和发展,追求不同的国家利益,在国际社会上推行不同的对外政策和对外战略,彼此影响和作用,从而使国际关系呈现出多元化和复杂化的局面。

第一节　国际行为体的类型

当代国际体系是以民族主权国家为主要行为体的国际体系,"有两种理论视角——现实主义和自由主义——承认国家的首要地位"[1]。除主权国家以外,还有数以千计且功能各异的国际组织、数以万计的各类跨国公司等,它们都是国际关系行为体。

一、国际行为体的概念

国际行为体也称国际关系行为体,是指在世界舞台上能够独立参与国际事务,独立行使国际权利,承担国际责任和义务的实体。

民族国家是国际行为体的重要组成部分,传统的国际政治和国际关系理论

---

[1]　卡伦·明斯特、伊万·阿雷奎恩-托夫特:《国际关系精要(第五版)》,潘忠岐译,上海人民出版社2012年版,第120页。

一直把主权国家视为国际社会唯一的行为主体。根据一元主体论的观点,现代国际关系是在主权国家体制的基础上形成的,是主权国家之间的关系;国家是国际关系的唯一主体,也是国际法的唯一主体。在当代国际社会中,国际行为体逐渐呈现出多元化的特征,政府间国际组织、非政府组织、跨国公司集团等也介入当代国际关系,进行跨国界的互动。因此,虽然民族国家作为主要的国际关系行为体这一地位尚未改变,但是已经不再是唯一的行为体。非国家行为体在国际社会内都有自己的特殊利益与独立的国际交往能力,往往游离于国家行为体之外,因此,不能漠视它们的地位与作用。

二、国际行为体的特征

国际行为体一般应具备以下几个基本特征①:

(1)必须拥有一个实体,并具有较稳定的组织结构和形式。它可以是国家,也可以是超国家的地区性或国际性的国际组织、政党和宗教组织等,前提是必须具有相对稳定的组织形式,拥有一定的实力,具有共同的利益。个人只能以某个实体(国家、国际组织、跨国公司等)代表的身份出现,否则将不具备成为国际行为体的基本资格。这一点与国际法的观点是大体一致的。

(2)必须具有一定的对外行为能力,独立参与国际事务,并对其他行为体产生影响和作用。所谓对外行为能力,主要是指具有对外行为的资格。从国际法的概念出发,对外行为能力是指参加国际法律关系的行为能力,基本要求是能够以自身名义参与国际事务并直接承受国际法律关系中的权利与义务,而不需通过或借助于其他主体来实现。于是,符合国际法行为主体条件的所有对象,尤其是主权国家,都天然地享有此种能力。对于每一个具体的国家来说,对外行为能力的大小及对其他行为体影响作用的强弱则取决于国家自身拥有的实力,以及该国综合运用政治、经济、军事等手段的能力。

(3)必须拥有区别于其他实体的独特利益和目标。国际社会中的各个行为体都具有自身特有的、有别于其他行为体的特殊利益和目标。正是这种特殊利益的相互区别,决定了不同行为体在国际社会追求的目标及达成目标的途径各有不同,制约着各行为体之间的冲突、矛盾、妥协与合作关系,对于国家行为体而言,主要表现为对独特的国家利益的追求和维护。国家的存在需要国民之间

---

① 蔡拓:《国际关系学》,南开大学出版社2005年版,第48-49页。

在观念和身份上的高度认同。如果缺乏这种根本性的认同,也就失去了国家精神上的纽带,国家便具有解体和分裂的隐患。因此,国家需要维护本国长期以来形成的、具有自身特殊标识的意识形态、历史传统、民族精神、宗教信仰、生活方式和道德风尚,以强化国民凝聚力和向心力,防止外部异质价值体系对自身特性的侵蚀与威胁。区别于其他实体的独特利益和目标体现在对外关系上,便是追求自身独特的政治、经济和军事等方面的国家利益。

以上三个方面共同构成了国际行为体的基本特征,并且是相互联系、不可分割的统一整体。一定形式的实体是国际行为体对外进行活动的物质与文化支撑。对外行为能力是国际行为体发挥国际作用及确立国际地位的必备条件,独特的利益为国际行为体提供了在国际社会进行活动的内在驱动力。正是由于具有这三个方面的特征,不同行为体之间特别是国家之间的联系和交往频繁起来,一个相互作用、相互制约的国际体系才得以形成。

国际关系是一个包罗万象、极其复杂的大系统,国际关系研究的内容可以分成对国际行为体及其行为的研究、对国际行为体边际关系的研究、对国际体系与国内社会的研究等不同的层次和侧面,客观上存在着一个由小到大、由微观到宏观的逻辑顺序。在这样一个逻辑体系中,国际关系行为体是最基本的元素,是构成国际社会、国际体系和国际格局的最基本单位,因此,是我们分析和研究国际关系的逻辑起点和重要前提。

三、国际行为体的类型

国际行为体可根据不同标准分为不同类别。通常以国家为标准,国际行为体分为国家行为体和非国家行为体两类。国家是国际社会的核心行为体,国家之间的关系是这个社会的核心内容,也正因如此,这个社会被称为"国际社会"。

国际行为体的类型划分如图3-1所示。

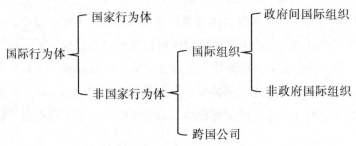

图3-1 国际行为体的类型

1. 国家行为体

国家是个历史范畴。它伴随着私有制和阶级的出现而诞生,也将随着阶级的消亡而消亡。主权国家是当今国际舞台上最活跃、最积极的主角,是构成当代国际关系体系的基本单位。历史学家认为,国家这种政治实体是经历了游团、部落、酋邦三个阶段然后才形成的。古埃及约公元前32世纪统一,这意味着国家这种政治实体至少已经存在了五千多年,有的史学家认为更久远。"国家"这一概念具有双重含义,一是由人口、土地、政府构成的政治实体;二是维护统治和社会秩序的政治工具。作为政治实体,"国家"这一概念描述的是国家的物质形态;作为政治工具,"国家"这一概念描述的是国家的社会功能。主权国家之所以能在国际关系中发挥最重要、最广泛的作用,充当基本的行为体,关键在于它是稳定的政治经济实体,拥有主权,并能以其他行为体所不具备的强大能力和组织手段平等参与和决定国际事务。

1) 国家的性质

国家具有阶级性、民族性和国际性。无论是国内政治中的国家,还是国际政治中的国家,都体现出这三方面的性质,只不过国内政治中的国家,把阶级性放在首位,强调阶级利益和民族利益的统一,而国际政治中的国家则把民族性放在首位,突出国家利益及其同别国利益的相互对等性。

国家是阶级矛盾不可调和的产物,也是阶级统治和管理的工具。国家是由经济上占有统治地位的阶级用来实现政治统治和政治管理的工具。恩格斯曾指出:"国家是表示这个社会陷入了不可解决的自我矛盾,分裂为不可调和的对立面而又无力摆脱这些对立面。而为了使这些对立面,这些经济利益互相冲突的阶级,不致在无谓的斗争中把自己和社会消灭,就需要有一种表面上驾于社会之上的力量,这种力量应当缓和冲突,把冲突保持在'秩序'的范围以内;这种从社会中产生但又自居于社会之上并且日益同社会脱离的力量,就是国家。"[①]因此,认识国家职能和作用都不能忽视社会划分为阶级这一基本事实。国家是统治阶级的代表,阶级消灭了,国家自然也就不存在了。国家的阶级性,主要体现在占统治地位的阶级和主导意识形态上。国家的对外交往和外交战略的运行,虽然代表全民族身份,把国家利益放在首位,但都会全力渗透统治阶级的利

---

① 《马克思恩格斯选集(第4卷)》,人民出版社1995年版,第170页。

益。国家在对外活动中,可以超越社会制度,而主导意识形态和价值观却贯穿始终,不是作为外向活动的组成部分,就是渗透在对外交往的各领域之中,是不可能消失的。在国际政治中,它虽然不能过于突出,但也不能忽视和否定。主导意识形态的宣传教育,是增强民族凝聚力和国家综合国力的重要前提①。

国家是由民族组成的,或是单一的民族国家,或为多民族国家。民族国家,以爱国主义和民族主义为基础,是民族意志和国家意志的统一。国家作为阶级统治和管理的工具,主要维护统治阶级或领导阶级的利益,但都是在民族范围内才得以实现的,绝不能忽视民族利益。离开了民族的生存和发展,抛弃和忽略了民族的利益和意志,任何阶级,包括统治阶级或领导阶级,都是无法完成自己的使命的。因此,国家既是阶级的代表,又是全民族的代表。国家职能的正常发挥,必须是民族利益的体现。国家的民族性,以爱国主义和民族意志为标志,显示出民族的凝聚力和国家的完整性。有关民族、民族主义、民族认同以及民族与国家的关系等问题,将在第四章中详细讨论。

国家是国际社会的重要成员,其生存与发展离不开世界,离不开与别国的互动和交往,因而,国家的性质除阶级性和民族性外,还有国际性,并且这一性质越来越突出。作为国际社会的一员,国家的国际性主要表现为:国家生存和发展必然受国际体系和全球利益的制约;国家处于国际社会的监督之中,其行为必须遵循国际法的公认准则,并得到国际社会的认可与支持;国家处于同其他成员国相互作用和相互联系之中,离不开外部世界,其生存与发展必须以尊重别国的生存与发展权益为前提,必须融入世界、同世界接轨。在国际体系中,各国国家权益都是对等的、相互依存的,不得相互损害②。各国要处理好国家利益与全球利益的关系,必须以主权为依据,离开了国家主权,国家的统一和民族凝聚力则难以维护,其国际性就会严重扭曲错位。

总之,国家既是统治阶级的代表,又是全民族的代表,国家的生存与发展也离不开整个国际社会。国家具有的以主导的意识形态为代表的阶级性、以爱国主义为核心的民族性,以及以主权平等为界标的国际性,是国家发挥基本国际行为体作用的基础和保证。国家的阶级性、民族性和国际性,是有机统一、不可分割的。过分放大任何一种特性,将其推向极端,都将置国家于阶级或民族的

---

① 梁守德、洪银娴:《国际政治学理论(第二版)》,北京大学出版社 2013 年版,第 64 页。
② 同上书,第 64 - 65 页。

私利之中,从而使其走上阶级利己主义、民族扩张主义或国家霸权主义。而如果否定或过度贬低任何一种特性,将其畸形化,则也必将使国家偏离正常的发展航向,使其在国际体系中无法正常参与国际事务和实现自身的正当利益,其国际行为体作用将会发生严重变化[①]。

2) 国家的基本权利

国家基本权利和义务是由国家主权引申或派生出来的。所谓基本权利,是指国家所固有的权利,主要包括以下四个方面的内容[②]:

(1) 独立权。独立权是指国家可以按照自己意志处理其内政外交事务,而不受外力控制和干涉的权利。独立权包括两个方面的内容:一是自主性,即国家行使主权完全自主;二是排他性,即国家在主权范围内处理本国事务不受外来干涉。独立权是主权在对外关系上的体现,在某种意义上,独立权即主权。独立权表现在政治、经济、文化等各个方面,如一国可以修改宪法、变更政体、确定经济体制、缔结条约、进行自卫战争等。

(2) 平等权。平等权是指国家在国际关系中具有的同其他国家处于完全平等地位的权利,主权国家不论大小、强弱,也不论政治、经济、意识形态和社会制度有何差异,在国际法上的地位一律平等。它是主权在国际关系上的表现。主权国家在国际关系中互不隶属、互不管辖。国家不仅平等地参与国际法的制定,还享有同等的权利并承担同等的义务。

(3) 自保权。自保权是指国家为保卫自己的生存和独立发展,进行国防建设和自卫的权利。它包括两方面的内容:一方面国家有权进行国防建设,如建立军队、建筑要塞、发展装备等,防备可能来自外国的侵略;另一方面是当国家遭受到外来侵略和武力攻击时有权进行单独自卫和集体自卫。按照联合国宪章的有关规定和国际实践,遭受侵害的国家或国家联合体有权进行自卫,而且只有在国家主权、领土完整和政治独立遭到严重侵害,情势十分危急,防卫已是迫不得已的情况下,才能行使。

(4) 管辖权。管辖权是指国家对其领域内的一切人、物和事件以及境外特定的人、物和事件具有的行使管辖的权利。管辖权主要包括四个方面:领土管辖权、国籍管辖权、保护性管辖权、普遍性管辖权。领土管辖权又称属地优越

---

① 梁守德、洪银娴:《国际政治学理论(第二版)》,北京大学出版社2013年版,第65页。
② 蔡拓:《国际关系学》,南开大学出版社2005年版,第54-55页。

权,是指国家对其领土及领土内的人、物和发生的事按照本国法律进行管辖的权利。它主要以领域作为管辖的对象和范围,是国家最基本的管辖权。国籍管辖权又称属人优越权,是指国家对具有其国籍的人,无论他们在国内还是国外,均具有的管辖权利。它主要以国籍作为管辖的标准。保护性管辖权是指国家对于侵害本国国家和公民利益的行为具有的管辖权利,不论行为人的国籍,也不论行为发生在何地,其适用的范围一般是世界各国法律中公认的犯罪行为。普遍性管辖权是指对于国际法规定的违反全人类利益的国际罪行,不论犯罪人的国籍,也不论行为发生在何地,各国普遍具有的管辖权利。行使这种管辖权的法律依据是国际条约。此外,国家豁免权也是国家的一项重要权利。国家豁免权是指在国际交往中,国家的行为和财产不受他国管辖的权利,体现在司法管辖豁免、诉讼豁免、执行豁免三个方面。国家豁免权的法律依据来源于主权平等原则。

国家的基本权利和义务是一致的,国家在享受基本权利的同时也必须履行相应的国际义务,这些基本义务主要是《联合国宪章》和国家参与制定的国际条约中的共同约定。

2. 非国家行为体

在20世纪以前,国际关系中的非国家行为体为数较少。进入20世纪,尤其是第二次世界大战以后,随着国家间交往的日益加深,国际政治经济关系的不断发展,交通工具和通信设备的不断改进,国际关系的日趋复杂化,非国家行为体得到迅速发展。

非国家行为体包括国际组织、跨国公司等。以是否代表政府为标准,国际组织可分为政府间组织和非政府组织。政府间国际组织是指若干主权国家为了达到一定的共同目标而创立的国家之间的组织。政府间国际组织既可以是世界性的(如联合国),也可以是区域性的(如北约、欧盟),既可以是以政治、经济、社会等活动为主的一般性政治组织(如非洲联盟),也可以是以从事某种专业技术活动为主的专门性组织(如世界气象组织、国际货币基金组织)。政府间国际组织之所以能够成为国际行为体,是由于政府间国际组织不受任何一个国家权力的管辖,可以作出对其成员国具有约束力的决定,并在一定范围内具有建立或维持国际关系的能力。例如,接受和派遣享有外交特权的使节,协调国际关系、调节国际争端等。

非政府国际组织是根据国际民间条约或协定所组成的国际民间组织,由于关注的问题不同,因此组织的形式、追求的目标各不相同。政治类的非政府国际组织主要是国际政党组织,如共产国际、社会党国际及各种反战组织等;宗教类的非政府国际组织以信仰为基础,如世界基督教会联合会、伊斯兰世界联盟、世界佛教徒联谊会等;社会类的非政府国际组织关注经济、文化、环境、卫生、人权、动植物保护等事务。从国际法的角度来说,非政府国际组织不具备国际法主体的资格,因为它们不具备直接承受国际权利和义务的能力,但是在国际社会中它们正发挥着越来越重要的作用。关于国际组织的详细介绍将在第十二章中展开。

跨国公司是世界经济发展到一定历史阶段的产物,是生产和资本国际化的结果。1600年英国东印度公司的问世标志着跨国公司的兴起。跨国公司(如沃尔玛、微软、肯德基、西门子等)原本是活动在世界经济领域内的实体,第二次世界大战之前,跨国公司的数量和影响都很有限。20世纪50年代以后,随着科技革命浪潮的兴起和发达国家垄断资本主义的发展,跨国公司获得了长足的进步。20世纪90年代以来,西方发达国家跨国公司的发展势头异常迅猛,一个大的跨国公司的经济规模甚至比十几个中小国家的GDP总和还大,已经成为经济全球化的重要推动力。跨国公司作为经济全球化的重要载体,融资本、技术和管理于一身,形成世界性的生产、交换、分配和消费体系,加速了经济全球化的进程,极大地促进了各国经济的相互依赖和融合,并越来越多地侵蚀到传统的国家主权领域。跨国公司是一种跨国的经济实体,主要从事国际经济领域中的经营活动,并在其中发挥关键作用。在当今政治经济密不可分的国际关系体系中,跨国公司完全有能力将自己经济上的优势不同程度地转化为政治影响力,从而不可避免地,越来越广泛、深入地介入了经济之外的其他领域的国际事务。作为非国家行为体之一,跨国公司对整个国际关系所产生的影响是不容低估的。

非国家行为体与国家行为体的政治目标有很大不同。非国家行为体往往不以维护国家主权利益为目标,政治主张在一定程度上是削弱主权的,它们的活动目的是"穿透"国家的边界,促使国家行为体将部门主权让渡给它们,联合国、北约、微软公司、奥委会都是如此。而国家行为体一般来讲都希望不断强化对主权的控制。

第二节　前现代国家

通过上一节的学习,我们已知国家是国际社会的主导行为体,国家自产生以来,其性质和特征发生了一系列变化。当今国际体系中的国家与百年前、千年前的国家有着本质的不同。前现代国家与现代民族主权国家在很多方面存在较大差异,本节主要介绍前现代国家的有关问题。

一、国家的形态

自国家产生以后,不同的历史时期以及同一时期的不同地区,出现了具有某些不同特征的不同类型的国家。由此,许多学者尤其是政治学研究者们,依据某一个标准,对国家做过多种多样的分类,如有的按阶级性质来划分,有的按管理形式来划分,有的按国家结构形式来划分,有的按经济水平来划分,等等。当前,充当国际政治行为体的国家共有190多个,"从性质上看,分属于垄断资本主义国家、社会主义国家和民族主义国家,其中以民族主义国家占绝大多数。从生产力水平看,区分为发达国家、新兴工业国家、发展中国家和最不发达国家,相互间贫富悬殊,差别极大。从政体看,有发达资本主义国家的民主共和制、君主立宪制,有发展中民族主义国家的民主共和制、君主制和酋长制,有社会主义国家的人民代表大会制和苏维埃制、国民议会制、代表团制,世界民主化进程正在加快。充当行为体的主权国家如此种类繁多,性质各异,使国际政治呈现出错综复杂的局面。"[①]

自从国家出现以来,人类经历了多种国家形态,如城邦国家、分封制国家、君主国家、帝国、民族国家等基本类型。国家形态是发展变化的,在不同时期,某一种国家形态会在国际社会中占有主导地位,然而,由于历史变化的不规则性和复杂性,一个具体国家的国家形态有可能不是十分标准的,与基本形态有一定的差异,甚至有可能同时具备多种国家形态的特征。

国家形态不是一成不变的,国家形态的变化源于科学技术进步和人类思想

[①] 梁守德、洪银娴:《国际政治学理论(第二版)》,北京大学出版社2013年版,第67-68页。

进步这两个变量。科学技术的进步使得国家不断地改进统治和管理社会的方法。例如,当科学技术的发展使人类拥有了较强的远征军事能力后,国家便可以对辽阔土地上的不同人群活动进行统一管辖和治理,于是帝国逐渐取代了诸侯国,国家的统治方式由贵族的分封制变为行省制或郡县制的中央对地方的直接统治①。思想的进步改变了国家管理原则。例如,在国家主权平等观念出现之前,霸权国干涉其他国家内部事务被认为理所应当。无论是欧洲的罗马教皇体系还是东亚地区的朝贡体系,教皇或天子拥有至高无上的权威,王国、诸侯国、藩属国的国王们需要教皇或天子的承认方具备统治本国的合法性,教皇和天子拥有干涉其他国家内政的权力。而国家主权平等思想的确立使得国家统治者们开始以平等原则来处理国家之间的关系,于是民族主权国家逐渐取代帝国成为主导国家形态。

因此,我们有理由认为目前在国际体系中占主导地位的民族国家形态在未来也会发生变化,但是,我们尚难预测下一个主导的国家形态具体是什么。

二、西欧和东亚的前现代国家形态

在17世纪之前出现的国家都可以笼统地称为前现代国家,但在某一特定时间,世界不同地区的前现代国家形态并非特征一致、发展步调统一。由于地理、气候、人文等各种因素的影响,西欧和东亚的国家沿着两条道路发展和演化。

1. 西欧的前现代国家发展历程

(1)城邦。城邦通常是指以一个独立、自主、单独的城镇为中心的国家。城邦是西欧地区最早的国家形式之一,主要集中于古代的希腊半岛。城邦的出现主要源于地理因素。希腊半岛连绵不绝的山脉不但限制了农业生产率的提高,而且还把陆地隔成小块区域,增大了兼并和征服的难度。古希腊人所居住的村庄通常坐落在易于防卫的高地附近,高地上既可设立供奉诸神的庙宇,又可作为遭遇危险时的避难处。这些由村庄扩大而成的居留地一般称为"城邦",而提供避难处的地方称为"卫城"或"高城"。城邦一般设在土地较为肥沃的地方或

---

① 阎学通、何颖:《国际关系分析(第三版)》,北京大学出版社2017年版,第69页。

商路附近,于是吸引来更多移民,逐步发展成为该地区的主要城市。起初,这些城邦居民主要以自然农业、放牧和捕鱼为业。然而,到公元前8世纪初,这种自给自足的经济因人口密集而遭破坏。渴望土地的农民不得不到海上去当海盗、商人或殖民者。到公元前5世纪,整个地中海地区环布繁盛的希腊殖民地,这些殖民地成为与母邦几乎一模一样的海外城邦。其中的代表便是雅典和斯巴达。公元前5世纪,以雅典和斯巴达为首的希腊城邦两次联合击退了波斯帝国大军,希腊半岛成为当时高度发展的地区。

(2)帝国。帝国是欧洲出现的第二种国家形态。帝国通常是指进行军事扩张、征服与占领,且领土广袤、国力强大、实行专制帝制的国家。一般来说,古代西方的帝国基本处于"有统治无治理"的局面,因沉醉于不断扩大疆域,结果在军事上过度耗费了资源,反而致使国力渐衰。所以很多帝国"其兴也勃焉,其亡也忽焉",波斯帝国、马其顿帝国、亚历山大帝国以及后来的法兰克帝国均为短命帝国的代表。但是,具有强大治理能力的罗马帝国却是一个例外。罗马最初也只是一个城邦,然而在短短数年里,它迅速征服了周围民族,控制了从亚平宁山脉到海岸的整个拉丁平原。公元前295年,罗马人赢得了意大利中部,并向南推进,吞并了西西里岛。经过三次布匿战争,罗马彻底打败了主要竞争对手迦太基。之后,罗马军队又迅速吞并了马其顿、希腊、小亚细亚、叙利亚、埃及、高卢乃至不列颠群岛的部分地区,于是罗马成为一个地跨三洲的大帝国。扩张时期的罗马是一个古代共和国而不是一个帝国,因为居于国家政治权力中心的乃是公民大会、行政官和元老院。然而,随着海外战争的节节胜利,拥有强大军队的军事首领逐渐背离坚持贵族制和寡头政治的元老院。随着恺撒及其继承人屋大维的崛起和掌权,罗马彻底地演变成为一个帝国。

(3)中世纪的封建国家和城市联盟。在经历了大约两百年的和平与繁荣后,蛮族入侵、政治腐化和制度障碍等原因,导致罗马帝国逐步走向衰败和解体。公元9世纪,当昙花一现的法兰克王国根据《凡尔登条约》被分割成三部分后,重现罗马帝国疆域和辉煌的梦想在西欧基本破灭,欧洲出现了第三种国家形态,进入了封建国家和城市联盟并存的中世纪时代。法兰克王国采用了封建制度,国王将领土分封给属下(大封建主),属下再将领土分封给他们的属下(小封建主)。但是领主只能直接管辖自己的附庸,不能管辖附庸的附庸,即所谓

"我附庸的附庸,不是我的附庸。"而农民则依赖小封建主,没有人身自由。在法兰克王国四分五裂以后,封臣们瓜分了原有的政治权力,他们的地产(即采邑)事实上已变得不可剥夺。由于实行土地分封,大小领主都把领地视为个人私有,在领地上行使近乎完全的司法权与行政权。这些强有力的封建领主再把他们的土地分成更小的封地,分给那些依靠他们而不是依靠国王的追随者[①]。

于是欧洲形成封建国家割据的局面,出现了数以百计的公国和王国。遍布欧洲各地的公国、王国、公爵领地和男爵封地等采邑之间建立起了复杂的联姻关系。尽管极少数的国家(如英国和法国)逐渐实现了权力集中,成为君主国,但欧洲大多数的封建国家长期以来并没有固定的领土,也缺乏严格的自上而下的权力管理机制。在中欧地区,城邦基于共同经济利益形成了松散的城市联盟,为打击海盗行为、保护商业贸易而建立的汉萨同盟就是代表。

当时,与世俗权力相对应的宗教权力集中于罗马教廷手中,使之成为左右欧洲政局的强大力量。罗马教皇是欧洲名义上的最高统治者,按"君权神授"的原则授权给各国君主。这时,不论是封建王国还是城邦的公民,都没有民族概念,也没有区域概念,只有宗教观念。有学者指出,在中世纪欧洲,封建国家所缺乏的正是近代民族国家两个最重要的因素——国家主权与民族一体性,中世纪欧洲是一个只有"领地"没有"国家"的大世界,由基督教充当文化与意识形态的纽带,把各地区松散地联结在一起[②]。

中世纪封建国家的第一个显著特征,就是中央权力或缺,有时甚至连中央权力机关都没有,也没有中央政府必不可少的所在地——首都。权力与土地一起逐级分散下去,在任何一级上都积聚不起足够的凝聚力,无法形成稳固的经济政治体。中世纪欧洲的政治力量因此建立在个人效忠的基础上,"国家"这个概念太抽象了,不存在个人对"国家"的忠诚[③]。由于社会的分散状态,"民族"这个概念也就十分模糊,因此中世纪封建国家的第二个显著特征就是权力与民族属性无直接关系。在一个民族内部,权力是裂解的,在不同民族之间又形成

---

① 邢悦、詹奕嘉:《国际关系:理论、历史与现实》,复旦大学出版社2008年版,第142页。
② 钱乘旦:《欧洲国家形态的阶段性发展:从封建到现代》,《北京大学学报(哲学社会科学版)》,2007年第2期,第37页。
③ 同上。

交叉状态。

(4) 现代国家的雏形——君主国。罗马教皇的最高权力到卜尼法斯八世手中戏剧性地结束了。卜尼法斯八世曾颁布《教皇训令》，坚定地阐明教皇权力至上的学说。但是，前几个世纪中所能接受的东西，这时却不再合人心意。诸君主及其议员们把国家繁荣看得比教皇的愿望更重。卜尼法斯遭到法王使者的威胁和虐待，受辱后不久便死去。1305年法国大主教克雷芒五世当选为教皇。他并没有去罗马，而是以法国东南部的阿维尼翁为教皇驻地。此后70年间，阿维尼翁教皇受制于法王，失去了前辈在天主教世界中的统治地位。与此同时，文艺复兴和宗教改革运动开始兴起，撼动了教会的势力。15世纪，部分国家的君主权力开始获得增强，形成了自上而下的权力机构，初步统一了国内市场，凝聚起强大的军事和经济力量，不但在欧洲大陆对抗教权、争权夺利，而且还在海外拓展和掠夺殖民地。于是，今天的英国、法国、葡萄牙以及斐迪南和伊莎贝拉联姻后的西班牙的版图初步形成①。

君主国作为欧洲中世纪末期的产物，是欧洲国家出现的第四种国家形态，也是现代国家的雏形。专制王权最早在15世纪的伊比利亚半岛形成，尤其以西班牙最为典型。当时，在斐迪南二世和伊萨贝拉的联合统治下(1474—1504)，中世纪的行政管理经由漫长的过程而逐渐转化成文艺复兴式的国家，而所有这些改革的中心原则是：权力集中于国王。几乎同时，权力集中的过程也在英国和法国出现，因此，弗朗西斯·培根(Francis Bacon)曾经把英王亨利七世(1485—1509)、法王路易十一(1461—1483)、西班牙的斐迪南二世统称为近代国家的"三个智者"。此后，在16、17世纪，集中的权力又陆续在奥地利、瑞典、丹麦、俄国等地形成，并且在奥地利、西班牙所控制的领地上(如低地国家、两西西里、中南欧等)扩散开来，这样专制王权就成为欧洲的主要政权形式了。路易十四时期的法国是典型的君主国，君主拥有治国决策的最高权力，国王认为自己仅对上帝负责，对国民则实行专制统治。国王垄断在任何领域——甚至包括经济、宗教和文艺领域的最终决策权，并派遣自己信任的官员到各地上任。

2. 东亚的前现代国家发展历程

相对西欧而言，东亚地区的国家形态演变较为简单，东亚的前现代国家以

---

① 邢悦、詹奕嘉：《国际关系：理论、历史与现实》，复旦大学出版社2008年版，第143页。

古代中国为代表。古代中国的国家形态发展最具典型性和代表性。在20世纪以前,中国主要只出现过三种国家形态:邦国、王国、帝国。中国古代最早的国家(或可称为初始国家)是小国寡民式的邦国,邦国的进一步发展是王国,王国以后,通过专制主义的中央集权走向了帝国。

(1)邦国。邦国是东亚地区的一种初始国家形态,也可以称之为早期国家。与史前的分层社会或复杂的酋邦社会相比,邦国最显著的区别是强制性权力机构的出现。中国最早的邦国出现在夏代之前,相当于考古学上的龙山时代。根据对山西省襄汾县陶寺遗址和河南新密市古城寨的龙山文化城址的发掘,人们发现城内有不止一处的宫殿宗庙之类的大型夯土建筑基址。尤其是陶寺遗址,不仅有大规模的城址、城内成片的大型宫殿宗庙夯土建筑基址,而且还有大量的能证明贫富分化、等级、阶层存在的墓葬物品。一个庞大的城垣,以及城垣之内宫殿宗庙之类的大型房屋建筑,需要大规模地组织调动劳动力,动用众多的人力物力资源,经过较长时间的劳动才能营建而成。这表明在其背后有完善的社会协调和支配机制来为其保障和运营,而这种支配力具有某种程度的强制色彩。这种带有强制性的权力与当时社会划分为阶层或等级相结合所构成的社会形态,是不同于东亚地区史前的分层社会或酋邦社会的。根据恩格斯在《家庭、私有制和国家起源》中提出的国家形成的两个标志——按地区划分它的国民及凌驾于社会之上的公共权力的设立,龙山时代已进入邦国类型的国家社会。尽管龙山时期的邦国,在黄河和长江流域出现的是一批而非一个,但当时也不是多数部落或中心聚落都转向了邦国。转变为邦国即初始国家的应该还仅是一部分而已,而大部分则属于中心聚落形态或者正在由中心聚落形态走向邦国形态。

(2)王国。在古代中国,邦国的进一步发展就是王国。一般而言,邦国可以没有王权或仅有萌芽状态的王权。邦国与王国的一个重要区别在于王权的存在,可以说王国使东亚邦国处于雏形或萌芽状态的王权获得了长足的发展。王权是邦国中强制性的权力经过一个发展历程后进一步集中的体现,只有王权的出现才使得权力体系真正呈金字塔型结构。在王国中,君王位于权力之最顶点,王与臣下的差别是结构性、制度化的,根据夏商周诸王朝的情形看,这种王权还是在家族或宗族的范围内世袭的。由于王权的世袭性、结构性和制度化,才形成了王朝或王权的"正统"意识和"正统"观。夏诞生以后,天下就出现了多元一体的格局,其政治实体也是多个层次、多个形态并存,既有王国,也有各地的邦国,还有尚未发展成为邦国的史前不平等的"复杂社会"(即分层社会)以及平等的氏族部落社会。正因为王国与邦国相比,在政治实体发展的程度上,王国位于更高的层次,而且有些邦国与王国之间还有从属、半从属或同盟的关系,在多元一体的格局中,王国位于最高的顶点,所以,当时王国的文明程度较邦国与尚未进入邦国的族落高得多①。

(3)帝国。王国之后是帝国,中国古代帝国阶段始于战国之后的秦王朝。公元前221年,秦王扫六合,中华成一统,建立起了秦帝国。从秦始皇到汉武帝,废分封、设郡县、车同轨、书同文、独尊儒术,建立起一个举世无双的大帝国。帝国时期的政体实行的是专制主义的中央集权,这是一种单一制的中央集权国家结构。从纵向看,秦汉时期的文明程度自然比夏商周时代的王国要高;从横向看,帝国时期文明程度最高的地域,首推都城。秦汉中央集权国家之所以形成,是与战国时期郡县制的推行和以授田制为特色的土地制度的实施,以及先秦时期"溥天之下,莫非王土;率土之滨,莫非王臣"的政治理念有关的。秦汉以来帝制国家结构中实行的郡县制,与先秦时期的采邑和分封制有着根本区别。采邑与分封都是世袭的,而郡县制中的各级官吏均为皇帝和中央直接任免。王国与封国、王国内王与贵族的封地和采邑、诸侯国内邦君与贵族的封地和采邑,它们之间虽然有上下隶属关系,但并非行政管理关系,因此不论是封国、封地抑或采邑,都与秦汉以来的帝国国家形态下地方行政机构不同,不能据此而划分出地方行政管理级别。这便是古代中国复合制的王朝与郡县制中央集权的帝国王朝在国家结构和统治方式上的区别②。

三、前现代国家的共同特点

尽管古代世界东西方国家形态发展的脉络不一,但17世纪以前东西方的前现代国家依然具有一些明显的共同点:

(1)领土不固定。不论是西欧还是东亚,一旦处于邦国林立(不管是城邦还

---

① 王震中:《从中原地区国家形态的演进看其文明化进程》,《东岳论丛》2005年第3期,第113–114页。
② 王震中:《"邦国—王国—帝国"说》,《光明日报》2013年1月28日,第15版。

是封建领地抑或诸侯国)的时代,各国之间的冲突和战乱都会频繁改变各自疆域的地理范围。帝国虽能控制范围极大的疆域,但往往只能在中心维持比较巩固的统治,而边疆地区则基本上是"天高皇帝远",即便是强大的罗马帝国也难以解决其边境地区日耳曼人侵扰的问题。

(2) 民众缺乏明确的国家概念。所谓"爱国主义""我是哪国人",东西方都是在19世纪以来才有渐为明确的概念,相对而言东方更晚一些。中国古代并没有真正意义上的国家观,各王朝所持有的是天下观。按照天下观的思想,这一自然疆域内的所有土地都是天子的领地,所有人民都是天子的臣民,民众都只能效忠于本国的统治者。在西方,除了实行古典民主制的部分古希腊城邦之外,帝国和邦国都热衷于推行世袭制,国家是统治者的私有之物,如何让普通平民去爱?

(3) 最高权力来自上天,不在人民手中。事实上,即便是雅典这种所谓直接民主制的典范,也只是在极短的时间内实行过平民民主,公元前338年,马其顿王国征服了整个希腊地区,雅典民主制遂告终结。在19世纪之前,民主一直不被政治思想的主流所认同。中世纪的欧洲,封建割据严重,王权衰弱,天主教势力空前强大,占据了支配地位,罗马教皇确立了对西欧的大一统神权统治,只有教会和教皇才能在道德和法理上赋予人间统治者以合法的权力。即使是顽固自大、桀骜不驯的拿破仑,也需要让教皇为之行加冕礼,这是"君权神授"的历来传统。而在古代中国,秦始皇统一六国后,中国的最高权力一直归"天子"或皇帝所有。无论手中权力是来自世袭还是政变,历朝历代的统治者都会宣称自己"受命于天",要"奉天承运"。所以,不论是西方还是东方的前现代国家,最高权力和平民大众往往都没有什么关系①。

(4) 没有一个垄断一切合法权力的政府。古代国家的政府虽垄断和掌握着大部分的合法权力,但是国家内的其他组织和机构也同样可能是拥有合法暴力的权威。在中世纪的欧洲,不只是国王和领主可以致罪犯于死地,负责侦查、审判和裁决"异端"的宗教裁判所也可以以上帝名义不断执行他们的"神圣职责",布鲁诺被活活烧死在罗马的鲜花广场就是典型例子。在古代中国,不仅衙门可以对犯人施加刑罚,而且宗族和行会也可以惩罚族人和成员。

---

① 邢悦、詹奕嘉:《国际关系:理论、历史与现实》,复旦大学出版社2008年版,第147页。

第三节 现代民族国家

建立在民族认同基础上的现代国家是人类社会发展到一定程度的产物,正如马克思所说,国家是阶级矛盾不可调和的产物和表现。现代国家的建立对人类有极其重要的意义,它是有史以来人类为了得到安全和秩序而建立的最大的共同体,使处于权力极其分散的无政府状态下的国际体系有了一些公认的游戏规则,也在经济和社会方面促进了人类的进步。本节将讨论现代民族国家的产生标志、构成要素及其与前现代国家的区别等问题。

一、现代民族国家的产生标志

在一个固定的领土范围内居住着一定人口(同一民族或有共同的认同感),而在这些人中又有一个拥有主权的、被国内外广泛认可的合法政权时,这便是一个现代国家。现代国家产生的标志是1648年《威斯特伐利亚和约》的签订确认。其中心原则简单而明确:一块领土上的统治者有权决定该领土内的宗教。宗教成为一个国内问题,由统治者而不是外在权威——包括神圣罗马帝国皇帝和教皇来决定,世俗政治权力自此完全击败宗教教会权力,权威分属于各个国王和君主。领土和领土之上的人民属于统治者,且统治者也不必听命于一个外部权威。从此,每一块领土上不再有多种合法的权威,只有对国王和君主权威的效忠。《威斯特伐利亚和约》确定了国际关系中应遵守的国家主权、国家领土与国家独立等原则。

二、现代民族国家的构成要素

民族国家,或者称民族主权国家,是指近代以来通过资产阶级革命或民族独立运动建立起来的,以一个或几个民族为国民主体的国家。民族国家是当代最主要的国家形态。需要注意的是,当代国际社会中最主要的国家形态是民族国家,但这并不意味着今天的世界上只存在民族国家这一种国家形态,现在还有城邦国家、君主国、大公国等国家形态。

现代国家应具备四个基本要素:领土、居民、政府组织和主权。

1. 领土

领土是一个国家赖以存在的物质基础,如果没有领土,那么人民因无物质基础而无法生存,国家因无管辖空间而无法统治。世界上没有无领土的国家,至于领土的大小、国界是否完全划定,均不影响国家的建立。

2. 居民

国家是由一定数量的定居的人组成的,没有居民便不能构成国家。生活在一块土地上的人民构成了国家得以组成和发展的主要物质基础之一,也是有形国家的重要标志。至于人口的多少、民族和种族的构成状况,并不影响其作为国际法和国际社会行为体的资格。

3. 政府

政府是国家的行政管理机构,对内实行管辖,对外进行交往,是国家在政治上和组织上的体现,也是国家区别于其他社会组织的根本特征。没有政府的社会不能成为国家,国家拥有强制性的暴力手段,对内镇压敌对阶级的反抗,协调各阶级、各阶层、各利益集团之间的相互利益,对外抵御其他国家的侵略和干涉,发展与其他国家的合作与交往。至于政府的组织形式、政府更迭情况,均系各国内政问题,不影响国家的存在。

4. 主权

主权要素和其他三要素不同,它是非物质性的。主权是一个国家独立自主地处理对内、对外事务的最高权力。尽管主权是抽象的,却是国家的根本属性。在一个地域之内,如果有政府、有居民,却没有主权,那么这个地方只能算作地方行政单位或殖民地,而不能称为国家。

主权是与国际承认直接相关的,是通过国家间的相互承认获得的。由于现代民族国家是主权国家,而主权只能来源于国际承认,因此获得国际承认便成为民族国家生存的前提,没有合法的主权就成不了真正的民族国家。一个新国家能否成为国际社会的一员,其核心在于它能否得到足够多的国家的承认。承认与否通常表现在这些国家或政府是否愿意与其建立外交关系上。联合国本身是无权决定承认或否认一个国家的身份的。决定一个政治实体能否成为主权国家的,是联合国的各成员国。具体来说,只有当三分之二的联合国成员承认一个政治实体是主权国家时,该政治实体才能成为主权国家。

一个国家成为联合国会员国,是其成为正式的民族主权国家的重要标志和体现。一个国家成为联合国会员国的程序如下:第一步,申请国向秘书长提交申请,同时提交一封正式声明接受《联合国宪章》所载义务的信函;第二步,安全理事会审议申请,安理会 15 个理事国中至少有 9 个投赞成票,并且 5 个常任理事国(中国、法国、俄罗斯、英国和美国)没有任何一个投反对票,才能通过接纳新会员的建议;第三步,如果安理会建议接纳该国,则该建议将递交联合国大会审议,必须有三分之二多数会员国投赞成票,联合国大会才能接纳一个新会员国;第四步,接纳新会员国的决议通过之日,即为会员国资格正式生效之时。

依据一个国家是否拥有全部的主权,现代民族国家可以分为两类:主权完整的国家;将部分主权委托于他国的国家,也可称为委托主权国。在第二章中已介绍过,国际体系的无政府性主要源于国家之上不存在能够垄断暴力使用权的更高一级的行为体,即各国都享有独立地使用暴力的自由。然而在现实国际政治中,有些国家将军事权力部分地让渡于其保护国,这种让渡有的是主动的,有的则是被动的。

三、现代民族国家的民族特征

在前文中已经介绍到,民族性是国家的一个重要性质。现代国家大多是由单一或多民族组成的。民族是历史上形成的有共同语言、共同地域、共同经济生活以及表现共同文化的共同心理素质的稳定的共同体。"民族国家"首先是随着资本主义的发展而出现的民族主义的核心概念,是一种理想的国家形式,是可能性意义上的国家,其形成经历了一个漫长的历史过程。

现实的民族国家基本上都不是由单一民族构成的,民族的界线与国家的界线总是存在着差异和区别,即使是被视为民族国家之典型的英国和法国,在民族构成上也并非单一的和同质的。因此,在确定民族国家的含义时,不能仅仅从概念出发,而应该从现实出发,将国家的民族构成和国家的本质内涵即国家政权结合起来,只有这样,才能合理地确定民族国家的本质。一般来说,民族国家是由主体民族执掌国家政权的主权国家。民族国家意味着民族与国家的结合,民族对国家主权的掌握,这种结合不是形式上的结合,而是内容上的、实质性的结合。

民族国家的基本特征除了国家应具备的基本要素,还表现为国家权力的世俗性和国家民族外在形式的单一性。西欧最早的民族国家,是在反对罗马教廷的统治、争取和实现国家权力世俗化的过程中建立起来的,国家权力的世俗化成为构建民族国家的基本条件之一。民族国家的建立,标志着世俗权力对宗教权力的最终胜利。所谓国家民族外在形式的单一性,是指国家无论内部有多少个民族,对外都表现为一个民族,即国族[①]。世界上大多数民族国家都同时存在着多个民族,在长期的生产活动中这些民族拥有了共同的家园和共同的利益,呈现出整体性的特征。

四、现代民族国家与前现代国家基本特征的比较

我们只要将当今民族国家和前现代国家进行比较(表3-1)就会发现它们之间存在本质的区别。当今国际体系中的民族国家领土界线分明、民族主义和爱国主义大行其道、各国政府几乎完全垄断了本国的合法暴力、政府权力的合法性来自人民的认可,而前现代国家边界模糊、人民效忠国王或教皇等多种权力、政府仅部分掌握国家权力而其他权威也同时存在、政府权力的合法性来自神权或君权,等等。

表3-1 现代民族国家和前现代国家的基本特征比较

国家类型	领土	居民	政府	主权
现代民族国家	有明确而稳定的边界	以一个或几个民族为国民主体;法律上权利平等的公民	领土内最高的权威,尤其是合法地垄断了国家暴力工具	民族主权、国家主权、人民主权
前现代国家	边界模糊,时常变动	等级制,有贵族、平民、臣民、子民;效忠国王、教皇等多种权力	部分掌握国家的权力,同时存在其他权威(如教会)	神权(君权神授、受命于天)或王权、君权

第四节 国家主权

在国际关系中,国家成为重要行为体,关键在于拥有主权。主权是国际关系学中的一个基本概念,是政治科学漫长理论传统的核心主题。以主权概念为

---

① 蔡拓:《国际关系学》,南开大学出版社2005年版,第56页。

支点,国际关系学主要围绕战争与和平、无政府与秩序等国际现象与国际问题展开。国家主权理论是国际关系学中诸如国家行为、国际体系、国际安全与全球治理等其他研究议题的逻辑起点和理论渊源。

民族国家的形成,经历了一个漫长的过程。国家主权的概念,也是在中世纪欧洲漫长的战争与冲突的历史阴霾和残酷的社会现实之中诞生的。主权观念是近代欧洲历史的产物,它是在西欧从封建秩序向近代民族国家体系发展的过程中,人们经过无数的战争和冲突而最终发现的、可以使当时西欧各主要的权力主体相对和平地共处,并且建立某种稳定的国际秩序的法理基础。主权与民族国家之间是相互建构、相互依存的关系。以《威斯特伐利亚和约》为始建立的现代民族国家和主权原则,构成国际关系中主要行为体和最重要的国际规范,决定了国际体系的无政府性和等级性等基本性质。1648年《威斯特伐利亚和约》订立之后,近代以来的国际体系逐渐开始以民族主权国家为主要行为体,此前的国际体系中的国家并不享有充分的主权。

一、国家主权的概念与性质

最早提出主权概念的是法国16世纪的法学家和政治家让·布丹(图3-2)。布丹1576年发表《国家论六卷》一书,其中把国家定义为许多家庭和管理它们共同利益的、具有主权的合法政府。他认为,要在欧洲建立稳定的秩序,就必须在各国国内建立某种至高无上的绝对权威——主权,即统治一个国家的永恒的、绝对的权力。布丹的主权论未能明确两个问题,即哪个权力主体应该拥有主权,以及如何保证国家之间不相互侵犯主权。这两个问题在三十年战争之

图3-2　法国政治家、法学家让·布丹(1530—1596)

后的威斯特伐利亚和会上基本得以解决。《威斯特伐利亚和约》确定了一国君主为主权的所有者,杜绝了其他权力干涉主权的合法性,也限制了主权国家相互侵犯的可能性。

在当代,主权被视为一国具有独立自主处理内外事务的最高权力。主权的属性包括以下两个方面:

(1)主权的基本内容:对内的管辖权,对外的独立权、平等权和自卫权。国家对内享有管理本国人民、资源和政治经济生活的权力,不容他国染指;对外享有独立处理国家关系和制定外交政策的自主权,参与国际事务的平等权,不准他国插手;国防上享有抵抗外来侵略和维护领土完整的自卫权,不许他国干涉。

(2)主权的基本性质:最高的权威性、完全的独立自主性和无可非议的合理性,即对内最高、对外排他。主权的最高权威性是指在国家内部具有最高的权威,不从属于任何法律。主权的这种最高权威仅限于国内,在国际上它不能高于其他国家的法律。主权的完全独立自主性是指在国际上一国的主权是独立的,独立于其他国家或国际权威。当所有国家的主权都具有排他性时,所有国家的主权就是平等的。当所有国家的主权都独立时,就意味着国家主权不必服从于任何国际权威。

主权原则,不仅从法理上确立了国际社会中民族国家之间的平等关系,而且也从理论和制度上造就了一种现实:国家之上没有更高的权威,国际社会呈现无政府状态(或称国际体系无政府性)。在民族国家组成的国际体系中,主权属性和主权原则决定了无政府性和等级性是国际体系的基本特征。

现代国际规范对国家主权的保护是以《联合国宪章》中关于不干涉内政的规则为基础的。当今世界,国家获得主权的重要标志就是成为联合国的成员国,这一点在上一节中已经详细介绍过。《联合国宪章》所载之义务即联合国七大原则的第一条原则就是"联合国会员国主权平等"。国际法律是依据平等原则制定的,但并不意味着国家主权实际上是平等的,也不意味着国际法是依据平等原则执行的,平等不是客观存在。正如19世纪法国哲学家皮埃尔·勒鲁(Plerre Leroux)在《论平等》中讲到的"平等是一种原则,一种信条""设想出一个建立在平等基础上的社会,然后像寄托于真和美的永恒源泉一样人把自己的理想寄托于上帝"。

近代以来,国家主权的来源经历了从天上落到地上的根本性变化①。中世纪时期,人们认为一切权力来自上帝,神权高于一切,相信君权神授。而宗教改革后,教会权力一落千丈。威斯特伐利亚体系建立之后,国王成为国家主权的拥有者。但此时的国王已没有了君权神授的光环,其权力的合法性很快受到人们质疑:国王是人,我也是人,为什么国王有权而我却没有?启蒙思想家们对此给出了这样的解释:王权、君权都来自民众,是由民众授予的。民众之所以授予统治者权力,是因为国家就像个大家庭,需要有专人来负责管理公共事务。统治者在国家的角色就类似于一个大家庭雇用的管家一样。政府存在的目的是给民众提供安全和秩序。此后,最早的现代国家如英、美、法等纷纷通过民主革命或政治改良运动,建立起民主制度,树立了主权在民的观念。主权也就由近代的君主主权、民族主权发展为现代的人民主权。

按照现代民主理论,人民是国家主权所有者,统治者是国家主权的使用者,经由人民选举产生的政府才具有合法性。《中华人民共和国宪法》第二条就明确规定:"中华人民共和国的一切权力属于人民。人民行使国家权力的机关是全国人民代表大会和地方各级人民代表大会。"

二、主权的历史意义

主权的历史意义体现在以下几个方面:

(1) 主权原则消泯了宗教对战争的影响,残酷的宗教战争退出国际关系的历史舞台。《威斯特伐利亚和约》订立之后,宗教权威的统治走向终结,世俗权威取而代之,主权的归属者是各国君主,君主国自然而然成为欧洲政治舞台的主角,它们不再是为宗教信仰而是基于现实政治和国家利益的考虑去结盟或开战。曾经给欧洲带来混乱、残暴和不宽容的宗教战争,终于因主权原则的确立而几近消失。

(2) 人民摆脱了除本国政府之外的任何权力的侵犯,获得了更多的安全和秩序。主权对内至高无上,是凌驾于国内其他权威之上的最高权威,每个国家可以按照自己的意志自由地处理其内政和外交事务,由此集中合法暴力,消除内部一切非法势力对国民的侵犯。主权对外独立自主,独立于其他国家或国际

---

① 邢悦:《国际关系学入门》,北京大学出版社2011年版,第84页。

权威,抵御非法的侵略和干涉,消除外部势力对本国国民的侵害。于是,在某种意义上而言,国家的民众获得了更多的安全和秩序。

(3) 在主权原则的保护下,国家减少的趋势得到缓解。主权原则使主权国家不论大小,"在法律上是国际体系中平等的、至高无上的参与者"①,也就是说所有的国家在理论上都被赋予了法律保护。诚然,威斯特伐利亚体系并非尽善尽美,强大的国家也会利用体系的漏洞,经常侵扰或者压迫它们的邻国,甚至会试图完全使之臣服。但是,此后绝大多数君主仍然将他们的非分之想限制在威斯特伐利亚条约含糊的范围内。在当今国际社会中,主权国家承认相互都有生存、自由和发展权利,这就限制了国家的侵略行为,为主权国家提供了安全保障,确保了国家的生存和国际体系的相对稳定,使国家的消亡率大大降低,甚至众多微型国家也得以和平繁荣发展。

(4) 国际关系逐渐走出了霍布斯文化,主权国家之间相互征服和奴役的现象趋于减少。虽然从三十年战争开始到拿破仑战争结束,二百年间欧洲爆发战争的频率并没有明显降低,但积极使用武力的国家数目大大降低。二战结束后,殖民体系逐渐瓦解,主权原则在全球确立,国际体系进入了洛克文化,主权原则乃是洛克文化的基石。

三、主权的范围

国家主权的内容非常广泛,涉及政治、经济、军事、文化等许多领域。此处侧重讨论与领土主权相关的一些主权,特别是当代国际法中对国家的陆地、海洋、大陆架和大气层主权的有关规定。

1. 陆地主权

陆地主权的自然地理基础是领土边界。领土边界是由国际条约决定的,而不是一个国家自己所能决定的。当两个国家都对同一块自然土地声称拥有主权时,就容易发生领土冲突,两国所声称的领土边界也都不具有合法性。反之,当两国就共同勘定的边界签订条约后,双方所声称的领土边界就都有了合法性。因此合法的领土是指由别的国家承认后的政治土地,而非人们长期居住的

---

① 卡伦·明斯特、伊万·阿雷奎恩-托夫特:《国际关系精要(第五版)》,潘忠岐译,上海人民出版社2012年版,第17页。

自然土地。世界上的陆地现已基本被各国分割完毕①。北极圈内的领土由环北极的八个国家所拥有,它们是加拿大、美国、俄罗斯、芬兰、挪威、瑞典、冰岛、格陵兰岛(丹麦)。南极则不是由相邻国家所拥有。1961年达成的《南极条约》规定,对南极已提出领土要求的国家不得扩大其领土要求,没有提出领土要求的国家不准提出新的要求。《南极条约》实际上冻结了对南极任何形式的领土问题。

2. 海洋主权

国家主权并不局限于陆地之上,还包括与其领土相邻的海洋。国家的海洋主权分为两部分,即水面航行和水下资源两部分。根据国际法规定,各国的领海主权是沿领海基线向外的12海里的领海,在此区域内国家拥有完全主权;领海基线向外12至24海里的海域,称为毗连区,国家只拥有海政管理等权力;领海基线向外200海里以内,领海以外并邻接领海的区域为专属经济区,在这个区域内国家拥有海洋资源开发的权力,如图3-3所示。

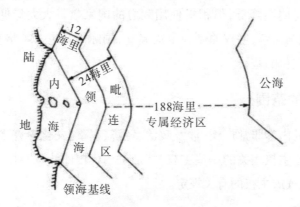

图3-3　国家海洋主权范围及专属经济区

在现实中,许多国家之间的海洋距离小于200海里,因此沿海国家之间有许多海洋主权或海洋权益方面的冲突。解决海洋主权冲突的原则和方法很多,以中间线划分的方法是一种较为普遍的方法。

3. 大陆架主权

国家主权范围还包括了海洋下面的大陆架。大陆架是指一国领海以外依

---

① 地球总表面积约5.11亿平方千米,其中地球陆地面积约1.49亿平方千米,地球海洋面积约3.62亿平方千米。

其陆地领土的全部自然延伸,扩展到大陆外缘的海底区域的海床和底土。《联合国海洋法公约》第七十六条第1款规定:沿海国的大陆架包括其领海以外依其陆地领土的全部自然延伸,扩展到大陆边缘的海底区域的海床和底土,如果从测算领海宽度的基线量起到大陆边的外缘的距离不到二百海里,则扩展到二百海里的距离。《联合国海洋法公约》第七十六条第5、6款规定:沿海国的大陆架如果超过二百海里,则不得超出从领海基线量起三百五十海里,或不超出二千五百米等深线一百海里。

从有关海洋专属经济区划分与大陆架划分的规定,我们可以发现两者的距离是不等的。这两者的不一致,成为引发大陆架主权冲突的重要原因之一。当两国专属经济区的中间线小于二百海里,而一方大陆架缓坡又超过二百海里,双方就容易为大陆架的主权发生矛盾,如中日东海大陆架主权就存在划界分歧。

4. 领空与太空主权

国际法规定,领空是指一个领土和领海之上的大气层,不包括公海和专属经济区之上的大气层。依据这个规定,在航空器中的犯罪行为应受领空主权国管辖。国家对大气层之上的外空没有管辖权,外空是全人类共享的,任何国家都不能在外空宣布拥有主权。

四、冷战后民族国家的主权受到的挑战

在当代国际政治中,全球性的国际互动对民族国家的主权正产生着越来越大的挑战和影响。有学者指出:"近代世界体系的发展实际上就是国家争取主权、获得主权和主权受到越来越多限制的过程。只不过,这种限制是建立在自愿、平等和相互的基础上,并且通过国际法相互予以保证。"①冷战后,主权理论和实践受到的挑战主要来自以下几个方面:

(1)随着高科技的发展和信息社会的到来,国家行使主权的空间和载体受到一定威胁。

(2)各种全球性国际组织的出现及国际机制的建立,使民族国家的主权行使陷入某些方面的困境。由于国际社会经济政治一体化的发展,跨国性的经济、政治、社会、安全等问题日趋突出,面对单一国家无法解决的问题,国家不得不加入并求助于国际组织。全球性国际组织的作用不断增强,权限越来越大,

---

① 邢悦、詹奕嘉:《国际关系:理论、历史与现实》,复旦大学出版社2008年版,第195页。

对主权的限制日益增强。

(3)区域经济组织职能的扩张对国家主权的冲击越来越大。当今世界的三大区域经济合作组织(欧洲联盟、北美自由贸易区、亚太经济合作组织),都以不同的方式要求其成员国让渡和转移部分主权及其管理职能。

(4)来自跨国公司对主权国家政治局势和经济发展的挑战及影响不容忽视。

总之,全球化时代对传统国家主权理论和实践带来的冲击是全方位的,以至于一些人提出"主权过时论""人权高于主权"等论调,然而此类观点是没有根据的。作为民族国家自我防卫的最后一道防线,主权的自我调适和约束具有主动性、互动性和协商一致性的特征。所谓主动性,是指主权国家主观上要求参与国际社会的种种活动,接受国际社会现行体制和运行规则。所谓互动性,是指主权国家通过参与国际活动所承担的某种权利和义务,一般说来是双向和互惠的,而不是单方面的承诺。所谓协商一致性,是指国家在自愿的前提下,通过彼此间的平等协商达成一致,共同营造一种交往的环境和氛围①。正是由于具有这些特征,主权的根本属性——独立性和完整性依然得到体现和认可。主权独立和完整的原则是当代国际法的基本原则,也是国际社会正常运作的基石。所以,尽管冷战后国际形势发生了很大变化,但在民族国家林立的今天,国家主权原则依然是国际法和国际关系的核心和根基。

1. 什么是国际行为体?它有哪些基本特征?
2. 国际行为体的种类有哪些?
3. 现代民族国家的构成要素有哪些?
4. 国家的性质是什么?
5. 现代民族国家与前现代国家的基本特征有哪些不同?
6. 西欧和东亚的前现代国家发展历程有何差异?
7. 什么是国家主权?它的性质和历史意义分别是什么?
8. 冷战后民族国家的主权受到哪些方面的挑战?

---

① 蔡拓:《国际关系学》,南开大学出版社2005年版,第60-61页。

PART 3

第三篇　范畴篇

第四章 国家利益与民族认同

　　国家利益是国际关系研究的核心概念,是国家制定对外目标与开展政治、安全、经济、法律等各方面合作的重要依据和决定因素。民族主义是近现代历史中最重要的社会思潮之一,民族主义既是一种复杂的意识形态,也是一场宏大的社会实践,因而注定会对国际关系产生重要影响。为了深入认识国家利益和民族主义在国际关系中的地位与作用,本章将着重讨论国家利益的性质与排序、民族认同、民族主义的性质与作用等问题。

第一节　国家利益的概念与性质

　　从国家诞生以来,各国一直纠缠于生存、领土、霸权等利益纠纷之中。从古希腊的城邦之争到中国春秋战国诸侯争霸,从欧洲三十年战争到拿破仑战争,从同盟国与协约国的帝国战争到反法西斯战争,从冷战时期的朝鲜战争、越南战争到冷战结束后的美伊海湾战争等,各国无一不是为追名逐利而战。本节将考察国家利益的概念、属性及在对外决策中的地位等问题。

一、国家利益的概念

　　国家利益是一个现代人熟悉的概念,但绝大多数人又不知其具体内容。虽然中国国际关系研究已经过半个多世纪,但在很长时间内由于意识形态的限制和其他因素的影响,研究者难以涉及这一领域。直至 1989 年 10 月邓小平在会见美国前总统尼克松时说的一句话才给"国家利益"解禁——"我知道你是反对共产主义的,而我是共产主义者。我们都是以自己的国家利益为最高准则来谈问题和处理问题的。"由此,中国学者才开始探讨国家利益问题,尤其是本国的国家利益问题。清华大学阎学通教授于1997年出版的《中国国家利益分析》是中国国家利益研究的奠基之作。

国家利益的概念是在民族国家形成过程中,作为国家的外交指导原则出现的,并随着国际体系及民族国家的转型而发展变化。根据国家主权学说,国家是最高的本源,维护国家利益是国家对内和对外政策的最高目标。这一新的外交政策原则,对于外交摆脱封建君主的私人性质,向现代外交转变起到了积极的历史作用。在现代国际体系中,国家利益成为决定国家外交政策和对外行动的基本出发点,也成为国际关系的核心因素。汉斯·摩根索(Hans J. Morgenthau)指出:"只要这个世界在政治上由国家组成,国家利益在世界政治中就具有决定意义。"

关于国家利益的概念和内涵,国内外学术界一直存在不同的界定。我们认为国家利益具有双重含义:一方面是国内政治意义上的国家利益,是指政府利益或政府所代表的全国性利益,与之相对应的是地方利益、集体利益和个人利益;另一方面是指国际政治范畴中的国家利益,是指一个民族国家的利益,与之相对应的概念是集团利益、国际利益和世界利益。国际政治中的国家利益是指一个民族国家的整体利益,因此,国家利益可界定为一切满足民族国家全体人民物质与精神需要,与其生存和发展息息相关的诸因素的综合。

通过上述定义可见,国家利益不等于国家愿望、国家欲望。愿望和欲望是指没有实现基础的想法,而利益是指有实现基础的需要。国家实力地位是区分愿望和利益的一个重要因素。国家的愿望可以是无限的,但国家利益则是有限的,国家利益都是建立在一定的现实基础上的。正如建构主义学派代表人物亚历山大·温特在《国际政治的社会理论》中所指出的:"国家不是一张白纸,可以随意书写各种利益。"此外,国家利益不仅包括物质方面需求,也包括精神方面需求。国家不仅有物质方面的需要,而且有精神方面的需要,国际尊严、荣誉都是精神方面的国家利益。例如,在奥运会、世界杯足球赛等重大体育赛事上获得奖牌能给一个国家和全体国民带来荣誉和自豪感,这也就是为什么各国政府和民众都对本国运动员获奖感到兴奋,并将此视为国家的荣誉和目标。

二、国家利益的性质

维护国家利益是国家对内和对外政策的最高目标。只要国际体系依旧主要是由民族国家构成,那么国际政治中实际上最后的语言就只能是国家利益。国家是最高级、最复杂的社会政治组织,从而决定了国家利益的复杂性。具体而言,国家利益具有以下三个方面的特性。

1. 国家利益具有多重性

国家利益具有阶级性、民族性和国际性。正是因为国家的性质具有阶级性、民族性和国际性,所以国家利益也具有这三重属性。

(1)阶级性。国家利益是否具有阶级性是一个有争议的问题,西方学者大多数不认为国家利益具有阶级性。中国也有学者认为,从本质上讲,国家利益具有全民性、民族性或超阶级性,因为国家利益是一个国家内部绝大多数居民的共同利益的综合,并不是某个特定阶级、集团的利益。我们认为,国家利益是具有阶级性的,因为统治阶级的利益是国家利益的最主要组成部分,统治阶级支配着国家的对外政策和对外行为。

(2)民族性。国家利益并不仅仅是统治阶级的利益,还有全社会、全民族的共同利益,是阶级利益和民族利益的结合体。

(3)国际性。国家利益还必然包括国际利益或世界利益的内容。在全球化的时代,世界各国相互依存,利益交融,各国均普遍面临环境保护、能源供应、恐怖主义、跨国犯罪等非传统安全的共同挑战,在诸多方面,国家利益与国际利益出现一致性,促进国际利益即促进国家利益。反之,一个国家在损害国际利益的同时,也可能损害其国家利益。

2. 国家利益是主观性与客观性的统一

客观国家利益是指不管国家利益有什么样的具体表现形式,只要一个行为体以"国家"的身份存在,就必然要具备赖以生存和延续的、不以人的意志为转移的、具有普遍性的基本条件,否则就不能称其为"国家"。就如同一个人,不管年龄、肤色、宗教信仰如何,他一定有基本的、与其他人相同的物质和精神需要,如必须吃饭、喝水、睡觉。国家赖以生存和延续的基本条件就是国家的客观利益。国家利益的表现形式可以因国家而异,但是所有国家对国家利益的理解和追求,都必须以客观国家利益为基础和前提。就如同什么人都需要吃饭,国家也类似,若忽视其客观利益便会导致"国将不国"。自由主义学派学者乔治和基欧汉提出了国家利益包含的三种内容——生存、独立、经济财富,或者称为"生命、自由、财产"。温特在其后又加了第四种利益——集体自尊。到目前为止,这四种利益是不同学派的学者们对客观国家利益所做的较为具体、明确的界定。

在承认国家利益具有客观性的同时,必须注意在同一历史时期,不同的国家由于历史、文化、实力等方面的不同,对国家利益的理解和实现方式的认识是不同的。这便是国家利益的主观性,或者说主观国家利益。国家利益的客观性是以丰富多彩、灵活多样的形式得以表现和实现的。这就如同虽然吃饭是人的客观需求,但具体吃什么、怎么吃,通常是千差万别的。现实中,具体的国家利益目标和实现国家利益的手段也有可能是千差万别的。主观国家利益在决定国家对外政策的战略目标和实现手段上起着重要作用。

客观国家利益设定了一国对外政策的基本框架,主观国家利益是在客观国家利益的框架中,国家对其国家利益的具体内容及实现方式的认识。主观国家利益必须建立在客观国家利益的基础之上,并与客观国家利益相协调。主观国家利益是由文化建构的,文化和价值观决定了主观国家利益的目标[①]。国家利益的客观性使国家具备了国家的身份,国家利益的主观性使各国在国际社会的表现呈现多样性。从国家利益的客观性和主观性两方面研究国家利益,我们既能认识到国家利益的共性,也能注意到国家利益的特殊性。

3. 国家利益的构成具有多层次性

从重要性的角度出发,国家利益可以区分为根本利益与一般利益;从时间性的角度出发,国家利益可以区分为长期利益与短期利益;从层次性的角度出发,国家利益可以区分为战略利益与战术利益;从地域性的角度出发,国家利益可以区分为国外利益与国内利益,等等。对于国家的外交政策、对外行为和国际关系研究来说,区分根本利益与一般利益的意义是最明显的。当涉及国家根本利益时,国家不但不会作出退让,而且会拼死相争。往往只有在一般利益问题上,国家才有可能在某种情势或条件下,作出交换、妥协或让步。一国为了实现根本利益,往往可以牺牲其他一般利益。

1992年美国三家著名智库,即贝尔福科学与国际事务中心、尼克松中心和兰德公司发起成立了美国国家利益委员会,并于1996年和2000年出台了两份

---

① 邢悦、詹奕嘉:《国际关系:理论、历史与现实》,复旦大学出版社2008年版,第195页。

《美国国家利益报告》[①]。综合研判这两份报告,我们可以发现它们将美国国家利益分成四个层次[②]:生死攸关的或根本的利益、极端重要利益、重要利益、次要利益。生死攸关的利益,涉及美国存续、制度、价值观与幸福,主要包括大规模杀伤性武器对美国的威胁,欧亚地区出现敌对的威胁美国霸权的势力,贸易金融环境等领域的全球体系出现灾难性的解体,在这些情况下,即使没有盟友参与,美国也要准备投入战斗;极端重要利益,涉及美国维护世界自由、安全、幸福的目的是否受到威胁,主要包括大规模杀伤性武器的使用与扩散,各种争端,有关国家违反国际法制和体制,在这些情况下,美国要在盟国共同参与下准备动用军事力量;重要利益,涉及美国维护其根本利益的能力是否受到影响,主要包括反对大规模侵犯人权的行为,在一些国家鼓励多元化、自由化、民主化,阻止重要地区的冲突,美国对此个案处理,并且只有在低代价和其他国家分担最大费用的情况下,才应参与军事行动;次要利益是对美国根本利益不会产生影响的利益,例如平衡双边贸易赤字,在世界推广民主进程等。2001年"9·11"事件发生后,反对针对美国的恐怖主义,必然会列入美国生死攸关的利益。

国家安全、经济繁荣、社会制度和核心价值,是国家根本利益的基本要素。而一般利益则是从属于根本利益的局部利益,是为根本利益服务的,它具有易变性,随着国家利益目标的转移而转移,随着国际形势及相关行为者的目标、战略、政策的变化而变化。

三、国家利益在对外决策中的地位

国家利益对国家对外行为而言,既有理论指导意义,也有实践意义,是国家对外行为的根本动因,主要体现在以下几个方面:

(1)国家利益是国家制定和调整对外战略政策的基本依据和价值取向。随着民族国家体制的形成、巩固和发展,国家利益取代了国家最高统治者个人或最高统治层少数人的利益,成为国家战略与政策制定、实施的基础。国家制定对外政策就是要实现或维护国家利益,维护国家利益是国家对内对外政策的最

---

① 刘志云:《国家利益的层次界定与国际法的关系——以〈美国国家利益报告〉为分析蓝本》,《晋阳学刊》2014年第6期,第128-129页。

② 俞正樑:《国际关系与全球政治——21世纪国际关系学导论》,复旦大学出版社2007年版,第92页。

高目标；国家利益是决定国家外交政策和对外行为的基本动因，是决定国际关系的核心因素。同时，国家利益也是调整国家对外行为的根本点。历史上，国际社会曾出现过各种调整国家对外行为的方式，如均势、集体安全、不结盟等，但无论采取何种方式，各国的出发点均是自身国家利益。这正如帕麦斯顿指出的："我们没有永远的盟友，也没有永远的敌人。永恒不变的只有我们的利益，而我们的职责就是追逐这些利益。"

(2) 国家利益是解释和证明国家对外政策合理性的重要工具。国家利益，作为国家生存与发展的必要条件，是一种客观存在；作为所追求目标的界定与表达，则是一种主观认识，受制于各国统治阶级的阶级立场、思想体系和价值观念。不同的国家对国家利益有不同的认识，即以不同的国家利益观为指导，它们往往有着不同性质的对外战略、外交政策和对外行为，因而也就有合理性或不合理性的区别。对外行为的效果，是以国家利益是否得以实现来判断的，国家利益成为分析、评价各国对外战略、外交政策和对外行为的唯一标准。

(3) 国家利益决定国家之间相互关系的性质。在现实中，对任何一个国家而言，国家利益都不会恒久不变，对任何两个国家来说，它们的国家利益也不可能完全重合，国家利益是决定国家之间相互关系性质的主要因素。例如，二战后，由于意识形态的对立，美苏两国由盟友变成敌人，而英、法、美等国由于所谓共同的安全威胁而结成盟国。20世纪五六十年代，法国出于其追求大国地位的需要而退出北约，1968年苏联入侵捷克斯洛伐克以及后来苏联军事力量的快速增长，又使法国与北约的关系重新加强。

(4) 调节国家利益是调整国家对外行为的根本点。国际关系中有各种各样的调节国家对外行为的方法和手段，但要真正消除不合理的国家行为，需要对国家利益进行有效调节。如摩根索指出的，"如果一个国家不仅意识到自己的利益而且还意识到别国的利益，那它就应考虑使自己国家的利益与别国的利益相一致。这是一个多国世界所需要遵循的政治道德"。这也就是说，要承认和维护世界各国合理的国家利益，并为此建立起一定的国际保障机制，抑制对他国合法国家利益的侵害。更为关键的是，世界各国要转变狭隘的国家利益观念，自觉确立应对全球问题与参与全球公共事务的观念，树立全人类利益的意识，通过体系互动，建构起全球、区域及国际间的共同利益，即形成国家利益的共性，使之成为新的国家利益的生长点。只有在对自身国家利益与他国利益的关系的认知基础上,对国家利益进行有效的调节,才能奠定国际社会的共同利益基础,才能使国际行为和秩序理性化①。

需要说明的是,在多数情况下,国家利益与决策者的利益是一致的,决策者维护了国家利益也就是维护了他们自己的利益。但在历史上,决策者制定对外政策时主要基于个人利益而非国家利益的情况也是存在的。决策者在一般情况下是以国家利益为对外政策的出发点的,但当国家利益与保持其执政地位的个人利益发生严重冲突时,也就是说当维护国家利益将导致决策者失去政权时,决策者有可能放弃以国家利益为对外政策的出发点的原则。决策者以个人执政利益而非国家利益为目标制定的对外政策,就是人们常说的"卖国政策",抗战时期蒋介石提出"攘外必先安内"的政策主张便是典型的例子。

第二节 国家利益的内容与排序

能否制定出符合国家利益的外交政策,在很大程度上取决于对本国国家利益的判定准确与否,本节将讨论国家利益的内容、分类及决策排序等问题。

一、国家利益的内容与需求层次

1. 国家利益的内容

关于国家利益包括哪些内容,学者们的认识不尽相同。我们认为国家利益的内容较为广泛,可按利益性质分为安全利益、政治利益、经济利益和文化利益四大类。

国家安全利益主要是指国防领域的国家利益,是一国生存和发展的基本条件,是最核心的利益。国家既要保卫本国国土不受外来侵犯,维护国家主权独立和领土完整,保证国内政治、经济、科学和文化的和平发展,保证人民和平、安宁的生活,同时又要维护国家的战略安全,防止卷入军事冲突或战争,防止出现

---

① 俞正樑:《国际关系与全球政治——21世纪国际关系学导论》,复旦大学出版社2007年版,第94页。

对自身不利的周边环境或国际环境。

国家政治利益的主要内容是维护国家现有的社会制度和占统治地位的意识形态,并力争使其影响扩大到更广的范围。其具体内容包括:维护主权独立和完整,防止任何外来的控制和干涉,维护国家在国际社会中的应有地位,在国际事务中发挥应有的作用等。

国家经济利益则反映在国家参与国际分工和交换,并获得公平收益等方面。经济是一国生存和发展的物质力量。经济利益主要包括两个方面:一方面,对内维护独立自主发展民族经济的主权,维护本国领土和领海的资源和能源主权,保障国内经济发展的必要条件,推动社会经济的发展,提高人民的生活水平,实现国富民强;另一方面,在对外经济交往中,维护国家在世界经济中的相应地位,保障对外贸易、投资、货币金融关系的稳定发展等。

国家文化利益主要包括历史文化传统的保持,民族认同感的确立、维系和传播等。

国家的安全利益、政治利益、经济利益、文化利益是相互联系、相互影响的有机整体。国家安全利益关系着国家的生存,是最根本的国家利益,只有国家安全得到保障,才谈得上国家的其他利益。国家经济利益关系到国家生存和发展的物质基础,维护经济利益,促进经济的繁荣和发展,不仅有利于保障国家安全,维护政局稳定,而且也为国家安全、政治、文化利益的实现提供了强大的物质保障。国家的政治利益既是统治阶级利益的体现,也是全民利益的保障,作为国家上层建筑的组成部分,对其他的利益关系具有重要影响。国家文化利益表现为最次级利益,一方面它受到国家安全、经济、政治利益的制约,同时又反映、体现着上述利益,并为国家安全、经济发展和政治稳定服务①。

2. 国家利益的需求层次

正是由于国家利益的内容是多样的,因此人们经常就国家利益的排序产生分歧。我们最常听到的争论就是:哪种国家利益更为重要?一般来讲,根据国家利益的性质,国家利益的排序是安全利益、政治利益、经济利益和文化利益

---

① 宋新宁、陈岳:《国际政治学概论》,中国人民大学出版社2000年版,第116-117页。

（重要性依次降低）。

安全利益是国家首要的利益,因为当失去生存条件,这个国家不复存在,国家利益就失去了载体,其他的国家利益也就随之都不存在了。中国共产党第十九次全国代表大会上的报告明确强调:"维护国家安全是全国各族人民根本利益所在。"①当一个国家能生存,但是主权得不到承认时就不是一个完全的国家,因此政治利益是仅次于生存的第二利益。政治利益是多方面的,对于民族国家来讲,最基本的政治利益是国际社会对其主权的承认。能生存并得到国际社会的承认,在此基础上经济发展的重要性就体现出来了,这如同保住性命且拥有了合法身份之后,人会偏重于追逐财富利益。在经济相对发达的基础上,国家就开始重视文化利益,紧接着则会注重国际声誉和贡献。国家利益的需求层次如图4-1所示。

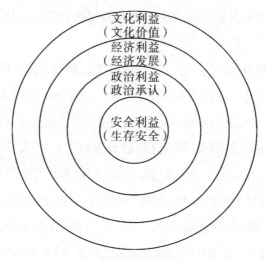

图4-1 国家利益的需求层次

二、国家利益的决策排序

国家对外政策是依据国家利益而制定的,然而在具体环境下,国家利益的重要性并不必然与其自然需要层次相同,也就是说不是在任何情形下,国家决

---

① 中共中央宣传部:《习近平新时代中国特色社会主义思想学习纲要》,学习出版社2019年版,第177页。

策者在决策时都按安全利益、政治利益、经济利益和文化利益这一自然需要层次来进行国家利益重要性的排序,而是需要根据具体情况决定以何种利益为优先考虑。

各种国家利益在不同时期、不同条件下的重要性是不一样的。国家利益的重要性不仅受到利益性质的影响,还受利益量和利益紧迫性的影响。所以,某种国家利益在某一时期的重要程度,取决于这种利益的量的多少以及这种利益的紧迫程度。在既定条件下,当某种国家利益的量较大,同时比其他国家利益有更紧迫实现的需要时,在决策时,其排序就先于其他种类的国家利益。

为了反映国家利益的重要程度、紧迫程度,中国学者发明了以"效用"为衡量单位的比较衡量方法,并将国家利益分为当前重要利益、当前次要利益、未来重要利益、未来次要利益四个利益等级,以对不同性质的国家利益在决策中的地位进行排序[①]。其实,这恰恰反映了国家利益是主观性与客观性的统一。国家利益首先是一种客观存在,直接关系到国家生存和发展的大计,同时它作为一种分析工具,用于描述、解释和评价国家对外政策的本源或适当性,决策时对利益的量的多少及其紧迫程度的判断,具有浓厚的主观色彩。两者的关系不是对立的,而是相辅相成、不可割裂的。

在具体问题面前,人们常常需要对国家利益进行主观判断,以确认什么是国家利益,采用何种对外政策才能符合和满足自己的国家利益。然而作出判断的依据和基础是客观存在,是对事物之间联系或关系的反映,是人们认识客观事物是否具有某种属性的判明或断定。各国政府制定对外政策的过程实际上是一个主客观相互作用,最后由参与决策的核心人物主观作出判断和决策的过程。从最初对形势的估计与判断,到对对手意图和动机的分析,以及采用相关行为的后果预测,无不经过政府各相关部门和决策人物对客观事物和客观情势的判断和诠释。这样,我们就不难理解为何在具体决策环境下,国家利益的重要性并不必然与其自然需要层次相同这一问题了。

三、国家核心利益

核心利益是关乎国家存亡以至于难以进行交易或退让的重大利益,亦即摩

---

① 阎学通、何颖:《国际关系分析(第三版)》,北京大学出版社2017年版,第95页。

根索所说的国家利益的"内核"。实际上国家核心利益正是上一节中所提到的国家根本利益中的核心部分、重要性最突出的部分,与之对应的是国家"非核心利益",即"重要利益"和"一般利益"。国家的核心利益是国家利益结构中处于中心位置的、对国家利益整体影响重大的部分。

1. 国家核心利益的特征

与国家重要利益和一般利益相比,国家核心利益通常具备以下几个特征:

(1)关系全局。国家核心利益是事关国家生死存亡的利益,它在国家利益中处于牵一发而动全身的统领地位。国家核心利益的实现将有助于国家非核心利益的实现,一旦国家核心利益遭受严重侵害,国家非核心利益的维护也就失去了基础和保障。

(2)次序优先。国家核心利益一般处于国家利益排序中的绝对优先位置,作为非核心利益的重要利益和一般利益只能位居核心利益之后。由于对国家的重要意义的不同,任何国家总是把维护国家核心利益放在首要位置。为了确保核心利益不受损害,在特定的情势下,国家可以不惜牺牲一般利益甚至重要利益。在资源投入上,国家的战略资源往往首先被投入在核心利益的维护上,对重要利益和一般利益的资源投入要以确保核心利益为首要前提。

(3)不容妥协。与一般国家利益与重要国家利益不同,国家核心利益一般都是不容争议、不容挑战、不容干涉的利益。任何负责任的政府在维护国家核心利益时一般都会立场坚定,不会以损害国家核心利益委曲求全。对待任何损害国家核心利益的行为,国家都会全力加以抵制和反抗。国家核心利益之所以具有这一特征,是因为其本身具有不可分割性、绝对排他性和主体单一性。

总之,国家核心利益是国家利益结构中关系全局、次序优先、不容妥协的利益。国家核心利益的上述特征要求一国政府和社会公众在判断与界定国家核心利益时持慎重态度,既不能将国家核心利益当成一般利益,从而忽视对国家核心利益的"核心地位"的认识,从而影响国家的生存与发展,也不能将一般利益随意提升为核心利益,造成在维护国家利益上避重就轻和国家战略资源的浪费以及外交上的被动。①

---

① 王公龙:《如何界定国家的核心利益》,《决策与信息》2012 年第 1 期,第 33 页。

2. 中国的核心利益

2011年9月6日中国国务院新闻办公室发表了《中国的和平发展》白皮书,对中国的核心利益做出了清晰界定。《中国的和平发展》白皮书明确强调"中国坚决维护国家核心利益。中国的核心利益包括:国家主权,国家安全,领土完整,国家统一,中国宪法确立的国家政治制度和社会大局稳定,经济社会可持续发展的基本保障。"白皮书是一国政府或议会正式发表的以白色封面装帧的重要文件或报告书的别称,白皮书作为一种官方文件,代表政府立场,已经成为国际上公认的正式官方文书。中国政府自1991年发布第一部白皮书《中国的人权状况》起,截至2017年,已发表90多部白皮书,增进了国际社会对中国的了解和认识,受到了广泛关注。发表白皮书是一国公共外交的重要形式,有关公共外交的详细介绍将在第六章展开。

习近平总书记纵观当今世界正在经历的大变局和我国面临的安全形势,明确提出了"三个重大危险"的判断:从国家安全面临的威胁来看,主要存在国家被侵略、被颠覆、被分裂的危险,改革发展稳定大局被破坏的危险,中国特色社会主义发展进程被打断的危险①。通过历史比较,我们发现冷战阶段中国的安全环境基本特征是总体严峻,局部改善,安全问题相对单一;冷战结束后,我国安全环境的基本特点是总体稳定,局部严峻,安全问题趋于复杂。当前我国安全环境在总体稳定的背景下,局部严峻进一步发展,安全问题更加复杂且风险加大。目前我国安全环境处在冷战结束以来最复杂且变数最多的时期,对手多元,威胁多样,生存与发展安全问题相互交织,传统与非传统安全威胁相互交织,国内与国际安全威胁相互交织,现实与潜在安全威胁相互交织。这样,我们就不难理解在《中国的和平发展》白皮书中,中国核心利益的内容为何是如此界定和表述了。

习近平总书记在2013年1月28日中共中央政治局第三次集体学习时强调:"我们要坚持走和平发展道路,但决不能放弃我们的正当权益,决不能牺牲国家核心利益。任何外国不要指望我们会拿自己的核心利益做交易,不要指望我们会吞下损害我国主权、安全、发展利益的苦果。"党的十九大报告明确指出:

---

① 孙建国:《坚定不移走中国特色国家安全道路——学习习近平主席总体国家安全观重大战略思想》,《求是》2015年第5期,第53页。

"中国决不会以牺牲别国利益为代价来发展自己,也决不放弃自己的正当权益,任何人不要幻想让中国吞下损害自身利益的苦果。"

第三节　民族认同

离开对民族、民族认同和民族主义的深入分析,就不可能真正把握近现代以来国际政治的深刻变化,更不可能对其未来发展作出有价值的判断。本节将探讨民族的含义及民族认同的形成条件等问题。

一、民族的概念和特征

1. 民族的概念

"民族"这一概念在政治实践中的使用是非常容易混淆的,特别是在汉语中,这种混淆影响了人们对民族国家性质的理解。中国有"中华民族"的概念,又有"少数民族"的概念,前者包含了后者。当同时说"中华民族包括了56个民族"或"现代民族国家是由多民族组成的"时,就容易对到底什么是"民族"产生疑问。

由于民族构成的多样性,人们在论述这一问题时容易产生分歧,因此难以出现在世界各地被普遍接受的民族定义。斯大林对民族给出的定义是:民族是人们在历史上形成的有共同语言、共同地域、共同经济生活以及表现于共同的民族文化特点上的共同心理素质这四个基本特征的稳定的共同体①。本书中,我们认为民族是指一个人类群体内部在文化和政治上达到了较高程度的认同,并以这种认同区别于其他文化和政治群体的共同体。

汉语中的"民族"一词具有多层含义,对应"nationality""ethnic group""tribe""nation"等多个具有不同含义的英语单词。为了简化分析,我们可以从民族与国家是否重合的角度,把诸多民族共同体分为与国家不重合的民族共同体、与国家重合的民族共同体两大类。从民族与国家不重合的角度来看,民族包括次国家层次的族类共同体和一些超越一国边界分布在多个国家的跨国界

---

① 斯大林:《斯大林选集(上卷)》,人民出版社1979年版,第64页。

民族或跨境民族。次国家层次的族类共同体包括占据某一地域具有自治权的民族(nationality);散居在一国内部拥有文化权利的族裔群体(ethnic group);社会发展水平较低的部族(tribe)等①。从民族与国家重合的角度来看,民族是指建立了自己国家的民族,这种民族实现了民族与国家的同一性,是一种国家民族,即国族(nation)。

费孝通曾指出:"中华民族作为一个自觉的民族实体,是近百年来中国和西方列强对抗中出现的,但作为一个自在的民族实体则是几千年的历史过程所形成的。"②1939 年,毛泽东同志在《中国革命和中国共产党》一文中,开篇即以"中华民族"为题,从马克思主义民族平等的立场出发,阐明中国是一个多民族的国家,中华民族由中国各民族组成。2019 年 9 月,习近平总书记在全国民族团结进步表彰大会上讲话指出:"一部中国史,就是一部各民族交融汇聚成多元一体中华民族的历史,就是各民族共同缔造、发展、巩固统一的伟大祖国的历史。"

2. 民族的特征

民族的特征体现在以下三点:

(1)形成民族的人群具有地理和文化的接近性。任何民族的生息繁殖都有其具体的生存空间,一个民族的人群通常具有较为稳定的居住区域,此外,通常还拥有共同的语言、宗教信仰、文化传统与生活方式。

(2)民族的形成需要拥有共同体意识。这种共同体观念是高度主观的。如果缺乏共同体意识,那么民族认同就会出现问题,就容易滋生分离主义。

(3)当民族成为一个国家族群认同基础时,这个族群有实现政治独立的目标。在国际政治中,人们常以此区分"民族"和"族群"这两个概念。前者被用于有权争取政治独立或自治的群体,而后者却用于缺少这种政治权力或政治目标的群体。

---

① 高永久、朱军:《论多民族国家中的民族认同与国家认同》,《民族研究》2010 年第 2 期,第 27 页。

② 费孝通:《中华民族的多元一体格局》,《北京大学学报(哲学社会科学版)》1989 年第 4 期,第 1 页。

二、民族与国家的关系

民族与国家的关系十分复杂①,有单一民族国家、多民族国家、多民族多国家等情况。

1. 单一民族国家

单一民族国家是指一国的主体民族只有一个民族,其他民族的人极少。单一民族国家如日本、以色列、意大利、德国。由于近代以来地球上大规模的人口迁徙频频发生,世界上由单一民族建立的国家也非常稀少了②。有一种情况比较特殊,即一个民族在两个主权国家内都是主体民族。例如冷战时期的东德和西德,今天的朝鲜和韩国等,这些国家同时也都是单一民族国家。

2. 多民族国家

世界上大多数国家都是多民族国家。无论是中国、印度这种人口超十亿的国家,还是新加坡、布隆迪这种只有几百万人口的国家,都是多民族国家。世界上民族最多的国家是非洲第一人口大国尼日利亚联邦共和国,有 250 多个民族。

3. 多民族多国家

多民族多国家也就是多个民族交互混杂在多个国家,这反映的是民族群体跨越国家边界的现象,如阿富汗有大量塔吉克人和乌兹别克人,塔吉克斯坦和乌兹别克斯坦国内有大量的阿富汗人,印度、孟加拉国、斯里兰卡等国则是各民族混杂。跨界民族的存在使得国家与民族难以完全一致,由此引发了不少的国家间冲突。

4. 土著居民和大量外来移民不断融合而形成的"熔炉国家"

现在世界上有一些移民国家,土著居民和大量外来移民不断融合,例如美国和加拿大,形成了美利坚民族和加拿大民族,这样的国家被称为"熔炉国家"。以美国、加拿大为代表的移民国家,国家与民族起初并非重合一致,但随着时间

---

① 并非所有的民族都能以自己为主体建立起国家,世界上仍有不少无国家民族。20 世纪下半叶,世界上约有 2000 个民族,却只有不到 200 个国家。

② 这种国家要求同一民族的人口占本国民众的 95% 以上,现在只有日本、朝鲜、韩国、蒙古和一些阿拉伯国家能达到这个标准。

的流逝,共同的民族身份、特性和认同得以形成,"甚至是在缺少宗教、种族或文化相似性的情况下形成的"。①"熔炉国家"形成的这一特点与法国、意大利、德国等典型民族国家的形成过程有着根本区别。这些移民国家是建立在多元民族的基础上的,维系国家的纽带不是民族主义,而是公民对所在国的制度和价值观的认同。

三、民族认同的形成

1. 民族认同的概念

认同是一个来自心理学的词汇,爱利克·埃里克森用其表示自我与他人的关系。从这层意义出发,学者们才把民族、国家等一些客体对象纳入认同理论研究。"所谓认同问题,就是你认为自己是什么样的人以及你归属于哪个群体的问题。"②民族认同概念最早出现在18世纪启蒙运动时期,20世纪七八十年代的民族认同理论研究有了较大进步。随着民族国家的普遍出现,民族认同已成为建立民族国家的思想基础,民族认同并不是人们先天就有的,而是后天形成的一种思想观念。

民族认同是指社会成员对自己民族归属的认知和感情依附。民族认同这一概念包括两层含义。第一,民族首先是一个人群共同体,对其中的人们的相互关系的认同是民族认同的核心。产生民族认同问题,主要是区分此民族与彼民族界限引起的。第二,民族认同是自然文化的认同。在一个民族发展中,一种文化体系以民族为载体,而民族以文化为聚合。一个民族的文化,包含了这个民族中人们的精神、行为与物质创造活动及其结果。对民族文化的认同,可以反映人们对以文化联系起来的群体归属,即自己属于哪一个民族,认同民族的文化,从而也就带来了相互之间的亲近感,并在对民族文化认同的前提下,形成了与其相关的、复杂的民族心理活动,如价值、审美、好恶、感情、意识等。总体来看,第一层次是对人们之间作为一个民族的关系的认同,第二个层次则是

---

① 卡伦·明斯特、伊万·阿雷奎恩-托夫特:《国际关系精要(第五版)》,潘忠岐译,上海人民出版社2012年版,第123页。
② 韩震:《论国家认同、民族认同及文化认同——一种基于历史哲学的分析与思考》,《北京师范大学学报(社会科学版)》2010年第1期,第107页。

对一个民族的表现形式——文化的认同①。

2. 民族认同形成的条件

民族认同的产生既需要生理条件,也需要社会条件。

(1)民族认同形成的生理条件。产生民族认同感的生理条件是人的荷尔蒙和群体向心性的天然本能。这种天然本能使得人类在任何环境中都会下意识地区分"我们""你们"和"他们"在群体归属上的不同,并会与互称"我们"的人产生亲近感。

(2)民族认同形成的社会条件。民族认同产生的社会条件是人类青少年时期的生活环境。群体向心本能是内因,生活环境是外因,这两者的结合能够促成民族认同感的形成。这就如同每个人都有味觉本能,但喜欢吃什么口味则取决于青少年时期的饮食习惯。成年之后,多数人从心理上难以改变已经形成的民族认同②。

3. 民族认同与国家认同的关系

国家认同是指一个国家的公民对自己祖国的历史文化传统、道德价值观、理想信念、国家主权等的认同,即国民认同。国家认同是一种重要的国民意识,是维系一国存在和发展的重要纽带。国家认同实质上是一个民族确认自己的国族身份,将自己的民族自觉归属于国家,形成捍卫国家主权和民族利益的主体意识。人们只有确认了自己的国民身份,了解了自己与国家存在的密切联系,将自我归属于国家,才会关心国家利益,在国家利益受到侵害时愿意挺身而出,在国家文化受到歧视时个人的感情会受到伤害,会对国家的发展自愿地负起责任。国家认同是以人出生时被赋予的国家身份为前提的。

在多民族国家里,其国家认同与民族认同的关系体现在以下两个方面:

(1)民族认同与国家认同二者互为前提。一方面,民族认同是国家认同的前提。每个人一定属于某个民族,同时在现代民族国家体系里,个体也一定属于某一国家。但从认同的特点来看,民族认同先于国家认同,是国家认同的基础和前提;另一方面,国家认同认可并保护民族认同。无论是欧洲古典民族国

---

① 贺金瑞、燕继荣:《论从民族认同到国家认同》,《中央民族大学学报(哲学社会科学版)》2008年第3期,第7页。

② 阎学通、何颖:《国际关系分析(第三版)》,北京大学出版社2017年版,第100-101页。

家理论还是当代多民族国家的实际,民族的价值追求或归宿一定是国家,国家以民族为基础,民族以国家为存在形式,获得了国家形式的民族才具有了现代意义。

(2)民族认同与国家认同是一对矛盾体,矛盾双方既斗争又统一,在一定条件下可以相互转化。民族认同强调个体对有着共同民族语言、宗教、习俗,甚至共同种族血统、神话起源的历史记忆和心理上的身份认同,具有族群性等特征,而国家认同则是一种基于政治合法性和意识形态的认同,实质是一种政治认同,具有政治性等特征。显然,民族认同不等同于国家认同。两者有矛盾的一面,但二者又具有同一性和统一性,民族认同与国家认同作为两种不同性质的认同形式,在具体的实践中是可以达成一定的价值共识,发挥功能上的相互依赖,在某种意义上,民族认同的向心力可以增强国家认同的凝聚力。

中国既是一个多民族国家,又是一个在长期的历史发展中形成的中华民族共同体,呈多元一体格局,"多元"指的是多民族即56个民族,"一体"指的是由56个民族所构成的中华民族。不断增强各族人民的国家认同感,努力构建国家认同与民族认同的和谐,是国家建设的一项重要战略任务。在民族认同层面要处理好多元与一体的关系,既尊重多元,更强调一体,以增强各民族群众对中华民族的认同。我们既要尊重多元存在的客观事实,更要认识到强调一体对于维护各民族团结的重要意义。

第四节 民族主义

作为一种政治运动,民族主义的演进和国家中心主义的国际体系的发展是相辅相成的。本节将分析民族主义的概念、性质与作用等问题。

一、民族主义的概念与性质

民族主义是指在共同地域性、文化相似性和外部威胁基础上产生的,以本民族为中心的思想信条和以本民族为忠诚对象的情感,表现为旨在追求民族独立、维护民族统一、捍卫民族权力和扩张本民族利益的各种活动。民族主义是人们对本民族的一种信仰、意识形态、世界观。民族主义是民族生存、发展和共

国际关系学概论

同奋斗的纽带,具有强大的内聚力。民族主义的文化构成因时因地而异,但它所涉及的问题在本质上是政治问题,因为民族主义要实现的根本政治目标是民族自治、民族自决乃至建立独立的民族国家。

民族主义具有两个基本性质:对内同一性和对外独立性。对内同一性是本民族所有成员具有共同的集体利益,主张民族内部团结一致。而做到内部团结的前提,则是形成统一的民族认同。对外独立性是指本民族的事务完全由本民族自主决定,外部的任何势力不得干涉本民族的内外决策。

"民族主义"一词最早出现于中世纪的莱比锡大学,但人们通常认为,民族主义作为一种思想、观念或意识形态,或是一种社会运动,是伴随着现代民族国家的出现而出现的。出现于中世纪欧洲的民族主义萌芽起到了凝聚民心、整合社会、建立国家的作用,但在1648年《威斯特伐利亚和约》签订之后,民族主义才有了很大程度的发展。民族主义作为一种信念,认为世界上的人是分民族的,每个民族都有自决的权利,应该成为现存民族国家之内的一个自治单元或成立自己的民族国家。所以在18世纪之前的西欧,小国诸侯和公国君主都渴望把同宗同族的人纳入单一的民族国家中。1789年爆发的法国大革命,在实践中第一次展示了民族主义的巨大力量,标志着民族国家作为一个独立自主的政治实体的真正兴起。此后,以1848年欧洲革命为转折点,民族主义成为欧洲国际政治的主流价值观,民族国家取代王朝国家成为欧洲主要的国家形态。

现代民族主义兴起于17、18世纪的欧洲。第一次民族主义浪潮催生了第一批资产阶级民族国家,奠定了现代国际关系的重要基础——民族国家体制。第二次民族主义高潮形成于二战后,主要表现为亚、非、拉国家以民族主义对抗帝国主义、殖民主义,争取政治独立,建立民族国家,其结果是终结了殖民主义体制,建立起世界性的民族国家体制,开创了国际关系的新时期。20世纪80年代末、90年代初,随着冷战时期向冷战后时期过渡,民族主义浪潮再次席卷全球,导致一系列民族国家的解体,并在全球范围内形成许多冲突热点。目前的状况是,民族主义和全球主义并存于世,经过长期的磨合,将会形成一种新的国际关系状态和秩序①。

历史赋予民族主义以丰富多彩的思想内容和表现形式,但其基本目标只有

---

① 蔡拓:《国际关系学》,南开大学出版社2005年版,第57页。

两个。第一个目标是文化民族的自治和政治独立,即建立自己民族的国家。第二个目标是在已经独立的国家中培养主体民族的民族意识,发展民族经济和文化,对外维护和扩大本民族的利益。

二、民族主义与民族认同的关系

在现实政治生活中,民族主义与民族认同经常联系在一起并且很难区分,但仔细考察不难发现二者存在差异。

(1)比较民族主义与民族认同可以发现,前者是一种人们认识和思考周围世界的方式,而后者则更多地表现为一种确定本民族归属的心理过程。

(2)民族主义是政治信仰,民族认同是社会情感,民族主义在民族认同的基础上还往往包括建立本民族主权国家的政治诉求。

(3)民族主义是以民族认同为基础的,民族主义往往是更为强烈的民族认同的政治发展,从而包含了民族认同的某些成分。

(4)民族认同不必然会发展成为民族主义。现实中,选择长期生活在异国他乡的移民,有些人甚至加入了居住国的国籍,虽然他们内心里认同自己出生的国家,有着民族认同感,但他们却可能没有民族主义的政治信仰。

三、民族主义和爱国主义的关系

"民族主义"和"爱国主义"这两个概念都首先产生于欧洲。不管是西方还是中国,爱国情感、精神或意识自古有之,但爱国主义和民族主义是随着近代民族国家的产生而产生的。爱国主义和民族主义是建立和维系民族国家的思想基础。

目前国内一些学者认为爱国主义和民族主义是一回事,是一种思想观念的两种表达方式,肯定某一民族认同的行为,就将这种行为称为爱国主义;反对某一民族认同行为,就将其称为民族主义。然而我们认为,爱国主义和民族主义是有区别的。"如果承认民族与国家的概念区别,就应该承认民族主义与爱国主义的区别。"[①]在单一民族国家里,民族主义与爱国主义可以是同一个概念,正如法国思想家卢梭所说:"正是国家机构形成了这个或那个民族的天资奇才、特

---

① 王缉思:《民族与民族主义》,《欧洲》1993年第5期,第18页。

质和嗜好,并以炽热的爱国主义激励人民前进。"但是当代世界上绝大多数国家是多民族国家,因此在世界大部分地区和大部分人口中,民族主义和爱国主义有可能一致,也有可能不一致,甚至有可能对立。

我们认为,爱国主义与民族主义有着密切的联系,同时二者之间也存在复杂而微妙的区别。民族主义与爱国主义的区别体现在以下四个方面:

(1)民族主义反映了个人对一个民族的自我意识与民族认同感、自豪感、优越感、归属感。爱国主义反映了个人对自己所归属的国家和国土的热爱和眷念,以及对自己所属国家文化价值观和政治制度的认同。民族主义是民族意识的最高体现,爱国主义则是国家意识的最高体现。

(2)民族主义和爱国主义虽然都可以是对一个民族的感情或者情绪,但民族主义更多地指向现实政治,爱国主义更多指向文化传统。爱国主义主要是一种感情上的热爱,是个人感情所寄托,而民族主义则表现为一种行为上的忠诚,且往往把忠诚和权力联系在一起。

(3)民族主义的出发点和归结点往往都是本民族利益,因此在对本民族利益强烈关注的同时,也容易导致对其他民族利益的忽视甚至否定。而爱国主义以本国为效忠对象,一般不会贬低和否定其他国家,可以成为推动国家发展和社会进步的巨大动力。民族主义具有两重性:一定范围内的民族主义,是一种正当合理和必然存在的社会意识和群体情感,但超出了一定范围的非理性的民族主义,不但不能体现为爱国,反而可能误国。因此,民族主义既可能导致爱国行为,也可能导致背离爱国的行为。

(4)民族主义比爱国主义的意识形态性更强,甚至会否定国家的意识形态。在民族主义看来,有好的国家与坏的国家之分。而对爱国主义者来讲,在任何情况下,只有一个国家,需要无条件的、始终如一的忠诚。爱国主义与民族主义之间的区别在国家危机时期通常体现得更为明显。

三、民族主义的积极作用和消极作用

民族主义是一个历史范畴,它对处于不同历史发展阶段的民族和国家来说,意义和作用各不相同。"民族主义曾经是政治民主化和一体化的积极推动

者,却也曾给世界带来绝望和破坏。"①事实上,民族主义作为一种意识形态,对于现代民族国家来讲是一把"双刃剑",它既促进了现代民族国家的建立与巩固,也有分裂和削弱国家的作用。

1. 民族主义的积极作用

民族认同是民族国家建设的情感基础和社会基础,而民族主义则在此基础上进一步提出了建立本民族主权国家的政治要求,也就是说,除了激发民众对自己国家的忠诚感和提高民族凝聚力之外,民族主义还有促进民族独立、民族统一和民族发展的作用。具体地讲,民族主义发挥的积极作用主要体现在以下三个方面:

(1) 瓦解殖民体系。所有的民族主义都强调,每个民族都有权利以其文化性的传统价值和惯例来形成其群体成员觉得熟悉和习惯的社会、政治制度。民族主义主张民族自决,民族自决因一战后伍德罗·威尔逊的"十四点计划"而得到广泛传播,由于《联合国宪章》明确规定了民族自决原则,使得各殖民地的民族独立获得了合法性,并得到了国际社会广泛支持,加速了殖民体系瓦解。从一个民族的觉醒到民族独立运动的发展和民族国家的建立的整个过程中,民族主义始终是一面旗帜,引导着人们为民族的振兴和独立民族国家的建立前赴后继,不屈不挠。对于反抗民族压迫实现民族解放而言,民族主义是落后民族和国家的强大精神武器。

特别需要强调的是,民族自决原则中的独立权只严格适用于殖民地的民族独立,对于一国国内的民族分离主义活动,民族自决原则没有为其提供任何国际法依据。这一问题在国际法和国际关系实践中被认为是一国的内部事务,是一国国内法适用的范围,应该尊重国家主权及全体人民的选择。国际法禁止任何国家假借民族自决名义,制造、煽动或支持他国的民族分裂,破坏他国的统一和领土完整。也就是说,"如果民族原则是用来把散居的群体结合成一个民族,那么它是合法的;但若是用来分裂既存的国家,就会被视为非法"。②

(2) 增强凝聚力,促进国家在政治、经济、军事和文化等领域的现代化进程。在政治上,民族主义反对地方政府各自为政;在经济上,民族主义反对国内市场分割;在军事上,民族主义反对军事力量地方化或政党化;在文化上,民族主义

---

① 刘胜湘:《国际政治学导论》,北京大学出版社 2010 年版,第 93 页。
② 同上。

提倡文化融合和全民统一语言的普及化教育。因此,即使是国家建立后,在民族主义和爱国主义精神的鼓舞下,民族国家仍会坚持反对外来势力对内政的干涉,维护自己的经济和政治主权,独立自主地制定经济发展战略,选择适合本国国情的发展模式,努力提高人民的生活水平和国际竞争力,在国际社会上维护民族的尊严和主权独立,争取较高的国际地位和国际影响力,并力争为人类作出更多的贡献。

(3)推进民主政治。民主主义无可置疑地对塑造现代国家的品性发挥了重要作用,民族主义根植于大众政治的土壤,因此有利于推进民族国家的政治大众化和民主化进程,民族主义为民主政治的实施提供了现实基础。从理论上讲,现代民族的思想意味着全体成员之间不言而喻的平等以及休戚与共的利益和情感,而民族国家则由其公民所有,是人民的代理人,人民有权决定政府的构成和国家的政策。这实际上就是现代民主的基本内容。从实际历史进程来看,民族主义在不同地区对民主化进程的影响确实不完全一样。对此,我们应该看到民主化进程的曲折性和所需条件的复杂性。作为现代民族主义肇启之地,欧洲民主化进程与民族主义的确具有很密切的联系,但并不完全是同步的;而在亚非拉地区,这两个进程之间的不一致比较明显,不同步性就更强。但从长期看,就开创共识政治和强调国家与个人之间的现代关系而言,民族主义无疑是推动民主化进程的一支重要力量。

2. 民族主义的消极作用

民族主义并非总是作为一种进步力量展现在人们面前。近现代以来,民族主义的消极影响也是显而易见的,打着民族主义旗号所进行的民族分裂、民族仇恨、民族战争甚至民族灭绝等各种现象屡见不鲜,使人们对民族主义的危害性不断进行反思。民族感情是一种非常复杂的社会现象,容易走向极端,因而会产生分离和破坏效应。极端民族主义主要包括:盲目优越从而蔑视其他民族的"民族沙文主义";只顾自身利益而不顾其他民族利益的"民族利己主义";隔断历史联系,企图从原生存国家分离出去的"民族分离主义";一概拒绝外来文化和民族的"民族排外主义"等。民族主义在国际政治中的消极作用主要体现在以下三个方面:

(1)加剧大国冲突。在近代国际政治中,民族主义经常是加剧大国关系恶化的催化剂。如一战前,欧洲一些地区完成了民族统一的进程,建立起一些较大的民族国家,如英法德意等,这一时期在欧洲支配社会大众的民族主义思想,成为当时加剧国际紧张和影响国际和平的力量。正如有历史学家所指出的:"大众不仅希望自己的意愿被听取,而且希望自己的国家无可匹敌。他们将国际政治视为他们本国应当在其中夺魁的竞争。"

(2) 破坏国际秩序稳定。不加限制的民族自决原则容易引发国家解体,从而成为当代破坏国际秩序稳定的重要诱因。自二战以来,国家的数量不断增加,联合国成员国的数量已经从成立时的 51 个增加至 2019 年的 193 个。一些国家内部的反政府抵抗运动或民族分裂势力完全可能不恰当地依据《联合国宪章》中的规定进行暴力斗争,并同时争取境外势力的武装干预,因此可能导致国家的解体和诱发国际冲突。这一切都对多民族国家构成了巨大的威胁,其结果是一批新生的独立的主权国家出现在国际舞台上。

(3) 制造民族仇恨。民族主义不仅界定一个人属于哪个群体,而且还界定一个人不属于哪些群体。狭隘的民族主义倾向容易造成民族歧视、仇外和排外等行为。狭隘的民族主义造成的民族敌视与冲突如果停留在经济、社会层面,容易引发社会骚乱,然而如果发展到政治层面,则有可能出现种族仇杀或种族清洗等严重人道主义灾难。联合国前秘书长科菲·安南于 1998 年曾说过:"当我们回顾波斯尼亚和卢旺达的悲剧,我们有责任问:为什么没有人去干涉?这个问题不应只是指向联合国或它的成员国。我们每一个个人均有其一份责任。我们应该回顾我们自己有何反应,我们采取了什么行动?尽了最大努力了吗?更重要的是,下次我们将如何行动?"这一番话发人深省。

通过上述介绍,读者应该能够清楚地认识到民族主义既有积极、理性的一面,也有消极、非理性的一面。我们应该提倡积极的、理性的民族主义,反对消极的、非理性的狭隘民族主义。当前,应该大力倡导人类命运共同体理念,主张利己利他相结合,在追求本国利益的同时兼顾他国合理关切,在谋求本国发展中促进各国共同发展。

思考题

1. 什么是国家利益?国家利益在对外决策中具有怎样的地位?
2. 国家利益包括哪些方面的内容?
3. 什么是国家核心利益?与一般国家利益相比,国家核心利益通常具备哪些特征?
4. 什么是民族?民族与国家之间有什么样的关系?

5. 民族认同形成的条件是什么?
6. 什么是民族主义?它和爱国主义有何区别?
7. 民族认同与民族主义有何关系?
8. 民族主义的积极作用和消极作用分别有哪些?

第五章　综合国力与软实力

综合国力是国际关系学中的一个重要概念,是从国家层面来分析国际关系的一个要素。主权国家以维护自身利益为首要任务,而国家实力是实现国家利益的依靠。本章将介绍综合国力的构成要素、国力要素的不可替代性、综合国力的衡量、软实力的性质与来源等问题。

第一节　实力与权力

国家实力(national power)即一国的经济、政治、军事、文化、技术等方面的综合能力,在中国也被称为综合国力,简称国力。它是衡量一国在国际体系中所处位置的重要指标。究竟什么是国家实力,学术界至今没有统一的概念。学者们能够达成共识的是国家实力是一个具有多重含义的学术概念,其构成要素因研究过程中对不同侧面的强调而有所不同。

一、实力和权力的区别

"power"一词在中文里既可以译为"实力",也可译为"权力",这容易使学者们在研究国际关系时混淆"实力"与"权力"二者的概念,例如国内有学者认为"综合国力与国家权力的概念在内涵上都包括物质力和精神力两部分内容,在分析层面上都着眼于总体战略的谋划,无本质上区别,使用中是可以相互替换的。因为综合国力与国家权力无本质区别,所以两者在构成要素上也相差无几。"①

事实上,实力和权力这两个概念有显著的差异。实力是指某人、某国自己做事的能力,是一个绝对概念,即逾越障碍和影响结果的能力。在国际政治中,实力表明的是一个国际行为体对外施加影响的物质手段,是国际政治中权力关系的物质基础。国家实力体现的是行为主体所拥有的维系其生存和发展的物质和非物质力量。权力指促使别人做事的能力,是一些人对另一些人造成他所希望和预定影响的能力,是人与人之间、国与国之间的一种特殊影响力,是一个相对概念,即促使其他行为体做其原本不会去做的事情的能力②。在西方传统的国际关系理论中,权力是一个国家具有影响、改变体系运作和别国行为的能力,是国家利用总体资源影响他者的战略能力,因此它成为强国利益的重要部分。

在国际政治中,实力和权力这两个概念的最根本区别在于:实力不以国家关系为前提,而权力则是以国家关系为前提的。国际舞台上某一政治单位的权力是将自己的意志强加给其他政治单位的能力,政治权力不能孤立存在,而是通过一种相互关系体现出来。

二、国际权力的性质

英国国际关系专家爱德华·霍列特·卡尔(Edward Hallett Carr)指出:"权力始终是政治的核心成分,政治在一定意义上即是权力政治。"权力和财富一样都具有目标和手段双重性质。国际权力是权力的一种,也具有目标和手段的双重性。在现实中,一方面,国家将国际权力作为自己追求的利益目标。摩根索认为"一切政治斗争都是权力斗争""国际政治,一如一切其他政治,也是一种权力斗争……政治家和民众最终谋求的可能是自由、安全、繁荣或权力本身。他们可能按宗教的、哲学的、经济的或社会的理想来规定目标。……但是只要他们力求通过国际政治手段来实现其目标,就总要争取扩大权力"③;另一方面,国

---

① 蔡拓:《国际关系学》,南开大学出版社2005年版,第71页。
② 罗伯特·基欧汉、约瑟夫·奈:《权力与相互依赖》,门洪华译,北京大学出版社2002年版,第12页。
③ 汉斯·摩根索:《国家间政治:权力斗争与和平》,徐昕、郝望、李保平译,北京大学出版社2006年版,第45页。

家以手中的权力为手段扩大和维护其国家利益,如生存、财富、国际威望等,正如卡尔·多伊奇所指出的:"权力可被看作是一种借以获得人们所珍视的其他事务的手段""犹如人们在经济生活中用金钱购买他们所需要的东西,在政治上,人们则用权力去得到他们所希冀的事务。"①

因此,在国际政治中,国家需要通过权力手段实现自己的终极或理想目标,要拥有这种手段,国家就必须不断地追逐权力,因而权力具有了更直接的目的性。从这个意义讲,国际权力既是手段,也是目标。例如,在国际货币基金组织(图5-1)内,成员国的投票权由其股份比例决定,所以成员国中的大国都想通过增加这一比例来提高自己的投票权,这是将权力视为目标的现象。同时,在该组织内部成员国都会利用投票权来决定具体的贷款政策和项目,这又是国家将权力作为手段来使用。再如,观察当今的国际关系,可以清楚地看到,由于国家为实现自己的目标,在很多情况下需要运用强制或暴力手段迫使其他国家接受某种影响,特别是军事打击的力量和经济制裁的力量,因此国家会以获得这种权力为己任。国家发展经济力量和军事力量以获得强迫他者服从自身意志的权力,这是把权力当作目标的现象,而国家又会运用军事打击的力量和经济制裁的力量在国际社会寻求自己更大利益(安全利益、经济利益、政治利益等)的实现、迫使其他国家接受自己的主张,这又是把权力当作手段来使用。

图5-1 国际货币基金组织标志

国际权力表现在政治、军事、经济和文化等广泛领域的国际关系中。在不同时代国际社会中所争夺的国际权力的内容是有差异的,权力争夺重点的转变很大程度上源于科学技术的进步。在今天的知识经济时代,国际规则制定权

---

① 卡尔·多伊奇:《国际关系分析》,周启朋译,世界知识出版社1992年版,第67页。

（例如在相关国际组织中的创议权、行业标准制定权等）是国际权力中的重要内容，是国家之间争夺的国际权力焦点。自二战结束以来，在国际规范与规则制定方面，美国一直拥有世界上最大的国际权力。联合国安理会的集体安全制度是在美国主导下建立的，联合国规范的修改方向受到了美国的制约，美国还主导了世界银行、国际货币基金组织和关税与贸易总协定（世界贸易组织的前身）等组织的建立，这些组织奠定了二战后的国际政治经济秩序。

三、实力与权力的关系

通过前文学习，读者已经知道实力和权力有明显的区别，在国际关系中，权力和实力虽然不同，但联系密切。一个国家的具体国际权力是由该国与他国的实力对比、当时的国际规范以及该国与他国的关系三者共同决定的[①]。例如中国在联合国安理会的否决权，是由二战结束时中国仅次于美、苏、英、法四国的实力、《联合国宪章》的规则以及中国是同盟国成员之一这三项因素决定的。中国如果缺少这三项因素中的任何一项，都会使中国无法拥有联合国安理会的否决权。

在国际社会，实力是权力的基础。例如，英国前首相丘吉尔在回忆录里曾这样描述自己参加雅尔塔会议时的心情："我的一边坐着巨大的俄国熊，另一边是巨大的北美野牛，中间坐着的是一头可怜的英国小毛驴。"正是因为国家实力的悬殊差别，雅尔塔会议奠定了二战后美苏两极格局，英国不再是世界主导国。事实上，一战后英国在总体实力上就已经让位于美国，二战后英国已经成为"二流国家"，其国际权力在二战后迅速衰减。

当前，国际规则制定权与国家实力地位有很大关联。实力超强的国家能推动建立新的国际规则，实力次强的国家能阻止修改原有国际规则，而对广大中小国家来讲，建立新规则和阻止改变规则的能力都很弱，它们的实力主要局限于不执行国际规则方面，有些弱国小国甚至连不执行的实力都不具备[②]。

四、绝对实力和相对实力

绝对实力是指本国综合国力在一定时点的绝对量，绝对实力增长为发展，

---

① 阎学通、何颖：《国际关系分析（第三版）》，北京大学出版社2017年版，第117页。
② 同上书，第118页。

减少为衰退。绝对实力增长与否并不直接决定一国在国际体系中的实力地位变化。换言之,一个国家即使在发展,即使绝对实力在增长,也存在国际地位下降的可能。这是因为有可能其他国家比它发展得更迅速、实力增长得更快。

相对实力是指本国与他国绝对实力之比。

$$A\text{ 国的相对实力} = \frac{A\text{ 国实力}}{B\text{ 国实力}}$$

这一比值大于 1 则说明 A 国实力地位高于 B 国,比值小于 1 则说明 A 国实力地位低于 B 国。

相对实力增长与下降,反映了本国在国际体系中的实力地位变化。烛之武说的"邻之厚,君之薄也",说的就是这个道理。某国和世界头号强国相比,相对实力上升,则在全球的国际地位上升,反之下降。假定世界头号强国为 C 国,A、C 两国的实力地位变化结果可以用以下公式呈现。

$$A\text{、}C\text{ 两国的实力地位变化结果} = \frac{A\text{ 国原实力}(1+A\text{ 国实力增长速度})}{C\text{ 国原实力}(1+C\text{ 国实力增长速度})} - \frac{A\text{ 国原实力}}{C\text{ 国原实力}}$$

A、C 两国的实力地位变化结果大于零,表明 A 国实力地位上升、C 国相对于 A 国来说实力地位下降。A、C 两国相对实力变化取决于两国的实力增长速度之差。

所以,两国实力之差的绝对量可以表明两国的实力大小程度差别,但这一差值却并不能表达两国实力地位的等级差别。一个国家的综合国力的提高并不必然带来国际地位的提高,一个国家综合国力的下降也未必导致其国际地位下降,因为一个国家实力的变化是否会导致该国国际地位的升降,必须参考别的国家实力的变化。因此,在评估一国实力地位的变化时,应从其实力与他国实力的比例入手,而不是仅仅看两国实力差距的绝对量。

在国际现实中,近些年美国的绝对实力一直在增长,每一年的实力都比上一年更强大,但与中国、印度等新兴经济体相比,它相对衰落了,以中国、印度为代表的新兴市场国家发展的速度更快、实力增长的速度更快。改革开放以来,中国秉承"发展是硬道理"的战略思想,以经济建设为中心,全面推进社会主义现代化建设总体部署,目前已经成为全球第二大经济体。美国占全球 GDP 总量的比重从 2001 年的 31.8% 下降到 2017 年的 23.9%,中国占全球 GDP 总量的比重从2000年的3.7%上升到2017年的15.1%。这就是为什么奥巴马在2011年的国情咨文中说"不努力我们就要落后于中国了"、为什么特朗普在总统大选时说"让美国再次伟大"。就近五年情况而言,从经济实力来讲,中国不论绝对实力还是相对实力都和美国在缩小差距。

五、实力不平衡发展规律

实力不平衡发展规律是指世界上所有国家的实力增长速度在任一时间点均具有不平衡性和差异性,不可能保持整体一致的发展速度。事物的不平衡发展是自然规律,实力不平衡发展也是自然规律,进化速度长期慢于环境变化速度的国家趋于消亡。"物之不齐,物之情也"。自有文字记载的历史以来,世界上出现过的国家不胜枚举,但在任何一个时期,都是少数国家的实力增长速度快于多数国家。人类不可能逾越或改变这种规律,而只能依照这个规律行事。在某一时间点,不是所有国家的实力增长保持同样的速度,也绝非实力增长速度快的国家永远能够保持领先。

在自助的国际体系中,国家行为体在国际社会上生存和发展依靠的是自身(国内)的实力①。国家行为体是一种理性行为体,尽可能地争取、维护和拓展本国的国家利益,提高本国的综合实力,并把国家实力转化为尽可能地攫取和占有国际社会中资源的能力,从而实现国家权力的最大化,同时国际社会中家行为体呈现实力不平衡发展。概言之,国际关系中国家行为体遵循追求权力最大化和实力不平衡发展规律。

第二节 综合国力的构成要素

21世纪世界各国的竞争,说到底是综合国力的竞争,尤其是世界大国综合国力的大较量正在全面展开。由于综合国力可以决定一国在国际社会中的地位高低和权力大小,因此,学者们研究综合国力是由哪些要素构成的,而且希望能用科学的方法进行衡量。

---

① 王首伟:《国际关系学概要》,天津人民出版社2015年版,第45页。

一、综合国力的定义

综合国力(comprehensive national power)是在冷战后国际关系学中出现的概念,是由国际关系学的国家实力概念发展而来的。在结构现实主义者看来,国家实力主要是指以军事和经济为主的物质性力量,肯尼思·华尔兹认为这种物质权力资源决定国家在世界体系中的位置。约翰·米尔斯海默不仅接受了华尔兹关于实力的观点,而且还把华尔兹的物质实力进一步简化为军事力量,认为"在国际政治中,一国有效的权力最终取决于军事力量以及它与对手军事力量的对比"。

现实主义国际关系学者的观点很容易受到质疑和挑战。如果单纯以军事实力计算,中国在中日甲午战争中不至于惨败给日本,双方都有坚船利炮,国际海军排名中国甚至略占优势;如果仅仅以经济实力计算,当时中国的经济规模更是远超日本。在国际关系史上,这样的例子不胜枚举。20世纪80年代,美国学者莱伊·克莱因(Ray S. Cline)为了完善对国力的理论认识,提出了著名的"克莱因方程",他把国力的要素分成物质要素和精神要素两部分,他以战略意图和国家意志作为精神力量的标志,认为物质力量和精神力量之间是乘积关系而非加和关系。20世纪90年代末,建构主义理论的代表人物亚历山大·温特彻底否定了现实主义建立在物质主义基础上的权力观。温特认为,现实主义完全忽视了观念对实力的塑造和建构作用。

可见,现实主义单纯以物质性力量来评估国家力量的观点已受到普遍质疑。学者们认为国家实力是由多方面的力量,如物质力量与非物质力量、有形力量与无形力量、客观力量与主观力量等共同作用而形成的。为了与现实主义以军事力量为主的国家实力相区别,目前国际关系学界一般把国家实力称为"综合国力"。

综合国力可定义为一个国家可用于实现国家利益的有形和无形的国力资源总和。综合国力的综合性,既体现在它包含现有实力、潜力及其转化机制,也体现在它是物质力量、精神力量的综合。综合国力反映一个国家在国际社会中的自由度和影响力,它是衡量一个国家在国际关系中地位的重要尺度,是实现国家利益的重要手段。实际上,综合国力是国家通过有目的的行动,追求其战略目标的综合能力,因此,战略目标、战略资源和战略能力成了围绕综合国力的三大因素。前文已经提及,综合国力是个绝对实力概念,而综合国力比较则是一个相对概念,是对各国总体实力的排序。

二、综合国力的构成要素

综合国力是由多种基本要素构成的,这些要素有一定的质的规定性、一定的功能、一定的关联性。

关于综合国力的构成,学术界有多种不同的看法。国内具有代表性的是军事科学院战略研究部黄硕风研究员的观点,他认为综合国力构成要素包括政治力、经济力、科技力、国防力、文教力、外交力和资源力七个方面及其子系统①。还有学者认为,它的构成要素包括基础实力(地理位置、具有一定质量和数量的人口、资源、民族凝聚力)、经济实力(一定质量的工业实力、农业实力、科技实力、金融实力、商业实力)、防御实力(战略物资、技术、一定规模的陆海空军常规武装力量,乃至合理足够的核打击力量)、外交实力(切合实际的外交政策,处理国际事务的态度、立场和对外交流及对外援助等)四个方面,或生存力、发展力与协调力的有机结合②。国内还有学者认为综合国力包括有形的物质力量和无形的精神力量,国家的人口、领土、地理位置和自然资源是基本的物质力量要素,国民素质、国家凝聚力、科研能力和国际形象是基本的精神力量要素③。

外国学者对综合国力的构成要素也是众说纷纭。米歇尔·波特(Michel Portal)提出了五大要素资源:物质资源、人力资源、基础设施、知识资源和资本资源。摩根索认为综合国力主要取决于九项要素:地理条件、自然资源、工业能力、资源状况、人口数量、民族特点、国民士气、外交素质和政府素质。雷蒙·阿隆(Raymond Aron)把它归结为国家所占据的空间、资源和行动能力三大要素。苏联学者曾主张综合国力"由物质因素和精神因素构成,是军事潜力、经济潜

---

① 黄硕风:《综合国力新论——兼论新中国综合国力》,中国社会科学出版社1999年版,第10 – 15页。
② 俞正樑:《国际关系与全球政治——21世纪国际关系学导论》,复旦大学出版社2007年版,第98页。
③ 邢悦、詹奕嘉:《国际关系:理论、历史与现实》,复旦大学出版社2008年版,第209 – 211页。

力、精神—政治潜力及科学潜力的总和"①。

总而言之,综合国力可以被分解成多种具体和抽象的要素,这些要素可以分为两大类:可计量的有形力量与难以计量的无形力量。

1. 有形力量

有形力量往往是物质存在,是可量化和可测定的,它主要由以下几个方面构成:

(1)人口和地理条件。人口和地理条件是两大基本要素,是综合国力的源泉。一个国家只有拥有一定数量的人口,包括占合理比例的劳动力,才能形成一定规模的生产和消费市场、一定规模的军事力量,在世界上产生一定的文化影响。当然,人口作为综合国力的重要构成因素,只有在它具有合理的数量、结构与增长率,具有较高的质量,并与领土面积、经济力与资源等成合理比例、呈合理分布时,才能成为综合国力中极为重要的要素。反之,则会削弱综合国力。地理要素往往是一个长期不变的重要因素,"一国权力赖以存在的最稳定因素显然是地理条件"②,它包括领土领海、地理位置、地形地貌、自然资源、气候特征、土地肥力等要素,其中,资源和国土的意义最大。这些要素相互联系、相互制约、发挥综合作用,它们是国家生存和发展的物质基础,对综合国力有着重要影响。然而,在交通、通讯、信息越来越发达的时代,疆界、距离和资源匮乏不再是难以逾越的障碍,地理要素对综合国力的正负作用都呈下降趋势,而且,它们能否发挥最大的效能,往往取决于经济与科技发展水平、资源的合理配置能力等因素。

(2)经济和高科技实力。经济实力是综合国力的核心要素和指标。它一般包括工、农业生产能力与水平,第三产业发展状况,资源的拥有、开发和利用,科技水平与研发能力,金融、外贸实力,参与世界经济的能力等。它可以用国民生产总值,人均国民生产总值,第一、二、三产业产值,以及国民收入、经济增长率、对外贸易、外汇储备、对外投资、国际竞争力等指标来反映。就发展趋势来看,经济实力不仅是一国综合国力的基石,决定着国家的发展水平与未来走向、军

---

① 中国人民解放军军事科学院编译:《苏联军事百科全书》第1卷,解放军出版社1986年版,第161页。

② 汉斯·摩根索:《国家间政治:权力斗争与和平》,徐昕、郝望、李保平译,北京大学出版社2006年版,第151页。

事力量的规模与水准、教育程度的普及与提高、生活水平与政局稳定程度,制约和影响综合国力其他各项要素,而且日益成为争取国家利益、在国际上发挥作用的最重要手段,并呈现上升势头。

科学技术的发展在经济建设和社会进步中有着重要作用,科技作为第一生产力,尤其是高科技,越来越成为综合国力中最为活跃、作用日益突出的因素。科技实力包括科技队伍的数量和质量、科技创新、科技投资、科技设备、科技发展水平和科技进步的贡献力等。生产力加速发展,社会财富快速增长,军事技术革新升级,特别是工业经济向新经济转型,都取决于科技进步。21世纪综合国力的竞争,在很大程度上是高科技竞争。科技进步对综合国力的增强,起着关键性的作用。

(3)军事实力。崇尚和平的国家靠枪杆子来保家卫国,有野心的国家靠枪杆子来征服世界。军事实力包括武装部队及其装备的数量、质量与战斗力,迅速部署的机动能力,军事科研与生产的能力与水平,其中,是否具有核力量是一个重要指标。军事实力是综合国力中最古老却仍居于核心地位的要素,是综合国力的主要象征和集中体现。在现实主义者看来,在所有国力要素中,军事实力最为重要,是所谓的"杀手锏"和"压箱底"的本钱。就传统而言,军事能力往往是检验大国的标尺,而如今,综合国力的定义不再强调昔日极其突出的军事力量和征服。在综合国力要素中,军事实力有其特殊性,它由诸多因素合成,一旦形成就有相对独立性,而且,军事实力不像有些要素那样,必须通过某种转换过程才能发挥效用,它可以直接投入使用,还带有强制与暴力的特殊性,用以适应国际社会的无政府状态。军事实力作为一种威慑力量和国际冲突的最终解决手段,是国家自保和实现国家利益的后盾,但同时,诉诸武力的代价要远高于几个世纪前。在全球信息化、高科技时代,军事实力不再是传统意义上的、能进行所谓大规模全面战争的能力,大国军事力量正在转型,只有拥有高科技装备、能进行信息化战争的军事实力,才能真正成为确保国家安全和国家利益的强大后盾,正如卡伦·明斯特(Karen A. Mingst)所指出的:"规模大但装备差的军队比不上规模小但装备精良的军队"[1]。

---

[1] 卡伦·明斯特、伊万·阿雷奎恩-托夫特:《国际关系精要(第五版)》,潘忠岐译,上海人民出版社2012年版,第133页。

2. 无形力量

无形力量是无形存在的综合国力要素,难以量化与测定,它主要包括以下几个方面:

(1)国民素质、民心与社会凝聚力。当国家的行动赢得较高素质国民的赞同和积极参与,它拥有的物质力量便会充分发挥作用。民众对政府各项政策和措施的支持和认可程度越高,社会越稳定,国内发生动乱、示威、罢工、内战的可能性越小。

(2)政治、经济及社会制度。政治、经济及社会制度是否富有生命力,是否能凝聚民心和国力,是否有利于发展生产力,对综合国力有直接影响。

(3)政府素质及其运行的质量。政府素质及其运行的质量取决于政府体制与效率以及领导、组织、管理、决策、动员和实施的能力,这涉及能否充分、合理、及时、有效地调动本国的一切资源,贯彻国家的战略意图和政策,迅速、准确地对国际事件作出反应,在争取国家利益方面,以最小的代价取得最大的成效。"一个国家即使人力物力极其雄厚,外交政策制定得周密,而又巧妙地予以执行,但如果没有一个英明的政府,则一切必化为零。"①

(4)领导人的素养与能力。领导人或领导集团能力的超常或无能、才智聪颖或不明情理、办事有效或无效,都会极大地影响一个国家拥有的实力。领导者是影响国家综合国力的潜在重要变量。俗话说,一头狮子带领的一群羊可以打败一只羊带领的一群狮子。

(5)对外交往能力与声誉。外交关系包括国家对外政策的取向、交往能力、对外部世界的依赖程度、在国际社会中的威望与声誉等。任何一个国家都必须通过与其他国家的相互联系和作用表现自己的地位,能力的大小与声誉的好坏决定了国家对外交往的形象和结果,直接表现为外部世界对该国的接受程度。一般说来,能力与声誉皆佳的国家,对国际社会的影响力就越大,在各种联盟、国际组织中的地位就越重要。

(6)文化实力。文化要素愈来愈成为综合国力的重要组成部分,文化实力是指可以被国家运用的文化资源的影响力、感召力、吸引力。文化传统和民族

---

① 汉斯·摩根索:《国家间政治:权力斗争与和平》,徐昕、郝望、李保平译,北京大学出版社2006年版,第197页。

精神深深熔铸在每一个民族的血脉之中,它始终是民族发展和国家振兴的巨大精神力量。文化具有民族特性,表现为特定的语言、传统、意识、伦理、性格、宗教、生活方式、价值观念等,这是决定民族国家凝聚力强弱的决定性因素,并赋予国家对外行为和风格以民族特色。文化作为一种精神要素,也会对综合国力产生极大的正负效应。文化是民族的,因而也是世界的。每一个国家的文化对于世界有多大吸引力,有多大作用和贡献,也是这个国家强弱的重要标志,对大国来说,尤其如此。

三、综合国力构成要素之间的关系

构成综合国力的不同要素是相互联系、相互影响,甚至是环环紧扣的。比如说,强大的军事力量依赖强大的科研能力和强大的经济实力支撑,一国军事力量的强大体现出它强大的科技和经济实力,同理,强大的科技实力需要庞大的科研经费的投入和大量的科技人才,一国科技实力的强大反映出它雄厚的经济基础和较高的教育水平。

国家的有形力量和无形力量是相互倚重、相辅相成的。如果把国家视为一个人,有形力量就像是一个人的骨骼和肌肉,无形力量就像是一个人的灵魂和精神。所有的国家都同时具备有形力量和无形力量,而且,这两种力量很难相互代替、相互转化。

有形力量和无形力量相互作用、相互影响。国家物质上的成就可以增强国民的自信心和凝聚力,经济和军事上的失败则会导致国民对政府的信任危机。有形力量强的国家如果没有无形力量的支撑则很快就会失去有形力量,无形力量强大的国家如果没有有形力量的支撑,则无形力量也会最终丧失。

有形力量和无形力量之间存在着互动,从长期看,两者的增长或削弱的趋势是同步、同向的,不存在有形力量与无形力量长期逆向变化的情况。当然,相对而言,一国的无形力量一般具有持久性,它的变化速度不如有形力量那么迅速。不过,在有形力量强大之后,无形力量的长期滞后将会影响有形力量的发挥,所以在有形力量强大到一定程度后,无形力量的重要性就越来越突出。

总而言之,综合国力是一个综合体系,是质与量的统一,物质要素与精神要素的统一,物质力量是基础,但物质力量本身不等于有效的国力或能力,不会在国际关系中自动发挥影响力,它能否转化为有效国力、能力、影响力,或者能发挥多大效能,则取决于精神力量的作用。综合国力的构成及其发展变化,不是靠单个要素的作用,也不仅仅是诸要素作用的简单之和,而是这些要素的有机组合,以达到整体效应的最优化。因此,综合国力具有多元性、关联性、综合性和整体性。要发展综合国力,必须从它的要素间的相互关系出发,强调要素的高度协调,建立合理的结构,以便取得整体功能的最优化效果。

第三节　国力要素的不可替代性

在信息时代,综合国力各要素之间不可相互替代且难以相互转化,所以,国力构成要素首重全面性和均衡性。本节主要讨论综合国力的历史性以及信息时代国力要素的不可替代性等问题。

一、综合国力的历史性

自从约瑟夫·奈提出"软实力"这一概念以后,"软力量和硬力量谁更重要"就成了很多学者争论不休的话题。但是,如果完全不考虑历史条件和环境限制的话,这一讨论就显得毫无意义且没有说服力。随着人类历史的发展,国力构成要素和国家所追求的目标发生了实质性的变化。

在农业时代,自然资源和人口作用十分突出,军事力量是衡量国家力量的最重要标尺,国家追求领土扩张,以获得更大的生存空间和生存资源。在中国历史上,中原王朝在很长时间内都对北方的游牧民族保持力量的整体优势,地大物博、人口众多,能打得起长期大规模战争是一个重要原因。

进入工业文明之后,人类逐渐摆脱了靠天吃饭的状态,土地和人口的重要性有所下降。在工业时代,除军事力量之外,经济实力和科研能力的作用变得突出,从军事领域来说,热兵器时代需要国家投入更多的军费以维持武器装备的大量生产和更新换代,从经济领域来说,科技研发和创新能力是经济增长的基本要素。在很长一段时间内钢产量几乎成为国家实力的代名词,因为钢铁是几乎所有重工业的基础与支柱,钢铁工业是世界所有工业化国家的基础工业之一,是发展国民经济与国防建设的物质基础。在工业时代,在政治、经济和军事各个方面都领先的国家才拥有最强的国力,国家追求经济增长、物质充裕、军力强盛和社会稳定。

在世界主要大国进入后工业文明的全球化时代,国力构成要素中非物质因素的作用极大地上升。国家文化的吸引力、建立国际规制的能力、对国际事务的影响力等成为国家实力极其重要的构成因素。国家在国际社会更加重视自身的形象、与其他国家的关系以及全球利益。在今天的知识经济时代或者说信息时代,很多问题不是单靠经济实力和军事实力就能轻松解决的。例如,美国经济实力和军事实力如此强大,也很难如自己之愿彻底解决朝鲜核问题和恐怖主义问题。约瑟夫·奈认为:"一个国家文化的普世性及其建立有利的规则和制度、控制国际行为领域的能力是关键性权力之源。"[1]所以,在以往起决定性作用的物质力量地位有所下降,精神力量地位有所上升,评判一个国家能力强弱和实力大小的标准逐渐变成在世界舞台上设立议程和号召国际社会合作的能力,即便物质力量仍然是基础性力量,但其作用有所下降。

如今在很多美国学者和政界人士眼中,中国给美国造成的最大挑战可能不仅仅是经济竞争或军备发展,还体现在设定国际议程方面,他们认为在这方面中国表现得越来越积极和主动。"上海合作组织""一带一路"倡议、"亚投行"等,美国认为中国由此获得的国际地位和国际影响力将撼动美国独一无二的世界霸权。但实际上,中国发展不对任何国家构成威胁,中国人民崇尚"己所不欲,勿施于人",中国不认同"国强必霸论",中国人的血脉中没有称王称霸、穷兵黩武的基因。

约瑟夫·奈2002年发表的《处于十字路口的美国巨人》中,对过去500年来世界大国实力要素演变过程的分析为我们了解国家实力提供了一个简单而直观的展示,见表5-1。不同时期,世界大国所具备的国家实力要素是不同的,或者更准确地说,同样的国家实力要素,在不同时期所起的作用是不同的。17世纪的荷兰成为主导国,依靠的主要是贸易、资本市场、海军;18世纪的法国成为主导国,依靠的主要是人口、农业、公共管理、陆军;19世纪英国成为主导国,依靠的主要是工业、政治凝聚力、金融和信贷、海军、岛国位置、自由规范;20世纪美国成为主导国,依靠的主要是经济规模、科技领先、地理位置、军事力量和同盟、"普世性"文化和自由主义国际制度。

---

[1] 约瑟夫·奈:《硬权力与软权力》,门洪华译,北京大学出版社2005年版,第118页。

表 5-1　主要国家及其实力要素(1500—2000)①

时间	领导国家	国家实力要素
16 世纪	西班牙	金条、殖民地贸易、雇佣军、王朝纽带
17 世纪	荷兰	贸易、资本市场、海军
18 世纪	法国	人口、农业、公共管理、陆军
19 世纪	英国	工业、政治凝聚力、金融和信贷、海军、岛国位置、自由主义规范
20 世纪	美国	经济规模、科技领先、地理位置、军事力量和同盟、"普世性"文化和自由主义国际制度

所以,实力一直被视为在国际无政府社会中国家安身立命的根本所在,但实力所赖以产生的源泉是不断变化的。一个国家要成为大国(尤其是具有领导地位的超级大国),在不同的历史时期所需要的资源类型是不同的。从发展趋势来看,国家强大所需要的资源类型越来越多样,非物质性国力要素的作用越来越突出,世界强国之间的竞争也越来越激烈。

二、信息时代国力要素的不可替代性

在信息时代,国家的不同实力要素所发挥的功能不同,不可相互替代且难以相互转化,这便是国力要素的不可替代性。有人认为国家依靠某一种实力便可取长补短,就可以依靠某一方面的突出实力解决众多其他领域遇到的难题。在冷兵器时代也许是可以的,但时至今日,随着全球化进程的深化以及国际关系的复杂化和权力分散化,不同的国力要素在短时期内是难以相互替代的,任何一种实力转化为另一种实力都需要严格的条件和较长的过程。因此当国家遇到某种问题时,如果与之相对应的实力要素不足以解决这一问题,其他实力要素再强大也难以立即转化成可使用的实力。

经济强大不一定就能形成强大的军事实力。军事实力也无法保障经济必然发展,经济实力也难以转化成政治实力,例如,日本是世界第三经济大国,但却迟迟成不了联合国安理会常任理事国,联合国不是股份有限公司,并不是会费出得多就能当大股东。

---

① 约瑟夫·奈:《美国霸权的困惑:为什么美国不能独断专行》,郑志国译,世界知识出版社 2002 年版,第 6-9 页。

中国古代先哲们很早就意识到国家实力要素的不可替代性。例如,《战国策·秦策一》记载,春秋时期司马错对秦惠王讲:"欲富国者,务广其地;欲强兵者,务富其民;欲王者,务博其德。"这番话的意思是说,不同的实力要素只用于解决对应领域里的问题,而无法取代其他实力要素的功能,要成为世界领导国,一个国家还需要有道义上的力量。在中国古代历史上,虽物质力量强大但精神力量不足(特别是政治实力弱小)而最终导致国家衰败的事例并不鲜见。近些年来,在中国流行一种"经济决定论"的看法,认为经济实力在综合国力中是起决定性作用的,这种观点认为只要中国成为世界上财力最为雄厚的国家,就能引来人才、买来技术、增强军备、投资文教医疗,其他国家就会因此而格外重视和尊重中国,不少棘手难题都会因此而顺利解决,所以发展经济、获得财富应该始终是中国最核心的国家利益。但事实上,"经济决定论"忽视了信息时代国力要素之间相互转化的困难,已经在一定程度上造成中国经济实力增长相对较快而文化实力等国力要素发展相对滞后的状况①。

国力构成要素的均衡性是指国力的各个方面必须协调发展、均衡发展。国家处理具体的国际事务不是靠抽象的综合国力,而是运用具体的实力要素,面对安全威胁主要依靠军事实力;应对经济挑战主要依靠经济实力;应对文化冲击主要依靠文化实力。很难找到一种实力能够成为"万应良方",能够"打遍天下"。由于综合国力各构成要素之间存在不可替代性,所以各实力要素均衡发展的国家,其综合国力往往要大于实力要素不均衡发展的国家。对于一个特定国家而言,其实力要素均衡程度与其综合国力呈正相关关系。这符合我们通常所讲的"木桶原理"。国家面临的国际事务是多样性的,所以一国应对各类国际事务所需的实力要素也应一一具备。

总之,随着时代的发展,综合国力构成要素的全面性和均衡性变得愈发重要。由于国际关系内容的扩展和国家间相互依存程度的加深,世界大国必须具备多方面的实力以应对多方面的问题。如果仅仅强调发展某一种实力而忽视其他实力要素,将会导致国家的畸形发展,进而影响国家总体实力的提升。同时,在实力的运用上,尽管物质性的强制力往往会产生立竿见影的效果,但无形力量潜移默化的效果会更长久和稳定。

---

① 邢悦、詹奕嘉:《国际关系:理论、历史与现实》,复旦大学出版社2008年版,第218页。

第四节 综合国力的衡量

综合国力的强弱是衡量一个国家盛衰的尺度,客观地评价一个国家的综合国力对国力的比较研究是十分重要的。为了解决其计量问题,中外学者们进行了许多有价值的研究和探索,并取得了一些成果。

一、富克斯"强国公式"

德国理论物理学教授、亚琛技术大学第一物理学院院长威廉·富克斯在1965年出版了国力研究方面的专著《国力方程》,提出了"强国公式"。公式为:

$$M_t = \frac{1}{2}[(M_s)_t + (M_e)_t]$$

式中,M_t 为某一时刻 t 的国力指数,M_s 为按照钢产量和人口计算的指数,M_e 为按照能源产量和人口计算的指数。

富克斯"强国公式"使综合国力的衡量这一复杂的问题有了可操作化的路径和办法,但其缺陷是显而易见的。该公式对大国国力要素进行了过度的简化,在衡量国力时仅考虑了人口、能源和钢铁产量三个要素。在上一节介绍综合国力的历史性这一问题的时候我们就已经指出,同样的国家实力要素,在不同时期所起的作用是不同的,在工业时代,钢产量、煤产量和人口数量几乎成为国家实力的代名词,因为军事实力和经济实力主要依赖于钢铁产业、煤炭产业和人口数量,但在当前的信息时代,这些实力要素还能准确全面地反映国家综合实力吗?显然是不可以的。

二、克莱因方程

20世纪70年代中期,运筹学家、匹兹堡大学教授托马斯·萨蒂(Thoma S L. Satty)提出了层次分析法。层次分析法为国家实力研究提供了新的方法论基础,学者们开始尝试建立国家实力评估的模型。但是,囿于对国家实力构成要素的不同认识,针对国家实力的评估,学者们提出了不同的模型。其中,比较有代表性的是克莱因模型。

莱伊·克莱因在1975年出版的《世界权力的评价》和1980年出版的《80年代的世界权力趋势与美国对外政策》两部书中,提出了对国家实力加以综合衡量的国力评估公式。克莱因模型把国家实力分为物质要素和精神要素两个部分。物质要素包括基本实体、经济能力和军事能力；精神要素包括战略意图和国家意志。该模型的方程式为：

$$P_P = (C + E + M) \times (S + W)$$

其中，P_P表示国家实力；C是指基本实体，包括人口和国土；E为经济能力，包括国民生产总值、能源、矿物、工业和粮食生产能力以及对外贸易；M代表军事能力；S为战略意图（Strategic Purpose）；W表示追求或贯彻战略意图的国家意志（Will to Pursue National Strategy）。

克莱因公式重视物质与精神两种国力要素的综合全面评估，同时，又重视两者的关系，它不是简单地把这两种力量相加，而是把精神要素以系数的形式乘以物质要素，使物质要素正常、超常或低于正常发挥，从而评估出一国综合国力实际发挥的动态水平。

克莱因方程的最大贡献是揭示了综合国力中的有形实力要素与无形实力要素之间是相乘而不是相加的关系，这对后继研究产生了重要影响。克莱因方程表明，实力要素均衡程度与综合实力呈正相关关系，强调了政治实力的重要性。《管子·霸言》中讲："夫国大而政小者，国从其政；国小而政大者，国益大。"说的也是这个道理。然而，它也有自身的缺陷。克莱因方程中涉及战略意图、贯彻战略意图的国家意志和政府素质等无形要素，对其难以采取客观、统一的评价标准，主观性很强，容易失之偏颇。

三、综合指数法

20世纪80年代，日本经济企划厅综合计划局委托日本综合研究所进行了综合国力的基础调查。该调查采用了德尔菲（Delphi）法，即由某领域的专家根据其专业知识和经验，并结合客观实际情况对被询问的项目进行评分，在此基础得出最终的调查结果。日本综合研究所将国家实力分解为国际贡献能力、生存能力和强制能力三大构成要素，并进一步细分出一百多个评价指标。被调查专家对其进行评分，在此基础上计算总平均值。

综合指数法相对简单易行，而且能够综合多数专家的意见。以此为基础的《日本综合国力》一书是首次对综合国力进行大规模调查研究的集体成果，引起了日本国内及国外学者的普遍关注。综合指数法的不足之处主要是评估的依据为被调查者的个人评分,从而难以避免地带有被调查者的主观偏好或臆断成分。

四、国内学者提出的综合国力衡量方法

清华大学教授阎学通认为综合国力包括政治实力、经济实力、军事实力、文化实力四大构成要素。其中政治实力是操作性实力,而军事实力、经济实力、文化实力则是资源性实力。操作性实力是对资源性实力的应用能力,没有操作性能力,资源性实力就发挥不了作用,如果操作性实力小,资源性实力就不能发挥其全部作用①。军事实力和经济实力属于硬实力,文化实力和政治实力属于软实力。在这种认识的基础上,他提出了综合国力的衡量公式:

$$CP = (M + E + C) \times P$$

在这一公式中,CP 代表综合国力,M 代表军事实力,E 代表经济实力,C 代表文化实力,P 代表政治实力。这一公式延续了克莱因对综合国力构成要素的关系的认识,指出操作性实力与资源性实力要素之间是相乘的关系而不是相加的关系。然而在这一计算方法中,没有将人口和地理条件、科技实力等因素考虑在内,这是其一大缺陷。

中国社会科学院世界经济与政治研究所的王诵芬研究员对综合国力提出了一种测算方法。该方法的基本思路是:首先,对于众多属性不同、量纲不一,而有具体数值反映的指标,如 GNP、人口数量等硬指标,经过标准化处理,使不同度量的多种指标过渡到可以进行汇总的标准化数据;其次,对于难以量化的软指标,采用专家问卷调查法;再次,对于外交能力难以获得的指标,则设计与外交活动能力有关的因素,通过在神经网络模型上评估得到模糊数据,再作标准化处理;第四,对经过标准化处理的所有数据,采用简单相加、分层次进行汇总的方法,得到基本方案数据表;最后,在定性分析和定量分析相结合的基础上,分层次地给定权数,对基本数据进行修正与调整,得到赋权方案数据表。

上海社会科学院胡键研究员提出了基于大数据的国家实力评估模型,他认为随着信息技术的持续发展,大数据正在成为一种全新的国家实力要素,即大数据实力,一方面大数据是国家实力的组成部分,另一方面基于大数据的加入,

---

① 阎学通、何颖:《国际关系分析(第三版)》,北京大学出版社 2017 年版,第 122–123 页。

国家实力的其他各构成要素获得无形倍增,使得整体国家实力获得巨大提升。他认为应把大数据实力带入克莱因的方程式中,将更好地展现大数据背景下国家实力的内涵与意义①。他提出的国家实力计算公式为:

$$Pp = BDp_t(C + E + M) \times (S + W)$$

在公式中,BDp表示作为国家实力构成要素的大数据实力,它与其他国家实力要素的结合将产生巨大的增幅效应。t 表示时间,大数据实力与时间关系非常密切,它反映的是不同时间点一国大数据国力的发展状况。大数据实力在国家实力要素中的作用是举足轻重的。它将成为特定历史阶段国家在国际博弈中的核心竞争力,是支撑一个国家国际地位的关键性的国家实力构成要素。胡键研究员提出大数据实力由四个一级指标(基础性要素、结构性要素、功能性要素、目标性要素)和十六个二级指标构成,即大数据实力是四个一级要素指标的相加。

可以说,在国际关系学中,衡量国家实力如同物理学中衡量力一样为学者所痴迷。约瑟夫·奈感叹道,实力犹如爱情,人们易于感受,但不宜表述和衡量。如果能克服现有的综合国力衡量方法的弊端,找到一种被普遍接受且易于操作化的科学衡量方法,那么国际关系学研究将会取得很大进展。

第五节　软实力

前文已指出,在分析一个国家的综合国力的构成要素时,通常将之分为有形力量与无形力量,有形力量即硬实力,无形力量即软实力。作为综合实力的两大组成部分之一,而且是具有战略意义的一部分,软实力注定要受到世人关注;在硬实力影响逐渐式微,文化与价值观的影响力却日渐凸显的时代背景下,软实力就表现出空前的重要性。本节主要讨论软实力的概念、来源,以及软实力与硬实力的关系等问题。

---

① 胡键:《基于大数据的国家实力:内涵及其评估》,《中国社会科学》2018 年第 6 期,第 185 – 186 页。

一、软实力的概念

哈佛大学教授约瑟夫·奈(图5-2)在其1990年出版的《注定领导世界：美国权力性质的变迁》一书，以及同年在《对外政策》杂志上发表的《软实力》一文中，最早明确地提出和论述了"软实力"(Soft Power)这个概念，使之开始流行起来。软实力成为冷战后使用频率极高的一个术语。

图5-2　国际政治学家约瑟夫·奈

"软实力"概念诞生以后，各方反应不一，各种意见大体上可以分为三类。第一类是对概念本身持有疑问。例如，我国中央党校国际战略研究所刘建飞教授认为，奈的"软实力"概念不是很严密，其借助了计算机软件、硬件的区分思维，而事实上软件和硬件必须结合起来，二者是辩证统一的。第二类是对软实力的功用持怀疑态度，认为它并不像所描述的那样重要。例如，美国资深政治家约翰·麦克洛依(John McCloy)在谈及国际政治中要关注声望和吸引力时表示质疑："国际舆论？我不信国际舆论。唯一要紧的是力量！"第三类是对这一概念持肯定的态度，同意这类实力在新的形势下的重要意义，并在原有基础上加以拓展和深化。从目前的情况来看，第三类意见占据主流地位。但在对于软实力的本质内容的看法上也还是立足点不一，或者各有侧重，从而存在分歧。

硬实力是对构成综合国力各个组成方面的物质力量的统称，而软实力则是能够统领硬实力、使其发挥特定功能的价值观念和意识形态等影响力、吸引力、同化力的统称。硬实力指的是国家拥有的同诸如军事和经济力量等具体资源相关的"硬性命令式权力"。软实力指的是与诸如文化、意识形态和制度等抽象资源相关的、决定他人偏好的"软性同化式权力"。具体而言,硬实力是指国家通过威胁或者奖励,让别国做它们不想做的事情之能力,而软实力是指国家通过吸引力而非强制手段,让别国自愿追求你所要的东西之能力。

硬实力的运用,表现为国家借助引诱(胡萝卜)或者威胁(大棒)手段,直接迫使别国改变自己的意志或者行为,而软实力的运用,则表现为国家通过自己思想的吸引力或者决定政治议题的能力,让其他国家自愿效仿或者接受体系的规则,从而间接地促使他人确定自身的偏好。软实力主要来源于三个方面:文化吸引;意识形态或政治价值观念的吸引力;塑造国际规则和决定政治议题的能力。

在本章第三节中已经介绍,在信息时代,以往起决定性作用的有形力量(如军事力量和经济力量)地位有所下降,评判一个国家能力强弱的标准逐渐变成在世界舞台上设立议程和号召国际社会合作的能力。在国家实力中,文化价值观所产生的吸引力是一种所谓的"高级实力"。正如鲁克斯所言:"使一个或数个其他行为体采纳你想要它们接受的观念,通过控制它们的想法和愿望来使它们处于从属地位,这难道不是行使实力的最高明的方式吗?"软实力的吸引力不仅能"不战而屈人之兵",而且它所获得的收益是长期而稳定的。在世界历史上,不少帝国都把运用文化的手段征服别人视为长治久安之计。如古罗马帝国时期,罗马统治者极力在其征服的地域和民族中传播罗马的语言、宗教、建筑和市民文化。中国封建帝王也用增强自己的文化吸引力之办法来使"蛮夷"归附自己,如唐太宗就曾制定"偃武修文,中国既安,四夷自服"的方针。

二、软实力与硬实力之间的关系

硬实力是看得见、摸得着的物质力量,而软实力是无形的精神力量,包括政治力、文化力、外交力等软要素。在当前全球化浪潮、信息革命和网络时代的大潮下,硬实力的重要性显而易见,软实力则具有超强的扩张性和传导性,超越时空,对人类的生活方式和行为准则产生巨大的影响。在当前的国际关系中,综合国力的竞争和博弈将决定一个国家在未来世界秩序中的排序。由于软实力在国际关系中的影响日增,因此世界主要大国在注重硬实力的建设之时,也十分重视增强自身的软实力。各种软实力间既相互竞争较量,又相互吸引、融合。

在国际社会中,一个国家的硬实力的作用方式往往体现在以下几个方面:

军事力量,主要通过恐吓、武力等手段并以胁迫、阻碍或者保护的行为,并通过强制性外交、战争、同盟等诸如此类的政府政策呈现出来;经济力量,通过交易、制裁等主要手段并以引诱、胁迫等行为,通过援助、贿赂、制裁等政府政策体现出来。软实力主要体现为以文化价值观为核心的吸引、设定议程等政府和民间行为,依赖于价值观、文化、政策、机构体制等主要手段,往往通过公共外交、多边和双边外交等政府政策表现出来。

软实力并非强国专利,世界各国都有能力拥有并展现自己丰富的软实力,进而提升自己的国际地位和国际形象。但是,历史事实告诉我们:软实力必须靠硬实力做背后支撑,倘若没有硬实力,软实力就犹如建在沙滩上的房子一样没有了生存根基,不复存在是其必然的结果。我国古人所讲的"仓廪实而知礼节,衣食足而知荣辱"就是类似的道理。反过来说,硬实力也要靠软实力辅佐,没有软实力,硬实力的发展就会受到限制。总而言之,软实力与硬实力既相互区别又互相补充,更进一步说,二者的关系是:硬实力支配并作用软实力,硬实力是软实力的基础和后盾,硬实力为软实力的发展和繁荣提供必要的物质基础;软实力影响并提升硬实力,软实力对硬实力有强大的促进作用,软实力为硬实力的提升和壮大给予重要的精神导引。

软实力与硬实力的发展需要同时兼顾。历史证明,如果片面注重发展硬实力而忽视软实力的发展,硬实力发展到一定程度时软实力的欠缺就会影响国家综合实力的发展。反之,如果片面注重软实力的建设与发展,软实力的发展和维持就缺乏可以开发和利用的基础性资源,发展就必然因缺乏活力而受挫,最终将影响一个国家综合国力的提升。凡是在世界上能够纵横捭阖、影响巨大的国家,都是两种实力兼具的国家。任何一个国家的崛起与发展固然需要壮大经济、科技、国防等硬实力,但如不同时注重打造强大的国家文化软实力,就不能自立于世界民族之林,就不能在激烈的国际竞争中赢得主动。

三、软实力与巧实力

"巧实力"(Smart Power)是近些年来在美国战略界较为流行的一个概念。"巧实力"一词最早由美国学者苏珊尼·诺瑟(Suzanne Nossel)在 2004 年美国《外交政策》上发表的题为《巧实力》的论文中提出。

如何看待硬实力和软实力之间的关系一直是国际关系学界一个不甚明了

的领域,同时也是界定"巧实力"内涵的关键。2006年1月,约瑟夫·奈在《外交政策》上发表《重新思考软实力》一文,指出"单独依靠硬实力或软实力都是错误的。将它们有效结合起来可以称作'巧实力'"①。2008年,美国学者欧内斯特·威尔逊将"巧实力"界定为:某一行为体将硬实力和软实力的因素通过一些途径结合起来,可以相互增强,从而有效完成行为体的目标②。

巧实力既不是单纯的硬实力也不是单纯的软实力,而是两者的巧妙结合。更明确地说,所谓巧实力战略,就是美国在特定的历史时期,为了实现自身的目标,利用硬实力和软实力,形成的一个融合各种资源和手段的综合战略。巧实力战略要获得成功,没有固定的模式,而是需要根据时间、空间、实施对象等因素的变化而变化,需要外交政策决策者审时度势,采用恰当的硬实力和软实力的手段及比例。巧实力的核心是情景智慧,顺势而为。因此,巧实力的实质,不过就是要从过分依赖硬实力,改变为顺应不同的情景软硬兼施罢了。

总的来说,"巧实力"这一概念的流行范围仍基本局限在美国一国之内,对这一概念的讨论和关注以美国学者和政客居多,在实践中,它也很难对他国的外交政策产生关键影响。

四、软实力的衡量

约瑟夫·奈曾指出:"衡量权力有两种途径:一则是资源和潜力的衡量;一则由对结果的影响来衡量。"③他用了吸引外来人口数、文化产品的出口数量、获得诺贝尔奖的人数、发表科技论文的数量等来衡量软实力④,但奈也觉得这些只不过是各种力量的资源问题,而并非软实力本身的大小。可见,奈始终没有真正解决软实力的衡量问题。

国内学术界关于软实力衡量的最有影响的成果是阎学通建立的软实力构

---

① 钟龙彪:《"巧实力"战略与奥巴马新外交》,《现代国际关系》2009年第5期,第8页。
② 唐彦林:《奥巴马政府"巧实力"外交政策评析》,《当代亚太》2010年第1期,第94页。
③ 罗伯特·基欧汉、约瑟夫·奈:《权力与相互依赖》,门洪华译,北京大学出版社2002年版,第19页。
④ 约瑟夫·奈:《理解国际冲突:理论与历史(第5版)》,张小明译,上海人民出版社2005年版,第36-37页。

成要素系统①。他认为软实力是一国国际吸引力、国际动员力和政府国内动员力的总和,国际吸引力包括国家模式吸引力和文化吸引力两个二级指标;国际动员力包括战略友好关系和国际规则制定权两个二级指标,政府国内动员力包括对社会上层的动员力和对社会下层的动员力两个二级指标。紧接着,他设计了一组衡量软实力的量化指标:用相似政治制度的国家数量来衡量国家模式吸引力的大小;用相同民族文化的国家数量来衡量文化吸引力的大小;用军事盟友数量来衡量战略友好关系;用联合国安理会盟友比和世界银行与国际货币基金组织的投票权衡量国际规则制定权;用执政党人数来衡量国内动员能力。

上海社会科学院欧亚所胡键研究员于 2009 年也提出了一个关于软实力构成和衡量的方程式②:

$$P_s = \pm A(R_s + R_f + R_p)$$

式中,P_s(Soft Power)代表软实力;A(Ability)代表国家运用软实力资源的能力;R_s(Structural Resources)代表国家的结构性资源;R_f(Functional Resources)代表国家的功能性资源;R_p(Policy Resources)代表国家的政策性资源;"±"中的"+"表示接受者对他国软实力积极认可,"-"表示接受者对他国软实力持消极态度。

其中,运用软实力资源的能力包括运用的工具、实施的手段和技巧。若工具先进、手段高明且有技巧,那么运用资源的能力就大;反之,运用资源的能力就小。结构性资源包括国家的文化资源、政治资源、社会资源和制度资源,是软实力来源的最基本要素构成。功能性资源是指软实力在国家成长进程中发挥功能的表现性资源,包括议程设置资源、国际话语权资源、国家形象的维护资源、制度塑造资源等。政策资源则包括国家的对内政策资源和对外政策资源。R_s、R_f、R_p 不是表示其所代表的资源量的多少,而是代表该资源的权重值,因此这一方程式不完全是对软实力大小的定量分析,而是对软实力大小的程度分析,是定性与定量相结合、以定性为主的分析关系式。

---

① 阎学通、徐进:《中美软实力比较》,《现代国际关系》2008 年第 1 期,第 24 – 29 页。
② 胡键:《软实力新论:构成、功能和发展规律——兼论中美软实力的比较》,《社会科学》2009 年第 2 期,第 5 页。

五、中国的软实力

近年来随着中国经济实力的增长,世界不仅关注中国的资本力量(硬实力),也开始对中国的软实力表现出浓厚兴趣。中国传统文化深具魅力,而今中国文化正越来越受到各国关注;中国积极发展全球伙伴关系,大力倡导国际合作,还与不少邻国解决了领土争端,并加入了众多地区性组织;中国主张以多边外交解决国际争端,积极承担国际责任,积极参与联合国维和行动;实施共建"一带一路"倡议,还加强了对外经济援助,并且让其不断扩展的国内市场更加开放,这些都增强了中国的吸引力、感召力。"然而,正如中国的经济和军事实力还无法与美国相匹敌一样,中国的软实力发展也任重道远"[1]。世界第二经济大国的地位迫切需要中国在国际社会发挥比现在更大的软实力影响力。

2017年7月,英国波特兰公关公司(Portland communications)联合美国南加州大学公共外交研究中心(USC Center on Public Diplomacy)共同发布了2017年全球软实力研究报告《软实力30强》(*The Soft Power* 30)。软实力30强排名前五的国家分别是法国、英国、美国、德国和加拿大,日本和瑞士分别上升到第6位和第7位,中国在30个上榜国家中位居第25名,较3年前稳步跃升5位。该报告认为,中国的软实力优势主要体现在文化领域。中国是拥有联合国教科文组织认定的世界遗产第二多的国家。中国是全球经济开放、自由贸易及应对气候变化最主要的倡导者,以及中国采取一种兼容并蓄、日益平衡的发展模式等因素都成为软实力的加分项。

古往今来,一个大国的发展进程,往往既是经济总量、军事力量等硬实力提高的过程,也是价值观念、思想文化等软实力提高的进程。当前,增强我国软实力已经是我国实力建设的一个重大问题,但学界对政治和文化两个实力要素在软实力中的作用看法不一。一些学者强调文化对软实力其他要素的引领作用,并认为提高国家文化软实力是提高软实力的根本;还有学者指出国家软实力核心是政治实力,认为提高政治实力是中国增强软实力的当务之急。

我们认为,为提升中国的软实力,文化实力建设和政治实力建设两手都要抓,需要从以下几方面开展工作:第一,注重硬实力的基础性作用,不断增强国

---

[1] 约瑟夫·奈、王辑思:《中国软实力的兴起及其对美国的影响》,《世界经济与政治》2009年第6期,第9页。

家硬实力,为软实力提升夯实物质基础;第二,深化文化体制改革,推动文化事业和文化产业发展,不遗余力地弘扬中华优秀传统文化;第三,加强社会主义核心价值体系建设,培育和践行社会主义核心价值观,凝聚中国力量,弘扬中国精神;第四,继续推动以融入现有基本国际制度为主要内容的国际社会活动,并以此为基础不断提高制定国际制度与规则的能力;第五,加强对外话语体系建设,推进国际传播能力建设,努力提高国际话语权;第六,以国内形象建设促进中国国际形象的进一步改善,积极塑造文明大国、负责任大国、社会主义大国形象。

在中华民族伟大复兴的关键时期,立足中国文化,传播中国经验,增强我国的整体软实力是我国的一项重要任务,对提升我国的综合国力以及掌握国际话语权具有重要意义。软实力并不是一国所得必是他国所失的零和游戏。当今,中国的软实力正在稳步提升,这不仅对中国有利,对世界来说也是一件好事①。

思考题

1. 在国际政治中,权力和实力有何关系?
2. 什么是绝对实力?什么是相对实力?两者有何区别?
3. 实力不平衡发展规律是指?
4. 什么是综合国力?综合国力由哪些要素构成?
5. 综合国力的各构成要素在农业社会、工业社会、信息社会等不同时代发挥的作用有何不同?
6. 综合国力构成要素之间的关系是什么样的?
7. 什么是国力要素的不可替代性?
8. 目前有哪些具有代表性的综合国力衡量模型?各有何优缺点?
9. 什么是软实力?软实力与硬实力之间有何关系?

---

① 约瑟夫·奈、王辑思:《中国软实力的兴起及其对美国的影响》,《世界经济与政治》2009年第6期,第12页。

PART 4

第四篇　行为篇

第六章　外交与武力

在国家依靠实力实现国家利益的各种手段中,外交和武力是两种最基本的手段。"没有武力的外交就像是没有乐器的音乐",普鲁士国王腓特烈大帝曾这样比喻。外交是通过和平手段影响别国的行为以实现本国利益,而武力则是通过暴力手段强制改变别国行为以达到对外政策的目标。虽然具体形式差别很大,但是外交与武力这两种手段并不是截然分开的,而是相互渗透的。武力与外交作为一国实现其对外政策目标的基本工具,被认为如"车之两轮、鸟之两翼",一方面,武力可以成为外交的后盾,增强谈判桌上的筹码,另一方面,即便国家想要以战争方式解决问题,战前也要靠外交去联盟或离间,战后要靠外交处理战后事宜。文武兼备,协调并行,才能最大限度地实现国家利益。

第一节　外交及其功能

外交是国家发展对外关系,处理国际问题,贯彻本国对外战略与政策最常用、最基本、重要的和平手段,包括国与国之间的交往联系、信息传递、国际谈判和协商、签订国际条约和协定、参加国际组织的活动、创造和修正国际规则等等。外交是处理国际关系最文明、最理性的方式。在各种利益交织、复杂的现代国际社会,外交能够提供一种寻求共享价值的渠道,有助于不同的国际行为体寻求共同的利益目标,调解、削弱国际冲突或摩擦,减少其发生的概率。

一、外交的概念

"外交"一词在中国古代已经出现,如《墨子》中说:"近者不亲,无务来远,

第六章 外交与武力

亲戚不附,无务外交。"《国语》中说:"乃厚其外交而勉之,以报其德。"这里的"外交"是指"人臣私见诸侯",或指与朋友、与外人的交际,并非外交现在的含义。"外交"一词指国家在国际关系中的交往与交涉,是中世纪后期,特别是近代以来国际关系发展的结果。

关于外交的定义,国外学者论述颇多,但观点歧异,众说纷纭。其中有代表性的有英国学者哈罗德·尼科尔森(Harold Nicolson)和欧内斯特·萨道义(Ernest M. Satow)对外交的定义。哈罗德·尼科尔森认为外交就是用谈判的方式来处理国际关系;是大使和使节用来调整和处理国际关系的方法;外交官的业务或技术。[①]哈罗德·尼科尔森认为外交的主角是职业外交官,他用外交官高度专业性的业务来定义的外交,是早期的传统外交之含义。随着传统外交向当代外交转型,部级首长、政府首脑以至国家元首、国际组织领导人的高层外交愈来愈占有中心位置,一般外交官逐渐丧失了先前拥有的许多权力和活动领域,这种观点就显得过于狭窄了。欧内斯特·萨道义认为:"外交就是把才智和技巧应用到各独立国家政府间的正式关系的活动中去。"[②]他主要强调外交的特点或方式,即处理国家间关系的智慧、技巧、方法。这种看法忽视了外交是一门科学、一门艺术,把外交降至操作层面的狭隘范畴。

中国有学者认为:"外交是以主权国家为主体,通过正式代表国家的机构与人员的官方行为,使用交涉、谈判和其他和平方式对外行使主权,以处理国家关系和参与国际事务,是一国维护本国利益及实施其对外政策的重要手段,不同的对外政策形成不同形态和类别的外交。如简而言之,广而言之,外交指任何以主权国家为主体,通过和平方式,对国家间关系和国际事务的处理。"[③]这一概念强调外交的主体是主权国家,忽视了主权国家组成的政府间国际组织也可以是外交主体的现实。

本书认为,外交是国家和其他国家及国际组织等世界政治实体之间通过和平方式处理相互关系和国际事务的官方行为与过程。这一概念突出了代表官方处理国际关系的行为和过程,突出了外交只使用以谈判为主的和平手段,突

---

① 尼科尔森:《外交学》,眺伟译,世界知识出版社1957年版,第22-24页。
② 欧内斯特·萨道义:《外交实践指南》,中国人民外交学会编译室译,世界知识出版社1959年版,第25页。
③ 鲁毅、黄金祺等:《外交学概论》,世界知识出版社1997年版,第5页。

出了官方代表的身份、地位在外交中的重要性,也突出了外交主体不仅仅是国家,还包括在国际关系中具有特殊地位的世界政治实体。涉及非国家实体的外交关系有其特殊性和不确定性,因而1961年召开的制定外交关系公约的维也纳会议,把议题仅限于国家间外交关系,而不考虑有关国际组织的外交关系问题。但是,这并不能否认它们与国家之间,以及它们之间存在着的外交关系,因为这是国际政治的客观事实。

外交的目的是维护国家利益和民族尊严,实现国家利益所决定的国家对外战略与对外政策的目标。外交的基础是国际社会公认的外交规则和惯例,外交采用的是和平方式。

二、外交的特征

外交的基本特征体现在以下几个方面:

(1)阶级性。外交是为国家安全利益和发展利益服务的,在阶级社会里,外交具有鲜明的阶级性。一国的外交总是要首先反映其国内占统治地位的阶级的利益、意志和意识形态。

(2)政治性。外交直接关系国家利益、民族尊严,涉及国家根本利益,因此具有突出的政治性。周恩来曾指出,外交工作既是高度政治性的工作,又是高度技术性的工作,负有严重的政治责任。外交的政治性是通过具体的外交工作来体现的,因此,外交无小事,外交人员必须具有爱国心、事业心、责任感,一丝不苟地做好本职工作①。

(3)政策性。外交事务政策性强,外交是一国实施其对外政策的手段,一国的外交都是在本国既定的对外政策方针指导下进行的。外交人员必须严格贯彻执行本国既定的对外政策方针,需要有全局观念,坚持局部服从全局、服务于全局。

(4)纪律性。外交正在变得日益复杂,并愈加具有社会性,外交人员的数量也在增加。要确保国家对外政策方针的贯彻和实施、国家对外目标的实现,外交必须要有严格的纪律约束,这是完成外交任务的前提保证。外交人员需要增强纪律观念,树立规矩意识,严守国家机密。

---

① 李渤:《新编外交学》,南开大学出版社2005年版,第16—17页。

(5)和平性。外交是独立主权国家采用和平方式捍卫本国利益和实施本国对外政策的重要手段,也是国家间、国际组织间或国家与国际组织间解决双边或多边问题和矛盾的和平手段与途径。和平方式是外交的一个根本属性。

(6)综合性。外交是综合的科学和艺术,外交涉及政治、经济、科学、文化、艺术、军事、交通、语言、风俗习惯等广泛领域,具有复杂的综合性。在当代国际社会,某一项具体的外交工作或使命往往要通过众多外交人员,甚至需要其他部门人员的协调配合,以及各个外交部门之间、外交部门与其他部门相互协调和配合,方能圆满完成。

三、外交的功能

外交是国家维护和促进国家利益的重要手段。外交作为国家等主体之间的正式沟通方式,对于协调国际关系,和平解决国际争端,维护国际体系内的秩序具有重要作用。外交的功能主要体现在以下几个方面:

(1)外交具有收集情报、信息的功能。外交政策和对外活动,都建立在了解世界及各国事态发展的政治、经济、军事、社会和文化信息、状况的基础之上,据此进行分析、评估、预测和决策。开展对外交往、制定对外政策的首要环节就是获取信息情报。如今各种信息技术的飞速发展为外交信息情报收集提供了更多的便捷手段和信息获取渠道。

(2)外交具有沟通与互动功能。通过使馆、互访、会晤、谈判等沟通和互动方式,就各方面问题与对方保持正常联系,能够彼此了解真实意图、战略、政策与利益,更有效地相互理解和保护各自的利益,妥善处理矛盾与冲突,促进友好关系,推动交流与合作。21世纪信息技术和交通通信手段的革命性变革,极大地增强了外交的沟通和互动功能,当前交流信息的外交渠道更为丰富多彩,形式更为多样,比如重要国家之间定期进行的战略对话,大国元首之间建立的外交热线和各种各样的部长级会谈,等等。

(3)外交具有冲突管理功能。在矛盾、摩擦、冲突、危机的发展过程中,外交的功能在于通过国家间和平交往的渠道以及既有联合又有斗争的交涉,防止其升级和激化,尽可能化解矛盾,减少影响,防止恶性的冲突行为,调整冲突行为,将其限制在允许的范围内,或者通过协商与谈判,使冲突逐步降级缓和,最终予以解决或消除①。

(4)外交具有谈判功能。国际社会各国际行为体之间存在竞争利益和冲突利益是常态,外交能够在多大程度上进行控制甚至加以消除,取决于以国家为主体的国际行为体在多大程度上把外交理解为理性追求利益的手段。谈判的目的并非彻底的制胜,而是选择可行的、双赢的妥协。职业外交官具备专业的谈判技巧、经验、素养,富有想象力,往往由他们完成初步谈判之后,有关各方的高层决策者才能最终达成协议。

第二节 当代外交方式

外交自产生以来,历经区域外交、传统外交和现代外交等不同时期,并且每一时期的外交都产生了一些独特的、带有时代烙印的外交方式。外交的进程是富有生命力的,随着国际关系的发展演进,旧的外交方式不断被扬弃、改进和完善,新的外交方式不断形成和发展。第二次世界大战结束以来,国际社会不断扩大,行为主体迅速增加,外交真正进入了多边时代。随着全球化的深入、国际社会相互依存度的提高,外交事务也大量增多,已经涵盖了政治、安全、经济、文化和生态等诸多问题,外交涉及的范围大大拓展。因此,创造、采取新的外交方式就成为必要。通信和交通技术的进步,打破了跨区域联系的时空局限,在大大提高外交接触效率的同时,也为国家政府与民间的沟通创造了条件;各国政府决策机构直接控制外交进程和决策者亲自处理重大问题或彼此间及时磋商也成为可能。而伴随着国际关系民主化进程,公众舆论也成为影响外交的重要因素。受上述因素影响,在第二次世界大战后的外交实践中,逐渐形成了一些新的外交方式。多边外交、首脑外交、公共外交和经济外交成为当代外交的主要方式。

一、多边外交

多边外交是指两个以上外交行为主体,通过国际会议、国际组织等多种沟

---

① 俞正樑:《国际关系与全球政治——21世纪国际关系学导论》,复旦大学出版社2007年版,第110页。

通渠道,就共同关心的问题进行磋商、协调,以寻求解决办法。由于历史条件的局限性,传统外交主要是双边外交,多边外交只是偶尔或暂时出现在战争结束后交战各方举行的和会上,并没有成为常规制度。当代意义上的多边外交是与二战后帝国主义殖民体系的瓦解,亚非拉国家进入国际政治舞台,争取建立国际政治、经济新秩序的历史进程同步的,反映了世界各国对国际和平与安全、国际合作与经济、社会发展的共同关注。冷战后随着经济社会发展问题的凸现和各国在传统安全和非传统安全领域的合作的加强,多边外交的内涵不断充实。目前,它已演化为一种普遍性、经常性和日益制度化的外交方式。

当代多边外交有两重含义。首先,通过国际组织及其常设机构,由国家派出常驻代表乃至国家元首与政府首脑,按共同遵循的章程和民主表决的程序,通过定期的国际会议或多边谈判处理共同关心的问题。联合国是当代也是历史上多边外交的最高组织形式。多边外交意味着多国间交往有多种可供选择的场合,它的活动范围除联合国及其下属机构那样普遍性的国际组织外,还有世界各地区形形色色的区域性组织。其次,通过多边的渠道,利用多边的场合或集体的第三方的力量,在不同的层次上处理某一特定的紧张局势,促进和完成双边的对话。在处理危机与地区性冲突的局势中,为缓和、调解敌对国家之间的矛盾有时需要采用多边外交方式。当然,是否要将双边的问题诉诸国际组织解决,或是否要利用多边的场合进行双边的磋商,基本仍需由各主权国家根据对形势的判断,按有关的协议、规则来决定[①]。

当代多边外交的形式越来越多样化,多边外交的领域也越来越广泛,多边外交的表现形式有多边同盟关系、国际组织、国际制度、国际会议等,其中最主要的形式是国际组织和国际会议。随着全球化的深入,国际政治、经济的发展和国家之间相互依赖、相互影响的进一步加深,各国所面临的共同问题越来越多,人类生活的各个领域都迫切需要通过国际组织和国际会议来协调。目前世界上影响较大的国际组织已达几万个,全球性国际组织的成员几乎遍布全世界,这些国际组织与人类生活的各个方面密切相关,上至宇宙,下至洋底,其活动范围包罗万象,这为开展多边外交提供了广泛而固定的舞台。国际组织中的多边外交,涉及国际组织的建立、规则制定、机构设置和权力分配,涉及国际组

---

① 鲁毅、黄金祺等:《外交学概论》,世界知识出版社 1997 年版,第 152 – 153 页。

织的日常管理、议事日程、政策决定和组织实施。有关各方通过参与国际组织的活动达到外交目标。国际会议一直是多边外交的主要形式,在当代,围绕国际会议的多边外交有了更大的发展。国际会议的召开,主要是商讨解决紧迫的全球问题或局部问题,内容涉及政治、安全、经济、社会、生态、文化等议题。其中,联合国及其附属机构每年举办的大型国际会议,是多边外交的盛会。国际会议有利于国际协调行动。

多边外交是在当代外交实践中应运而生的,它是不同国家间相互沟通和打交道的重要形式,也是不同国家出于不同的目的与动机均可利用的形式。多边外交对推动外交事务的民主化、公开化以及提高处理国际事务的效率都大有裨益。

(1)多边外交是国家间广泛交往的重要渠道。多边外交尤其是为发展中国家走向世界,申明对国际事务的主张,维护民族权益和了解国际事务发展趋势开辟了广阔的天地。"尽管发达国家和大国在多边机构中通常起着主导甚至支配的作用,但至少在形式上大小国家是相对平等的,如所有成员国都有发言权和投票权等"①。在当今世界,许多国家尤其是发展中国家都将联合国作为与其他国家交往、联系的主要场合;利用联合国的讲坛,阐明本国对外政策,明确本国对国际事务的主张和立场;它们有时也联合起来,通过集体力量和集团投票来有效地维护本国的权益。

(2)多边外交在和平解决国际争端,消除局部危机,缓和紧张局势,保障安全方面,起着十分突出的作用。联合国安理会有权提出解决争端的建议、条件,有权对威胁和平、破坏和平以及侵略行为采取强制行动,包括经济、外交和军事制裁措施。在实践中,联合国的多边外交在调解国际冲突中取得了积极成效。如联合国安理会的242号决议、338号决议、598号决议,分别对解决阿以冲突、结束两伊战争提供了原则指导。又如自1956年以来,联合国安理会多次通过决议,在与当事国协商及合作的条件下向出现重大冲突地区派出维持和平部队以及军事观察员,对于和平解决国际争端,缓和紧张局势产生了积极作用。

(3)多边外交对于加强国际合作,开展国际援助,促进全球谈判与全球治理体系改革,推动各国经济、社会发展,解决人类共同面临的全球性问题发挥了重

---

① 钱文荣:《关于多边主义、多边外交的几点理论和政策思考》,《世界经济与政治》2001年第10期,第15页。

要作用。随着世界经济一体化的深入发展,多边外交空前活跃,在促成不同发展程度、不同层次与范围的多国协议与政策协调上都取得了富有成效的进展。全球性问题的泛滥与严重危害,也使众多国家元首或政府首脑聚在一起召开首脑会议,以便集中各国之力积极进行综合治理。

当前,多边外交更有了某种紧迫性。这一方面是由于全球问题尖锐化,危害性激增,迫切要求多边合作,综合治理;另一方面,某些大国极力推行单边主义,以威胁恐吓、单边制裁为特征的贸易保护主义、单边主义行为给世界经济增长以及国际秩序稳定带来新的风险和危害,多边主义与多边外交面临着严重挑战,大大增加了人们对多边外交重要性的认识。在多边外交日益发展的同时,双边外交活动仍起着十分重要的作用,在外交实践中,两者是互补的或相辅相成的。

二、首脑外交

首脑外交是指国家元首、政府首脑或其他政治实体的最高领导人直接参与外交活动。首脑外交方式主要有国事或工作访问、正式或非正式会议会晤、热线联系、首脑派出特使或私人代表、首脑个人对外政策声明等。在政界,最早赋予政治首脑以外交含义的是英国前首相丘吉尔,他在1950年号召西方资本主义国家召集首脑会议,共同对付所谓"铁幕后的威胁"[①]。此后,"首脑外交"这一概念频频在媒体出现。

首脑外交起源于远古时代,最早可以追溯到原始部落酋长之间的互访和谈判,处理与外邦之间的关系问题。当时的外交一直由君主、皇帝、国王所垄断,其他人不许染指。现代外交制度的建立削弱了首脑直接参与外交的机会和频率。现代外交制度形成于18世纪的欧洲,首先在意大利城市共和国时期萌芽,随着现代民族国家的产生而出现。随着现代外交制度的建立,依靠职业外交官的谈判处理外交事务成为现代外交的典型形态。尽管首脑是一个国家内政外交事务的最后决策者,职业外交官也必须听命于政治首脑发出的外交指令,但外交行政上却是由职业外交官出面实施。职业外交的基本精神便是法治精神,职业外交官基于专业化和理性的要求,严格按照外交程序行事,具有相对独立

---

① 赵可金:《首脑外交及其未来趋势》,《教学与研究》2007年第12期,第53页。

性和自主性,一国政治首脑也必须尊重职业外交的程序和职业外交官的意见。二战期间,基于战争协调的需要,首脑外交的发展获得了新的社会基础和现实需求。在二战进行过程中,为讨论反法西斯战争和战后国际秩序重建等问题,罗斯福、丘吉尔和斯大林"三巨头"数次聚首进行首脑会议,其中德黑兰会议、雅尔塔会议和波茨坦会议协调了对德日法西斯的作战行动,并为制定战后世界新秩序奠定了基础,成为现代首脑外交发端的重要里程碑。二战结束后,作为开展首脑外交现实基础的战时合作戛然而止,但首脑外交并没有因为战争的结束而就此消隐,反而在此后的冷战对峙和冷战后的国际社会获得了快速发展,迅速成长为一种相当成熟且不可或缺的外交实践形态。在冷战的两极格局下,首脑外交的动向曾是人们判断国际形势走向的一个重要风向标,牵动着世界敏感脆弱的神经。

首脑外交从传统的礼仪性走向当代的实质性,从过去的偶尔为之,到现在的频频出现,成为主要的外交方式之一。当代世界面临着大量重大而紧迫的政治、经济、全球公共事务议题,急需首脑们当面迅速予以解决,以适应快速发展变化的世界形势和国际关系的需要,避免因授权有限的外交机构及其固有程序的拖延。国家领导人是国家对外政策的最终决策人,首脑之间的直接交往不仅可以避开外交上的繁文缛节和纠缠不清的技术细节,还可以通过个人之间的情谊,调和甚至一定程度上化解国家之间的矛盾。当代科学技术的飞速发展,为首脑外交的普遍化和经常化提供了客观可能性。现代发达便捷的交通技术使首脑穿梭外交得以实现,先进的信息技术为首脑热线提供便利,现代全方位的安全技术手段为首脑安全提供保障,丰富的现代传媒放大了首脑的形象及其外交成果。

首脑外交反映出当今国际关系的复杂和国际政治的活力。这种外交方式的特点有以下几个方面。首先,地位特殊。它是在最高政治级别上的直接对话,由于首脑们处于权力和责任的中心,首脑亲自参与外交事务可将国内局势与国际政治舞台有机地结合起来。其次,关系重大。首脑外交的决定是政治性、原则性的,涉及国家对外关系的全局。首脑亲自签署的国际协议是严肃的,具有法律权威性,对双方有极大的约束力。它成为衡量国家行为的重要尺度,也是国际关系变化的重要标志。第三,效果直接。首脑外交通常是首脑们亲自与对方打交道,这种外交方式使最高领导人能够面对面阐明各自的愿望、见解和主张,有利于他们之间沟通和发展个人友谊,从而增进双方的正式关系,化解彼此间不必要的误会、矛盾和冲突。特别是在敌对或疏远的国家之间,可以澄清障碍所在,明确谈判的议题和范围以及各自的立场和可能妥协的限度。第四,迅速及时。在处理国际危机和突破外交僵局时,最高领导层的联络可以减少中间层次的耽搁,争取时间,也可以高度集中地作出决定,争取外交主动,避免错过时机[①]。首脑外交的上述特点决定了它在当代国际外交中日益受到各国领导人的重视,并对世界局势缓和与促进世界和平产生了重要影响。

三、公共外交

公共外交,又称公众外交,是指国家通过卫星电视、广播、电影、书刊、互联网等现代大众传播媒介,以及文化交流和民间交往,树立本国的良好形象,推介自身的民族、文化特性和价值观,传递本国希望传播的信息,实现本国外交目标。因此,公共外交强调透明度与开放性,以国外公众与舆论为对象,同时也强调本国公众的广泛参与、非外交部门与外交部门的合作参与。它不同于传统外交。公共外交所要完成的使命一方面是要动员本国的民众支持自己的外交行动,另外一方面是促进国外的公众理解自己的外交政策,进而促使该国制定对自己有利的政策。

"公共外交"(Public Diplomacy)一词是1965年美国塔夫兹大学弗莱彻法律与外交学院院长埃德蒙·格里恩(Edmund Gullion)提出的。目前越来越多的国家意识到,公共外交是建立起国际信赖与认同,推行其外交政策,塑造一国和平、负责的国际形象的有力工具和重要手段。公共外交在国际交往中的地位得以迅速提升,许多国家如美国、俄罗斯、英国、法国、新西兰等都设立了专门的公共外交机构。美国推崇公共外交。冷战期间,美国政府实施的深入而广泛的公共外交对美国赢得冷战的胜利起到了极为重要的作用。2001年"9·11"事件后,美国政府重新重视公共外交的作用,明确把公共外交战略同国土安全战略、军事战略一起作为美国国家安全战略的三个重要组成部分[②]。

当代公共外交的出现并日益得到重视,也是基于时代变迁与体系转型的背景。经济全球化、现代交通与通信以及生活质量的提高,使得世界各国民众之

---

① 鲁毅、黄金祺等:《外交学概论》,世界知识出版社1997年版,第164—165页。
② 苏淑民:《公共外交与中国国家形象的塑造》,《教学与研究》2008年第1期,第74页。

间的交流急剧扩大。通过旅游观光、商务活动、文化交流等各种渠道,公众可以亲身了解外国的情况,同时,他们从现代传播媒介获得有关外部世界的广泛信息。在当代世界,国际交往日益频繁,国内政治和国际关系民主化,使得公众参与国际经济、文化交流的愿望越来越强烈,公众参与外交事务、影响外交决策的意愿和能力同步增长,公众舆论对一国对外政策决策的影响日益增大。外交不再是职业精英垄断的地盘,它开始从幕后走到前台,成为公众关注和参与的领域。公众态度和舆论导向正在成为影响各国外交政策的重要因素。争取他国公众和舆论的同情和支持,正在成为一国外交得以成功的重要前提。在这样的背景下,以各国公众和舆论为对象,并试图争取其同情和支持的公共外交诞生并迅速发展起来①。公共外交作为国家推介本国外交政策,向世界公众与舆论说明本国政府目的、澄清重要事实真相的有效沟通手段,已经成为当代外交的有机组成部分。它对于塑造国家间良好关系,奠定广泛的社会基础和舆论氛围具有积极作用。公共外交作为国家软实力提升的重要路径已成为外交实践和理论研究领域普遍达成的共识。

公共外交的主要方式,包括针对国外受众的报刊、电视、电台、电影、网站等视听媒介,定期或不定期对外新闻发布,外交白皮书,出版物与文化交流。国家元首、政府首脑、各部部长和职业外交官充分利用对象国传媒,直接面对各国媒体和公众,这是由相关的职能部门负责进行的。公共外交与传统的外交相比较具有三大特点。首先,它的行为对象是公众,不是政府,这使它不同于古典外交。传统外交所要处理的是政府之间的官方关系,而与民众基本没有关系,而公共外交不是通过本国外交机构直接作用于驻在国政府,其对象是公众,旨在通过公众舆论,为本国的外交争取支持,并影响外国政府的外交政策。其次,公共外交的行为主体依然是一国政府(包括政府的外交职能部门和驻外使领馆,主管宣传的政府部门及其掌握的重要媒体和社团资源),这使它不同于民间外交。换言之,只有当一国政府出面组织或者幕后支持,按照政府的意志,向本国和外国公众、非政府组织提供消息,组织交流,间接影响公众支持本国的外交政策和外国政府的外交政策制定,才算是公共外交。第三,公共外交具有明显的公开性特点。公共外交的主要目的是借助舆论的力量,信息的提供者是政府,

---

① 俞正樑:《国际关系与全球政治——21世纪国际关系学导论》,复旦大学出版社2007年版,第114页。

作用的对象是国内外的社会公众。

四、经济外交

经济外交是全球化时代外交发展的新形式,越来越受到各国的高度重视。经济外交有两种不同的含义和性质:第一种是利用经济手段达到特定的政治目的或对外战略意图;第二种则意味着在对外关系中着重发展同各国的经济联系,以发展本国的经济并通过外交手段处理经济事务,修正和协调经济政策,维护国家对外经济关系中的权益,增进国家的经济利益。二战以来,随着国际政治经济化和国际经济政治化趋势的相互交织,围绕经济问题而展开并以经济手段实现国家利益和执行外交政策的经济外交受到世界各国的高度重视,经济问题在外交中占有越来越大的比重。不论是发达国家还是发展中国家,不论是资本主义国家还是社会主义国家,经济外交都已成为当代外交发展潮流中十分强劲的一支。

"经济外交"一词最早见诸于日本政府1957年发表的《外交蓝皮书》中。西方学者不愿意在外交前面加上限定词,理由是外交的政治属性不可分割,但总体上倾向于把经济外交作为维护国家安全和政治利益的手段。事实上,经济外交由来已久,是一个理论落后于实践的范畴。在中国的春秋战国时期,尽管尚没有经济外交的说法,但当时各诸侯国之间的经济外交行为实则已经较为普遍,具体形式也多种多样,比如各国之间的纳贡、送礼、援助、谋取经济利益等。近代以来,西方列强采取的通商外交、金元外交等众多以谋求原料来源和销售市场的行为,从根本上讲就属于经济外交[1]。二战后,随着经济全球化趋势日益发展,随着国际货币基金组织、世界银行、关税与贸易总协定以及其他一系列双边、多边、全球和区域经济协议的签订,经济外交成为各国外交中极为重要的组成部分。经济外交成为众多国家用来实现国家安全、政治稳定、社会发展等重要战略目标的手段。

经济外交形式多样,可以按照不同标准进行分类,例如,按照经济类别或经济部门划分,可以分为商业(贸易)外交、金融外交、投资外交、科技外交、能源外交等;按照外交主体和对象数量划分,可以分为双边经济外交、多边经济外交;

---

[1] 赵可金:《经济外交的兴起:内涵、机制与趋势》,《教学与研究》2011年第1期,第58页。

按照经济外交使用的方式和手段的性质划分,可以划分为经济合作外交、对外援助外交和经济制裁外交三种主要形式。

1. 经济合作外交

经济合作是经济外交最重要的方式,是不同国家、地区、国际组织、集团、企业间为了共同经济利益和实现利益共享,在生产领域和流通领域所进行的以生产要素的优化组合与合理配置为主要内容的较长期的政策协调和协作活动。通过政府间的经济合作行为,包括降低经济往来壁垒、共同应对危机、跨国监管、制定共同的经济规则、经济政策的协调等,实现利益交换或创造共同利益。经济合作的基础是互利互惠、平等协商,在经济合作过程中一定的制度和规范是合作的必要条件。经济合作是国家寻求经济和社会发展,促进繁荣和稳定的利益需求,经济外交包括双边经济合作外交和多边经济合作外交两类。前者是两国之间为从事某项经济活动的外交政策与活动,例如签订合作协议、建立合作机制等;后者是两国以上的多个国家从事经济事业的合作活动,比如建立国际经济合作组织等。在经济合作方式上,经济合作外交具有三大类:一是宏观经济政策的协调;二是经济合作协议谈判;三是参与国际经济组织、多边经济论坛和区域性经济合作。

2. 对外援助外交

对外援助外交是指一国直接或者通过国际组织对另一国实施经济上的援助,包括直接的物资赠予、单边的贸易开放、优惠的资金帮助等。政府开展对外援助外交的目的不仅在于获取经济利益,还涉及政治、军事、道义等方面的因素。根据世界银行的定义,政府发展援助包括经济合作与发展组织(OECD)所属的发展援助委员会成员国、石油输出国组织成员国的官方机构,为促进经济发展和福利,按优惠条件提供的贷款和赠款的拨付净额,通常也被泛指为各国政府对其他国家实施的援助。在现代国际事务中,经济援助已成为国际关系的一个重要方面,"不论是对外支援或是接受外援,也不论这种援助出于什么目的,围绕援助国的附带的限制条件以及受援国对外援的吸收能力和偿还债务能力而展开的错综复杂的斗争,成为国际舞台上经济外交的组成部分"①。

---

① 鲁毅、黄金祺等:《外交学概论》,世界知识出版社1997年版,第170页。

3. 经济制裁外交

与经济援助相对立的经济制裁是经济外交的另一种方式。经济制裁是指为了迫使目标国家、地区或组织改变其某项对外政策或行为,或是为了表明自己的政治立场、对其政策或行为的不满,一国单独、多国联合或者国际组织对目标国家、组织或者其特定成员采取旅行禁止、资产冻结、贸易管制等一系列的限制性经济行为。在国际实践中,经济制裁的内容包括限制与制裁对象国的部分或全部商品交易以及其他经贸往来,冻结制裁对象国的账户存款、其他资产和预期应得的经济利益,取消制裁对象国享有的各种优惠贸易条件和受援项目等,此外,因经济摩擦产生的各种惩罚性关税、禁止进口等限制性措施等一切对其他国家经济权利产生限制、损害乃至剥夺的行为,都可纳入经济制裁的内容范畴[①]。经济制裁的方式很多,主要有禁运、联合抵制和其他经济制裁措施(如贸易制裁、公司制裁、金融制裁等)。需要指出的是,经济制裁并非仅仅是发达国家所独有的手段,广大发展中国家也可以把经济制裁作为维护国家利益和伸张国际正义的手段。

由于各国的国家性质与其所要达到的政治目的不同,经济外交各种具体形式所起的作用也各有不同。经济合作外交、对外援助外交等经济外交方式能够发挥积极作用,而某些经济外交方式则消极影响更大。经济外交的积极作用体现在:经济外交可以加强各国之间的经济联系,增进国家的经济利益;建立在平等互利基础上的国际经济合作的加强、国际协调的发展,推动各国调整其经济政策,协调经济利益冲突、竞争,有利于国际经济发展,有利于国际经济新秩序的建立以及国际关系的改善;经济外交可以推动各国积极调整经济结构,增强经济的外向性和开放性,争取全方位地与世界经济接轨。

经济外交的消极作用体现在:某些拥有强大经济优势的国家会将经济外交作为向外扩张、推行强权政治的工具;一些发达国家采用经济封锁、撕毁经济合同、冻结资金等各种方式施加经济压力,蓄意制造一些国家在发展中的困难,强迫别国改变政策或干涉别国内政,给国际关系增添了不确定性,给国际经济秩序造成了极坏后果。

---

① 赵可金:《经济外交的兴起:内涵、机制与趋势》,《教学与研究》2011年第1期,第59-60页。

经济外交是一种新兴的外交形态，也是一种充满活力和潜力的外交形态。在世界经济政治化和国际政治经济化的互动激励下，经济外交在未来还将有更大程度的发展。

从传统时期的精英外交、秘密外交、双边外交到现代的多边外交、公共外交、首脑外交、经济外交，外交方式的演进反映了时代的特征，对国际关系的发展产生了重大影响。随着时间的流逝，新的外交方式还会不断产生和发展。尽管现今任何一种外交方式都并非尽善尽美，但它们对于推动国际关系的多极化、理性化，以及国际事务决策的民主化、公开化都起到了一定的作用。在国家实力的使用中，外交乃是最核心的手段、最直接的技术和重要的艺术。在国际舞台上实现国家利益的其他手段主要是通过外交来发挥作用的。

本节简要介绍了当代外交的几种主要方式，有关国家对外政策、对外战略及对外政策的决策模式等内容，将在第十章进行专门探讨。

第三节　武力的使用

在国际现实中，国家既可以采取和平手段，也可以通过武力手段推进、实现本国的对外战略和政策目标。事实上，和平的外交方式也有赖于武力的保证。

一、武力的历史演进

"武力（武力威胁）是国策的另一种关键工具，它对于现实主义思想来说至关重要。与经济国策相似，武力或武力威胁可以让目标国做某些事或撤销已做的某事，即强制，或者阻止对手做某事，即威慑。"[1]武力即武装力量，包括武装组织和军事装备，是国家（或政治集团）推行内外政策的暴力工具。从国家对外职能角度看，武力是国家用以防范外部力量入侵和保卫国家安全的重要手段，对武力的运用是国家对外职能之一。作为综合国力的重要组成部分，武力影响着国家的对外行为和对外决策，制约着国家间政治关系，直接关系到国家对外战略与对外政策目标的实现。武力是国家进行对外活动的后盾。

---

[1]　卡伦·明斯特、伊万·阿雷奎恩－托夫特：《国际关系精要（第五版）》，潘忠岐译，上海人民出版社2012年版，第140页。

人类先后经历了冷兵器时代、热兵器时代、导弹核武器时代、信息化武器时代。冷兵器时代武器的效能有赖于士兵的数量与体能，一般情况下，大国和强国都拥有一支人数规模庞大的军队。到了热兵器时代，武器的效能不再依赖士兵的体能，军队规模大小不再能决定战争的结果，化学能成为战场杀伤能量的主要来源。随着科学技术的发展，到了导弹核武器时代，武器越来越精巧小型化，杀伤力和破坏力却剧增，所以，军队规模进一步减小，质量进一步提高。如今，世界已经进入了信息化战争时代，当今大国虽然不能使用核武器，但尖端常规武器的发展水平已经到了令人叹为观止的地步，当前在武力中占据主流的是精确制导武器、电子战装备、高技术作战平台、无人机和全方位的自动化指挥系统，夺取制信息权乃是掌握战场主动权的关键，同时士兵能力素质也越来越高，详见表6-1。

表6-1 人类所经历的武器时代

武器时代	时间	主要武器	战场能量
冷兵器	16世纪以前	棍棒、石器、刀剑、盾牌、长矛、战车、弓箭	简单的机械能
热兵器	16世纪至20世纪中叶	火枪、火炮、飞机、坦克、机枪、舰艇、潜艇	化学能
导弹核武器	20世纪中叶至冷战结束	核武器、远程轰炸机、陆基洲际导弹、潜射导弹及其他机械化武器	化学能、核能
信息化武器	冷战结束以来	精确制导武器、新概念电磁武器、信息化武器装备	电磁能、化学能

二、武力使用的形式

武力是影响国际关系的重要因素。巩固、加强和显示自己充实或强大的武力现状，削弱、限制和破坏对方的武力，是国与国之间对抗与斗争的常用方式。对于任何国家来说，在与其他国家进行外交交涉和谈判时，它必须要了解对手具有何种武力，并进行评估，将其作为外交决策的重要变量。

国家可以根据几种不断升级的方式来运用本国的军事实力，这几种方式分别是武力作为外交的后盾、武力威慑、武力干预、国际战争。需要指出的是，国家并不是一次只能选择这四种方式中的一种，而是这四种方式可以同时被使用。

1. 外交的后盾

一国武力的大小,代表着该国自我防卫的能力。任何国家要保卫自身的安全,就必须具有足以自卫的武力。即使这些武力没有指向任何特定的国家,武力存在本身也可威慑任何武力干涉和侵略的意图,从而实现国家外交政策的核心目标。除自保之外,武力的实际存在也和一国的国际威望直接相联系,是一国外交的后盾,武力和外交是一国实现外交政策目标的两个相辅相成的手段。一国确立了外交政策的目标,大多会首先运用外交,以便和平、低成本地达到目标。在外交失败后,而这一目标又涉及国家的根本利益,一国将可能使用武力威慑、武力干预甚至国际战争来实现其目标。

2. 武力威慑

武力威慑就是国家以武力实力为后盾,并通过显示武力实力打击对手的意志、信念和认知系统,应对外来威胁,制止外敌入侵,或遏制战争爆发,阻止战争升级,进而实现国家的对外战略和政策的目标。军事力量的集结与部署、大规模军事演习、在海外建立军事基地等都是为了炫耀本国的军事实力,向其对手进行政治恫吓和施加心理压力,以军事形式进行国际政治的博弈,从而达到迫使对方就范或让步的政治目的。据有关统计,1945年以来,世界上爆发的200余次局部战争和武装冲突中,世界性的大规模战争一次也没有,确定军事力量实际投入使用的实战也仅占13%左右,绝大部分通过显示武力实力即武力威慑而得到制止。冷战时期,美苏也主要通过武力威慑方式来争夺全球霸权[1]。

3. 武力干预

武力干预是一国将本国的军事力量派遣到他国,来影响该国事态发展和政策走向。武力干预是武力的实际使用。与战争相比,武力干预的时间相对较短,规模较小,使用武力的数量和种类有限,人员伤亡和物质损失相对不大。当然,如果以使用有限武力促进本国外交政策目标为标准,那些受到别国政府邀请而进行的军事干预,也可纳入武力干预的范畴。因而,武力干预既有未经被干预国政府同意的军事干预,也有得到被干预国政府同意的军事干预。前者即我们通常所说的武力干涉,极具贬义色彩;后者则可视为军事支持。无论在何

---

[1] 蔡拓:《国际关系学》,南开大学出版社2005年版,第210–211页。

种情况下,进行武力干预的国家,都试图通过这种干预达到本国的外交政策目标。

4. 国际战争

克劳塞维茨在《战争论》中指出:"战争无非是政治通过另一种手段的继续。"①根据他的观点,战争是服务于国家的整个外交政策目标的。战争是解决国家间矛盾的最极端形式,是武力手段最典型、最基本的形式。各种类型的国际战争都是国家与国家之间为一定政治和经济目的而进行的武力冲突,是一国使用武力迫使敌方服从自己意志的暴力行为。战争是增强或削弱一国实力最迅速、最直接的途径。战争胜利方可能由此获得巨大的经济利益并加强其军事实力,同时也扩大了自己的势力范围和政治影响。战争中失败的一方则可能因军事和经济的巨大损失而崩溃,甚至导致国家主权的部分或全部丧失,进而在国际社会中的地位一落千丈。有关国际战争的更多详细讨论将在第八章展开。

在当前全球化时代,使用武力的基本环境发生了显著变化,其实际益处和从中可能获取的预期收益也大为降低。人类社会的进步与国际关系的民主化趋势、国际道义和国际法的加强、和平主义运动的日趋高涨和全球性问题的日趋尖锐,使各国在推进或获取国家利益时动不动以使用武力相要挟的做法会受到越来越大的限制,并且日益不得人心。因而,尽力回避"刀光剑影""武力相向"的外交手段的运用更加受到重视。但同时要看到,当前大国综合国力的较量不仅仅是经济科技文化实力的较量,也是军事实力的较量。武力作用并没有消失,在国家总体实力中,它仍然是一个举足轻重的因素,特别是作为威慑手段的武装力量在国家对外战略中的作用甚至有所上升。

三、国际法对武力行为的法律限制

当今的国际法和国际规范对武力的使用已经有了许多限制。《联合国宪章》第二条第四款规定:"各会员国在其国际关系上不得使用威胁或武力,或以与联合国宗旨不符之任何其他方法,侵害任何会员国或国家之领土完整或政治独立。"根据这一规定,武力使用受到了一般性的禁止,但在某些特殊情况下,又

---

① 卡尔·冯·克劳塞维茨:《战争论》,中国人民解放军军事科学院译,商务印书馆1978年版,第43页。

不得不使用武力。为更好地维护国际和平与安全，《联合国宪章》对武力使用作出了例外规定，第五十一条规定："联合国任何会员国受武力攻击时，在安全理事会采取必要办法，以维持国际和平及安全以前，本宪章不得认为禁止行使单独或集体自卫之自然权利。会员国因行使此项自卫权而采取之办法，应立向安全理事会报告，此项办法于任何方面不得影响该会按照本宪章随时采取其所认为必要行动之权责，以维持或恢复国际和平及安全。"也就意味着在《联合国宪章》禁止使用武力原则之外还存在合法使用武力的情况，这主要是指联合国安理会的武力执行行动和授权武力行动，以及国家的自卫权。这两个相互作用的条款共同构成了使用武力行为的当代国际法的基本原则，为国际社会处理这一问题提供了根本性的依据。目前，敢于公然违背这一规则的国家已经少之又少。

在20世纪，国际法还对使用武器作出了一系列具体的限制，这些限制至今仍然适用。首先，限制使用极端残酷的武器，例如核武器。本书将在第十一章中专门讨论核武器、核威慑及核不扩散问题。其次，限制生产和使用生化武器。世界上几乎所有的国家都签署并且批准了1972年的《生物武器公约》，该公约规定拥有生物武器的国家同意销毁现有的所有生物武器，而且所有的签约国都同意不再生产新的生物武器。1993年《化学武器公约》诞生，签约国承诺在2005年以前销毁全部化学武器，在任何情况下都不发展、生产、储存或者使用化学武器，不向其他国家转让化学武器及其生产方法，接受严格的核查。第三，禁止以平民或民用物体为攻击对象。1949年8月12日，63国代表在日内瓦签订《关于战时保护平民之日内瓦公约》，该公约于1950年10月21日生效。截至2014年4月2日，随着巴勒斯坦的加入，共有196个国家和地区以不同方式成为《关于战时保护平民之日内瓦公约》的缔约方。该公约被认为是国际人道主义法的重要组成部分，是约束战争和冲突状态下敌对双方行为规则的权威法律文件。第四，保护战俘和非交战人员。现代国际法认为，战争是交战国军队之间的对抗，丧失了作战能力的伤员和战俘应与战斗人员区分开来，他们应受到人道主义待遇，《关于战俘待遇之日内瓦公约》对此有详细规定。

总之，外交和武力同属政治范畴，两者都服务于国家政治，是国家政治以不同形式在不同领域的延展，集中体现着国家意志。作为国家推行对外政策的两个重要的手段，二者往往相互渗透、相互作用，有着天然的联系，并一起发挥作用,"没有一种仅凭武力威胁的外交,能自称是明智的与和平的外交。也没有一种把一切都寄托在说服与妥协上面的外交,应当被称为明智的外交"[①]。在以和平发展为主题的时代,武力似乎习惯以一个配合者的角色退居同属于国家政治重要表达的外交身后,而一旦危机或者冲突发生,即使还没有吹响战争的号角,武力就被战略家们推向了国家政治的前台,公众也自觉不自觉地将目光投向它,于是,武力义不容辞地以威慑、干预、冲突或者战争的方式承担起外交所未能完成的任务。

思考题

1. 什么是外交,外交的功能是什么?
2. 当代外交有哪些新方式?
3. 什么是公共外交?它与传统的外交相比较具有哪些特点?
4. 何为首脑外交?首脑外交有何特殊作用?
5. 经济外交的主要形式有哪些?
6. 经济外交的积极作用和消极作用分别体现在哪些方面?
7. 国家使用武力的形式有哪些?各有何特点?
8. 国际法对武力行为作出了哪些方面的法律限制?
9. 从实现一国对外政策目标角度而言,外交与武力之间有何关系?

---

① 汉斯·摩根索:《国家间政治:权力斗争与和平》,徐昕、郝望、李保平译,北京大学出版社2006年版,第648页。

第七章 大国战略与大国崛起

大国是国际关系的关键,大国影响在国际关系中具有举足轻重的作用。大国关系因其在国际关系中的重要性、全面性和影响的广泛性,而成为构建国际格局的基础与主要框架,一般来说,如何处理与大国的关系会在很大程度上决定一个国家的命运。本章主要介绍美国、俄罗斯、日本、中国等大国的国家对外战略,以及大国崛起的性质与策略等问题。

第一节 美俄日中的大国战略

世界大国是指那些在世界舞台上起主导和支配作用的国家,它们相互作用、相互制约、相互影响而形成世界格局。20世纪的世界舞台上,堪称世界大国的只有七个国家,分别是美国、苏联(俄罗斯)、英国、法国、日本、德国和中国,这七个国家都曾对国际局势产生重大影响,在世界文明发展演进的历史上留下深刻的烙印。进入21世纪以来,学者们认为印度也正在成为世界大国。

所谓战略是任何行为主体通过调动、培育、组织、运用各种既有力量和潜在力量达成既定目标的一种行动计划。就一个国家而言,战略即为达成国家目标而做的长期性规划和部署,它强调全局性、指导性及长期性。本节的大国战略特指大国的对外战略。国家的对外战略作为一个主权国家长期和总体发展战略(或称"大战略")的重要组成部分,是相对其对内战略而言的,一项正确的对外战略的实施,可以达到借用外部力量缓解不利因素的作用,在物质上和心理上增强国家对外部世界的影响能力。本节主要讨论美国、俄罗斯、日本、中国等大国的对外战略,而有关国家对外战略的性质、国家对外战略与对外政策的关系等问题将在第十章着重讨论。

一、美国的全球战略

全球战略是指大国调动和运用政治、经济、军事、外交等多种手段,参与国际斗争,维护和增强本国利益,实现国家根本政治目的的方略。在一定意义上讲,只有全球性大国才可能形成全球战略。美国全球战略从开始酝酿到正式形成,经过了一个从无到有、从支离破碎到系统完整、从军事战略到全球战略的发展过程,大体上可分为酝酿、初步形成、正式形成以及冷战后时期四个阶段。

美国独立以后,在相当长时期内奉行不介入欧洲事务的孤立主义外交政策。直到1941年12月7日,日本突袭珍珠港猝然结束了美国对外政策的孤立主义时期。罗斯福政府对日宣战,标志着美国政府放弃了孤立主义政策,开始实行世界主义战略。美国称霸世界的全球战略构想起源于20世纪20年代中期,形成于20世纪40年代。1918年1月4日在参众两院联席会议上,威尔逊提出了著名的"十四点计划",其中包括他一心想促成的建立国际联盟,企图涉足欧洲事务。二战中以美国对日宣战为起点,罗斯福总统开始放弃孤立主义,转而实行世界主义的对外战略。二战后期,罗斯福总统开始筹划美国战后世界蓝图,他构想以美、英、苏等大国合作为前提,软化苏联,拉拢英国,确立美国在世界上的领导地位,具体计划包括两个重要组成部分:一是建立联合国;二是建立国际货币基金组织与世界银行,企图通过这些国际性组织,实现美国领导的战后世界政治经济新秩序。事实上,美国正是在这两块奠基石上,建立起战后的霸权地位。

二战结束后,杜鲁门政府继续推行罗斯福的世界蓝图,但放弃了与苏联的合作,并先后提出了杜鲁门主义、马歇尔计划(美国对欧洲提供大规模经济援助)和第四点计划(技术援助不发达地区),确立了美国的全球战略,以美国强大的经济与军事实力为后盾,以西方发达国家为盟友,以谋求世界领导权和按照美国的构想改造世界作为战略的总体目标,从遏制共产主义到最终消灭社会主义国家,达到独霸世界的目的。1947年,美国外交家乔治·凯南以"X"的署名在美国《外交事务》上发表文章《苏联行为的根源》,正式提出对苏联实行"长期、耐心和坚定"的遏制政策,成为美国遏制政策的鼻祖。从此一直到冷战结束,美国对苏战略都被称为"遏制战略",凯南本人也因此获得了"遏制之父"的称号。

比尔·克林顿在他的两届任期内(1993—2001),完成了美国全球战略从冷战型向后冷战型的转变,确立了美国新世纪的全球战略。该战略包括"克林顿主义""参与和扩展战略""新世纪战略"。乔治·沃克·布什执政期间,提出了"布什主义"(以2002年6月1日在西点军校毕业典礼上发表的演讲为标志),内容包括:政治方面的"仁慈的霸权";外交方面的"单边主义";安全方面的"先发制人";经贸方面的"保护主义"。布什和时任国务卿赖斯在2005年1月首次明确提出"新布什主义":以恐怖分子和"无赖国家"作为美国的主要现实对手;以防止能对美国霸权地位构成挑战的大国的崛起作为长期战略目标;推行先发制人战略;重视维护美国本土安全;倚重军事力量的作用,其单边主义倾向突出、意识形态色彩严重。

奥巴马执政时期美国全球战略有所调整,但对外政策的内核依然是以确保美国全球霸权为主导思想,基于对权力和安全追求的现实主义理论。"奥巴马主义"(以2014年5月底在西点军校的演讲为标志)的特征:谨慎使用武力,谨慎进行人道主义干预;善用美国影响,倚重多边外交;管控危机而非解决危机;分清轻重缓急,优化资源配置。谨慎干预利比亚内战、从伊拉克撤军、叙利亚问题上划定"若有若无"的红线、温和处理地区防扩散问题、推动核安全峰会、重返亚太都是奥巴马主义的具体体现。

特朗普上任后,强调将美国带回一个孤立主义、保护主义和强调本土主义的新时代,在军事上增加军费开支,奉行以实力求和平;在经济上,推行贸易保护主义,促成制造业回流;在政治上,强调"美国优先"而不是国际责任,减少甚至撤出对全球多边治理机制的支持。从实质上来看,在特朗普执政时期,美国的全球战略不会有根本性的改变,特朗普政府出台的一系列政策的目的仍是维护美国的霸权、强化美国在全球的领导地位。

冷战结束20多年来,美国历任总统尽管采取了各自不同的、带有明显个人特征的对外政策,然而其一脉相承的是对美国全球霸权的追求和护持。冷战后美国全球战略不管怎样变化和调整,其基本的战略目标万变不离其宗,即始终围绕追逐全球霸权而展开。

二、俄罗斯的大国复兴战略

苏联解体后,俄罗斯是苏联的继承者,仍拥有强大的政治、经济和军事实

第七章 大国战略与大国崛起

力,在国际社会中起着不可忽视的作用。俄罗斯的对外政策走过了一段艰难曲折的路程。它从向西方"一边倒",经过东西方兼顾的"两头鹰政策",再到现在的"全方位",实现了方向性的转变。

苏联解体之初,俄领导人以为在政治上实行西方民主制,在经济上搞私有化,西方就会视俄为"自家人",倾囊相助,俄罗斯会很快走上社会安定、经济复苏的坦途。俄罗斯在1993年采取了迅速同美国达成第二阶段削减战略核武器协议,此后还同意俄军队从波罗的海三国全部撤出,同意对伊拉克实行制裁等一系列曲意逢迎西方的步骤。然而,西方仍视俄罗斯为异己,采取防范、削弱、限制、融合的政策。

1992年7月14日叶利钦对记者发表谈话时表示,俄罗斯外交政策过去是同西方搞好关系,现在"将逐渐向东方前进",以此表明调整对外政策的意向。此后叶利钦先后访问了韩国、中国与印度,强调俄奉行在东方与西方保持平衡的政策,标志着俄罗斯亚太外交的"新起点"。1994年叶利钦批准实施《俄罗斯联邦对外政策构想》,文中提出了复兴俄罗斯、维护国家民族利益、树立大国地位的总目标。1995年叶利钦在总统咨文中又提出了全方位的外交战略。主要内容包括:把维护民族利益放在优先地位;把重振大国作用放在突出地位;保持与独联体国家的密切关系,加快独联体的一体化进程;重返昔日苏联"领地",恢复俄在这些地区的影响;提出"大欧洲"战略构想(如欧洲事务应由欧洲人来管,反对"外来大叔"指手画脚)。

2000年普京担任总统以后,放弃了叶利钦提出的俄罗斯仍是当今世界重要一极的思想,提出了"俄罗斯目前是衰落的一极"的观点,调整外交战略,突出务实性和灵活性;强调国内目标高于国外目标,适当收缩对外政策的目标范围;以国家安全和经济发展为中心,最大限度地维护和发展俄罗斯的现实利益;对内加强联邦政府的权力,整顿经济秩序,打击金融寡头,加强军队建设;对外努力改善国际环境,维护本国利益,以求恢复世界性强国地位。普京政治的特点是刚柔相济、软硬兼施,坚决地要重新确立世界大国形象,放弃在全世界各地与美国的意识形态较量,但不退出某些战略要津,如中东、东亚;在中欧和巴尔干及波罗的海地区,俄罗斯要成为与美国平起平坐的超级大国;在独联体内部必须处于主导,好比美国在拉丁美洲的角色①。

俄罗斯到目前为止表现出一种"分层次采取不同强硬态度"的世界大国战略。第一层次,它的核心地带——独联体范围(也叫"近邻"),俄罗斯完全是主宰性大国的姿态,不允许任何国家(包括美国)和国际组织(包括联合国和北约)插手干预。格鲁吉亚虽然不是独联体成员,但由于它关乎俄罗斯高加索地带的分离主义问题,因而也被视为俄罗斯的核心利益区域。2008年的俄罗斯格鲁吉亚战争,实质上是俄罗斯阻击西方东进企图、对核心地带有离心倾向的国家"杀鸡儆猴"之举②。第二层次中东欧和巴尔干,在俄罗斯看来,这仍是它的势力范围("战略疆域"),凡事必须同它商量和经它批准,否则可能再度动用曾令西欧国家胆寒的军事威慑手段,如驻军、部署核武器。匈牙利、波兰、捷克等国陆续加入北约和欧盟被认为是俄罗斯维护传统势力范围努力的严重受挫。第三层次全球范围,俄罗斯逐渐恢复自己的大国形象,比如插手中东事务,阻击有关叙利亚问题的联合国决议,甚至军事介入叙利亚等。

冷战结束后,俄罗斯的对外战略一度处于甚为艰难的境地,由于国力大大衰弱而受到西方世界的歧视、忽视和围堵是其中一个重要的原因。这种境况在普京就任总统以后有所改观。进入21世纪以来,俄罗斯对外战略的核心价值和内容便是追求大国的复兴,维护大国的尊严。为实现其对外战略的价值目标,俄罗斯建构了多极化和全方位伙伴关系的战略框架,积极开展大国外交,加强外交上的独立自主性。

三、日本的政治军事大国战略

二战后在以美苏对抗为中心的冷战格局下,日本长期以来推行以经济发展为中心的国家总体战略,即经济立国战略。其主要指导思想是最大限度地利用冷战格局,集中精力发展经济,在政治上采取"低姿态",紧紧追随美国,服从于美国的政治利益需要;在军事上采取低限原则,实行"专守防卫"军事战略方针,依靠日美安全保障条约保障日本的安全;在经济上采取"高增长"战略,集中精力发展经济,赶超美欧,这也就是所谓的"吉田路线"。推行吉田路线的结果使战后日本的国家发展道路具有两个显著特点:经济高速增长,缺乏政治、军事自

---

① 王逸舟:《国际政治概论(第二版)》,北京大学出版社2016年版,第80页。
② 同上书,第95页。

主性。随着日本经济的迅速发展,日本决策者越来越不甘心只做偏安于东洋一隅的经济大国和军事"侏儒"。

面对全球化的时代潮流,日本政府对国家决策体制进行了集权式改革,旨在打破条块分割,整合既有资源,提高行政效率,从国内层面为走向政治大国铺平道路。与此同时,日本力争在军事领域有所作为,积极借助国际格局转换所形成的外在压力,在安全防务层面制定通过了一系列法律法规,试图拆解宪法第九条对其走向军事大国的制约。冷战后日本实现的国家战略转型,吸纳了源自国内的变革压力和政治诉求,同时积极响应美国盟友的诉求,以渐进式积累的方式为日本走向"正常国家"奠定基础[1]。

早在20世纪60年代,日本佐藤荣作内阁便提出"过渡到政治大国"的口号。进入20世纪80年代后,日本对外政策出现了新的变化,在继续强调日美之间的同盟关系和日本作为"西方一员"身份的同时,积极谋求政治大国的地位,表现出要在世界特别是亚洲舞台上独立发挥作用的强烈愿望。1983年7月,中曾根康弘在他的故乡群马县发表演说时说:"要在世界政治中提高日本的发言权,增加日本不仅作为经济大国的分量,而且也作为政治大国的分量。"这是日本首相第一次明确提出了政治大国的目标。1987年竹下登内阁成立后即宣称"我们必须发挥与国际地位相称的作用,日本不要辜负世界的期望。"1991年宫泽在就职演说中把"为国际社会作出最大限度的贡献"作为重要的施政纲领。安倍晋三上台后全力推动修宪,在多项修宪方案中,安倍修改和平宪法的核心目标是修改放弃战争权的宪法第九条[2],以便把自卫队升格为"国防军",继而提高国防能力,谋求日本的政治军事大国地位。

冷战结束以来,日本不管是哪个执政党,其对外战略的基本构想都是立足亚太,着眼全球,以经济实力为后盾,以日美全球伙伴关系为外交基轴,向亚太乃至全世界伸展势力和影响,以跻身亚太和世界政治大国的行列。为了实现政治大国的目标,日本政府既要调整外交政策和外交布局,自主地广泛参与各种

---

[1] 田庆立:《冷战后日本国家战略的演变及其面临的困境》,《日本学刊》2017年第1期,第52-53页。

[2] 《日本国宪法》(又被称为"和平宪法")第九条规定:"日本国民衷心谋求基于正义与秩序的国际和平,永远放弃以国权发动的战争、武力威胁或武力行使作为解决国际争端的手段。为达到前项目的,不保持陆海空军及其他战争力量,不承认国家的交战权。"

国际事务,又要多方周旋,塑造自己的"国际新形象"。对此日本采取了一系列的具体措施:增强经济实力,以实力为后盾,开展经济外交;凭借经济实力开展"金元外交",努力争当联合国安理会常任理事国;增强军事力量,积极参与国际事务,为其谋求政治大国的地位提供强有力的保障。

总之,谋求政治大国的战略目标,是日本21世纪的政治、军事和外交的既定方针,只是由于多种因素制约,日本迈向政治大国之路还将曲折而漫长。

四、中国独立自主的和平外交战略

新中国成立后,根据国际形势的发展变化制定了相应的外交战略,其发展大体经历了四个阶段:20世纪50年代实行联苏反美的外交战略;20世纪60年代实行反苏反美的外交战略;20世纪70年代实行联合美欧日及第三世界国家共同反对苏联霸权主义的外交战略;20世纪80年代以来开始实行独立自主的"全方位"外交战略,着手改善与苏联的关系,不同任何大国结盟,在和平共处五项原则的基础上同世界一切国家建立和发展各方面关系。

中国坚定不移地奉行独立自主的和平外交政策,这一政策的基本目标是维护中国的独立、主权和领土完整,为中国的改革开放和现代化建设创造一个良好的国际环境,维护世界和平,促进共同发展。独立自主的和平政策主要体现在以下方面:

(1)中国始终奉行独立自主的原则。对于一切国际事务,中国都从中国人民和世界人民的根本利益出发,根据事情本身的是非曲直决定自己的立场和政策,不屈从于任何外来压力。中国不同任何大国或国家集团结盟,不搞军事集团,不参加军备竞赛,不进行军事扩张。中国也永远不称霸。

(2)中国反对霸权主义,维护世界和平。中国认为国家不分大小、强弱、贫富,都是国际社会的平等一员。国与国之间应通过协商和平解决彼此的纠纷和争端,不应诉诸武力或以武力相威胁,不能以任何借口干涉他国内政。

(3)中国愿意在"互相尊重主权和领土完整、互不侵犯、互不干涉内政、平等互利、和平共处"五项原则的基础上,同所有国家建立和发展友好合作关系。积极发展同周边国家的睦邻友好关系是中国外交政策的重要组成部分。中国同绝大多数邻国解决了历史遗留问题,与周边国家的互利合作蓬勃发展。加强同广大发展中国家的团结与合作是中国外交政策的基本立足点。中国与广大发展中国家有着共同的历史遭遇,又面临着维护国家独立、实现经济发展的共同目标,合作基础深厚,前景广阔。中国重视改善和发展同发达国家的关系,主张国与国之间应超越社会制度和意识形态的差异,相互尊重,求同存异,扩大互利合作,对彼此之间的分歧,应在平等与相互尊重的基础上坚持进行对话,不搞对抗,妥善加以解决。

(4)中国实行全方位的对外开放政策,愿在平等互利原则的基础上,同世界各国和地区广泛开展贸易往来、经济技术合作和科学文化交流,促进共同繁荣。积极推动建设开放型世界经济、构建人类命运共同体,促进全球治理体系变革。中国认为世界经济是一个相互联系、相互依存的整体。经济全球化给各国经济发展带来了机遇,也带来了巨大的风险。维护金融稳定、防范金融危机、确保经济安全是各国政府面临的共同挑战。

(5)中国积极推动世界多极化和经济全球化两大趋势朝着有利于维护世界和平、促进共同发展的方向发展。尊重世界的多样性,提倡国际关系民主化和发展模式多样化,中国从不把自己的社会制度和意识形态强加于人,也决不允许别国把它们的社会制度和意识形态强加于我们。

(6)中国积极参与多边外交活动,是维护世界和平和地区稳定的坚定力量。中国是安理会的常任理事国,积极参与政治解决地区热点问题。中国派出了维和人员参与联合国的维和行动。中国支持联合国的改革,支持联合国等多边机构在国际事务中继续发挥重要作用。中国坚决反对一切形式的恐怖主义,为国际反恐合作作出重要贡献。中国积极致力于推进国际军控、裁军与防扩散事业。迄今为止,中国已加入了所有国际军控与防扩散条约。在防扩散方面,中国一贯严格履行所承担的国际义务,积极致力于中国防扩散机制的法制化建设,已建立起一个相当完备的防扩散出口控制体系。中国政府一向重视人权并为此做出了不懈的努力。中国愿与国际社会一道,加强合作,共同对付人类发展面临的环境恶化、资源匮乏、贫困失业、人口膨胀、疾病流行、毒品泛滥、国际犯罪活动猖獗等全球性问题。

党的十八大以来,以习近平同志为核心的党中央科学把握世界大势,积极推进外交理论和实践创新,成功走出了一条有中国特色的大国外交之路。党的十九大报告对中国外交在21世纪的地位、角色和战略内涵,进行了准确、清晰、科学的定位,明确指出:"中国将高举和平、发展、合作、共赢的旗帜,恪守维护世界和平、促进共同发展的外交政策宗旨,坚定不移在和平共处五项原则基础上发展同各国的友好合作,推动建设相互尊重、公平正义、合作共赢的新型国际关系。"随着中国日益走近世界舞台中心,具有大国特色、大国风格和大国气度的中国外交正阔步向前,激荡世界。

第二节　当今世界大国的共性

通过上一节的学习,我们已经了解了不同世界大国对外战略的差异。但处于当今国际体系中的大国,它们也存在某些方面的共性,与历史上的其他大国在国家性质、发展目标、国家关系及面临的安全威胁上有着很大的不同。本节主要讨论当今世界大国(暂不涉及中国)在国家性质、国家发展目标、大国关系、面临的安全威胁等方面的共性。

一、国家性质方面

20世纪初,世界大国多为君主统治、对外扩张、拥有境外领地的帝国,传统帝制仍旧是大多数政治家的偏好,真正确立民主共和政体的仅有美国和法国。同时,它们大多尚未建立完善的市场经济制度,政企不分在当时是较为常见的现象。[①] 另外,当时的世界大国内部充斥着强烈的民族主义情绪,民众很容易受到政治家的口号和个人魅力影响,即便是英法这样较为成熟的现代国家也不例外,一战时的德国通过各种方式展开战争宣传,使得四年间饱受战争煎熬的民众始终保有自愿献身的精神。在漫长的人类发展史上,百年不过是短暂的一瞬,如今这些世界大国都已经呈现出另外一番面貌,基本上都实现了政治民主化、经济市场化和文化启蒙化。

政治民主化就是建立立宪民主的政治体制。20世纪初,宪政共和制度还不是世界政坛的主流,当时的世界大国政治领袖还多头戴皇冠手握权杖。而如今,它们通过举行定期的选举来选拔和确立政治领导人,政治领袖声称信奉民主和公平的原则,认同政治选举才是国家政权合法性的基础。这表明主权已经

---

① 邢悦、詹奕嘉:《国际关系:理论、历史与现实》,复旦大学出版社2008年版,第316页。

由"君主主权"演变成为"人民主权",也就是说主权在民已深入人心。

经济市场化就是建立在法律监管下的市场经济体制。20世纪初,真正意义上的市场经济大国只有英国和美国,德国、日本等市场经济体制都极不完善,法治更是无从谈起。但如今市场经济体制已经成为这些大国走向繁荣的重要之路。世界大国在总结自己经验的基础上,为适应生产力发展和生产社会化的要求而不断调整和改进资本主义生产关系,构建起现代市场经济体制,形成了利益调节机制、供求机制、价格机制、竞争机制、激励机制、风险机制等一整套机制,正是这些机制发挥功能,刺激和约束着每个市场运行主体的行为,驱使它们在追求自身利益最大化的目标下,实现经济资源的合理配置和优化组合。

文化启蒙化的目的是将近代以来的思想文化成就普及到普通民众中,鼓励所有人使用自己的理智去思考。其任务是反对封建神学,依靠理性精神和科学知识把人们从神学的束缚中解放出来。文化启蒙化造就了成熟的现代公民,思维着的知性成了衡量一切的尺度。大国自然不是某些领袖人物凭一己之力创造出来的,国以民为本,国民文化水平的高低和思想意识的状况直接影响着国家的现代化进程。

二、国家发展目标方面

回首20世纪初的世界七大国,除美国以外,其余所有的世界大国都把安全和生存视为自己首要的国家利益。英法两国为了维持自身的国际地位不得不卷入军备竞赛;德国处心积虑地筹备以战争方式改变国际格局;中俄两国深陷国内革命和国外威胁的困境;日本则希望在西方列强的混战中渔翁得利、分一杯羹。至一战前夕,欧洲国家几乎全部成为"战争机器",打败对手、夺取胜利成为整个国家上至元首下至平民最为关心的焦点问题。从威斯特伐利亚体系开始诞生的洛克文化倒退回霍布斯文化,不同军事集团之间虎视眈眈的状况一直持续到二战之后才告结束。

然而,一百多年后的今天,世界大国的主要目标已经不是"开疆拓土",而是追求国家强大。为了维系大国地位和社会稳定,当前世界大国往往都很重视本国的经济发展和社会福利。

三、大国关系方面

在一战前,各大国之间的关系充满了猜忌和敌意,国际体系处于典型的霍布斯文化之下。尤其是两大军事集团都欲将对方彻底击溃,都认为倘若不先发制人就会被动挨打,都相信如果不尽快增强军事实力就会成为待宰羔羊。这种"冰冷""敌对"的大国关系最终演变成为两次惨绝人寰的世界大战,深陷霍布斯文化迷雾的欧洲列强只能自食其果。二战结束之后,洛克文化逐渐恢复成为国际体系的主导文化,尤其是冷战结束之后,大国关系的关键词已经由"对抗与冲突"变成"合作与竞争"。百余年前,世界大国习惯于依靠武力争夺领土和资源,通过战争争取自己的国际地位,将本国的国际影响力和话语权建立在征服和击溃他国的基础之上。可是百余年后的今天,大国之间的游戏已不再是争夺殖民地、抢夺财富和自然资源,而是争规则制定权、争国际话语权、争市场、争资本、争技术、争人才、争就业机会,世界市场已经变成它们的"战场"。今天的大国在彼此竞争之时,即便不能建立良好关系,起码也都不愿变成无可挽回、你死我活的冤家对手。当然,我们应当清楚的是,世界大国之间的勾心斗角、尔虞我诈在今天远远没有结束,大国增强自身军事力量的脚步一刻也没有停歇。

四、面临的安全威胁方面

两极格局瓦解之后,世界战争,尤其是核大战的威胁逐渐减弱,军备竞赛的吸引力逐渐下降,而全球经济和跨国公司的发展、各国经济的相互依存,尤其是区域内经济合作及一体化的加快,以及生态危机、非法移民、走私贩毒、网络安全、恐怖主义、信息爆炸、重大传染性疾病等全球性问题的出现,给世界带来了许多新问题、新矛盾、新因素和新趋势,也使得世界大国在面临安全威胁方面具有了较强的共性——非传统安全威胁持续蔓延,并与传统安全威胁相互交织,需要各国合作应对。

进入21世纪以来,世界多极化、经济全球化深入发展,国与国相互依存更加紧密。世界经济复苏艰难曲折,国际和地区热点问题频发,各国面临许多共同威胁和挑战,非传统安全威胁持续蔓延,并与传统安全威胁相互交织,成为当前世界大国甚至全人类面临的共同挑战。没有哪个国家能够独自应对或独善其身。各国只有加强团结协作,深化和平合作、平等相待、开放包容、共赢共享的伙伴关系,才能实现持久稳定和发展。

总之,当今的世界大国虽然各有千秋、姿态各异,但与前现代大国相比较,它们基本都是实行了政治民主化和经济市场化的国家,从国家的发展目标来看,已经不是开疆拓土和征服奴役,而是把国家强大和社会稳定放在首位;从大国关系来看,也基本上摆脱了霍布斯文化下的敌意、暴力和冲突,逐步走向竞争与合作;从面临的安全威胁来看,非传统安全威胁日益凸显并与传统安全威胁相互交织。不可否认,冷战后的国际社会仍旧充斥着局部冲突、内战和恐怖主义的阴影,但倘若把今天的世界置于历史的纵坐标上来观察,在经历了百余年的动乱、挣扎和奋斗之后,主导国际体系发展潮流的世界大国已逐渐发生了积极正向的变化。人类在经历无数战乱、灾难、痛苦之后取得的文明成果是值得我们在某种程度上为之庆幸和欣慰的。

习近平总书记在2018年中央外事工作会议上强调:"把握国际形势要树立正确的历史观、大局观、角色观。"所谓正确角色观,就是不仅要冷静分析各种国际现象,而且要把自己摆进去,在我国同世界的关系中看问题,弄清楚在世界格局演变中我国的地位和作用,科学制定我国对外方针政策。近代百年中国积弱积贫,文明古国沦为"东亚病夫",抗日战争爆发后,中国加入国际社会反法西斯战争阵营,成为东亚战区的主力,奠定了中国的大国地位。分析当今世界大国的共性,对我国对外方针政策的制定、处理和大国的关系可以提供启发。

第三节 大国崛起的两种类型

国家兴衰是国际政治中的常有现象,一些国家崛起意味着另一些国家相对衰落[①]。世界各国都在谋求崛起之道,可真正崛起的只有少数大国。一些国家自以为崛起了却因为战争、内政等原因突然停止脚步,甚至衰落。国家崛起并

---

① 霸权与国家衰落是不同学科领域共同关注的话题,不同学者从各自的研究视角出发,通过追寻一个拥有世界主导权国家的兴衰历史周期模式,试图对国家兴衰进行理论上的抽象总结。受康德拉季耶夫周期理论(Kondratieff Wave)的影响,经济史学家查尔斯·金德尔伯格(Charles P. Kindleberger)通过考察16世纪到20世纪间世界经济霸权的更替变迁,提出了世界经济霸权更替的理论,认为国家和人一样也有着一定的生命周期。经济学家曼库尔·奥尔森(Mancur Olson)从经济的角度出发,认为分利集团采取集体行动的成败是国家兴衰的真正根源。历史学家保罗·肯尼迪(Paul Kennedy)解释了国际体系中主要大国兴衰背后的真实逻辑,将大国兴衰归结为经济变迁和军事冲突两大变量。政治学家查尔斯·多兰(Charles F. Doran)则认为一个国家的成长会经历上升、成熟和衰落的权力周期,国家权力和角色的均衡是国际体系正常运行的基础。

非易事,国家崛起有其自身规律。上一节中,我们讲到处于当今国际体系中的大国,例如英、法、美、日、俄、德,它们存在某些方面的共性,但它们的崛起之道却有着明显的不同。根据大国崛起发展路径和原动力的不同,大国崛起可以划分为原发性现代国家和后发性现代国家两类。本节主要讨论大国崛起的两种类型,分析原发性大国和后发性大国在崛起之路上的差异。鉴于在下一节中将专门讨论中国的崛起问题,故本节暂不涉及中国。

一、原发性大国及其崛起之道

所谓原发性现代国家,是指这类国家的现代化源于社会自身力量产生的内部创新,在长期社会变革中自发形成的现代国家。这类国家数量极少,从全球视角来看,主要是英国、法国、美国、荷兰等。原发性大国是体系结构即国际格局的主要塑造者,也是近代以来国际体系中洛克文化的创立者和推广者,还为其他大多数国家的现代化发展树立了榜样。

这些国家成长为世界大国,绝不可能仅仅依靠某些英明伟大的领袖的个人作用,而是社会和历史资源厚积薄发、持续发挥作用的结果。从历史上看,以英、美、法为代表的原发性现代国家的崛起之道具有某些方面的共同特征:

(1)发展动力主要来自国家内部,因社会自身需要引起的国内矛盾推动社会不断向前发展。例如,英国就是在本国社会内部矛盾的刺激下不断前行的。由于殖民扩张和海外市场的成熟,商品需求量日益增大,以手工工场为基础的生产能力变得捉襟见肘。为了适应生产力的革新和日益增长的社会需求,几乎全英国上下都被动员了起来。"你必须想办法发明,在工业中你们大有可为",类似这样的声音不断传到纺织业主耳边,工匠们的聪明才智被充分调动起来,新的发明一个接着一个。法国、美国等原发性大国的崛起进程,都与英国的情况类似,看似无心插柳,实则水到渠成。

(2)从发展程序看,原发性大国大体经历了思想启蒙、政治变革和经济腾飞三个步骤。最初的思想启蒙运动是14至16世纪的文艺复兴和宗教改革。17至19世纪上半叶,理性启蒙运动从法国向整个欧洲扩展。思想启蒙的彻底性促使西欧国家的物质文明和政治文明得以稳步、健康发展。当人权、自由、平等的理念深入人心之后,专制和独裁就失去了政治合法性,在思想启蒙和政治变革的坚实基础上,阻碍市场经济和工业革命的思想与制度障碍得以清除。在英国,科学意识和市场意识提高了英国人普遍的认识水准。电视纪录片《大国崛起》中有这样几句台词鲜明地说明了思想启蒙的伟大作用:"1727 年,牛顿去世。……整个社会在向一个科学家表达着由衷的敬意,这是一个国家对于科学家的态度,也是一个国家对于科学的态度。""一个懂得尊重思想的民族,才会诞生伟大的思想。一个拥有伟大思想的国家,才能拥有不断前行的力量。"

(3) 发展速度和节奏缓慢、渐进而稳定,这种发展模式是漫长的社会自然成长过程。普林斯顿大学著名历史学家布莱克指出:"在率先建设现代化的那些社会中,由于现代性的挑战主要来自内部,因而转变过程徐徐展开,延续了几个世纪。"① 他以英美为例,认为英国传统领袖转移到现代化领袖发生在1649—1832 年,美国发生在 1776—1865 年;英国经济和政治转变是在 1832—1945 年,美国是在 1865—1933 年;英国的社会整合是 1945 年之后的事情,美国的社会整合则是 1933 年之后的事。这种崛起之道的最大优点,就是任何一个社会领域的发展和演进都经过了一段较长时间的持续和积累阶段,使得传统社会向现代社会的过渡具有渐进的自发性、稳定性与协调性。

二、后发性大国及其崛起之道

所谓后发性现代国家,是指世界体系中那些由于受到外部冲击和刺激,本土原发的发展轨迹被迫中断,主动或被动地进行社会和经济改革,转入由原发性国家所开启的现代化轨道上来的现代国家。相对于原发性国家而言,后发性国家的现代化是外源性的。国际体系中此类国家数量很多,德国、俄罗斯、日本等是其中的典型代表。后发性大国的出现冲击了原发性大国所塑造的国际格局,后发性大国的军事扩张行为使得原发性大国所建立的洛克文化体系不断受到挑战,甚至使霍布斯文化一度重回国际关系主流。

与原发性大国相比,后发性大国在自己的崛起之路上优势与劣势共存。虽然有原发性大国的经验教训可以参考借鉴,具有后发优势,但后发性大国在开启现代化之旅时,原发性大国已经制定了对己有利的竞争制度和游戏规则,后发性国家只能在既定规则下参与游戏而别无选择。另外,后发性大国也缺乏充裕的时间和足够的精力去应对现代化过程中政治、经济、文化、社会各领域所出

---

① C.E.布莱克:《现代化的动力》,段小光译,四川人民出版社 1988 年版,第 13 页。

现的冲突和尖锐问题,这就为日后可能"出现失误、犯下错误"埋下隐患。

当前世界上绝大多数国家都属于后发性国家,但成为大国的只有日本、俄罗斯、德国等寥寥数个。与原发性大国相比,后发性大国的崛起之路主要有以下几个方面的共同特征:

(1) 后发性大国发展动力的根源在于社会外部。它们意识到自己和原发性大国之间的落差后,不满足于现状,但又苦于自己的传统尚未衍生出原发性大国所具有的现代性,于是有意中断自己的传统,开始积极主动地"自我改造"。后发性国家的领导层有意识、有目的地推动本国向原发性国家学习,向现代化目标大踏步迈进。沙俄帝国的彼得大帝、日本的倒幕志士、普鲁士的腓特烈大帝,都是看到西欧国家的强盛后,才开始大刀阔斧推进改革的。例如,正是俄国和西欧的差距,激发了彼得一世留学的愿望,在世界历史上,还从来没有一个大国的君主能像彼得一世这样,远涉重洋去国外学习先进的科学文化知识。彼得一世感觉到自己的国家落后于西欧,要使俄国上升到一个强国的地位,不光要扩大领土,而且要有先进的科学技术,所以他隐姓埋名,组织一个大的使团去访问。1698年彼得一世以最残酷的方式镇压了国内叛乱,发动了一场社会变革。他废除了俄国的传统历法,以欧洲通用的公元纪年取而代之;他按照西欧的语言习惯改革了俄国文字;他命令所有的俄国人剪掉长长的胡子,要想保留胡子就得交重税;他强制推行欧洲的礼仪服饰,要求每一个体面人必须做一套西装。后发性大国曾以原发性大国为现代化的目标,但它们的崛起道路往往被更加落后的国家所效仿。

(2) 从发展程序看,后发性大国基本上都是物质先于精神、军事先于经济。后发性大国原先基本都是君主专制国家,具有强国家、弱社会的特征。为了努力向现代国家转型,它们在维持专制制度的前提下,首先以国家政权的强大力量,推进军事建设和经济发展,往往未能彻底改革传统政治中的糟粕。沙俄、日本、普鲁士(德国)都是如此。

(3) 后发性大国发展速度和节奏往往是迅猛乃至激进的。后发性国家因为有原发性国家作为样板,可以"依葫芦画瓢",所以崛起之进程表现出快速、突进的特点。例如,1871年日本一支近百人的岩仓使节团从横滨港出发,前往欧美各国进行考察,使节团中包括49名明治高官,这个数字几乎是当时政府官员总数的一半。在一年零十个月的时间里,他们考察了欧美12个国家,始惊、次醉、终狂。正是在德国,日本使节团似乎找到了自己国家的发展模式,德国是当时欧洲发展最快的后发国家。几千年来,一直向强者学习的日本人,为自己找到了一个新的老师。后来主导日本工业化进程的,正是岩仓使节团的副团长、自称为"东洋俾斯麦"的大久保利通。这位掌握了明治政府实际大权的铁腕人物,带领日本开始了一段迫不及待的现代化急行军。按照大久保利通的殖产兴业计划,日本政府直接从西方拿来了法国式的缫丝场、德国式的矿山冶炼厂、英国式的军工厂,除了购买机械,政府还聘请了大量国外技师。为了尽快达到国际先进水平,日本一切从零开始完全实行西化,这样的发展节奏不能不说是十分迅猛甚至激进的。然而,对后发性大国而言,用几十年的时间跑完别人几百年走过的道路,通常是存在一定隐患的。这些后发性大国在国家快速发展壮大过程中往往忽视了军事和经济之外的现代化领域,所以很容易就在下一代人的时间内迅速衰落[1]。

原发性大国的发展动力来自国家内部,发展过程一般都经历了思想启蒙、政治变革与经济腾飞三个阶段。然而后发性大国则是在国家外部压力下实现国家转型的,在发展过程中往往强调军事优先和高速增长,用几十年的时间完成原发性大国长达几百年的工业化道路。中国亦属于后发性国家,分析世界两种不同类型大国崛起的特征,进而吸取原发性大国在崛起道路上的经验,避免走后发性大国在崛起中的弯路,对中国顺利实现民族复兴的中国梦具有积极意义。

第四节 大国崛起的性质和策略

大国崛起是指新兴大国的实力赶超世界最强国,并改变国际格局的现象。国际关系学界有一个被称为"世界中心转移"的学术之谜。16世纪初期前后的地理大发现使全世界的联系不断紧密,欧洲的殖民扩张政策促使全球性的国际体系出现。自这个体系形成以来,世界中心国家就不断地变更。西班牙、荷兰、土耳其、法国、英国、美国都曾作为世界上最强大的国家主导着国际事务。世界

---

[1] 邢悦、詹奕嘉:《国际关系:理论、历史与现实》,复旦大学出版社2008年版,第295页。

中心转移的过程常伴随着大规模国际战争,因此大国崛起就成了国际关系研究中一个热点话题。历史上有的大国崛起成功了,有的失败了,这就使学者们更想研究清楚成功与失败的条件到底是什么,对中国有何启示意义。

一、崛起的性质

在上一节中,我们常用发展、崛起、现代化这三个词来描述一个国家的实力增长,实际上它们还是有区别的。发展是指绝对实力的增长;崛起是指相对实力的增长,而且特指新兴大国与世界霸主之间的相对实力变化;现代化是一种基于历史的概念,涉及人类、社会、政治、经济的一种体验。波兰科学院院士彼得·斯汤帕(Piotr Sztompka)教授在阐述发展与现代化两个概念之间的区别时认为,现代化更先进、更具体。今天的世界上,有发展无崛起,也就是能取得发展但不能实现崛起的情况是很普遍的。

崛起与兴起、复兴的含义很相近,都有开始变得强大、兴盛的意思,国家崛起与国家兴起、国家复兴的含义也相近。国家崛起是指某一国家相对于其他国家或周边国家突然变得强大起来,崛起国家的发展速度要大大快于其他国家的发展速度。国家崛起与国家兴起基本同义,只是国家崛起比国家兴起更具有政治意义。国家复兴是指某一国家恢复其历史上的曾经出现过的辉煌。中国崛起就属于中华民族的复兴。

国家崛起既指崛起过程又指崛起结果,即国家崛起不同于一般意义上的国家经济快速发展,崛起是一个大国的综合实力快速提高并对世界格局、秩序和行为准则产生重大影响的过程,全部过程的完成就是崛起的最终结果。国家崛起反映的是一个大国成为国际社会举足轻重、受到普遍尊重的最重要国家(或之一)的过程和结果。

根据第五章对绝对实力和相对实力的介绍,我们已经知道,绝对实力增长的快慢不直接决定国家实力地位的变化,只有相对实力增长才能改变国家在国际体系中的实力地位。崛起的核心内容是赶超霸权国,所以现实的国际政治生活中只有少数国家具备崛起的机会。崛起从某种意义上讲只靠自己努力还不行,还需要历史给这个国家创造机会。《管子·霸言》中讲:"夫先王所以王者,资邻国之举不当也。举而不当,此邻敌之所以得意也。"意思是先代圣王之所以成其王业,往往是利用邻国的举措不当,举措不当是邻国敌人之所以得意的原因。这就是说,如果霸权国不犯重大的战略性错误,新兴大国的崛起是难以成功的,这一点尤其适用于后发性国家的崛起。

新兴大国崛起的结果是改变大国实力对比关系,国际政治权力也必然随之改变,因此大国崛起的过程就是一个国际权力再分配的过程。重新分配国际权力就是减少衰败大国的权力和增加崛起大国的权力。崛起为世界大国意味着该国在国际社会中的作用上升,那么它就要与原先占主导地位的国家分享在世界事务中的主导权。大国崛起导致的国际权力再分配具有零和性质,霸权国所失等于崛起国所得,大国崛起的零和性质,决定了霸权国与崛起国之间存在结构性矛盾,崛起国实力迅速增长容易引发世界强国的压制。结构性矛盾是指一个新兴大国在崛起过程中争取实力地位及国际权力与霸主国保持现有实力地位及国际权力之间的矛盾。

大国崛起是国家物质性力量成长和社会性力量成长的统一。一个崛起中的大国需要在扩展自身经济力量、军事力量等物质性力量的同时,有意识地建设和维持一种强大的软实力。这种软实力既要体现出自己民族的独特性,激发民族成员共同的情感理想、精神价值观,增强民族凝聚力,还体现在融入国际社会并产生影响的能力,即通过国际合法性的不断增强来巩固自身物质性力量增长的成果。

二、大国崛起的条件

大国崛起的核心是实力全面赶超霸权国,因此大国崛起是建立在一些必要条件之上的,不满足这些条件,国家崛起是不可能实现的。

1. 安全条件

军事上没有外部入侵之虞,这是一个大国在崛起过程中需要具备的前提条件。具备这一条件意味着一个国家已经有了基本生存保障。一个连生存和基本安全都无法保障的国家是不可能崛起为世界主导国的,它也不会将崛起为世界主导国视为国家目标和国家利益。

2. 政治条件

外部获得国际承认,内部实现政治稳定,这是一国崛起的政治条件。当一国处于内战、混乱状态或是不被承认为国际社会的正式成员时,这个国家就没有足够的力量按本国的意图影响国际事务。在今天的国际体系中,很难想象一个非联合国会员国能够快速实现国家崛起。

3. 经济条件

大国崛起的经济条件是指具有先进工业水平、大规模出口能力和技术赶超能力。具备这一条件,标志着一国能对世界经济产生较大影响力。对世界经济没有较大影响力,无法在国际经济事务中发挥特殊作用的国家,也不可能崛起为世界主导国。近年来,正是由于中国经济的飞速发展,美国才越来越把中国视为自己的挑战和威胁。

崛起的条件仅仅决定了一国是否具有成为崛起国的资格,而该国能否实现崛起则很大程度上取决于国家是否采取了合理的崛起策略。有些大国虽具备崛起的条件,但由于崛起策略选择不当,也无法获得成功。

三、大国崛起的策略

国家在不同的历史时期、崛起的不同阶段所需要的崛起策略是不一样的。我们在上一节介绍两种大国崛起时已经提到:原发性大国的崛起动力主要来自国家内部,因社会自身需要引起的国内矛盾推动社会不断向前发展;后发性大国的崛起动力的根源在于国家外部,后发性国家的领导层有意识、有目的地推动本国向原发性大国学习,向现代化目标大踏步迈进。所以原发性大国和后发性大国在崛起策略上往往有明显的差异。在具体的历史条件下,选择什么样的崛起策略,取决于国家现实需要以及决策者的战略思维能力。

大国崛起的策略根据崛起过程是否以武力方式完成,可以分为战争崛起策略、和平崛起策略两种;根据崛起国如何处理与其他国家的战略关系,可以分为兼并策略、结盟策略、搭车策略三种。

1. 战争崛起策略与和平崛起策略

(1)战争崛起策略。战争崛起策略是指崛起国优先以武力的方式实现国家崛起。以武力方式崛起意味着崛起国将注重加强军事实力,并随时准备使用军事实力,通过战争的方式挑战现有国际体系的运行机制与规则。崛起国的国家战略具有进攻特性,军事实力将成为崛起国的进攻性力量。崛起国有时会故意制造事端以达到扩张的目的,例如,德国侵占苏台德地区,日本发动九一八事变、七七事变等①。不过,以战争方式崛起并不意味着崛起国会绝对放弃和平方式,只是和平方式是次要的和辅助性的,有时可能还是其使用武力的幌子。崛起国往往会交替使用战争方式和谈判方式。

2013年外交部部长王毅在布鲁金斯学会的演讲中指出,历史上大约有过15次新兴大国的崛起,其中有11次与既有大国之间发生了对抗和战争。从现代大国崛起的历史来看,法国、英国、俄国、美国和德国五个成功崛起的国家均发动过战争。法国1618—1684年间共发动了6场战争,英国1618—1713年间发动了9场战争,美国1779—1945年间发动了8场战争,德国1618—1886年间发动了22场战争,俄国1618—1815年间发动了27场战争②。法国通过三十年战争及1657年、1667年的对西战争,得以取代西班牙成为欧洲头号陆上强权。英国的崛起始于16世纪末的伊丽莎白时代,到19世纪初击败拿破仑帝国成为世界头号强国。其间,英国先后向当时的海上及欧洲霸权国发起挑战,1588年,英国海军先是在大西洋一举击溃西班牙的"无敌舰队";1652年开始,英国又三次向"海上马车夫"荷兰开战,荷兰的殖民及海上优势被彻底摧毁;18世纪英国又开始同仅有的劲敌法国展开激烈的霸权争夺,1689—1815年英法共进行了7次重大战争,特别是1805年英国在特拉法尔角海战中胜利,这标志着英国在海上彻底战胜了法国,从而确立长达百余年的海上霸主地位。德国的崛起始于普法战争后,而美国的世界大国之旅始于1898年的美西战争,两次世界大战则最终正式确立了美国的全球性超级大国地位。

战争崛起策略往往靠的是硬实力,其结果的惨烈程度可想而知,因此代价很高,甚至有可能导致崛起国遭遇灭顶之灾,从此一蹶不振。

(2)和平崛起策略。和平崛起策略是指崛起国以和平的方式实现国家崛起。以和平策略崛起意味着崛起国不会以战争方式改变国际关系的现状,崛起国会通过谈判、对话、协商、融入既有机制等和平方式改变国际关系的机制与规则。和平崛起策略并不意味着崛起国会完全放弃军事力量和武力,只不过军事力量和军事手段起次要作用,国家战略具有防御特性,军事实力将是一种防御性、自卫性力量,军事实力以保护国家的基本安全为目的,如国家的领土完整、

---

① 刘胜湘:《国际政治学导论》,北京大学出版社2010年版,第60页。
② 郭树勇:《大国成长的逻辑》,北京大学出版社2006年版,第218页。

主权独立等。采取和平崛起策略的崛起国将优先发展经济,这种崛起国往往既有硬实力又有软实力,崛起过程艰难曲折,但崛起结果将具有持久性。

当然,和平崛起并不是要完全放弃军事力量建设,相反,崛起国加强物质力量建设,包括军事力量建设是和平崛起必不可少的条件。国家力量是国家崛起的基础,一个国家如果不加强自身力量,不摆脱贫困落后和军力弱小,永远不可能实现崛起目标。如20世纪美国霸权取代英国霸权,英国对美国霸权的认同也是慑于美国的国家实力和军事力量。国家力量是建立国际制度的保证,也有助于和平观念的形成。

2. 兼并策略、结盟策略、搭车策略

(1)兼并策略。兼并策略是指通过不断吞并他国领土来积累自身实力的策略。这一策略往往与远交近攻的策略相联系,即与较远的大国结盟,吞并相邻国家的领土。在殖民主义时期,这一策略原则表现为大国之间实行的先占原则,即在避免大国彼此军事冲突的同时,吞并还没有建立国家的土地。在二战前,这种崛起策略被经常采用,这也是原发性大国的一种基本的崛起策略,美国崛起的前期采取的就是兼并策略。后发性大国俄罗斯在沙俄时期也采取了兼并策略,为日后苏联崛起创造了条件。俄国从16世纪起走上了领土扩张的道路,向东,沙皇俄国越过乌拉尔山侵入人烟稀少的西伯利亚,在南方,与波兰、奥斯曼土耳其开战,到彼得一世登基的时候,俄国已经成为一个横跨欧亚大陆、领土面积居世界第一的大帝国。传统国际法认可的领土取得方式是先占、征服和割让等,而现代国际法认可的领土取得方式则是民族自决、公民投票、交换领土和收复失地等,详见表7-1。

表7-1 国家领土的合法取得方式

类型	领土取得方式
传统国际法	先占;征服;割让
现代国际法	民族自决;公民投票;交换领土;收复失地

(2)结盟策略。结盟策略是指以自己为盟主与世界上尽可能多的国家结成同盟的策略。结盟经常与睦邻友好相联系。这是一个非常古老的策略,无论是欧洲还是中国,都可以追溯到公元前2000年前。这种策略与兼并策略相比较,具有成本低和战争风险小的优点,但也有不确定性强和同盟分裂的风险。由于

兼并策略不再适宜二战后的国际政治环境,因此结盟策略成为大国的重要崛起策略。

(3)搭车策略。搭车策略与结盟策略都借助了其他大国的力量,不同之处在于前者以霸权国为盟主,后者试图以本国为盟主。搭车策略是要通过结盟从霸权国获得好处,换取安全与经济承诺,而结盟策略通过向盟友提供好处获取盟友的追随和依赖。搭车策略一般只适于崛起的早期阶段,到了崛起的后期是难以有效实施的。日本二战后的经济发展被认为是搭车策略的典型案例。

无论采用何种策略完成崛起,结果都将使既有国际体系结构重新排列。大国崛起必然冲击既有的国际权力格局和利益格局。随着相对力量的增加,新兴的国家会试图改变调整国际体系的规则,改变势力范围的划分,甚至可能改变领土的国际分配。大国崛起可以大体划分为准备、起飞、冲刺三个阶段。狭义的崛起特指起飞阶段,而冲刺是崛起最后的完成阶段,也是崛起的最关键阶段。在崛起的三个阶段中,崛起国面临的国际环境以及自身与霸权国的实力差距是有差异的,因此崛起国需要根据这两者的变化适时调整崛起策略,换句话讲,在不同阶段采取不同的崛起策略,对于最终实现崛起目标具有重要的意义。

四、中国的和平崛起

中国共产党第十八次全国代表大会提出了"两个一百年"奋斗目标:在中国共产党成立一百年时,实现国内生产总值和城乡居民人均收入比2010年翻一番,全面建成小康社会;到中华人民共和国成立一百年时,建成富强民主文明和谐的社会主义现代化国家。实现中华民族伟大复兴,是近代以来中国人民最伟大的梦想,其基本内涵是实现国家富强、民族振兴、人民幸福。中国坚定奉行独立自主的和平外交政策,坚定不移走和平发展道路,和平崛起,实现中国梦。2012年11月29日习近平总书记在参观《复兴之路》展览时强调:"我坚信,到中国共产党成立100年时全面建成小康社会的目标一定能实现,到新中国成立100年时建成富强民主文明和谐的社会主义现代化国家的目标一定能实现,中华民族伟大复兴的梦想一定能实现。"

中国的和平崛起战略的"和平"一词有两点核心要义:其一,反战但不惧战,其二,求和但不苟和。2003年11月3日,中共中央党校原常务副校长郑必坚在博鳌亚洲论坛上发表了题为《中国和平崛起新道路和亚洲的未来》的讲演,提出了"中国和平崛起"这一论题。2003年12月10日,温家宝同志在哈佛大学发表了题为《把目光投向中国》的演讲,全面阐述了中国和平崛起的思想。2003年12月26日在纪念毛泽东诞辰110周年座谈会上,胡锦涛同志强调要坚持和平崛起的发展道路和独立自主的和平外交政策。习近平同志在中国共产党第十九次全国代表大会上的报告指出:"中国坚定奉行独立自主的和平外交政策,尊重各国人民自主选择发展道路的权利,维护国际公平正义,反对把自己的意志强加于人,反对干涉别国内政,反对以强凌弱。中国决不会以牺牲别国利益为代价来发展自己,也决不放弃自己的正当权益,任何人不要幻想让中国吞下损害自身利益的苦果。中国奉行防御性的国防政策。中国发展不对任何国家构成威胁。中国无论发展到什么程度,永远不称霸,永远不搞扩张。"

中国梦是全国各族人民的共同理想。党的十八大以来,在以习近平同志为核心的党中央坚强领导下,亿万人民撸起袖子加油干,为当代中国带来了深刻的变革,我国发展站到了新的历史起点上。这是前无古人的壮举,近代以来久经磨难的中华民族实现了从站起来、富起来到强起来的历史性飞跃。中华民族有过任人宰割的屈辱,也有过"被开除球籍"的压力,曾面对"月亮总是西方圆"的论调,也受到"中国崩溃论""中国威胁论"的围攻。然而,今天的中国每五年改革发展就迈上一个大台阶,仅用几十年时间就走完了西方国家几百年走过的发展历程,对世界经济增长贡献率超过百分之三十。外国观察家也断言:在世界政治中,北京正处于超车道,中国在全球的新角色将比计划中来得更快。

同时,我们也必须要清楚地认识到,行百里者半九十,中华民族伟大复兴,绝不是轻轻松松、敲锣打鼓就能实现的,我们必须准备付出更为艰巨、更为艰苦的努力,为民族复兴添砖加瓦。

 思考题

1. 当前美国、俄罗斯、日本、中国的大国对外战略各有何特征?
2. 中国独立自主的和平外交战略具体内容包括哪些方面?
3. 当今世界大国具有哪些共性?
4. 原发性大国和后发性大国在崛起之路上各有什么样的特点?
5. 崛起、发展、现代化等概念有何异同?
6. 大国崛起的性质和条件分别是什么?

7. 大国崛起的基本策略有哪些?

8. 什么是和平崛起,它和战争崛起有哪些不同? 和平崛起是否意味着彻底放弃武力?

9. 就国家崛起策略而言,结盟策略与搭车策略有何区别?

第八章　国际安全与国际战争

战争与和平问题是国际关系学中最基本的问题,它们是国际冲突与国际合作的特殊表现形式。国际关系研究的目的是避免或减少国际冲突,或者促成更加广泛和深入的国际合作。在各种因素相互制约、相互影响而形成的国际体系中,冲突、竞争与合作始终伴随着国际关系的演进与发展,在很长时间内,由于国际社会的无政府状态以及拥有主权的民族国家之间缺乏信任,每个国家必须依靠自身力量来获得安全和生存。因此,安全利益成为所有国家生死攸关的利益,安全问题始终是国际关系中最棘手的难题。为了获得安全、维护安全,国家之间进行了无休止的战争。

第一节　国际安全

安全问题,属于国际关系的高阶政治领域。冷战结束以后,由于苏联的解体和美苏对抗的消失,军事因素在国际关系中的地位相对下降。与此同时,随着全球化的快速发展、全球性问题的出现和相互依存程度的加深,国际社会面临更复杂的安全挑战。国际安全也因此受到国际社会的普遍关注,并取得了与国际政治近乎同样显要的地位。

一、和平与安全的区别

汉语中的"安全"是相对"不安全"而言,并常常与"威胁""危险"相关联。汉语的"安全"是指一种状态,有三个含义:没有危险、不受威胁和不出事故。《韦伯词典》对"安全"的解释更为宽泛:一方面指安全的状态,即免于危险,没有恐惧,另一方面还有维护安全的含义,指安全措施和安全能力。目前,多数学者把安全看作是一种客观上没有威胁、主观上没有恐惧的状态。在这里,安全所强调的是一种状态,如约瑟夫·奈就曾经说过,安全就像氧气,当它充足时,人们就不会感觉到它的存在,但当它不足时,人们就不能做其他任何事情。这句话的意思是说,安全是指切身利益没有受到威胁及损失的一种状态。

和平与安全常常被人们误认为是相同的事物。尤其是20世纪80年代中国政府将外交政策的目标定位为创造有利于经济建设的和平环境之后,这种误解在我国变得更加严重。其实,和平与安全是两个有本质区别的概念。和平是指没有战争的客观安全状态,和平是与战争相对的,而安全是指没有威胁、恐怖和不确定性的主观和客观相结合的状态。处于安全的状态意味着客观上不存在威胁,主观上不存恐惧。和平是关于安全状态性质的概念,而安全是关于安全程度的概念。我们可以把安全状态划分为和平、非战非和、战争三种性质,可以把安全程度划分为不安全、不太安全、较安全三个等级。在三种不同的安全状态下,三个等级的安全程度都可能出现,也就是说在和平、非战非和、战争任意一种安全状态下,对于一个国家而言,不安全、不太安全、较安全三个等级的安全程度都可能出现[1]。换句话讲,国家既可能在和平状态下面临着严重的安全威胁,也可能在战争的状态下安全无虞。例如,冷战时期的欧洲,尽管没有和苏联爆发核战争,但核武器就像始终悬在人们头顶的利剑,欧洲国家战战兢兢地生活在核恐怖之中,所以虽然和平但并不安全,很多人称这段时期为"冷和平"。而美国从1991年开始,先后卷入了海湾战争、索马里战争和科索沃战争,但本土没有面临他国的严重安全威胁,2001年美国发生了"9·11"事件,此后美国面临恐怖分子造成的安全威胁。

在无政府的国际体系中,国家首要的追求是安全,在安全有基本保障的情况下才会追求和平。所有国家维持常备军和进行国防建设的首要目的是随时应对来自国家外部的安全威胁,而不是维护国际和平。在双方冲突中,只要一方坚持不进行军事抵抗,国际和平就能够实现[2]。总的来说,对于一国政府而言,维护和平(特别是没有尊严的和平)是比较容易实现的目标;但是有效维护国家安全则并不容易。

---

[1] 阎学通、何颖:《国际关系分析(第三版)》,北京大学出版社2017年版,第144页。
[2] 同上。

国际安全作为一种国际体系层次上的安全状态并不仅仅是指体系单元的安全,而是更多地事关国家之间的安全互动,涉及整个国际体系的和平性与稳定性。国际安全应以整个国际体系为主体,因此,国家之间的安全互动是否破坏或有可能破坏国际体系的和平性和稳定性,可以视为区分国际安全与国际不安全的一个标尺。如上所述,尽管在严格意义上国际和平并不等于国际安全,大战的缺乏并不意味着国家相互之间都有足够的安全感,但国际和平却可以成为评判国际安全状况的一个基本指标。战争,特别是世界大战,往往会破坏国际体系的延续性,因此,国际体系的稳定性是判断国际安全状况的另一个重要指标。相对来说,自由主义国际关系学者更强调国际和平之于国际安全的重要性,而现实主义国际关系学者则更看重体系稳定之于国际安全的重要性[①]。

二、安全的分类

国家面临的安全威胁是多方面的,战争只是众多安全威胁中的一项。国家要防止领土被侵占,防止国家主权被侵蚀,防止海上运输被阻止,防止恐怖主义袭击等。我们可以依据不同标准对安全进行分类。

1. 根据体系文化分类

根据不同体系文化,安全可分为个体军事安全、个体多元安全、集体安全。在第二章中已较为详细地介绍过国际体系文化的有关问题,在不同的体系文化下,安全的含义是不同的。霍布斯文化下的安全是个体军事安全,安全主要是国家自身的生存问题。在霍布斯文化下,国家认为:安全只有靠自身来保障,只有靠自己的努力才能获得;只有强大的军事实力才能保障本国的生存;其他国家都不可信。从历史上看,古代国家通常都十分担心本国会被外来敌对势力征服或奴役,因而它们获取安全最常用的手段就是扩军备战,增强军事实力,以先发制人的方式来消灭潜在的敌人,这就形成了现实主义理论中的安全困境。

"安全困境"(security dilemma)一词最早见于20世纪50年代约翰·赫兹(John H. Herz)教授的《理想主义者的国际主义与安全困境》一文。所谓安全困境,是指在无政府状态的国际环境下,民族国家(或地区)间互不信任,相互恐

[①] 潘忠岐:《国际政治学理论解析》,上海人民出版社2015年版,第137—138页。

惧,安全成为首要目标。在这种情况下,各国竭力增加军费,获取军事优势,以改善自身安全状况,但是,在无休止的军备竞赛中,一国的军事优势很快会被其他国家同样的扩军努力所打破,国家无法获得绝对的安全,从而使各国陷入一种无从解脱的困境。安全困境描述了这样一种情境:A国为了增进自身安全而采取某个安全策略(例如发展军备),它本来无意伤害B国,但由于无政府状态下的不确定性,A国的这种安全策略会在客观上降低B国的安全感;B国为了弥补降低了的安全感,并应对来自A国的可能的进攻,不得不采取对应的安全措施(如针锋相对地发展军备);这些安全措施反过来又会降低A国的安全感,使得A国的安全环境变得更加恶劣。安全困境可用一个类似"囚徒困境"的博弈模型来说明。A、B两国都有增强实力、保持现状两种策略可以选择,最后的博弈结果是A、B两国都会选择增强实力。两国的目的是维护自身的安全,但最终的结果却使得自己变得更不安全。安全困境的核心问题是国家间的安全恐惧,这种恐惧也称为"霍布斯恐惧"。实际上安全困境不仅在古代存在,在今天的国际体系中也一样存在。一般来讲,政治上缺乏相互信任的大国,其军事实力越接近,双方间的安全困境就越严重,于是军事对抗的政策越明显。

霍布斯文化下的安全是个体军事安全,而洛克文化下的安全是个体多元安全。洛克文化下,国家依然关心自身的安全问题,没有基本的安全保障,竞争与合作就无从谈起,但由于主权原则保障了国家的生存资格,国家不再像霍布斯文化下那样仅仅聚焦军事安全问题,倾向于认为安全困境永恒存在,而是更加关心安全的综合性和多元性。除军事安全议题之外,国家还关心政治安全、经济安全、能源安全、环境安全、文化安全、社会安全等。

康德文化下的安全是集体安全。与霍布斯文化和洛克文化明显不同,康德文化下的国家在观念上和行为上都不再仅仅关注自己,还关注其他国家乃至整个人类的安全。在思想观念上,康德文化下的国家对安全问题达成了普遍共识,即人人为我,我为人人;在具体行动上,国家之间表现出明显的互惠和利他主义。

2. 根据威胁类型和受到威胁的行为体分类

依据威胁的类型和受到威胁的行为体的不同,安全可分为传统安全与非传统安全两种类型。传统安全针对的是国家受到的军事和政治威胁,如外敌入侵和敌对威慑等。传统安全主要涉及军事力量的威胁、使用和控制问题,如使军事力量的条件,暴力对个人、国家、社会的影响,国家为准备、防止和参与战争应采取的战略与政策等。在中国,应对传统安全问题,古代靠兵部,现在主要靠国家的相关军事部门等。一直到冷战结束前,传统安全几乎就是安全的代名词,国际关系学者主要关心国家安全问题,而军事力量的威胁这方面的问题在其中占据很大分量。在第一章也曾专门讨论过这一话题。

非传统安全是指相对于传统安全的一个概念,它是指除军事、政治和外交冲突以外,对国家乃至人类整体的生存与发展构成威胁的安全问题。非传统安全包括经济、社会、文化、科技、信息、环境等领域的安全。这是人类社会过去没有遇到过的,或只是局部、偶然遇到过的非军事侵害性安全问题,现在逐渐凸现出来,并成为整个人类的安全威胁,如恐怖主义、跨国犯罪、走私贩毒、武器扩散、非法移民、资源安全、信息安全等。根据负面影响的持续时间,非传统安全可分为两类,一类是持续严重的非传统安全威胁,如气候变暖和环境污染,另一类是时断时续的非传统安全威胁,如金融危机和恐怖主义。

非传统安全与传统安全相比,有其自身的特点:

(1)非传统安全价值主体的多层次性。传统安全价值主体是单一层次的,其关注的核心是国家行为体。而非传统安全强调安全的多层次性,将人的安全、国家安全、区域安全、全球安全结合起来,并在它们之间保持适当平衡,突出人类安全是终极目标。这种以人类为本的新的安全观,昭示着安全发展的新思路。

(2)非传统安全的多元性。一是安全威胁源的多元性,二是安全领域的多样性。传统安全问题主要是国家之间的纷争与冲突,安全领域也较为单一,主要集中在军事和政治领域。而非传统安全问题的威胁来源具有不确定性和多样性,它既可能是国家,也可能是个人或组织,还可能是自然因素。非传统安全涉及经济、文化、科技、环境以及社会等诸多领域,几乎囊括除传统安全领域之外的全球社会的所有领域。

(3)非传统安全的突发性与扩散性。传统安全问题通常有一个较为明显的冲突、危机酝酿期,而且往往表现为特定国家或国家集团在特定地域的对抗,范围较为有限。而非传统安全问题在酝酿期往往不易觉察,一旦爆发,立刻出现严重态势,有可能立即酿成危机,如不及时加以控制,很可能引发其他领域的连锁反应,最终演化为政治危机,而且,它往往从一个孤立的事件迅速蔓延,引发地区和全球的动荡与不安。

(4)非传统安全的跨国性。非传统安全问题大多属于地区性问题或全球性问题,它的威胁源、预警、影响、防治均为跨越国界的,加之,跨国的多层次安全问题纠合交织在一起,使得非传统安全的范围极不确定。

(5)非传统安全理念的合作性。传统安全遵循传统国际政治的逻辑:国际无政府状态—自助—制衡—安全困境—零和博弈,信奉如果你想拥有和平,请准备战争。而非传统安全遵循合作的逻辑,它认为全球社会是世界各国和整个人类共有的,安全是共同的、相互的、综合的,因而是合作的、共赢的,脱离人类整体共存的安全是不存在的。

(6)非传统安全治理的综合性与长期性。传统安全的治理手段较为单一,持续时间大多较短。非传统安全多元性和多层次交织的特性,决定了此类安全问题具有社会性、综合性和复杂性,也决定了治理手段的多元性、长期性。有些非传统安全问题是长期积累而生成,慢性发作,持续时间长,长期应对是必然的,有些是突发的,治标易,根除难①。

冷战结束以后,国际安全正经历着深刻变化,传统安全困境依然存在,传统安全与非传统安全相互交织,国际安全威胁出现多元化态势。当前,许多基本不面临传统安全威胁的国家,对非传统安全问题的关注度已超过了对传统安全威胁的关注度,例如瑞典、挪威等北欧国家。从全球角度来讲,国际社会对国际安全问题的关注点正在向传统安全与非传统安全平行并重的方向发展。

随着冷战后世界的变化和发展,传统安全观在现实中面临一系列过去不为人们熟悉的全议题挑战,从民族冲突、边界争端到大规模毁灭性武器的扩散,从人口激增、粮食问题到艾滋病的蔓延,从全球贫困到地球生态系统的破坏,从毒品走私到恐怖主义活动的猖獗,凡此种种,无不威胁到人类的持续生存和发展。这些安全议题的出现客观上需要人们以全新的视角和方法来认识和对待它们,也正是在这种背景下,冷战后新安全观应运而生。

三、国际安全与国家安全

国家安全是指一个国家处于没有危险的客观状态,即国家没有外部的威胁

---

① 俞正樑:《国际关系与全球政治——21世纪国际关系学导论》,复旦大学出版社2007年版,第146-147页。

和侵害也没有内部的混乱和疾患的客观状态。国际安全是指在主权国家普遍安全的前提下,国际社会处于和平、有秩序、相对正义的一种状态。随着全球问题的产生与发展,国际安全的内涵不断扩大、延伸以致变得庞大复杂,不仅在国际关系方面,而且在人类跨国联系甚至人类同自然的关系中,一切包含威胁、危险甚或非正义(不管是对国家和国际社会来说,还是对跨国群体和整个人类来说)的问题几乎都被囊括进国际安全的概念范畴。从这个意义上讲,国际安全又可以称为全球安全或世界安全。国际安全的内涵主要包括军事安全、政治安全、经济安全、文化安全和社会安全。

  国际安全与国家安全是不同的概念。国际安全强调的是国家之间、地区之间及整个世界的共同安全问题,而国家安全强调的是国家个体自身的安全问题,是一个"自私"的安全概念①。国际不安全,处在这一范围内的国家也一定是处于不安全状态。国家不安全,国际不一定不安全,国际上有可能处于安全的状态。只有当国家不安全达到一定程度突破国家边界之后,国际才可能处于不安全状态。

  冷战结束以后,国际安全的地位在上升,虽然当前各个国家的战略仍然坚持国家安全本位,认定国家安全优先于国际安全,但这并不意味着它们会将本国安全与国际安全对立起来。在当今全球化进程中,各国利益的相互依赖程度逐步加深,影响安全的因素也日趋复杂化,国家安全与国际安全的界限越来越模糊,两者的交融越来越多,国际安全的地位越来越重要,两者的地位也越来越趋向于平衡。国家安全带有综合性的特点,国家安全包括国际安全的许多内容,如金融危机、环境生态、非法移民、毒品走私、国际恐怖主义等非传统安全问题,既涉及国家安全,也涉及国际安全。即便在传统安全问题上,国家安全与国际安全也是难以完全分开的。假如一个国家受到另一个国家的安全威胁,威胁国与被威胁国同样处于不安全状态,于是这两个国家所在的周边和地区也会因此受到安全威胁。有时,甚至一个国家的内部安全与稳定也会威胁到国际社会的和平与稳定,"如果一个国家连自己最基本的权益都无法捍卫,例如领土任人分割,外交事务由外部势力操纵,或者经济和社会活动完全取决于本国政府不能左右的因素,那么可以想象,不仅这个国家谈不上任何安全,而且,由此类国

---

① 刘胜湘:《国际政治学导论》,北京大学出版社2010年版,第186页。

家组成的区域共同体或国际社会同样是不安宁不稳定的"①。

所以,无论在传统安全领域还是非传统安全领域,国家安全与国际安全是相互的,彼此互为目的和前提。国家要获得安全,必须维护国际安全;要维护国际安全,也必须保证国家安全。正因为这样,冷战后各国更倾向于采取合作的方式共同致力于国际安全的构建。因为各国都普遍认识到,在信息、交通高度发达的今天,国际社会是一个牵一发而动全身的整体,一些全球性的安全问题不是单独靠某个国家就可以解决的,一个国家要维护本国安全,必须考虑国际安全问题,将本国安全与国际安全结合起来②。

第二节 国际战争

战争与和平是国际关系研究中最重要的问题,就如同文学中爱情这一主题一般,永恒被关注。人类希望彻底消灭战争并获得永久和平,但目前还未能找到有效可行的方法。本节主要介绍战争的概念、战争的正义性、当代国际战争的特点及发展趋势等问题。

一、国际战争的界定

战争是人类具有军事能力以来就有的现象。人类史是一部战争时间大大超过和平时间的历史。从公元前3600年至20世纪80年代,全世界共发生过约14500场战争,只有292年是和平的年份,这些战争共造成了约35亿人死亡。从20世纪80年代到90年代,几乎每一年中,全球都有将近1/4的国家不同程度地受到战争的影响③。这些大大小小的战争,给人类本身的发展带来了极大的灾难。

汉斯·摩根索在《国家间政治》中这样提到:"一切历史表明,凡积极参与国际政治的国家,不是不断地准备战争、积极地参加战争这种有组织的暴力活动,

---

① 王逸舟:《全球化时代的国际安全》,上海人民出版社1999年版,第9页。
② 刘胜湘:《国际政治学导论》,北京大学出版社2010年版,第194页。
③ 康威·汉德森:《国际关系:世纪之交的冲突与合作》,金帆译,海南出版社2004年版,第127页。

便是正在从这种战争中恢复过来。"①肯尼思·华尔兹指出:"国家间的自然状态就是战争状态。这并不意味着战争会经常爆发,而是说由于各国可以自行决定是否使用武力,因此战争随时可能会爆发。"②自人类走进文明时代开始,就有很多政治家、哲学家去研究战争等安全威胁问题,研究战争爆发的普遍原因。

究竟什么是战争?克劳塞维茨曾说过:"战争是强迫敌人服从我们意志的一种暴力行为。"然而这个定义并没有表达清楚什么样的行为算是暴力行为。本书认为,战争是人类各集团为了各自的政治目的使用军事手段进行大规模相互屠杀的行为。至于何种规模算是大规模,瑞典斯德哥尔摩国际和平研究所为大规模武装冲突制定了一个定量标准:在任何一年中两个以上武装集团在军事冲突中的军事人员死亡人数在1000人以上。与和平相类似,战争可以是目的,也可以是手段,还可以是一种状态。

国际关系领域探讨的战争问题一般是指国际战争。判断是否是国际战争,一般认为,对参与战争行为体的分析是其重要依据。数千年以来,参与战争的政治实体不断发生变化,部落、城邦和帝国曾经分别是战争的政治实体。17世纪以来,发源于欧洲后蔓延到世界其他地区的现代国家成为战争的主要实体。国际战争的一个重要特征是战争行为体为主权国家或国家联盟。

二、战争的特征与分类

战争通常有三个特征:第一,战争的根本属性是使用暴力,是"热战"而不是"冷战";第二,战争的参与者都是有组织的集团的成员而不是个人,个人即使在冲突中使用暴力也不算战争;第三,战争涉及的是政府,至少有一方是政府,如果另外一方是非政府行为体,其根本目的也在于建立政府。

依据不同标准战争可分为不同类型。根据战争主体的不同,战争可以分为国际战争和国内战争,国际战争是政府间的战争,而国内战争则是国家内部因争夺政府控制权而进行的战争;根据战争的目标和为此使用资源的情况,战争可以分为全面战争和有限战争;根据战争进行的方式,战争可以分为常规战争和非常规战争。

---

① 汉斯·摩根索:《国家间政治:权力斗争与和平》,徐昕、郝望、李保平译,北京大学出版社2006年版,第61页。
② 肯尼思·华尔兹:《国际政治理论》,信强译,上海人民出版社2003年版,第135页。

人类进行战争是需要条件的,没有条件是进行不了战争的。一般来讲,一个国家进行战争需要满足三个条件:一是拥有进行战争的物质手段;二是具有进行战争的合法性;三是具有战争的动因。缺乏这三者中的任意一项条件,战争就不会发生。

关于战争是人类生活的常态还是病态、战争是否必然破坏国家的经济建设这两个问题,学者们曾长期争论不休。事实上,战争既是常态,也是病态,犹如硬币的两面。战争一定会对战争一方或双方的经济建设造成负面影响,但是这个道理不能引申到进行战争的国家其经济必将遭受破坏。美国就是典型的例子,二战中因战场远离美国本土,所以美国不但经济没遭破坏反而大发战争横财;美国自建国以来不断打仗,可是却成为世界上经济最发达的国家。

三、战争与政治的关系

关于战争的本质,或者说战争与政治的关系,毛泽东曾指出:"战争从有私有财产和有阶级以来就开始了的,用以解决阶级和阶级、民族和民族、国家和国家、政治集团和政治集团之间,在一定发展阶段上的矛盾的一种最高的斗争形式。"从普遍意义上讲,战争就是政治,战争是政治的继续,战争是政治的最高表现形式;政治是一种不流血的战争;战争服从于政治,战争又对政治有反作用。

政治与战争是整体与部分、目的与手段的关系。一方面,政治决定战争,战争服从政治,战争本身是政治的手段,必须从属于政治。政治不但决定着战争的发生和发展、决定着战争的性质,同时还决定着军队的性质和素质,影响着作战方式的变革。战争不仅是一种政治行为,而且是一种真正的政治工具,是政治交往通过另一种手段的实现。如果说战争有特殊的地方,那只是它的手段特殊而已。政治意图是目的,战争是手段,没有目的的手段永远是不可想象的。另一方面,战争对政治有反作用。战争并不是完全被动地受政治的支配,而是对政治有巨大的反作用。列宁认为,战争不仅是政治的继续,而且是政治的集中。战争对政治的这种反作用体现在两个方面:一是战争的结局影响和规定着政治的进程和前途,战争作为解决阶级之间、民族之间、国家之间以及政治集团之间矛盾的一种特殊手段,其结果对政治的进程会产生不同程度的影响;二是战争可以教育人民、锻炼人民,唤起人民的政治觉悟。

四、战争的正义性

列宁从战争的根本性质即战争的政治本质的角度对战争进行了分类,认为战争有正义的、进步的、解放的战争,也有非正义的、反动的、掠夺性的战争。他认为判断战争正义与否的标准是看它的政治目的。马克思主义者对待战争的态度是拥护正义战争、反对非正义战争。因为一切非正义的战争都阻碍了历史的发展和社会的进步,都违反了广大人民群众的利益而维护反动统治阶级的利益,因此应该阻止和反对;一切正义的战争都促进了历史的进步,推动了社会的发展,维护了广大人民群众的利益。

本书认为,战争的正义性是由战争的目的决定的,而不是由战争的胜负结果决定的。当战争的目的是追求平等权利时,此战争就是正义的。也就是说,如果进行某一场战争虽然剥夺了部分人的生存和自由平等权利,但其目的若是维护更多人的生存权及避免更大范围的不平等现象,那么这场战争就是正义的。

进一步说,"战争正义方"比"正义战争"表述更为准确。在战争中一定有不正义方,但不一定有正义方。当战争双方都是不正义的,该场战争可以说是不正义的战争。如一战期间诸列强为瓜分殖民地进行战争,协约国和同盟国双方都是非正义的,所以可以说一战本身就是非正义的战争。我们常听到的"春秋无义战"之说也是基于此道理①。然而,当战争中有一方是正义的时候,却难以说这场战争是正义的,比如二战中既有正义一方也有非正义一方,所以不宜笼统地说二战是正义的战争,准确地讲,应当是二战中的反法西斯国家是正义的。

五、当代国际战争的特点

20世纪的两次世界大战,给世界人民留下了惨痛的回忆。随着科技的发展,核武器和各种先进常规武器不断研制,使战争对人类生存的威胁越来越大。避免战争,争取持久和平成为国际社会的共识。第二次世界大战已过去70多年,在这段时间里,虽然热点地区冲突不断,局部战争此起彼伏,但世界大战毕

---

① 阎学通、何颖:《国际关系分析(第三版)》,北京大学出版社2017年版,第153页。

竟没有再爆发。事实告诉我们,当代的国际战争呈现出了一些新的特点:

(1)直接参战主体和幕后主体增加,大国战争较少发生,代理人战争成为普遍形式。随着各种非国家行为体的兴起以及越来越多的跨国、跨政府活动,当代战争的直接参战主体逐渐增多,包括国家、民族、宗教组织、恐怖主义集团等,冷战后多元主体现象更为明显。一方面,科学技术的进步导致核武器、生化武器等大规模杀伤性武器的出现以及导弹、精确制导弹药、电子战装备等高技术武器的应用,战争的破坏性危及整个人类社会。另一方面,国际社会相互依赖和全球化程度日益加深,大国越来越青睐以谈判、协商等外交手段解决问题,很少直接诉诸武力,大国战争急剧减少。冷战时期,最为明显的特点是美苏的代理人战争,双方通过在第三世界国家内部各自扶持一方,间接参与国际战争,冷战后,代理人战争依旧存在。

(2)战争的原因和目标多元化。冷兵器时代、热兵器时代、机械化时代的战争往往追求的是安全和经济利益,目标就是夺取人口、土地和资源财富。而当代信息化战争的原因较为复杂,主要有地缘因素(战略位置、资源、领土等)、意识形态因素、文化因素(民族宗教问题)、均势因素(尤其是地区均势失衡)、新帝国主义因素、某些国家的内政因素等。战争的目标也由传统的硬性征服转化为以经济渗透、文化侵略为表现形式的软性征服。

(3)作战手段的高技术和灵活性增强,战争持续时间缩短。高技术的直接运用,是现代战争的一个突出特点。新军事革命使武器装备性能不断提高,信息化程度不断提升,更新换代的速度不断加快。科学技术成为军队重要的战斗力。战争不仅是人力、物力、财力的较量,而且是高技术的比拼。科学技术落后,在战场上就要失利、被动、挨打。1991年1月爆发的海湾战争以参战国之多、战况之激烈、作战进程之迅猛以及双方损失之悬殊为世人所瞩目,更因其大量使用了当代尖端、高技术武器装备,使战场条件、作战手段以及对抗方式发生了根本性变化,揭开了现代高技术局部战争的序幕。而2001年10月的阿富汗战争则全面展现了信息化战争的强大威力,是一场典型的不对称作战。在这场战争中,美军充分发挥了各种作战手段的系统效应,使信息系统与作战系统实现了高度一体化,而这种高度一体化大大提高了作战效能,对战争的进程至关重要。高科技武器打击的精度、强度和效率大幅度提高,对对手实施的致命性摧毁的速度随之加快;战争的网络化、体系化使得围绕着军事攻击这一核心任务所展开的战争组织、指挥、控制、通信、协调、援助、占领或撤离等各个环节更加紧凑和高效,因此战争的持续时间得以缩短。

(4)有限战争是主要形式,但战争的代价提高,胜负不具有绝对意义。当代战争往往起因于第三世界国家之间的冲突,涉及的国家和地区较为有限,战争的烈度和规模减小,大国主要充当间接参与者,它们不愿把战争扩大为世界战争和全面战争。值得注意的是,当代战争的参与方都要付出巨大代价,要么是巨大的财政负担(尤其是高科技战争)以及因此导致的国内、国际舆论的反对,从而影响政府合法性,要么是国破家亡、民族分裂、血腥厮杀、恐怖主义盛行,战争没有明确的结束时期,战争的胜负不具有绝对意义。

六、未来的战争形态发展趋势

未来的战争形态发展趋势主要体现在以下几个方面:

(1)新型作战样式将不断涌现。作战样式是战争形态的重要表现形式,随着战争要素在各个领域的深化发展以及新要素的不断涌现,在传统机械化作战样式的基础上将会涌现出一些新型作战样式,如无人作战、电子战、太空卫星战、网络攻防战等。在无人作战中,无人机、无人舰、机械战士、无人战车、无人潜航器、无人坦克等将会充斥战场,部分取代有人作战,战争的智能化、自动化程度大大提高,人与机器人混合作战将成为未来战争的重要形式。

(2)信息主导作用日趋加强。信息技术广泛运用于军事领域,直接推动了武器装备的跃升式发展,甚至强制性地改变世界军队建设发展方向。以信息技术为核心的军事技术革命,引发了包括武器装备、军队编制、指挥方式、军事理论等方面的重大变革。全面准确实时的信息情报成为制胜的核心与基础,获取和保持信息优势成为制胜的关键保障,信息化武器装备成为战斗力的关键物质基础,基于信息系统的体系作战能力成为战斗力的基本形态。

(3)非对称现象越来越明显。由于科学技术发展水平不平衡,各战争主体之间的技术代差日趋拉大,不同主体间进行战争的装备样式和技术手段的非对称性超过以往任何时代。在技术和装备方面,强国拥有突出的优势,拥有陆、海、空、天、电磁、网络等作战领域的主导权,能够以全维作战方式展开进攻,而弱者则力求通过破坏性手段和装备抵消对方的技术领先优势;在战争耐心方面,强国希望速战速决,不愿长时间地陷入战争泥沼之中,而弱者则希望打持久战争,通过比拼意志和耐心赢得胜利①。

七、战争原因的层次性分析

战国初期军事家、政治家吴起在《吴子兵法》中对战争的起因进行了阐述:"凡兵之所起者有五:一曰争名,二曰利,三曰积恶,四曰内乱,五曰因饥。"他认为,战争的起因有五种:一是起于争夺名分,二是起于争夺利益,三是起于历史积怨,四是起于政治动乱,五是起于严重饥荒。这种认识对我们今天分析战争的根源问题具有启示意义。

本书认为,国际关系的三个分析层次,即个人层次、国家层次、体系层次,任何一个层次都存在导致战争和冲突的原因。

从个人层次来说,人性中的自私、占有欲和自我实现欲,甚至是动物的侵略本性、对同类的排斥性等都可能成为战争的原因。从国家层次来说,国家存在的种种缺陷、不同集团争夺经济资源的斗争等都有可能成为战争爆发的原因。有学者认为国家的政权性质、经济利益、政治文化都有可能是导致战争的原因。从国际体系来说,实力的不均衡分布、国际社会的无政府状态、仲裁者的缺乏以及全球自然资源的有限性等都是导致战争和冲突的原因。

综上,在国际关系的三个层次上都存在发动战争的原因,没有哪个单一的因素可以解释所有的战争,也没有哪一场战争是某个单一因素所导致的,正如詹姆斯·多尔蒂(James E. Dougherty)所指出的:"战争是一个有着多重原因的现象,而不是一个单一因素决定的现象"②。所有的战争都是各种因素综合作用的结果,毫无疑问,了解三个层次上的战争因素将有助于我们对某场战争进行具体深入的分析。对于一场具体战争而言,"要弄清具体细节,我们需要理解所有三个分析层次之间的互动"③。

20世纪上半叶的两次世界大战给世界各国人民留下了惨痛的记忆,而随后长达半个世纪的冷战又使人们长期陷入对国际战争的恐惧之中。冷战的结束

---

① 夏一东:《战争形态发展新趋势》,《人民日报》2016年3月20日,第05版。
② 詹姆斯·多尔蒂、小罗伯特·普法尔茨格拉夫:《争论中的国际关系理论(第五版)》,阎学通、陈寒溪,等译,世界知识出版社2003年版,第332页。
③ 卡伦·明斯特、伊万·阿雷奎恩-托夫特:《国际关系精要(第五版)》,潘忠岐译,上海人民出版社2012年版,第253页。

未能驱走国际战争的阴霾,随着国际环境的变化和军事高科技在现代战争中的广泛应用,当代国际战争无论从战争的形式、样式、规模还是范围、影响,都发生了显著的变化。局部战争、有限战争、信息化战争成为当代国际战争的主要样式。核武器的出现及核威慑的存在,不仅影响了战争的结果,更改变了人们对战争的既有看法。人类社会的冲突和战争不是从来就有的,也不是永远存在的。期望国际社会中制约战争的力量逐步壮大,国际社会爱好和平的人们共同努力,制止新的国际战争。

第三节 国际和平

和平始终是人类社会的普遍期待与殷切向往。当今世界,和平与发展已成为时代主题,但各国面临的安全威胁日益复杂,战争威胁始终挥之不去。本节主要介绍和平的性质、延续和平的方法等问题。

一、和平的性质

应该说,人类对于战争的认识比对和平的认识要深刻。自古以来有大量的兵书,从孙武的《孙子兵法》到克劳塞维茨的《战争论》,从司马穰苴的《司马法》到若米尼的《战争艺术概论》,大量关于战争的著作让人们对于战争认识得越来越透彻,可是关于和平的著作却寥寥无几。在本章第一节内容中已经提到,和平是关于安全状态性质的概念,和平不等于安全。

和平是指没有大规模武装暴力行为或低于战争标准的自然状态。人们普遍认为和平与战争是对立的自然现象。和平与战争的根本对立之处在于前者是非暴力的,而后者是武装暴力的。根据韦伯斯特字典,暴力是指"运用物理力量进行伤害和虐待的行为",所以此处的"暴力"指的是武力和其他强制性的力量,而非日常生活中使用的"语言暴力""精神暴力"中的延伸含义。

学者约翰·加尔通(John Galtung)从政治、经济等方面提出了和平的新概念,他把和平分为消极的和平与积极的和平,而与此相对应,把暴力分为个体性暴力和结构性暴力。这里,个体性暴力是指个别国际行为体之间的施暴行为,突出特点是直接的、赤裸裸的暴力。结构性暴力是指国际行为体之间通过非军事手段剥夺对方权利的行为,突出特点是间接暴力,而且这种暴力行为常常得到相应的法律制度的保护。没有个体性暴力,还只是消极的和平,只有消除结构性暴力才是积极的和平。加尔通认为,"和平是所有形式暴力的缺失或减少。"[①]消极和平的诉求是减少暴力、消除痛苦,积极和平的目标则是改善生活境况和提升生活质量。积极的和平包括个人发展、社会经济增长、自由、平等、社会正义、公道、团结、自治、参与和作为世界目标的生态平衡。在积极和平的条件下国际社会的权力和资源能获得公正的分配。引起结构性暴力的原因,包括国际社会权力的不平衡,权力的剥夺和财富多寡的悬殊等,而根本原因是社会的不公正。加尔通认为,只有抛弃社会不公正才能获得积极的和平。从加尔通对和平概念的界定中可以看出,积极的和平状态并不像消极的和平状态那样固定、明确和易于判断。消极的和平存在着"非战即和"的逻辑,战争结束,和平也就取得了;制止了战争的爆发,和平也就得以维持。积极的和平实际上指的是没有战争也没有战争根源的状态,没有战争并不意味着就拥有了和平。

和平的性质是目的性和工具性。和平同战争一样,可以是目的,可以是手段,还可以是一种状态。和平的目的性不难理解,是指和平成为人们追求的目标,和平与幸福、健康、安宁一样,是一种可供人类享受的状态。战争的目的性则比较抽象,是指将战争作为目的,有一些人是生来为战的,东亚国家的将军与武士、欧洲的贵族与骑士、南亚国家的刹帝利都是以战争为职业和目的的人群。和平的工具性是指人们利用和平来实现自己的目的,比如经济腾飞的目的、国家富强的目的,和平在一定情况下甚至可以用来为战争争取时间,以做充分准备。

二、和平的基础

人类追求和平是一个长期的理想,但迄今为止永久和平还只是一个政治理想而不是政治现实。二战后国际体系的主导文化是人人为竞争对手的洛克文化,而不是人人为友的康德文化,在洛克文化下,即便战争受到了限制,但仍被认为是可以接受的现象。当前很多人对永久和平能否实现这一问题持悲观态度,认为战争永远不会消亡。其实马克思主义战争观已经明白无误地告诉我

---

① 约翰·加尔通:《和平论》,陈祖洲、舒小昀、刘成,等译,南京出版社2005年版,第13页。

们,战争是一个历史范畴,有它产生、发展和消亡的过程。战争在一定社会历史条件下产生,也必将在一定社会历史条件下消亡。消灭战争、实现永久和平的首要条件就是消灭阶级和国家,而消灭阶级和国家要以社会生产力的高度发展为必要的前提条件,同时,也有赖于高度发达的精神文化条件。和平的延续不可能凭空实现,它是建立在道德、理性和物质基础上的。

(1)和平信仰是和平延续的道德基础,也是精神基础。和平不时被战争打断,原因之一是人们有时对战争的信仰高于对和平的信仰。20世纪上半叶印度圣雄甘地倡导非暴力主义,虽然英国殖民主义政府使用暴力镇压这些运动,但这些非暴力主义人士采取不还手的策略,所以印度没有发生民族独立战争。当前中国之所以坚持和平发展道路,致力于推动构建人类命运共同体,这与中国人所具有的热爱和平、祈望和平的人文性格有关。这种人文性格有两大成因:一个是农业文明而来的平和,这种基因性文化特征决定着价值观和行为方式,为什么中国历史上很少出现西方国家那样的侵略和征服,重要原因即在于此;另一个原因是深重苦难带给中华民族难以磨灭的记忆,这种记忆逐渐化作民族性格或价值观念。后者对现实的关照更强烈。对于一个国家来讲,如果人们崇尚战争而不崇尚和平,国家就很难去寻求和平。

(2)和平红利是和平延续的理性基础。和平之所以向战争转换,其中一个重要的条件是和平的利益小于战争的利益。当和平给人们带来的利益大于战争的利益时,人们就会维持和平而不选择战争。20世纪70年代,美国尼克松政府决心宁可接受损失也要结束越南战争,很大程度上是因为尼克松政府认识到继续战争的利益小于结束战争的收益。和平不是无源之水、无本之木,要想实现可持续的和平,必须有可持续的发展作为坚强基石。

(3)维持和平的能力是和平延续的物质基础。和平是由人来维持的,所以,和平延续的时间长短取决于人类维持和平的能力。如果人类能消除或控制武器的应用、有能力将对立的武装集团隔离开或者有能力保持相互威慑能力,那么人类就能够有效地延续和平。正是因为国际体系具有无政府性,军事暴力工具不能被一个超国家机构垄断,每个国家都拥有行使军事暴力的权力(即军事自卫权),因此,当前国际社会维持持久和平的能力显得较为低弱。

三、延续和平的方法

世界和平既是人类发展的一个崇高目标,又是国际社会努力不断实现的过程。为推动建设持久和平、普遍安全的世界,人类已经进行了许多的设想和实践。维持和平的方法多种多样,基本思路有两种:一种是消灭战争,另一种是巩固和平,这如同医学上为了延续生命,可以采取的方法一种是消灭疾病,另一种是增强健康一样①。延续和平的方法主要有以下几种:

(1) 增强和平道德观念。增强和平道德观念是维护和平的一种方式,在联合国教科文组织总部大楼前的石碑上,用多种语言镌刻着这样一句话:"战争起源于人之思想,故务需于人之思想中筑起保卫和平之屏障。"当前,大国冷战思维、地区零和博弈、极端主义思想仍在不时冲击人类共同的价值理念,阻碍人类和平进程。构建持久和平,需要开展多维度的对话与协商,需要树立新和平观和新的安全思维。

(2) 控制武器的使用。控制武器的使用有利于延续和平,例如通过裁军和军备控制维护和平,这是制度主义者倡导的维护和平的路径。1968 年通过的《不扩散核武器条约》和 1996 年的《全面禁止核试验条约》是通过国际军控维持多边和平的例子,这两个条约相互配合,基本上消除了无核国家之间发生核战争的危险。

(3) 建立控制暴力行为的权力机构。通过建立国际权力机构对战争行为进行控制,这是一些学者提出的维护和平的方法。虽然建立世界政府垄断全球军事暴力工具以延续和平的尝试总是不尽人意(例如国际联盟的成立并未能有效防止大规模国际战争的爆发),但人类并没有放弃建立其他类型的权力机构的尝试,例如国际法院的成立能够对联合国成员国所提交的案件作出有法律约束力的判决,在和平解决国际争端中发挥了积极作用。

(4) 降低战争利益,让发动战争者无利可图。这是现实主义者提倡的延续和平的方法。进行战争和维护和平都需要付出代价,只有当和平的纯收益大于战争时,决策者们才会选择和平。扩大和平收益和降低战争收益有两种非常传统的方法——维持实力均衡和建立霸权。维持实力均衡即均势政策,是指试图阻止霸权国或国家集团获得权力优势,以维持国际力量对比的均衡以及国际关系的基本稳定,这一方法能够降低各交战方赢得战争的可能性,从而降低战争利益。建立霸权即霸权政策,是指霸权国运用优势权力,建立一个由其主导的

---

① 阎学通、何颖:《国际关系分析(第三版)》,北京大学出版社 2017 年版,第 160 页。

区域或世界秩序,这一方法可以增加霸权国维持和平的收益,从而促使霸权国为维护和平进行更大的投入。

四、当代中国的和平问题

近几年,中国外交思想领域出现了一股"泛和平主义"思潮,宣传"天下太平,只管去安享太平""所有的战争都是错误的",等等。这些"泛和平主义"言论严重背离实际,不利于维护和发展国家利益,亟须加以澄清,明辨是非。

中国人民热爱和平,追求和平,但不能忽视尚武精神。和平不等于不准备战争、不进行战争。能战方能止战,适时威慑方能遏制冲突。习近平总书记指出:"能战方能止战,准备打才可能不必打,越不能打越可能挨打,这就是战争与和平的辩证法。"中国人民是爱好和平的,但也决不受别国的欺凌。为了和平,必须有尚武精神。党中央高度重视新时代的强军任务,奋力开拓中国特色大国外交新局面,我国在东海、南海等问题上发出了强有力的中国声音,有效地维护了我国的核心利益,得到了人民群众的充分肯定。这一事实无疑宣布了"泛和平主义"理论的破产。

对于今天的中国而言,一定要把握战争与和平的辩证法,坚决维护中国有尊严的和平、有安全的和平、有原则有底线的和平。一方面要坚持走和平发展的道路,另一方面要坚决抵制"泛和平主义"思潮的影响。

第四节 和平主义运动

和平主义思想古已有之,在中国先秦时期,老子是和平主义思想的主要代表。《老子》第三十一章曰:"夫兵者,不祥之器,物或恶之,故有道者不处。"是说兵器是不祥的东西,人们都厌恶它,所以有道的人不使用它。虽然和平主义的思想古来有之,但真正形成和平主义运动还是近代的事。

和平主义源于一种信仰——"杀戮即错误"。1907 年,大文豪托尔斯泰对瑞典和平会议说:真理就是千百年来被说过无数次的四个字——不要杀戮。可见,和平主义反对一切暴力和战争,认为战争都是非正义的,任何和平都好于战争,它彻底否定国家将武力作为解决问题的一种手段的正当性。2003 年美国攻打伊拉克时,欧洲一些国家爆发了反战运动,当时在德国,四万多人组成的"人链"长达五十余公里,从德国西北部城市明斯特延伸到奥斯那布鲁克,抗议美国发动对伊战争,这些和伊拉克问题并无直接关系的平民们并非萨达姆政权的支持者,但他们坚决反对美国以战争方式和暴力手段来解决伊拉克问题,这就是和平主义的表现。本节主要介绍和平主义运动的发展、和平主义的主要反战理由,以及和平主义的作用等问题。

一、和平主义运动的发展

近代的和平主义始于19世纪初,早期和平主义运动是以宗教道德为基础的。在拿破仑战争后,英国基督教新教中的教友会宣传反对一切战争和暴力,宣扬和平主义,并得到英国自由贸易派的支持。英国自由贸易派认为在和平条件下,英国通过自由贸易可以更充分地利用自己在工业上的优势,达到经济和政治上的统治。随后和平主义运动在英、美得到发展。早期和平主义运动的标志性事件有:1815年在纽约成立了第一个和平主义组织——和平协会;1830年,塞伦创了日内瓦和平协会;1838年加里森在美国成立了新英格兰不抵抗协会;1843年国际性的普遍和平大会召开;1889年第一届国际议员与世界和平大会成功举行等。

一战后的国际和平主义运动旨在反对帝国主义战争,重要事件有:1917年苏维埃俄国政府公布《和平法令》;1918年美国总统伍德罗·威尔逊提出"十四点计划";1919年基督教和平团体"国际和解联谊会"在美国成立,同年,总部设在日内瓦的"国际妇女争取和平与自由联盟"成立;1921年颇具影响的和平组织"防止战争全国理事会"在美国成立,等等。

冷战时期,国际和平主义运动基本上是一个单纯的反战、反核运动[①]。冷战时期的国际和平运动时起时伏,高潮一般形成于美苏军备竞赛紧张和国际局势紧张时期。这一时期国际和平主义运动大体经历了四次高潮:20世纪40年代末期到50年代中期,面对新的世界战争的危险,尤其是朝鲜战争的爆发以及美国不断威胁再次使用核武器的现实,呼吁禁止原子弹和反对战争的呼声四起,促成了第一次国际和平运动高潮的到来;20世纪50年代末到60年代末,针对

---

① 汪铮:《和平运动:历史与现实》,《欧洲》1996年第1期,第68页。

日益加剧的美苏军备竞赛,特别是次数骤增的核试验,出现了第二次国际和平运动高潮,明确要求核裁军;从20世纪60年代末到70年代中期,随着美国侵越战争的爆发和升级,一场大规模的、以反对美国侵越战争为中心内容的反战和平运动在世界范围内兴起,掀起了第三次国际和平运动高潮;20世纪70年代末至80年代中期,一场更大规模的国际和平运动高潮兴起于欧洲,起因主要源于1979年北约通过"双重决议",针对苏联在东欧部署SS-20型导弹,决定将从1983年起在西欧部署美国中程导弹,这激起了西欧人民反对在自己家园部署新导弹的声势浩大的反核和平运动浪潮,并迅速在全球范围内引起强烈反响。

冷战时期,国际和平主义运动具有一个新的特点,即社会名流和科学家成为和平主义运动的重要力量。例如,世界文化界人士于1949年8月在波兰举行保卫和平大会,出席大会的是来自于45个国家的五百多位科学家、作家和艺术家。大科学家爱因斯坦也是一位和平主义者,早在1930年12月14日,美国新历史学会在纽约开会,爱因斯坦在会上发表著名演讲"战斗的和平主义",提出两条制止战争的具体行动方针,开宗明义就呼吁"不妥协地反对战争,并且毫无保留地拒服兵役"。他指出,只要拒服兵役的人达到应服兵役人数的百分之二,政府就束手无策,因为,世界上没有哪个国家有这么多监狱来关百分之二的青年!这就是爱因斯坦著名的"百分之二原则"。可见他为推动实现人类和平的良苦用心。

冷战结束后,发生世界大战的危险明显下降,国际形势的变化使和平运动的开展面临许多新情况、新问题,国际和平主义运动声势相对减弱。在全球环境与发展问题日益赢得国际社会关注的情况下,国际和平组织关注的重点不再仅仅是与战争相关的问题,而是普遍把保护环境、维持生态平衡,改变不合理的国际政治、经济秩序,促进发展作为和平主义运动的主要目标。

二、和平主义的主要反战理由

对一些人来说,和平主义者彻底否定战争的思维是难以理解和接受的,在这些人看来,一方面战争有正义和非正义之分,正义战争是必须认可和支持的,另一方面,战争在带来灾难与毁灭的同时还会带来某些正面影响,比如说催生某些先进技术。和平主义者针对这种质疑提出了自己的看法。具体来说,和平主义者的主要反战理由有以下几点:

（1）在复杂的国际关系实践中,很多战争的性质并不能单纯通过"正义战争"和"非正义战争"来作出非此即彼的判断。在更多时候,"正义有多个父亲,非正义则是一个孤儿",参战者无不认为自己是正义的,都声称自己是受到侵害的一方,而指责对方不正义。"正义"的背后往往隐藏着民族的、阶级的、党派的、集团的、个人的利益考量。

（2）虽然战争既具有毁灭性又具有建设性,但战争所损害的部分是无法挽回的,而得到益处的情况是相当偶然的。战争带来的任何收益都无法弥补战争造成的损失。

（3）战争不仅仅会给人类社会带来难以挽回的财产和生命损失,而且还极易给人留下几乎无法磨灭的心灵创伤。就算那些只是目睹战争而没有受害的人们,也会因战争而留下难以愈合的心理创伤。

正是基于以上三点理由,和平主义者对战争持彻底否定的态度。

三、和平主义的作用

和平主义运动通常代表了被统治者的利益,因此和平主义运动往往是由非政府组织发起和推动的,政府成为和平主义运动反对的对象。由于一国政府的具体政治目标经常与和平主义运动的宗旨不相符甚至相冲突,所以和平主义运动在许多国家都很难得到政府的支持。各国政府虽并不赞赏和平主义运动,但往往能够容忍和平主义的活动,主要原因是和平主义者采取非暴力行为表达自身主张。政府不支持和平主义运动,但并不一定反对和平主义思想,许多国家的政策都会受到和平主义思想的影响。

最近一百多年来的国际法发展充分体现出和平主义运动的成果,证明平民的和平意愿与行动可以促进战争规则的良性质变。19 世纪中期,瑞士人亨利·杜南以普通民众身份,首创国际红十字会,并大力推动其发展。1862 年杜南写的《沙斐利洛的回忆》一书面世,该书描写了 1859 年法、意对奥战争中沙斐利洛战役的惨状,唤起了国际社会对战时救护伤病员问题的关注和创立救护团体的思考。随后,瑞士兴起红十字组织运动,国际红十字会人道组织诞生。1864 年 8 月 22 日,瑞士、法国、比利时、荷兰、葡萄牙等 12 国在日内瓦签订《日内瓦公约》,规定了军队医院与医务人员的中立地位和伤病军人不论国籍均应获得接待和照顾等原则。此后《日内瓦公约》历经数次补充和修订,至 1977 年,《日内瓦公约》已经把对平民的保护延伸到那些没有被正式宣布为交战国的公民,以及内战冲突中的平民,还有在交战区域活动的任何提供宗教、人道和医疗援助的人士。世界各地主要由平民发起的和平主义运动有效降低了战争的暴力程度和暴力范围,至少国际法已明确禁止参战者借正义之名来使用非正义的手段,例如伤害平民。近些年来,珍视生命、慎言战争也已成为绝大多数国家制定政策时的重要考量,战争的范围和强度受到国际社会的关注和监督。这也从侧面证明了和平主义运动发挥了一定的作用。

2001年9月7日,联合国大会通过决议,决定自2002年起,"国际和平日"为9月21日。决议中提到:"宣布此后,国际和平日应成为全球停火和非暴力日,并邀请所有国家和人民在这一天停止敌对行动。"尽管当今世界局部动荡频仍,但和平与发展依然是时代主题,而人民期盼和平与发展的心愿始终不渝。"国际和平日"的设立,正是反映了国际社会对和平与发展的普遍诉求。

第五节　国际恐怖主义

近代史上著名的法国大革命,不仅萌生了拿破仑摄政及其大军铁骑踏欧的进程,而且缔造出严酷无比的罗伯斯庇尔专政,为保卫新生政权,当时执政的雅各宾派决定用红色恐怖主义对付反革命分子,催生了"恐怖主义"(terrorism)这一词汇。虽然恐怖行为古已有之,但恐怖主义成为全球现象,仅是20世纪下半叶的事情。

一、恐怖主义的概念

冷战结束以来,尤其是"9·11"事件后,恐怖主义成为威胁世界安全的重要的全球性问题。无论是处于动荡之中的欠发达国家,还是政治、社会相对稳定的发达国家,都不同程度地受到恐怖主义浪潮的冲击。

有些学者认为恐怖主义主要针对的是制造全球不公正现象的西方发达国家,特别是英、美等国,但事实上,俄罗斯、印度、阿尔及利亚、亚美尼亚、印度尼西亚、伊拉克、巴基斯坦、摩洛哥、孟加拉国都曾经遭到严重的恐怖袭击,而这些国家都并非西方发达国家。而且,有必要指出的是,中国也是恐怖主义的受害国。

定义恐怖主义的困难在于,恐怖分子的动机、目标以及所运用的手段是多种多样的。此外,"使问题复杂化的是,在一些人看来是恐怖分子的人,却往往被另外一些人看作自由战士,是为解放事业或正义事业而奋斗的英雄"[1],即认定标准不统一。我们认为,恐怖主义是指暴力实施者(国家、亚国家集团、秘密代理人等)基于政治目的,对非战斗人员有组织地使用暴力或者以暴力相威胁的行为。恐怖分子利用恐怖方式给人们带来创伤,制造混乱和恐怖气氛,以使人们产生脆弱感,并对政府保护他们的能力丧失信心。一般来说,恐怖主义的目标就是向某些国家的政府施加压力,迫使它们采取具体行动来满足自己的愿望,如释放政治犯、停止战争、允许某个地区自治或独立,等等。"恐怖活动有时是为了报复过去的不公平遭遇,有时是向以跨国公司等外国企业为象征的资本主义制度宣泄憎恨,或者是向异教徒宣泄原教旨主义的狂热"。[2]

学术界通常以三个条件来判别恐怖主义行为:对平民及民用设施的暴力攻击;制造恐怖;以求实现政治目的。

二、国际恐怖主义的类型

20世纪90年代以来,恐怖主义进入了一个新的阶段。近年来,国际恐怖主义日益猖獗,恐怖事件连绵不断,2011年莫斯科多莫杰多沃机场爆炸事件,2013年波士顿马拉松爆炸事件,2015年巴黎《查理周刊》杂志社枪击事件,2016年布鲁塞尔恐怖袭击事件,2017年伦敦地铁爆炸事件等至今仍让人心有余悸。"恐怖主义是一种特殊形式的非对称冲突,越来越被看作一种主要的国际安全威胁。"[3]

根据恐怖主义的实施主体和政治目的,国际恐怖主义可以分为三种类型。第一种类型是国家恐怖主义,即由国家秘密行动人员或国家鼓励、资助的人员直接执行的恐怖活动。例如1989年洛克比空难事件被认定为由利比亚两名情

---

[1] 詹姆斯·多尔蒂、小罗伯特·普法尔茨格拉夫:《争论中的国际关系理论(第五版)》,阎学通、陈寒溪,等译,世界知识出版社2003年版,第417页。

[2] 同上。

[3] 卡伦·明斯特、伊万·阿雷奎恩-托夫特:《国际关系精要(第五版)》,潘忠岐译,上海人民出版社2012年版,第266页。

报人员制造的。第二种类型是民族分离主义导致的恐怖主义,可以简称为"民族恐怖主义"。很多存在民族分离倾向的地区都存在恐怖主义活动,其活动范围主要在本国内部,但也会跨越边境到达周边国家,或在其他国家建有基地。例如,俄罗斯车臣分离主义势力所制造的恐怖活动。第三种类型是极端宗教信仰的恐怖主义。这种具有极端宗教信仰特点的恐怖主义有着与现代世俗社会不同的价值体系、合法性、正当性机制以及道德观念,对它们来说,暴力是一种神圣的行为,是在履行神的旨意,因此不受任何世俗法律、道德等方面的制约,"基地"组织就是典型。

三、国际恐怖主义的特征

国际恐怖主义具有以下几个特征:

(1)恐怖主义者制造的事态,其血腥场面和惊骇程度,超出社会公众对一般流血事件或是战场伤亡的心理预期,也超越了各种法律允许的限度。军事冲突中,交战方一般以达到使另一方接受己方要求为目标,通常不伤害平民和已缴械官兵,各种国际法对此均有明确规定。而恐怖分子则尽可能造成超出常人所能预期的伤害,为此不惜使用一切能够想到的骇人听闻的手段,包括非法的、卑劣的、受到法律和公约禁止的方式。恐怖主义的疯狂性在于受害者完全是无辜的,和恐怖分子要达到的目的毫无关系,也没有能力影响事态的变化。在这里,"恐怖"一词体现着恐怖主义者最直接的表征,折射着这类极端分子对法律准绳和公众道义尺度的蔑视。

(2)其组织形态具有极度的隐秘性和分散性,袭击方式带有强烈的突发性和不可预测性。恐怖主义的暴力行为具有很大的隐蔽性、突发性,总是在人们意想不到的时间和地点,发动突然的袭击。恐怖分子常常在广场、机场、政府建筑物、商店、学校和校车、饭店、地铁等公共场合制造事件,造成无辜平民的伤亡。恐怖主义者具有分散化、平民化特征,往往来去无踪,平时可能藏身于普通的职业岗位和老百姓中间,藏匿在日常生活完全不起眼的某个角落,具有较强的隐蔽能力和反侦察手段,他们一旦出手,总让社会公众始料未及,令强力部门猝不及防。

(3)国际恐怖组织通常制定有深思熟虑的政治纲领,而且会把这种政治诉求公之于众。这一特征也是国际恐怖组织与个体性、孤立的反社会恐怖行为的主要区别。例如,本·拉登曾宣称,只有当美国大兵和西方占领者从伊斯兰土地上撤走后,"基地"组织才不会再发动类似"9·11"事件那样的袭击;西班牙巴斯克民族分裂组织"埃塔"明确主张在西班牙北部巴斯克地区和法国南部巴斯克地区成立一个独立的国家。国际恐怖组织的政治目标,已深深灌输到其组织每一位成员的头脑里。

总之,超过法理的残忍、极度的隐秘和不可预测,以及明确的政治目标,是当代国际恐怖主义的三个鲜明特征[①]。

四、国际恐怖主义的新动向

与20世纪相比,21世纪国际恐怖主义既有一些新变化,也有很多类似之处。从根源上来看,宗教极端主义仍然是国际社会面临的主要恐怖主义威胁来源;从策略和手段上来看,爆炸,尤其是自杀式爆炸仍然是当代恐怖主义的主要手段;从恐怖组织和恐怖分子的组织形式与联络渠道来看,国际化与当地化是当前世界恐怖主义对立统一的重要特征[②]。当前,世界恐怖主义又出现了一些新动向。随着2008年全球金融危机的爆发,一些国家的国内经济和社会秩序受到冲击,意识形态型恐怖主义有恶化趋势[③];恐怖组织的小型化、分散化和草根化趋势较为明显[④];网络恐怖主义等新型恐怖主义从概念成为现实;恐怖组织与跨国组织犯罪的关系更加多元、复杂;恐怖组织袭击手段更加高科技化。

---

① 王逸舟:《国际政治概论(第二版)》,北京大学出版社2016年版,第112-113页。
② 张家栋:《世界恐怖主义的主要特征与发展趋势》,《国际观察》2011年第5期,第12页。
③ 冷战时期,意识形态型恐怖主义曾是世界恐怖主义浪潮中的主要部分,但后来低落。2008年全球金融危机以来,随着欧美国家经济形势不良以及一些发展中国家收入差距扩大等因素,意识形态型恐怖主义出现明显的恶化趋势。例如2010年印度有1174人死于极左恐怖活动,占当年印度恐怖活动死亡人数的62.1%;一些欧洲国家采取削减政府福利开支等财政政策,引起社会底层民众的不满,意识形态型恐怖主义也出现返潮迹象。
④ 国际恐怖组织,特别是"基地"等受到严厉打击的国际恐怖集团,在"9·11"事件以后不断演变,从一个等级制的组织体系变成一个网络式的平面结构。近几年来,一些恐怖组织在世界各地的分支与追随组织更加多样,这些组织成员往往以亲戚、朋友、同学或教友等关系为纽带,很难预防也很难破获。

五、国际恐怖主义的根源

"要对国际恐怖主义进行分析,必须从多个层面入手,如个人心理结构,组织或团体的宗教、意识形态,国家内部的政治派系斗争,被恐怖主义当作袭击目标的国家,以及赞助、支持、操纵、训练和庇护恐怖组织的国家等。"[①]国际恐怖主义这种反人类的罪行并非偶然,它实质上是一种极端政治势力,是现有国际关系和权力构造的一种扭曲表达,折射出国际政治秩序的一些深层次、结构性的矛盾。"就当代国际权力构造而言,主要的缺陷是,很多事情明明不公正、不合理,联合国和国际社会却束手无策。"[②]

不难观察到,国际恐怖势力和团伙活跃的地区,多半是社会经济发展长期停滞不前、外部打压与内部动荡交织在一起、各种矛盾累积甚久而且难有解决希望的国家和地区。缺乏国际关注、受到打压严重的贫困地区较有可能出现恐怖袭击,矛盾的激化导致激进势力的滋生,绝望者中产生恐怖分子的比例较高。

从另一个方向观察,国家恐怖主义政策在某些场合的实施,还与霸权国家对外政策的强硬立场有关,与它们对国际制度、国际决议和国际法的蔑视有关,与它们的西方中心主义狭隘视野和文化信念有关。

当前国际地缘政治仍以不同阵营来划分,有些国家将反恐作为谋取本国全球利益的工具,对联合国的态度也是于己有利时用之,不利于己时弃之;有些国家仍秉承反恐的双重标准,导致国际反恐合作很难取得重大突破。尊重生命是一种超越文明类型的全球性价值。根除恐怖主义是一种综合治理,对国际恐怖主义的威胁,军事不能成为唯一手段,反对国际恐怖主义是综合性的较量,其间包括反恐者自身体制、机制及各方面关系的改进。在坚持不同文明各美其美、美人之美的前提下,形成不同文明、不同国家同仇敌忾的国际反恐思想文化,开展地区性和全球性的反恐合作,在当前是十分必要的。

---

① 詹姆斯·多尔蒂、小罗伯特·普法尔茨格拉夫:《争论中的国际关系理论(第五版)》,阎学通、陈寒溪,等译,世界知识出版社 2003 年版,第 417 页。
② 王逸舟:《国际政治概论(第二版)》,北京大学出版社 2016 年版,第 116 页。

思考题

1. 和平与安全的区别是什么,国际安全与国家安全又有何不同?
2. 战争正义性的评判标准是什么?
3. 当代战争具有哪些特征?
4. 未来的战争形态发展趋势体现在哪些方面?
5. 什么是传统安全,什么是非传统安全,两者有何区别?
6. 延续和平的方法具体有哪些?
7. 和平主义的主要反战理由是什么?
8. 和平主义运动的积极作用体现在哪些方面?
9. 什么是国际恐怖主义,它具有哪些特征?
10. 国际恐怖主义的根源是什么?如何应对国际恐怖主义?

第九章 国际冲突与国际合作

人类文明史是一部充满冲突的历史,即便在"和平与发展"被看作是当今世界主题的今天,冲突依然存在。长期以来,国际冲突一直被视为理解国际政治的核心命题。国际关系中的冲突论、利益论和权力论,被看作是国际关系理论的核心理论和研究方法。因此,国际冲突历来是国际政治学关注的焦点,国际关系的各种学说和理论范式对此争论不休。国际冲突和国际合作实际是国家间关系的两个方面,冲突是合作的前提,合作是解决冲突的理想结果。进入21世纪,国际合作更加频繁地出现在国家与国家、国家与国际组织、国际组织与国际组织之间,国际合作的趋势在不断加强,但这并不意味着国际冲突就会完全消失,合作与冲突是国际政治中的一对孪生兄妹。

第一节 国际冲突

明确国际冲突的内涵及其新变化,更加理性地审视国际冲突,显然是国际关系理论研究中的一个重要课题。本节主要讨论国际冲突的概念、性质、原因、类型、阶段,国际竞争与国际冲突的关系,国际矛盾导致国际冲突的特定条件及当代国际冲突的特点等问题。

一、国际冲突的概念

对"冲突"这一概念的认识学术界不尽一致。詹姆斯·多尔蒂等认为,冲突通常是某一可认同的人群(部落群体、种族群体、具有相同语言的群体、具有相同文化的群体、宗教群体、社会经济群体、政治群体或其他群体)有意识地反对一个或几个其他自我认同的人群,原因是它们追求的目标相互抵触或看上去相互抵触①。这一概念强调冲突是冲突双方因目标相悖而有意识的对抗行为,然而,目标相悖并不必然导致冲突的发生。刘易斯·科塞认为,冲突是一场"争夺价值以及稀有的地位、权力和资源的斗争。敌对双方的目标是压制、伤害或消灭对方"②。这一概念解释了对立的双方从竞争转化为冲突的原因,即为了维护和实现自身的利益,各方设法打击对方或设置障碍,阻挠对方实现自身目标,迫使对方修改或放弃其原有行为。

"冲突"的词义包含有对立、碰撞的意思,作为人类群体间对抗的状态和行为,冲突具有广泛的内涵,既包括看不见摸不着的思想、观念、文化和政治制度等因素的对立,也包括看得见可触及的如军事、经济等领域的竞争与对抗;既包括不使用暴力的对抗,诸如新闻媒体方面的对立和外交斗争,也包括使用暴力的冲突,如军事冲突;既包括低烈度的对抗,如边境摩擦,也包括高烈度的对抗,如大规模的战争。冲突一般具有目标上的对立性、利益上的对抗性、感受上的敌意性和结果上的零和性等特点。

国际冲突是指发生在国际舞台上为争夺权力、地位、资源以及因意识形态的对立等原因导致国际行为体之间的目标不可协调而产生的相互压制、伤害或消灭对方的行为。国际冲突与一般意义上的冲突最重要的区别在于行为主体的不同,即行为主体不是一般意义上的个体或群体,而是国际关系行为体,特别是指国家或国家集团。国家间交往形式多种多样,国家间一旦出现较为严重的利益矛盾,矛盾发展到相当程度,国家间争端就会逐步升级,无法缓和时,就可能上升为国际冲突。冲突作为一种态势,既可加剧而演变为激烈对抗或武装冲突,也可缓和而达成妥协,消除冲突。

国际冲突通常由冲突主体、不相容目标和冲突行为三个基本要素构成。国际冲突既是事物发展的客观存在,同时也表明矛盾解决的过程。作为一种存在,国际冲突是国家利益对立和矛盾的产物,是国际行为体在利益、价值、目标上碰撞的结果。当双方意识到彼此存在利益分歧,并都寻求要通过己方满意的方式解决时,冲突就发生了。国家间个性的差异和国际社会结构的差异所引起

---

① 詹姆斯·多尔蒂、小罗伯特·普法尔茨格拉夫:《争论中的国际关系理论(第五版)》,阎学通、陈寒溪,等译,世界知识出版社2003年版,第200页。
② 刘易斯·科塞:《社会冲突的功能》,孙立平译,华夏出版社1989年版,前言第2页。

的矛盾,是国际冲突发生的前提和基础。只要国家间彼此交往、产生联系,并受到意识形态、宗教、文化、经济、政治或领土等问题影响时,就可能导致某种冲突①。作为一种过程,国际冲突表明国际矛盾演变和转化的阶段与发展趋势,对国际冲突的认识应该坚持这种存在和过程的辩证统一的观点。一定的国际冲突是国际体系不断演进发展的基本要素,是国际社会的必然现象和普遍状态,也是国际社会发展不平衡规律的展现形式。事实上,国际冲突一般并不必然具有破坏性,除非有关各方以诉诸武力的方式解决彼此的分歧和矛盾,这时就进入国际冲突的极端状态——国际战争。关于国际战争的问题我们已在上一章详细讨论过。

由于国际冲突现象本身的复杂性,迄今为止还不存在一种普遍适用的冲突和战争理论,现实主义强调国家间冲突的持久倾向,而自由主义寻找减轻这些冲突倾向的方法,建构主义则主要从文化观念角度来理解国际冲突。西方国际冲突研究所涉及的冲突内涵及冲突主体等正在发生变化,出现了综合研究的趋势。

二、国际冲突的类型和阶段

1. 国际冲突的类型

当代国际冲突复杂多变,由于冲突的性质、范围和程度不同,国际冲突在不同领域的表现方式也不尽相同,因此,根据不同的分类标准,对国际冲突有不同的分类方法。卡尔·多伊奇依据决策者的策略将国际冲突分为三组相互对应的六种类型:"拼底的"冲突与"共存的"冲突;"根本性"冲突与"偶然性"冲突;"可驾驭的"冲突与"不可驾驭的"冲突②。国内学者依据不同标准对国际冲突进行了分类,例如,倪世雄认为形式上看,国际冲突有暴力和非暴力的、显性和隐性的、可控的和不可控的、可解决的和不可解决的③;高金钿认为从范围上看,

---

① 刘胜湘:《国际政治学导论》,北京大学出版社 2010 年版,第 296 页。
② 卡尔·多伊奇:《国际关系分析》,周启朋、郑启荣,译,世界知识出版社 1992 年版,第 173 – 177 页。
③ 倪世雄、冯绍雷、金应忠:《世纪风云的产儿:当代国际关系理论》,浙江人民出版社 1989 年版,第 269 页。

国际冲突有东西冲突、南北冲突、西西冲突、南南冲突、东东冲突等①。本书认为,可以从以下几个方面对国际冲突进行分类:

(1)从内容区分,依据导致国际冲突产生的原因,国际冲突可以分为政治冲突、经济冲突、军事冲突、外交冲突、文化冲突、民族冲突、意识形态冲突、宗教冲突等。

(2)从形式区分,国际冲突可分为暴力、非暴力两种形式。前者又可依据当事方的性质、范围、持续时间、激烈程度等分为战争和非战争两种形式;后者包括外交抗议、最后通牒、经济制裁、宣传战和心理战等,它们经常成为暴力对抗的前奏。

(3)从冲突性质区分,国际冲突可分为根本性冲突和非根本性冲突。在根本性冲突中,冲突双方的根本利益或战略目标发生对抗,或者双方的价值体系和意识形态水火不容,双方的矛盾是不可调和的。这种情况下的冲突往往长期存在,反复出现,并容易引起双方关系的紧张,甚至危机。非根本性冲突则不然,双方的摩擦和对峙或是意外、偶然的,或是虽长期存在但并不影响双方关系的大方向。

(4)从冲突程度区分,国际冲突可分为有限冲突和孤注一掷的冲突。在有限冲突中,当事方之间是共存共处的关系,双方会在冲突过程中采取比较克制的态度,并作出使冲突暂时解决的妥协。而在孤注一掷的冲突中,一方或双方则倾向于利用一切可以利用的手段,包括使双方同归于尽的手段。

2. 国际冲突的阶段

在国际政治中,冲突的逐步升级是一种常见现象,也是一种常见的策略。在现实中,冲突的升级往往是行为者的自我控制和相互控制急剧减少,每个行为者的行动都变成另一方行动的起点。国际冲突的过程是一个不断展开的、多层面的、从量变到质变的过程,有明显的阶段性和层次性。

美国学者赫尔曼·康恩(Herman Kahn)把国际冲突的逐步升级分为四十四个阶梯、六个门槛,以此构成逐步升级的一组模型②。我国学者金应忠、倪世雄根据国际冲突剧烈程度和不断升级过程,将国际冲突分为六个阶段:语言象征

---

① 高金钿:《国际战略学概论》,国防大学出版社 2001 年版,第 156 页。
② 赫尔曼·康恩:《论逐步升级:比喻和假设情景》,北京编译社译,世界知识出版社 1965 年版,第 38 页。

性阶段、"缄默"阶段、"警告"阶段、力量显示阶段、国际危机阶段、国际战争阶段①。张季良先生也从国际冲突发生烈度的角度,将国际冲突分为五个层次:最高层次是国际战争;第二层次是国际危机;第三层次是国际行为体间对抗性矛盾所导致的冲突;第四层次是非对抗性矛盾导致的冲突;第五层次是语言象征性冲突②。当代国际冲突已经形成一个复杂的结构,学者们对冲突类型与阶段的不同划分有助于人们从不同的方面看待国际冲突这个多面的复合体。

从冲突的强度和烈度方面来考察,国际冲突大致可以分为以下三个层次,从中可以看出国际冲突的升级过程。

第一层次,潜在的对抗和语言象征性冲突。在国际冲突的这一层次,冲突各方都认识到相互利益和政策目标的对立性,双方的矛盾关系已具有对抗性,只是尚未采取主动行动去直接损害对方利益。冷战局面、威慑战略就属于此种类型的冲突。在这一层次上,双方通过传播工具的相互指责、谈判桌上的唇枪舌剑来进行敌对性的宣传,否定对方的社会经济制度、价值标准和政策取向,从思想上、精神上、士气上削弱、瓦解对方。同时,冲突各方都意识到对抗可能会升级为实质性行动,所以保持高度警惕并为之进行准备。

第二层次,非暴力的实质性行为冲突。此种类型的冲突超出了潜在的对抗和语言象征性冲突的范畴而诉诸实际行动,通常采取政治、外交、经济等手段,如驱逐外交人员、断交、封锁、禁运、制裁、暂停或取消援助项目、暂停或取消最惠国待遇等。这一层次的极限往往伴随着暴力手段的准备,例如示威性的军事演习、戒备,以及向对方发出最后通牒等。

第三层次,暴力的使用。当双方矛盾日益尖锐、深刻、激化、非暴力手段无法解决时,暴力手段便会被提上议事日程③。暴力冲突可分为小规模的军事对抗(如边境争端)、局部战争(或有限战争)以及全面战争等几类。这一阶段是国际冲突的最剧烈阶段。国际战争是国际冲突的最高形式,具有突发性,它意味着和平解决冲突的努力失败而诉诸最后的暴力手段,是国际冲突的军事化和武力化。

---

① 金应忠、倪世雄:《国际关系理论比较研究》,中国社会科学出版社2003年版,第315-317页。
② 张季良:《国际关系学概论》,世界知识出版社1989年版,第123-124页。
③ 蔡拓:《国际关系学》,南开大学出版社2005年版,第250页。

在每一个具体的国际冲突发展过程中,既存在在某个层次上无法获得解决导致继续升级的可能,也存在在冲突的某个发展阶段被"冻结"、既不解决又不再继续升级的可能,还存在几个层次同时到位而非一定是依次递进的可能。这说明了国际冲突的复杂性、多样性。

三、国际冲突的性质

国际冲突具有阶段性、有意识性。

(1)阶段性。国际冲突是国际政治的本质,自有国家以来,冲突是国际关系的主导现象,国家间的关系就是以冲突为主轴的关系。国际冲突的阶段性特征体现在两个方面:具体的国际冲突都是非永久性的,都有始有终,绝大多数的冲突持续时间较短,但如果从历史的角度观察,就能发现一个具体的国际冲突不会永恒地持续下去;国际冲突往往会逐步升级,冲突对抗程度从低到高按阶段演进。

(2)有意识性。国际冲突是一个国际行为体受到利益驱使而有意识地反对、压制另一个国际行为体的行为,所以国际冲突具有故意性、目的性、有意识性。此处有两点需要强调:国际冲突是指有意识的对抗行为,无意识的行为是构不成冲突的;冲突源于人与人之间的矛盾,而不是人与自然之间的矛盾。大自然没有主观意志,不可能有意识地对抗人类,因此人与大自然之间不会产生冲突。

四、国际竞争与国际冲突的关系

在自助的国际体系中,受向心力的支配,国家之间围绕资源与权力的竞争和冲突是无处无时不在的。国际竞争与国际冲突是当前国际社会中最为常见的现象,是国际矛盾不同程度的反映。任何一个国家,不分社会制度的类型和国家的大小,为了生存和发展,必然同其他国家进行交往,在开展合作的同时,也难免产生摩擦,形成矛盾,从而处于相互竞争和冲突状态之中。国际竞争和国际冲突都是由国际矛盾引起的,但二者又相对独立,表现出既相互联系,又相互转化的特点。

在国际竞争中,只有当各方都设法贬低对方的地位而抬高自己的地位,力图阻挠对方实现目标,使竞争对手"破产",甚至消灭对方时,它们之间的关系才转化为冲突。与国际竞争相比,国际冲突中双方对立的成分比较大,这种对立关系最大的特征在于强制性,通常是以对手的失败、垮台为目标,因此国际冲突是一种零和状态。而国际竞争的各方则着眼于自身内在的发展,尽管相互间在利益目标上存在差异或对立,但还有很大的相容性,并排除了直接的强制和暴力。从这个意义上讲,国际竞争是利害冲突各方的和平较量。当矛盾和利害冲突不甚剧烈时,国际竞争就可以维持下去,一旦各方都不能相容时,就会发生关系的质变,以致演变为国际冲突甚至国际战争。国际竞争可以转化为国际冲突或国际战争,反之亦然。当国际冲突或国际战争未能达到预期目标时,相关各方就可能会另找出路,即暂时中止冲突或战争,坐下来谈判,再从直接对抗转变为间接对抗,即进行国际竞争。

五、国际矛盾导致国际冲突的特定条件

国际冲突是国际行为体之间矛盾尖锐化的产物,是矛盾各方为谋求自身利益或实现特定政策目标而发生摩擦、对抗和争斗的局面。国际社会中,矛盾的存在是绝对的,国际关系实际上就是国际行为体之间对立又统一的矛盾关系。自从有国家出现,便有了国际矛盾,也只有当国家消亡之时,国际矛盾才会消失。然而,矛盾并不等于冲突,国际矛盾的普遍存在也并不意味着矛盾必然会转化或演变成国际冲突。具体而言,国际矛盾导致国际冲突需满足以下两个条件[①]:

(1)矛盾一方或双方把自己的意志强加于对方,认为这样才能使自己的利益得到满足。换言之,矛盾双方企图用强制性手段来实现自己的利益与要求。

(2)把自己的意志强加于对方所导致的情势不会使自己受到重大损害,或者不会受到根本损害,或者即使冲突会给自己带来某种损害与不利,但除此以外没有更理想的机会和选择。

当满足以上两个条件时,国际矛盾就会导致国际冲突的发生。

六、国际冲突的根源

导致国际冲突的根源是什么?如何制止国际冲突?在学术界,不同时期、

---

① 金应忠、倪世雄:《国际关系理论比较研究》,中国社会科学出版社 2003 年版,第 315 页。

不同学派的学者站在不同角度,对国际冲突有着不同的思考和解读,其研究路径及理论主张大相径庭。总体而言,西方学术界对国际冲突的研究有微观研究、宏观研究和综合研究三种视角,中国学术界的研究涉及意识形态冲突、民族国家冲突和经济利益冲突等问题①。

西方学术界从微观角度研究国际冲突,主要是指从个人层次来分析和探讨国际冲突产生的原因。西方的社会心理学家、生物学家和博弈论理论家从人的本性角度出发,在个人行为中探寻国际冲突的根源。西方学术界从宏观角度研究国际冲突,主要是指政治学家、社会学家、国际关系理论家和人类学家运用宏观理论,从集体行为的认知角度来分析冲突,即从人类社会结构和制度的层面研究国际冲突。学者们将集团、社会阶级、民族国家和国际体系及其矛盾运动作为分析国际冲突的基本框架。20世纪90年代以来,单一因素在解释国际冲突问题上引起了广泛争议,更多的学者尝试从综合角度来研究国际冲突的根源。在上一章我们已经讨论过国际战争原因的多层次解释,关于战争原因的解释常常可以套用于解释许多不同类型的国际冲突,而国际冲突的形成原因比战争的原因更多,因为国际冲突发生的条件不如战争发生的条件那么严格。从综合角度分析国际冲突,以肯尼思·华尔兹的"三概念"最具代表性,他主张从个人、国家和国际体系三个层面及相互作用的角度来分析国际冲突和战争的根源。首先,华尔兹从人性的角度分析认为,人类本性是恶的和自私的,这决定了人类必然要发动战争;其次,华尔兹认为国家体制弊端和社会矛盾深化,导致国家有时会通过国际战争来解决国内矛盾,因此,国家内部政治缺陷也是冲突发生的根源之一;最后,他指出由于国际社会处于无政府状态,缺乏维持和平的有效的法律工具和组织机构,这是导致国际冲突和战争发生的体系层面的原因。

20世纪80年代以前,中国学术界对国际冲突的研究主要是运用马克思主义的阶级论。20世纪80年代以来,中国学者对国际冲突一般原因的研究有了很大进展,学术界出现了影响日益增强的国家利益冲突论。这一观点认为,意识形态冲突的背景是国家间的阶级利益、民族利益和国家利益,它不仅受国家利益的制约,而且可能被国家利益的需要所转移,否认意识形态斗争是不现实

---

① 刘胜湘:《国际政治学导论》,北京大学出版社2010年版,第307–308页。

的,然而在分析国际冲突时把意识形态因素凌驾于国家利益之上也是不现实的。冷战结束后,这一观点受到学术界越来越多的重视。这一时期中国学术界关于国际冲突原因的研究,涉及民族国家利益会导致国际冲突、经济利益会导致国际冲突、全球化会导致国际冲突等观点。

结合国内外的已有研究,立足于马克思主义经典作家们对国际冲突的根源的深刻阐释,本书认为国际冲突的根源主要有以下几个方面:人性中的权欲;国家之间的误解和隔阂以及狭隘的民族主义;国家之间的地缘战略矛盾、宗教矛盾、经济利益争夺、资源争夺、意识形态差异;贫困和财富分配不均;国家内部危机,该国企图挑起外部冲突以转移国内视线;国际社会的结构性差异(体现在南北发展水平的严重悬殊、产业分布不均衡、发达国家对国际舆论导向的操纵与控制、国际贸易中的不合理比价、大多数国家和人民反对强权政治的愿望与国际社会对强权政治缺乏制约的矛盾等方面);国际体系的不健全,缺乏制止冲突和战争的有效机制。

针对每场具体的国际冲突,引发冲突的具体原因可能是多样的、复杂的,涉及多方面的因素。为了深入理解每个具体冲突的特殊性,研究者需要从多个维度考察和判断冲突,最常见的冲突维度是:领域、内容、烈度、范围、形式、时间等。从这些维度作出判断后,对这一冲突的特殊性就有了较为深入的理解。

总的来说,造成国际冲突的因素是多方面的,也是极为复杂的。研究冲突和战争的根源,其根本目的就是制止战争,寻求和平。在这方面,我们了解得越多,制止战争的力量就越强大。

七、当代国际冲突的特点

冷战结束后,东方与西方两大阵营的对抗已不复存在,全球格局的变动引发全球利益的大调整,导致国际冲突在起因、性质、特点以及解决方式和发展趋势上呈现出新的特征。一方面,像世界大战、全面战争之类的具有毁灭性的、高强度的国际冲突发生的可能性下降,以社会制度的对立和意识形态的对抗为主要内容的国际冲突有所减少。另一方面,局部的、小规模的、低烈度的地区性冲突在两极的稳固秩序崩溃之后,由于缺少以往阵营的束缚和意识形态的制约而呈现上升势头。具体来说,冷战结束后,国际冲突呈现出与以往不同的特点,体现在以下几个方面:

(1) 原因趋于复杂。冷战时期的国际冲突大都与美苏两极争霸、社会主义和资本主义意识形态对立有着密切关系,而冷战后国际冲突的成因更趋复杂化,既有某些传统的因素,又有世界政治、安全、经济局势发生重大变化带来的新因素。粗略地看,冷战后国际冲突的原因有民族因素、宗教因素、霸权主义因素、地缘因素、资源因素、文化因素、领土因素、国际机制不完善因素、国内政治因素、意识形态因素等。

(2) 时间上的突发性和绵延性。当前国际冲突的一个重要特点是冲突在时间上的突发性增强,在发展阶段上,许多冲突并不是逐步升级,而是中间环节减少,甚至直接发生对抗性危机,增加了冲突的突发性,给国际冲突调节机制的斡旋、调停等工作带来很大困难。同时国际冲突也呈现出绵延性的特征,对具体冲突而言,冲突时断时续,难以彻底结束。

(3) 范围上趋向国际化。这主要表现在两方面,一是冲突的主体多元化,国际社会中的各种行为体都有可能因为利益之争而卷入冲突从而成为冲突主体,国际冲突的行为主体从国家扩散到非国家行为体,一些恐怖主义组织、军事集团等也成为冲突的主体,而且随着社会的发展及国际社会中行为主体的种类和数目的增多,这一趋势会加剧。二是冲突的国内和国际界限模糊化,冲突的扩散性大大增强,由于国际社会中各政治实体之间的联系日益密切,加上历史、民族、宗教等因素,冲突很容易快速由一国内部扩散到国家间甚至更大的范围。

(4) 经济冲突呈上升趋势。冷战结束后,国际冲突中的经济冲突呈现明显上升的趋势,这主要表现为经济争夺在国际冲突中的比重大大增强。由经济发展、资本收益、市场份额、技术水平、贸易结构、信息、人才和自然资源等构成的经济安全愈益成为国际安全中最现实的国家安全。如果说冷战前的国际争夺主要是拓展疆土,冷战时期的国际争夺主要是争夺战略区域,那么冷战结束后的国际争夺则主要是经济争夺,即对经济资源、市场份额和经济主导权的争夺。

第二节 国际合作

冲突与合作是国际关系领域古老而永恒的主题。自民族国家诞生、国际体系形成之后,以民族国家为主体的国际冲突与合作频繁发生。进入 21 世纪以来,战略合作、经济合作以及全球问题合作继续深化发展。由于各国各地区在政治、经济、文化上的差异,各国际行为体之间的利益与价值分歧甚至冲突仍然不断,军事手段、国防建设仍然是主权国家维护利益的重要举措。另一方面,国际合作的观念已经融入国际社会的行动规则与主流价值体系中,并正在进一步融入越来越多国家的利益与价值追求中。本节主要介绍国际合作的类型与性质、国际合作中的绝对收益与相对收益、全球治理的合作等问题。

一、国际合作的定义

国际合作本身是一个内涵丰富且外延复杂的问题,如何对此做出具体而清晰的阐释是长期以来学术界一直关注的一个重要问题。

詹姆斯·多尔蒂这样描述国际合作:"当行为体为了回应或预期其他行为体的偏好,而调整自身行为时,合作就可能产生。国家可以在明确的或默认的讨价过程中商讨进行合作……合作被定义为一组关系,这组关系不是建立在压制或强迫之上的,而是以成员的共同意志为合法基础的。"①他认为国际合作实质上是国际行为体之间存在的一种关系,这种关系表现为国际行为体自愿调整自身行为去回应或预期其他行为体的偏好,这种关系的基础是行为体之间达成共同意志。罗伯特·基欧汉给国际合作的定义具有开拓性的影响,他认为当国际行为体通过政策协调将自己的行为调整到与其他行为主体的实际偏好及预期偏好一致时合作就会出现,作为政策协调过程的后果,当一个政府实际采取的政策被它的同伴们视为是对自己目标的认定时,政府之间的合作就会发生②。

国内外多数学者虽然倾向于接受罗伯特·基欧汉关于国际合作的定义,但在具体的阐释上却各有侧重,存在一定的差异。我国学者李少军认为,国际政治中的合作"是指国际行为体在互动中自愿调整其政策的行为,目的是协调各方的不同点,以达到一种共同得益的结果"③。俞正樑认为国际合作是"国际关系行为主体全面或局部的协调、联合等协力行为,是一种相互适应,它是基于各

---

① 詹姆斯·多尔蒂、小罗伯特·普法尔茨格拉夫:《争论中的国际关系理论(第五版)》,阎学通、陈寒溪,等译,世界知识出版社 2003 年版,第 543 页。
② 罗伯特·基欧汉:《霸权之后:世界政治经济中的合作与纷争》,苏长和译,上海人民出版社 2001 年版,第 62 页。
③ 李少军:《国际政治学概论》,上海人民出版社 2002 年版,第 203 页。

行为主体在一定领域和范围内利益或目标的基本一致或部分一致"①。梁守德则将国际合作定义为一种高层次的联合,认为"国际政治的协调与合作,指的是国家和国家集团间程度不等的利益一致和目标相似的默契与联合",合作与协调的不同之处在于它必须以正式的文件为基础,通过签订协议与条约、建立联合组织、采取共同行动等途径来实现,因此属于高层次的联合②。王逸舟认为合作意味着"在远非和谐的环境中,各个分离的行为体(个人或组织或国家),通过政策协调的特殊过程,建立起相互适应与适合的关系"③。刘胜湘认为"国际合作是国际行为体在国际无政府状态下,由于目标、期望与意志不同程度地趋同或者利益互惠的需要,两个或两个以上的国家通过政策调整,在各领域形成联合行动的过程以及在此基础上形成的关系状态。"④

基于国内外的有关研究成果并结合上述学者的各种观点,本书认为国际合作是国际行为体以共同利益为目标并在政策与行动层面采取的相互协调或联合的行为。国际合作是国际社会相当复杂与丰富的现象与过程,它反映了国家在国际舞台上生存与发展的基本需要,是国际政治不可或缺的要素。国际合作是行为者实现利益最大化的有效手段,并已成为全球化条件下国际关系的主要内容之一。国际合作一定程度上是国际行为体对国际相互依存不断深化作出的理性反应,有助于全球化条件下整体获益的实现,是实现双赢或多赢的有效途径。随着国际相互依存度的不断深化以及全球性问题所带来的巨大挑战,国际合作正呈现出迅速发展的态势。

二、国际合作的类型与性质

冷战后,人们往往把讨论冲突和对抗的观点称为冷战思维,把讨论合作称为双赢思想。许多人把冲突和合作两个概念对立起来,以为冲突与合作无关,事实上,冲突可以成为合作的基础。国际合作并不意味着没有冲突,而是克服冲突的努力与实践,政策调整是合作形成与维持的关键。国际合作现象尽管早已有之,但作为全球性的普遍现象,则是 20 世纪的事情。

---

① 俞正樑:《当代国际关系学导论》,复旦大学出版社 1996 年版,第 117 页。
② 梁守德:《国际政治学概论》,北京大学出版社 2000 年版,第 221-222 页。
③ 王逸舟:《西方国际政治学:历史与理论》,上海人民出版社 1998 年版,第 390 页。
④ 刘胜湘:《国际政治学导论》,北京大学出版社 2010 年版,第 315 页。

国际合作是国际互动的一种基本形式。国际合作种类繁多,既有双边合作,也有多边合作;既有结盟的战略性合作,也有不结盟的一般性合作;既有一般性协调,也有制度化合作(一般性协调多为有关的行为体为了在一个或多个问题上协调立场而开展的合作,一旦问题解决合作便终止,具有临时性的特点,而制度化合作指的是有关的行为体通过签订协议、条约形成较为稳定的合作机制,依据所确立的规则与章程开展的合作);既有积极合作,也有消极合作(积极合作是指参加合作者共同应对与非参加合作者之间的冲突或矛盾的合作,而消极合作也称为预防性合作,是指应对合作者之间冲突的合作);既有区域性合作,也有跨区域合作及全球性合作。

国际合作的性质在于它是一种相互妥协行为。合作与屈服的根本区别在于,前者是指双方在解决冲突和矛盾的方案上有选择余地,是双方或多方都作出让步的行为;而后者没有选择余地,指单方面作出让步。正是由于合作是双方妥协的产物,所以国际合作与国际和谐也是两个有区别的概念。国际合作是以国家间的利益冲突为前提的,而国际和谐则意味着不存在利益冲突。合作并不是国家间关系的和谐状态,国家只有在调整各自的政策之后,才能建立相互适应的关系,克服利益冲突实现合作;而在和谐的状态下,国际行为体无须进行政策调整就自然地推动和帮助其他行为体实现目标。

三、国际合作中的绝对收益与相对收益

国际合作之所以能够形成,其根本原因是参加合作方能从中得到收益。没有收益,国家之间就不会有合作的动机。然而,决定一国是否参加国际合作受绝对收益和相对收益两个因素的影响。

绝对收益是指参加合作方自我增加收益或减少损失的比较结果,也就是一个国家将合作后的收益或损失和合作前进行比较,在合作中是否增加了收益或减少了损失,如果通过合作增加了收益或减少了损失,这就说明参加合作方具有绝对收益。而相对收益是指参加合作方所获得的收益或减少的损失与其他合作方进行比较的结果。当一国参加国际合作能获得绝对收益,同时相对收益也大于他国时,就会积极参加国际合作,但如果相对收益小于对方时,则结果是不确定的。换句话讲,国家在决定是否参加国际合作时,不但会考虑自己的绝对收益,而且往往还会考虑自己的相对收益。国家不但会考虑通过合作是否增

加了收益或减少了损失,还会考虑是否对方所获得的收益比自己更大。

国家在国际合作中追求绝对收益还是相对收益,受到多种因素影响,其中合作问题的性质、合作对象这两个因素有较大的影响。

(1)合作问题的性质。国际政治依据国家利益的性质可分为高位政治、低位政治两类。高位政治是指有关安全(军事)利益和政治利益方面的问题;低位政治是指有关经济利益与文化利益方面的问题。国家在安全和政治领域参加国际合作时,对相对收益和绝对收益往往给予同等重要的考虑,有时还以相对收益为主要考虑。因为在政治和军事领域中,合作问题多属于零和性质,事关各国生死存亡和国际权力的大小,国家之间对各自的相对收益更为敏感[①]。而在参加经济合作和文化合作时往往会较多地考虑绝对收益,对相对收益考虑得少一些。例如冷战后中国与印度的经济合作主要是以绝对收益为考虑,而中印军事交往是以相对收益为基础的,如果一方认为自己的收益小于对方的收益,合作则很难继续进行。

(2)合作对象。对手之间进行合作时更多的是考虑相对收益,然而友好国家之间的合作更多的是关心绝对收益。例如,中美安全合作就是以相对收益为基础的,所以中美军事合作难以有实质性内容,而中国和巴基斯坦之间的合作基本都是以绝对收益为基础的,中巴互为全天候战略合作伙伴,两国多年来一直保持着较为深入的军事合作关系。

四、全球治理的合作

冷战结束后,随着全球化的发展,人类面临的很多非传统安全威胁都是全球性的,如恐怖主义、气候变暖、人口膨胀、海盗、毒品、非法移民流动、金融危机等,单个主权国家难以解决,需要各国建立超国家治理的新形式,并通过政治合作加以应对。在此背景下,全球治理的概念应运而生。

全球治理是指通过制定有约束力的国际规则来解决人类面临的全球性问题。全球治理的概念首先由北欧国家提出。冷战结束后,在各国、众多国际组织的推动下,国际社会在全球治理问题上从广泛寻求共识向制度化合作转变,取得一定成果。以环境保护合作为例,各国、国际组织在减少大气污染、抑制全

---

① 阎学通、何颖:《国际关系分析(第三版)》,北京大学出版社2017年版,第180页。

球变暖方面的国际合作达成了一些共识,获得了一些进展。然而,全球治理的核心是国际责任的分配,全球治理的国际责任分配在本质上是要求大国承担更多的责任。但对大国特别是超级大国来讲,它们有较强的能力规避和减少全球性问题给本国带来的伤害,进行全球合作的动机不强。因此大国特别是超级大国对全球治理的积极性小于中小国家,尤其是经济发达的中小国家。全球治理的目标是通过各个层面的国际合作解决全球性问题,避免全球出现体系危机和动荡。这一目标无法通过单一、集中的全球治理体系来实现,而需要一种多层次、多种类型的行为体参与制度安排,其中既包括国家、政府间组织,也包括半官方及完全非官方的组织。

1992年联合国环境与发展大会通过了《联合国气候变化框架公约》,提出国际社会应当承担维护生态系统和为今世后代保全大气质量的义务。《联合国气候变化框架公约》承认工业化国家应对大部分排放到大气层中的废气负责,必须主动减少污染气体排放并向发展中国家提供援助。同年,150多个国家在巴西里约热内卢签署了《联合国气候变化框架公约》,1997年12月,公约缔约方又在日本京都就发达国家减少温室气体排放达成协议,即《京都议定书》。《京都议定书》是人类有史以来通过控制自身行动以减少对气候变化影响的第一个国际文书,是国际社会为保护赖以生存的地球环境经过多年努力所达成的重要成果。2012年在卡塔尔首都多哈举行的第18次缔约方会议暨《京都议定书》第8次缔约方会议通过了《京都议定书》修正案,为38个发达国家缔约方设定了2013年至2020年的第二承诺期的温室气体量化减排指标。2015年12月,近200个国家通过共同努力在巴黎大会上最终协商一致通过《〈联合国气候变化框架公约〉巴黎协定》。《巴黎协定》是《联合国气候变化框架公约》框架下用以取代将于2020年到期的《京都议定书》的最新协议,主要目标是将21世纪全球平均气温上升幅度控制在2摄氏度以内,并进一步努力将全球气温上升控制在前工业化时期水平之上1.5摄氏度以内。2015年底据美国媒体报道,气候专家提供的一份报告显示,如果全球气候变暖导致气温升高2摄氏度,将造成2.8亿人居住的大片陆地被淹没;而如果平均气温升高4摄氏度,则会造成7.6亿人因家园被水淹没而无家可归。2016年全球平均气温比2015年高约0.07摄氏度,比1961—1990年平均值高0.83摄氏度,并高出工业化时代之前水平约1.1摄氏度。在各方共同努力下,《巴黎协定》坚持了"共同但有区别的责任"原则、公平原则和各自能力原则,包含减缓、适应、资金、技术、能力建设、透明度等全球应对气候变化关键要素。2016年4月22日,170多个国家领导人齐聚纽约联合国总部,共同签署《巴黎协定》。巴黎大会期间,中国代表团以负责任和建设性姿态,全方位参与各项议题谈判,密集开展穿梭外交,支持配合东道国法国和联合国方面做好相关工作,在促进解决气候变化问题的全球合作中发挥积极作用。

然而,要把各国千辛万苦达成的共识转变成实际行动却遇到不少阻碍。在全球治理中,各国的政治目标并不一致,这种目标的不协调影响了全球治理的合作。例如2017年6月2日美国总统特朗普宣布美国退出《巴黎协定》,在谈到退出的理由时,特朗普称巴黎气候协议"以美国就业为代价,不能支持那种会惩罚美国的协议"。此举使美国成为反对抗击气候变化全球努力的三个国家之一,引起国际社会的强烈谴责。作为世界第二大温室气体排放国,美国退出《巴黎协定》的举动将对全球应对气候变暖的治理模式产生重大影响。

除了防止大气污染、抑制全球变暖的国际合作,各国还在保护海洋、江河、湿地等方面广泛开展技术交流与合作,制定有关行动规则与法律。

当今世界已经成为你中有我、我中有你的地球村。各国相互依存空前紧密、利益共生不断深化,改变着国际关系的形态和运行方式。全球治理体系与国际关系变化不相适应的地方越来越多,世界呼唤新的全球治理理念。共商共建共享的全球治理观是中国积极参与全球治理体系变革和建设的基本理念和主张,为破解全球治理难题贡献了中国智慧,正在对构建新型国际关系产生积极而深远的影响。中国秉持共商共建共享的全球治理观,积极倡导合作共赢理念、正确义利观,努力推动全球治理体系朝着更加公正合理的方向发展,推动各国携手建设人类命运共同体。共商共建共享的全球治理观将推动各国通力合作,共同应对全球性挑战,为建设一个更加美好的世界而携手努力。

在全球化和国际关系发生深刻变化的21世纪,国际合作面临着新的机遇和挑战。在经济全球化以及世界各种政治力量复杂互动的国际背景下,国际合作的现状呈现出全球性合作与区域性合作并行发展、双边合作与多边合作交织进行、政府间与非政府间合作互为补充、机制化合作与论坛式合作共存等多样化发展特征。如何在国际力量对比走向相对均衡的趋势下,建立和完善合作机制、解决全球面临的共同问题,是国际合作未来发展的新课题。

第三节　区域合作与区域化

当今国际社会并行发展着两大趋势——全球化和区域化,它们以经济为主导,同时在国际政治和国际安全领域也具有重要意义。在全球化的压力下,国家主动进行区域合作,共同抵御全球化进程中可能出现的风险,以更好地维护自身利益。本节主要介绍区域合作与区域化的区别、区域化与全球化的关系、国家参与区域化的直接原因,以及欧洲、北美、东亚的区域合作比较等问题。

一、区域合作与区域化的区别

冷战的结束标志着统一的世界市场开始逐渐形成。信息技术革命的蓬勃发展促使各国在多领域开展更加紧密的合作,在全球化不断加深的背景下,威胁人类生存和发展的全球性问题单靠一国单边行动或大国之间的双边行动难以有效解决,因此,国际合作逐渐演变为更加多维、立体的进程,不仅包括全球层面,也包括地区层面、国家层面和地方层面。其中,区域合作是在国际合作主体多元化的需求中催生出来的。学术界用区域主义和区域化等概念来解释和描述区域合作这一现象和过程,全球化和全球主义积极促进了区域化和区域主义的发展,而以区域性合作为核心的区域化则是对全球化的反映。

区域合作是指一个区域内的国家就某一问题进行协商对话、政策协调、开展共同项目。区域合作不存在主权让渡问题,也就是说参加合作的国家不因参加合作而失去决策权。区域化是区域一体化的简称,是相邻国家进行经济或政治一体化的过程,是地理上相近的国家将部分国家主权(如政策制定权等)让渡给一个地区组织机构的现象,而且让渡的主权范围有扩展趋势。

区域合作和区域化最重要的区别在于两点。第一点,是否存在主权让渡。区域化意味着成员国的主权让渡,意味着区域机构有决策权,区域机构做出规定后,参与该机构的成员国不能单独修改规则。但是区域合作则不存在主权让渡,这就意味着区域机构无决策权,决策权仍在主权国家。第二点,是否存在相应的地区组织机构。从严格意义上讲,区域化必须有相应的地区组织机构的存在,并且该组织的制度化呈现不断提高的趋势,而区域合作不一定需要相应的组织机构。

学者厄恩斯特·哈斯(Ernst B. Haas)曾强调权力让渡与否是判断区域一体化和区域合作的根本区别。当一个国际组织没有独立决策权时,这些组织只能执行事务性事务,起不到区域一体化的作用。根据这种界定,目前仅有欧盟才能称得上是严格意义上的一体化,是区域化组织,而北美、东亚和世界其他一些地区只是区域合作水平,只是在进行区域合作。欧盟区域化的一个重要内容是成员国使用欧元作为结算货币,欧元现在是欧盟各成员国的货币,一旦成员国参加了欧元区,该国就失去了制定货币政策的权力。2002年7月欧元成为欧元区唯一合法货币。欧元和其他货币的汇率、欧元的发行数、欧元的单位、欧元的含金量等都由欧盟金融机构负责,而欧盟成员国已无权决定。欧元是自罗马帝国以来欧洲货币改革最为重大的结果。欧元不仅仅使欧洲单一市场得以完善,欧元区国家间自由贸易更加方便,而且更是欧盟一体化进程的重要组成部分。但世界上其他地区的国家之间还达不到这样的合作程度。

区域合作与区域一体化虽然从性质上有根本区别,但两者有着密切的联系。一般来说,区域合作是区域化的基础,或是区域化的准备阶段。没有区域合作,就不会有区域一体化,没有区域合作,区域化就成了无源之水、无本之木。冷战后,区域化有了新发展。特别是在全球化的压力下,许多地区的国家都试图通过建立地区经济集团"抱团取暖"来抵抗全球化的负面作用,更有效地保护本民族国家的利益,于是促进了区域合作以及区域化的发展。

二、区域化与全球化的关系

有些人认为区域化和全球化完全是相互对立的关系,这种观点是片面的。全球化的动力来自跨国公司,而区域化的动力来源于国家策略。全球化与区域化既相辅相成又相互竞争。

首先,区域化对全球化的影响既有积极的一面,也有消极的一面。区域化对全球化不利的一面主要体现为:经济区域化具有排他性,对区域之外的国家而言,带有浓厚的贸易保护主义色彩,使统一的、联系日益密切的世界经济在某种程度上被人为地割裂了。区域化对全球化积极的一面体现在:任何一个区域经济都是世界经济不可分割的一部分,从长远来看,区域经济化不可能阻止经济全球化的发展,相反,它是经济全球化的一个阶梯或者中间环节。

其次,全球化对区域化的发展也是既有限制作用,也有促进作用。全球化对区域化的限制作用表现在：全球化将不断加深国与国之间、区域与区域之间的联系，这将使区域内和区域外的界限越来越模糊，从而对区域化带来一定程度的"溶蚀""消解"。而全球化对区域化的促进作用表现在：全球化给国际社会带来了问题和风险，为了应对这些风险和挑战，许多国家放弃单兵作战，更愿意以区域为单位作出应对。

总而言之，全球化和区域化相互推进和相互对立的方面是共存的。正是全球化浪潮的出现才使各个区域性经济合作日渐活跃，也只有经过区域经济合作的稳步推进才使全球化不断加深。全球化是区域经济合作的发展趋势，区域经济合作则是全球化的现实展开。

三、国家参与区域化的直接原因

各国参与区域化的目的当然是更有效地维护其国家利益，不过促使国家参与区域化的直接原因却各不相同。常见的原因有以下几个方面：应对其他地区国家的竞争压力；追求一体化的经济效益；缓解全球化的压力；增强与邻国的政治和安全互信；为国内改革创造条件。

需要指出的是，大国的政治领导是区域化成功的先决条件。上文已经提到，区域化往往涉及主权让渡问题，而主权是民族国家的最根本利益，因此国家对是否参与区域合作往往都比较谨慎。如果区域组织作出的决策绝对平等则弱国不会参加这种合作，如果以大国作出较大让步、承担更多责任为前提，那么小国则愿意参加。获取区域合作的领导权是大国愿意承担更多责任的一个重要考量。在北美洲，美国为北美自由贸易区提供有效领导；在欧洲，法德联合，为欧盟国家提供了联合领导。与北美和欧洲相比，东亚区域化因缺少有效领导而难以推进，东亚区域合作面临的困难有很多，缺少一个有效的大国政治领导是其中重要的因素。

四、欧洲、北美、东亚的区域合作比较

21世纪有全球性影响的三大经济区是欧洲经济区、北美经济区和东亚经济区。欧盟是当代区域一体化比较成功的典型，而北美和东亚则是区域合作的代表。欧盟由成立于1958年的欧洲经济共同体发展而来，欧盟成员国在关税、海关、签证甚至货币等方面都实现了一体化。然而2008年的全球金融危机以及

2016年的英国"脱欧"公投却使欧盟一体化进程停滞不前,甚至有可能引发更多欧盟成员国退出、一体化进程倒退的危机。希腊债务危机使希腊民众不满意欧盟提出的救援政策条件,2011年希腊国内出现了退出欧元区的讨论。2016年7月9日,英国政府正式拒绝了举行第二次退欧公投的请愿。英国外交部代表官方表示,首相和政府均已经明确,必须尊重此前公投的结果。很长一段时间里,如何处理"脱欧"后英国与爱尔兰边界等问题是"脱欧"谈判的焦点与难点。伦敦时间2020年1月31日晚11时,英国正式"脱欧",结束其47年的欧盟成员国身份,英国与欧盟进入"脱欧"过渡期,过渡期至2020年年底结束。英国"脱欧"是欧盟历史上第一次出现成员国选择退出的情况,可以说是对欧盟一体化进程的沉重一击。

北美自由贸易区是冷战后由美国、加拿大、墨西哥三国于1994年正式建立的,迄今已运行二十多年,其合作水平高于东亚但低于欧盟。东亚区域合作的倡议始于冷战结束后不久,但目前进展比较缓慢,落后于欧盟和北美。尽管东亚出现了众多的双边自由贸易协定,但东亚区域一体化并没有得到很好的提升,东亚各国在政治制度、社会发展和文化背景方面的差异性与复杂程度远大于欧盟和北美,在很长时间内,东亚的地区合作都难以达到北美自由贸易区的水平,更无法达到欧盟的合作水平。近年来虽然东亚地区内经济相互依赖性持续增强,但这却难以增强地区内国家在安全领域的相互信任,反而因历史认识、主权争端等问题加重相互间的猜疑,部分国家出于自身安全目的不断扩充军备和强化同盟关系,最终导致安全困境加剧。

从地理范围来讲,东亚地区仅包括东北亚和东南亚两部分。但令人感到混乱的是,在东亚一体化进程中,美国、澳大利亚、新西兰、印度甚至欧盟等纷纷介入,使东亚一体化的参与主体呈现极大的开放性。有学者认为,从安全和政治角度透视,东亚似乎是全球范围内最不可能形成区域共同体的地方,其难度不仅远大于西欧和北美,甚至超过非洲、阿拉伯和拉美等区域或次区域[①]。东亚地区虽经济合作的水平不如欧盟和北美,但它的合作形式生动多样,经贸的互补性好,发展潜力巨大。东亚各方需要坚持10+3(东盟与中日韩)在东亚合作中的主渠道地位,保持经济发展和政治安全两个"轮子"一起转,推动区域合作不断取得新的进展。

---

① 王逸舟:《"东亚共同体"概念辨识》,《现代国际关系》2010年庆典特刊,第86页。

第四节 经济全球化

国家间的经济关系以及世界经济与政治的关系是国际关系研究的一个重要内容。本节主要介绍经济全球化的含义和进程、当前世界经济全球化的体现、经济全球化对国际体系的影响、反全球化运动等问题。

一、经济全球化的含义和进程

虽然"全球化"不过是20世纪80年代才出现的一个概念,但却在极短的时间内风靡世界。狭义的全球化是指经济全球化,而政治全球化、文化全球化等被认为是经济全球化的衍生物。持这一定义的主要是经济学家和经济类国际组织。广义的全球化是指一种包罗万象的全球历史进程。持这一定义的学者认为,经济全球化也许是最重要的,但它毕竟不是全球化的全部,全球化包括政治、经济、文化和技术等多个方面。本节着重介绍经济全球化。和其他领域的全球化一样,经济全球化是一个进程而非一个静止不动的状态。经济全球化是指跨国商品与服务贸易、国际资本流动规模和形式的增加,以及技术的广泛迅速传播使世界各国经济的相互依赖性增强的过程。

经济全球化的进程起源于第一次工业革命。18世纪中叶,发生了人类近代史上第一次科技革命和产业革命,工业生产从手工业转变为大机器工业;生产能力成百倍地提高,原材料不再只是取自本地区,而是来自遥远的海外各地;产品不再仅仅在当地销售,而是大量行销海外;资本家奔走于世界各地,努力开拓世界市场。当时国际经济活动的主要内容是商品输出,这是全球化的初级阶段。

第二次工业革命大大推动了经济全球化的进程,先进资本主义国家的生产迅猛发展,产业重点从轻工纺织转向重工业,垄断资本除了继续扩大商品输出,还大量输出资本。各国间的经济交往更加密切,进入了经济生活国际化的新阶段。但是,这一阶段的对外直接投资还很有限。

二战结束后,世界商品贸易迅速增长,规模不断扩大,产业资本国际化有了长足进展,对外直接投资大幅度增加。然而,世界分成两大阵营,东西方展开全方位的冷战,在经济领域,西方世界建立以关贸总协定和布雷顿森林体系为标志的自由贸易经济秩序,社会主义阵营建立以经互会为标志的国际经济秩序。世界经济被人为地分割成两种经济模式和两个市场。

直到 20 世纪 90 年代,随着两极格局的结束和原社会主义国家的市场化转型,经济全球化才表现出前所未有的发展速度,无论在发展的深度和广度上,还是在推进速度上都超越了以往。促使冷战后经济全球化得到迅猛发展的主要因素有两个方面:一是信息和通信技术为经济全球化的快速发展提供了技术支持;二是原社会主义国家的市场化经济改革为全球化提供了体制上的保障。

二、冷战结束后经济全球化的主要表现

冷战后经济全球化主要体现在四个方面。

1. 贸易自由化

贸易自由化是指一国对外国商品和服务的进口所采取的限制逐步减少,为进口商品和服务提供贸易优惠待遇的过程与结果。贸易自由化是经济全球化的显著标志,也是衡量经济全球化发展进程最重要的尺度之一。今天的世界贸易与历史上的国际贸易相比,呈现出新的特点。其一,从地域上看,世界贸易范围广,增速快。20 世纪 80 年代初,世界贸易总额不足 4 万亿美元,到 2015 年已超过 16.5 万亿美元。其二,从结构上看,世界贸易领域不断拓宽,服务贸易急剧扩大。原先的国际贸易主要集中于农产品和工业制品,但 20 世纪 90 年代以来,随着高新技术的异军突起和第三产业的兴旺发达,服务贸易迅速发展,在世界贸易中的比重不断提高。其三,世界贸易趋于规范化。1995 年关贸总协定转变为世界贸易组织后,大大提高了协调和规范国际贸易的能力,世贸组织承担起制定市场运行规则、法律,以及解决贸易摩擦、争端的责任,贸易自由化也逐步进入到制度化、法制化的阶段。

2. 生产一体化

生产一体化是指生产过程的全球化,是从生产要素的组合到产品销售的全球化,跨国公司是生产一体化的主要实现者。通过前几章的学习,我们已经知道跨国公司是一类重要的国际行为体,跨国公司为了利润最大化而在全球范围

内组织生产,使国际分工从垂直分工向世界性的水平分工方向发展,也就是以自然资源为基础的分工逐步发展为以产品型号、产品零部件和产品工艺流程的分工。据统计,在21世纪初,跨国公司控制了世界40%的生产、90%的对外直接投资、50%~60%的国际贸易、80%的技术转让。

3. 金融全球化

金融全球化是指世界各国、各地区在金融业务、金融政策等方面相互交往和协调、相互渗透和扩张、相互竞争和制约,已发展到相当水平,进而使全球金融形成一个联系密切、不可分割的整体。二战后,美国取代了英国在世界金融体系中的位置,建立了以美元为中心的新的金融体系——布雷顿森林体系,但这个体系不包括苏联阵营的社会主义国家和大多数第三世界国家。20世纪80年代以来,发达国家先后进行了金融体制改革,放宽和取消对金融市场的控制,实行金融自由化,接着,发展中国家以及东欧和从苏联分裂出来的国家,也走上了对外开放和金融自由化的轨道。目前金融全球化进程明显加快,表现在三个方面。一是金融资本规模扩大,国际金融市场发展迅速。2000年全球的金融资本超过97万亿美元,几乎是当年全球国内生产总值的3倍多,到2014年全球金融资本高达294万亿美元。二是金融管理与协调全球化。国际金融组织开始在全球层面上管理金融市场,比如国际货币基金组织积极介入金融危机,防止小的危机引发全球金融体系的动荡。三是金融交易的市场超越地域限制而趋向于一体。这主要是现代信息技术在金融与经济领域的深度运用所带来的结果。

4. 投资国际化

冷战后投资成为经济发展和增长的新支点,投资活动遍及全球,全球性投资规范框架开始形成。国际对外直接投资与吸收外国直接投资主体多元化,国际借贷资金流动量增长很快,证券股权投资迅速发展。投资自由化成为各国国际直接投资政策的目标,国际直接投资规范安排提上日程,20世纪90年代以来,保护和促进投资的双边投资条约数量大幅度增加。

这里需要指出的是,2008年国际金融危机爆发后,经济全球化进入调整期,呈现出速度放缓①、内容变化②、格局分化③、规则重构④的新特点。2008年国际金融危机爆发后,跨境贸易和投资明显减速;货物贸易与服务贸易增长速度都明显下降,但货物贸易增速下降幅度更大;越来越多的发展中国家持续推进贸易投资自由化便利化,越来越深地参与到全球生产价值链当中,在跨境贸易与投资中的地位不断提升;全球经济治理体系加速调整。2020年席卷全球的新冠肺炎疫情对全球化也带来了一定冲击,使全球化出现某种程度的回摆,但从长远来看,难以改变全球化继续发展的大势。

三、经济全球化对国际体系的影响

冷战结束后,迅猛发展的全球化对国际体系和国际关系带来长远而深刻的影响。

1. 国际体系的整体性和联动性增强

全球化使国家之间的相互依赖程度不断加深,使世界各国经济形成你中有我、我中有你的局面,整体对作为局部的国家行为体的约束力越来越强,国家之间的相互牵制力越来越强。随着全球化的发展,国际机制、国际组织和国家制度在规范国家行为、协调国家利益、解决国家争端中发挥的作用越来越突出。同时,经济全球化所形成的国家相互依存的关系,使得局部一个微小事件有可能逐渐扩大,以致产生全局性的影响,给国际体系造成剧烈震荡。

2. 主权国家受到挑战

随着世界体系整体性和联动性的加强,国家在享受全球化带来的利益的同

---

① 跨境贸易与投资快速发展是经济全球化深入推进的重要表现。1998—2007年,全球货物贸易出口、服务贸易出口、跨境直接投资年均增速分别达到10.9%、10.8%、11.9%。2008年国际金融危机的爆发是一个分水岭,此后,跨境贸易和投资明显减速。2008—2017年,全球货物贸易出口、服务贸易出口年均增速分别下降到1.0%、3.2%。跨境直接投资规模2007年达到18938亿美元后出现收缩,2008—2017年年均增速为-0.42%。

② 从内容变化看,服务贸易在经济全球化中的地位有所上升,服务贸易在全球贸易中的占比从2008年的19.9%上升到2017年的23.2%。

③ 从格局变化看,发展中国家的地位明显上升。以吸收外商直接投资为例,发展中国家占全球直接投资流入额的比重从明显低于发达国家发展到与发达国家接近,个别年份甚至超过了发达国家。

④ 从理念层面看,一直处于主导地位的自由贸易理念正受到所谓"公平贸易"理念的挑战;从规则层面看,新的经贸规则从以往的边境措施向边境后措施深度拓展。

时,国家主权在一定程度上受到限制和约束,传统意义上的政治、经济、社会管理等国家主权范围内的事务受到越来越多外来的监督和干预。各国的经济活动越来越多地遵循国际条约、协定、规范和惯例来运作,跨国公司在各国经济生活中地位的提高,使国家对产业政策的干预作用在减弱。国家加入国际经济组织获得的利益越多,付出的成本同时也就越大①。

3. 全球范围内的贫富差距加大

全球化意味着市场在全球配置资源,以获得最大的利润,跨国公司是全球化的主要动力,它的全球经营战略遵循一条原则——哪里有利就到哪里去,对于那些有悖于它们的战略目标和根本利益的地方,它们一概避而远之,不去问津。虽然过去20多年来,发展中国家与发达国家的经济总量差距在缩小,但南北经济发展水平的巨大差距却未见实质性改变。据国际货币基金组织(IMF)统计,2013年发达国家人均国内生产总值达4万多美元,相当于发展中国家平均水平的8.2倍,远高于总量差距的1.6倍。发达国家和发展中国家内部发展不平衡也日益显著。

四、反全球化运动

伴随着全球化的发展,在20世纪90年代,国际上掀起一股反全球化的浪潮,主要体现为以一些国家的工会、劳联、产联组织为代表的社会力量发起的反对失业、反对贫困的反抗运动。1999年11月美国西雅图世贸组织部长会议期间的大规模反全球化示威,被认为是"反全球化现象"的开始,此后在世界其他地区多次爆发类似的运动。其特点是:规模巨大;区域广泛;以工人和中下层民众为主体;主要由资本主义国家工会组织、劳工组织发起;反抗运动的目标主要是金融垄断资本。

2008年全球金融危机爆发以来,西方资本主义大国受危机影响,经济复苏乏力、陷入长期停滞困境,资本主义社会基本矛盾更加尖锐,促使上述反全球化又进一步深化,保护主义更趋严重,民众的反抗运动持续深化,反对贫富分化、

---

① 邢悦、詹奕嘉:《国际关系:理论、历史与现实》,复旦大学出版社2008年版,第425页。

反对贫困、反对失业的呼声更加高涨。同时,资本主义大国的逆全球化突破了经济层面的行为范畴,进一步发展成为政党行为、国家和政府的行为,实施一系列逆转经济全球化的政策措施,排斥外来民族,民粹主义思潮兴起。各种反全球化、去全球化、逆全球化思潮和运动充斥西方社会,成为一些西方国家政治主流。因而,当前背景下,反全球化问题更加复杂,其表现、性质不尽相同。

全球化作为一个重大历史现象,尽管遭到一些诟病,但仍无法抹杀其为促进世界共同发展和文明进步作出的重要贡献。全球化使人类选择不同于以往的财富创造、国际关系及文明演进模式成为可能。首先,全球化有利于世界各国和平共处。全球化催生了全球性和地区性治理机构,从国际货币基金组织、世界银行、世界贸易组织到欧盟、二十国集团等,毫无疑问全球化大大提升了国家间的相互依存度。全球化使各国认识到只有通过国际社会共同努力,推动全球治理体系变革,建立起更加公正合理的国际秩序,才能应对各种复杂挑战,实现各国共同发展。其次,全球化提升了世界各国的总体福利水平。全球化使世界"变平"也"变小",越来越多的国家、地区和个人分享着全球化的成果,这是大势所趋。最后,全球化促进了多样文明间的交流互鉴。时至今日,各国和各地区之间已建立成熟完善的人文交流机制。每年丰富多彩的人文和文化交流活动遍及全世界,各国政府还出台政策、法律要求跨国企业进行开发经营时都要充分尊重不同文明文化的价值和多样性。

反全球化和逆全球化的根源在于资本主义社会矛盾、阶级矛盾的激化,逆全球化反映了资本主义国家治理无力的危机,反映了国际金融垄断资本实施的经济全球化、金融化发展模式的危机。反全球化和逆全球化虽然目前是一些资本主义大国的国家行为,然而它只是一个局部问题,经济全球化的总的发展趋势不可阻挡。经济全球化适应生产力在全球优化布局的内在要求,全球化也是人类文明进步的标志,其进程不能也不会轻易中断,历史潮流不可逆转。中国与国际社会一道积极应对全球化带来的挑战。我们要在推动新型全球化进程中,发挥自身的优势,坚持开放,抵制保护主义,开创各国互利共赢的新局面,通过与世界其他国家的合作把全球经济增长的优势更多发挥出来,使越来越多的国家和民众在经济全球化中受益。

 思考题

1. 什么是国际冲突？从冲突的强度和烈度方面来考察，国际冲突可以分为哪几个层次和阶段？
2. 国际冲突的根源是什么？
3. 国际矛盾导致国际冲突的特定条件有哪些？
4. 当代国际冲突的特点有哪些？
5. 什么是国际合作？它有哪些基本类型？
6. 国家参与区域化的原因有哪些？
7. 什么是区域合作？什么是区域化？两者之间有何关系？
8. 国家参与区域化的原因一般有哪些？
9. 如何认识区域化与全球化的关系？
10. 经济全球化对国际体系的影响体现在哪些方面？

第十章　国际危机管理与国家对外决策

在国际社会中,国际危机事件频繁发生,国际危机管理是国际关系学中的一个重要研究领域。国际危机是有可能引发战争的国际冲突,它的和平解决则是成功的国际合作。国家对外决策影响着危机管理的成功与否,也决定着一国能否为自己创造良好有利的国际环境,能否维护和实现国家利益。

第一节　国际危机的特征与类型

危机历来就是国际政治的中心议题。危机发生的时候,是图穷匕见的关键时刻,使国际社会中的若干内在要素"如权力结构、利益、意象、联盟等因素逐渐变得清晰可辨,并在一些突出的问题上活跃起来"①。国际社会关于国际危机理论的研究兴起于20世纪60年代。当时,苏联和美国两个超级大国为争夺世界霸权,在全球范围内频频以武力相威胁,导致国际危机迭起,几乎把人类社会拖入核战争的边缘。古巴导弹危机的险境使国际社会认识到一旦危机失控将带来十分严重的后果,国际危机理论研究便应运而生。冷战结束后,虽然爆发世界大战的可能性大大降低,但国家或国家集团相互关系的危机,特别是国际恐怖活动引起的国家间危机,非但没有退出国际舞台,反而不断爆发,各种类型的危机严重威胁着世界的和平与发展。为了维护国家安全,保障世界稳定,促进人类发展,各国政府和战略学家越来越重视国际危机问题的研究。

---

① 詹姆斯·多尔蒂、小罗伯特·普法尔茨格拉夫:《争论中的国际关系理论(第五版)》,阎学通、陈寒溪,等译,世界知识出版社2003年版,第631页。

一、国际危机的定义

古巴导弹危机发生之后,时任美国国防部长罗伯特·麦克纳马拉曾指出:"从今往后的军事战略可能不复存在,取而代之的将是危机管理。"这句话一语道破了危机管理的原意,即"赢得外交胜利的艺术"。冷战期间危机管理是美国用来处理与苏联以及其他社会主义国家之间关系问题的,也反映了当时美苏之间剑拔弩张的紧张程度和危机失控的风险。在传统和非传统安全问题相互交织、相互作用的今天,国际危机管理变得更为重要。

在当前国际社会中,国际危机是一个使用相当广泛的概念,它是国际冲突发展到一定程度或阶段的特殊现象,是一种冲突发展过程中的严重转折状态,是冲突的升级,是国际冲突激化到国际战争的中间层次。国外学者认为国际危机是"因为国家内部或外部环境的变化而造成的一种形势,这种形势在该国决策者们看来是对基本价值观的一种威胁,而决策者对此作出反应的时间有限,并有可能使国家卷入军事对抗"[1]。我国学者王首伟认为国际危机是源于国际体系结构(通常是指实力分配)的变化所带来的一系列威胁到国家间关系,并可能导致这种关系发生危险性质变的转折性事件[2]。胡平认为国际危机可以被定义为一种决策形势,有关国家的重要利益受到威胁,意外事件或不确定前景造成高度的紧张和压力,严重的对抗可能导致武力冲突和暴力升级,而作出重大决策和反应的时间有限[3]。杨曼苏认为国际危机是指"各国际关系行为体间的冲突不断激化,导致现有国际关系发生质变的国际关系恶性状态,通常泛指从严重对抗到国际战争的临界状态这一阶段"[4]。

结合已有研究,本书认为国际危机特指高强度的国际冲突事件,具体来说,国际危机是指在冲突的背景下,由于某些事件发生的突然性而导致国家重大利益面临严重威胁、国际关系发展到一种临界状态的特殊情势,如果不及时解决就可能导致包括战争在内的各种严重后果的政治、安全、外交、经济、社会等事件。国际危机的主体是国家行为体,其实质是国际体系在短期内出现的一种失

---

[1] 詹姆斯·多尔蒂、小罗伯特·普法尔茨格拉夫:《争论中的国际关系理论(第五版)》,阎学通、陈寒溪,等译,世界知识出版社2003年版,第630页。
[2] 王首伟:《国际关系学概要》,天津人民出版社2015年版,第106-107页。
[3] 胡平:《国际危机管理及其研究方法》,《系统工程》1991年第5期,第1页。
[4] 杨曼苏:《国际关系基本理论导读》,中国社会科学出版社2001年版,第138页。

衡状态,是国家之间冲突关系的发展处于质变的临界点,其主要表现形式就是由既有国际平衡的破坏引发的地区动荡与冲突。

二、国际危机的特征

国际危机具有以下四个特征:事发突然,用以解决冲突的决策时间有限;国家重大利益受到严重威胁;双方坚持不妥协,冲突本身有升级为军事冲突的危险;事件的进程处于转折关头,不同的应对路径可能导致差别极大的结局。在国际危机的这四个特征中,时间紧迫是最为突出的特征。决策者在危机中面临的最大压力就是必须在有限的时间内作出决策。然而在很短时间内,决策者是很难得到充分的情报支持和明确的政策分析结论的。处理危机最需要的是勇气、冷静和果断的性格。

一场危机大致可划分为发生、高峰和结束三个基本阶段。第三个阶段事态发展有两种可能:一种是危机被化解,最终没有升级为国际战争,另一种则是危机升级为战争。国际危机是国际冲突发展的一个特殊阶段,即国际关系发展到一种临界状态,如果这种状态得不到有效管理,那么国际危机的下一个发展阶段,也是最后的阶段,即爆发国际战争。战争发生也标志着危机的结束,因为战争已经是另一种性质的国际冲突,不再属于危机范畴。

国际冲突、国际危机、国际战争三者的关系见图 10-1。国际冲突可以分为五大类型,即一般冲突、国际危机、恐怖活动、内战与革命、国际战争(局部战争和世界战争)。国际危机是一种形式特殊且高强度的国际冲突,而国际战争则是国际冲突的最高形式,是国际行为体特别是国家之间的大规模的、有主观意图的武装冲突,国际危机又随时可能升级为国际战争。

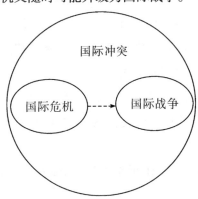

图 10-1 国际冲突、国际危机、国际战争三者的关系

三、国际危机的分类

国际危机的表现形式可以依据不同的标准划分为不同的类型。

(1)根据危机的引发原因,国际危机可以划分为三类[①]:当事国主动挑起的国际危机,即当事国为寻求自身利益而单方面将一般冲突推向激烈对抗状态;偶发事件或不影响双方全局关系的特殊事件引发的国际危机;力量对比变化过程中出现国际危机。

(2)根据参与角色,国际危机可以划分为四类:影响着国际战略形势发展走向的大国之间的危机;难以彻底化解且会间歇性爆发的传统敌国之间的危机;集团内部与盟友之间的危机;国内敌对势力之间的危机,但因大国的介入而演变成国际危机。

(3)根据对抗程度,国际危机可以划分为三类:激烈对抗程度的危机;中等对抗程度的危机;低度对抗程度的危机。

(4)按照危机所涉及的领域,国际危机可以分为政治危机;经济危机;民族宗教危机;边境领土危机;社会危机等。

(5)根据爆发危机的政策起因来看,国际危机可以分为三种:敌意的合理化危机;附加危机;边缘策略危机。

(6)根据危机的波及范围和对国际体系的影响后果,国际危机可以划分为局部危机;地区危机和全球危机。

四、冷战后国际危机的特点和成因

冷战的结束并没有消除国际危机产生的根源。后冷战时期正处于新旧国际格局转化的历史转折阶段,旧格局已经解体,新的格局没有形成。冷战结束后,国际危机以其更复杂多样的形式威胁着国际社会的稳定。在全球化的今天,随着核武器技术、信息技术等新技术的发展,当代国际危机与传统国际危机相比,又具有了越来越强的扩展性、越来越浓的经济性、越来越高的技术性等新的特点。

冷战结束以来,尤其进入 21 世纪之后,国际安全形势正在发生深刻变化。

[①] 刘卿:《国际危机机理分析》,《国际关系学院学报》2002 年第 2 期,第 11 – 12 页。

分离主义的推波助澜、国内冲突的不断外溢、多重利益的争夺加剧、意识形态的束缚减弱、大国的影子及操纵、核扩散面临更大危险等,都是导致当代国际危机的原因。

有学者更具体地分析了后冷战时期国际危机的成因,将其归纳为六个方面①:国际政治格局在新旧更替过程中出现了"诸侯割据"的发展趋势;一国因民族、宗教、自治问题引起的国内危机;在世界经济全球化和地区经济一体化过程中出现的由一国经济政治危机扩散所导致的地区政治经济集团成员国之间的"连锁危机";由高技术武器扩散的国家以及谋求取得大规模杀伤性武器的国家引起的危机;霸权主义和强权政治以及世界贫富分化的加剧导致了边缘群体对现有国际秩序的反抗和破坏;冷战时期遗留下来的各种没有解决的领土争端、民族纠纷或者宗教矛盾等问题在后冷战时期新的条件下进一步恶化。

第二节 国际危机管理的条件与方式

国际危机是国际冲突发展到临界的态势,使组织所面临的环境达到了一个临界值和既定的阈值,事态的进程处于转折的关头,既存在危机继续激化甚至爆发战争的可能,也存在危机化解的契机。在国际安全形势日趋复杂、大国关系中合作与竞争并存的情况下,如何妥善管理国际危机和保护国家利益已经成为衡量危机管理水平和决策质量的重要标志,也反映出该国对外决策机制的成熟程度。

一、国际危机管理的条件

国际危机管理(International Crisis Management)是决策理论中的一个特殊领域,是在有限时间内制定正确对策、防止危机扩大化的过程。其根本目标是通过政策选择,在最大程度上用和平手段保护自己的国家利益。以战争结束的危机表明先前进行的危机管理是失败的。成功的危机管理往往不是寻求彻底解决利益冲突,而是控制局势、缓和矛盾、降低升级的风险。危机管理的"主要

---

① 赵绪生:《论后冷战时期的国际危机与危机管理》,《现代国际关系》2003年第1期,第24—25页。

功能是不使用武力,或者使用最低限度的武力,来解决那些用普通外交手段解决不了的冲突,而这些冲突在没有核武器的时候可能会用战争来解决"①。

国际危机出现后,有关国家和国际组织需要对危机进行管理,以免事态发展成为更大规模的冲突或战争。成功的国际危机管理需要具备以下三个条件:挑战方有可能部分地放弃已经获得的重大利益;双方或多方都有解决危机的意愿;在较短时间内,存在沟通、妥协的渠道和方法。这三个条件都是化解危机的必要条件,缺少其中任何一个,危机都可能升级为军事冲突②。

二、国际危机管理的方式

在国际危机管理的过程中,采取什么样的方式应对危机,不仅对危机的发展走向与结果会产生重大影响,而且涉及危机当事各方的切身利益,甚至可能会影响国际体系的形态发生变化。各国学者和政要对国际危机管理都极为关注,他们希望能够限制危机,甚至最终彻底地消除危机。国际危机或事端发生后,当事国以及第三方可能选择的解决方式包括谈判、运用威慑手段、第三方干预等,详见图10-2。就其中具体手段而言,既有强制式的,也有非强制式的。换言之,国际危机管理的方式既可以由当事国之间双边协调和控制进行管理,也可以由第三方通过和平的外交手段或强制性的军事手段干预使危机得到缓

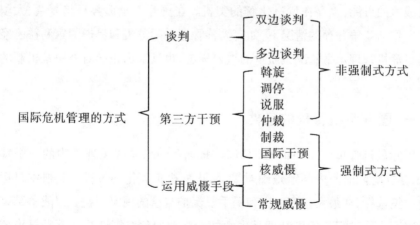

图 10-2 国际危机管理的方式

---

① 詹姆斯·多尔蒂、小罗伯特·普法尔茨格拉夫:《争论中的国际关系理论(第五版)》,阎学通、陈寒溪,等译,世界知识出版社 2003 年版,第 631 页。
② 阎学通、何颖:《国际关系分析(第三版)》,北京大学出版社 2017 年版,第 197 页。

和与解决。在后冷战时期的危机管理中,谈判、斡旋、调停、说服等政治解决方式成为联合国等国际机构首推的危机管理方式,但需要指出的是,动用军事手段虽然不是危机管理的首要选择,但其作用仍不容忽视。

1. 谈判

谈判,即外交谈判,作为国际危机管理的一种最基本的方式,它是危机相关方为保持国际危机的稳定状态、避免危机升级而提出建议和反建议的一个过程,是当事国为解决争端进行的直接交涉和交换意见的行为。从谈判的方式来看,它包括正式的谈判与非正式的谈判、双边或者多边的谈判、直接谈判和间接谈判等多种形式。

国际危机爆发后,特别是在战争一触即发而作为第三方的调停者又尚未出现的关键时刻,当事方中需要有一方及时地发出谈判呼吁,另一方积极响应,否则军事对抗将很有可能成为解决危机的唯一手段。危机是一种利益冲突,解决利益冲突除强力以外,主要还要靠谈判,通过谈判找出双方的共同利益,经过讨价还价,找出恰当的折中点,从而达成双方都可以接受的协议,最后解决危机。正因为谈判对和平解决危机意义之重大,以致有的危机控制理论家认为,国际危机不过是以外交谈判为核心的对抗双方的讨价还价过程。

谈判的功能就是为和平解决国际争端提供一个渠道。这个途径可以使消极的危机氛围转化为积极的常规环境,从而促使危机涉及的相关各方尽快达成一致意见。若谈判成功,就可以避免运用武力手段,从而降低解决危机的成本和代价。因此,一旦国际危机发生,危机相关各方的决策者首先想到的就是进行外交谈判。另外,几乎任何危机管理方式的最后阶段也都要回到谈判这个重要的环节上。例如,危机的和平解决通常要签订协议,协议的具体内容就是经过谈判来确定的;即使危机是通过以军事手段为主的方式来解决,而一旦军事行动结束,危机的相关方最终还是要坐到谈判桌前来商谈具体的相关事宜。

通常情况下,谈判是一个斗智斗勇的过程,需要保持不间断的信息沟通,做到原则性和灵活性相结合,强压和谈判相结合,要善于利用国际化机制或第三国的参与作用促进谈判。谈判的谋略与技巧运用得是否正确,不仅对危机能否成功化解起到关键作用,而且也涉及危机各相关方的利益能否得到维护和实现。在具体的外交实践中,谈判往往需要多个回合,进行多重博弈。通过谈判,当事方能加强对彼此所持立场的了解,并在相互沟通中可能作出妥协让步,达成共识,约束彼此之间的恶意互动行为,最终促使危机降级。

2. 运用威慑手段

在国际关系中,威慑经常与危机相伴随,它不仅是国际关系的一种现象,同时也是危机管理的一种重要手段。威慑的基本含义是以实力为后盾,使对方面临不可承受的报复后果而不敢采取行动。威慑一般包括动员、组建和扩充部队;研制、购买、试验新式武器装备;新建、扩建军事设施,调整或部署军队;举行军事演习等。

威慑是理性选择模式的一个分支,即用理性计算的方法让潜在对手意识到采取对自己不利的行为所付出的代价要超出收益。威慑理论将潜在对手采取对自己不利的意图看作一种持续不断的状态。根据这种假设,决策者所要做的就是怎样从外部调整潜在对手的得失计算结果。威慑一方要想其威慑策略奏效,就必须确定哪些行为是不可以接受的,自己会对采取这类行为的国家给予什么样的惩罚,同时,还要具备惩罚的能力和展示惩罚的决心。

威慑可分为物质威慑和心理威慑,但从本质上说,威慑就是基于物质实力的心理威慑,所以,"威慑既是军事技术概念,也是心理-政治概念""当威胁的基础是建立在足以给进攻者以'难以承受的打击'的军事力量之上,同时又有明确的意图和坚定的政治意愿来实施这种惩罚时,威胁才是最可信的"[①]。物质威慑包括常规威慑与核威慑。尤其是核威慑,它使危机各当事方看到,如果危机继续升级就要付出昂贵代价并可能引发灾难性后果,从而迫使有关各方能理性地看待危机和处理彼此的关系,避免局势进一步恶化。有关核威慑的详细讨论将在第十一章中展开。与核威慑相比,运用常规威慑手段解决危机,危机失控的可能性较大。

3. 第三方干预

第三方干预的国际危机管理方式,是指危机的当事方由于各种原因无法管理身陷其中的危机,第三方主动或接受邀请介入不属于自己的危机,通过和平的外交手段对其进行管理。在谈判无法取得进展,危机有可能扩散或威胁国际体系的稳定时,第三方就有可能出面进行干预。干预的形式包括斡旋、调停、说

---

① 詹姆斯·多尔蒂、小罗伯特·普法尔茨格拉夫:《争论中的国际关系理论(第五版)》,阎学通、陈寒溪、等译,世界知识出版社 2003 年版,第 379 页。

服、仲裁、制裁、国际干预等。第三方是指世界大国、有影响力的地区大国或者国际组织。

斡旋是指第三方为促成当事国进行谈判或争端解决所采取和提供某些协助的行为。不过,从事斡旋的第三方一般不参加谈判,也不提出关于解决争端的方案。

调停是指第三方以调停人的身份,就争端解决提出方案,并直接参加或主持谈判,以协助争端解决的行为。然而调停国提出的方案本身没有约束力,调停国对其所进行的调停或调停成败不承担任何法律义务或责任。

仲裁是指当事国无法通过谈判解决争端时,双方协商同意将争议提交具有公认地位的中立机构或第三方作出有拘束力裁决的一种争议解决方法。

制裁是指一国或数国对破坏国际义务、条约和协定的国家在经济、外交等领域采取惩罚性措施的行为。

国际干预是指通过强力手段(主要是军事手段),对另一国事务进行介入,以达到干预者所希望的结果。国际干预常见的手段有派遣维和部队,以及其他一些带有强制性的措施,如武器禁运、封锁,或者对某一方提供军事援助。

从理论上讲,由于在当今的主权国家之上不存在世界政府,因此第三方能够在减缓或控制危机升级过程中扮演着重要、甚至有时是必不可少的角色[①]。第三方干预可以为危机各方提供保全面子的途径,能使争端各方坐到一起,为谈判营造一种建设性的氛围;搜集并审慎地传达经过筛选的机密材料;协助谈判方明确各自的利益诉求;降低不合理的要求并软化立场;寻求双赢;确保谈判持续下去;系统地阐述达成协议的理由。因此这种第三方干预模式能营造出一种让当事各方自由交换意见的环境。

第三方干预的作用可大致分为三个方面:第一,协助性作用。第三方努力让危机当事方坐在一起,提供谈判场所,并提供一种能让当事方自由交换意见、表明立场的环境。第二,规划性作用。调停者帮助当事方形成一种文本,达成一种方案,以便使他们的立场互相靠拢以达成协议。第三,操作性作用。采取

---

① 刘俊波:《试析第三方国际危机管理的条件性》,《外交评论》2007年第6期,第45页。

诱导的方式推动当事方谈判①。无论第三方在实际的危机管理过程中发挥何种作用,其目的都是十分明确的,即提出使危机各方都能接受的预案或解决方案,促使危机缓和降级;扩大自己的影响,实现自身的利益。

在第三方干预中,国家的作用要视国家的实力、干预的意愿和被危机各方接受的程度而定。在后冷战时代,除传统世界大国外,一些地区大国在危机管理中的地位不断上升;国际组织在解决国际危机中的作用主要取决于相关各方对它的接受程度以及该组织是否具有强制力量等因素;以世界性和地区性国际组织为主体的非国家行为体在国际危机管理中的地位和作用得到加强;个人作为第三方的角色,其作用相对有限,他必须依托其国家的背景和个人的威望、能力以及与当事国的关系来发挥作用,否则难以胜任。

综上所述,谈判、斡旋、调停、说服、仲裁等非强制式方式是直接用降级手段来管理国际危机,注重外交和政治等非军事手段的使用,相对比较缓和,易于把握。而威慑手段、国际干预、制裁等强制式方式则是以进为退,通过升格危机达到化解危机的目的,相对较为激烈和极端,较难控制,一旦处理不当往往会导致危机失控,引发战争。需要指出的是,在处理国际危机的过程中,单纯采用某一种解决方式的情况较少,往往是以某种方式为主,其他手段为辅,并且交互使用多种方式来处理危机。管理国际危机要根据危机的具体演变过程、双方实力对比、国际形势等多方面情况最终作出策略选择,这就要求决策者要审时度势,根据情况作出灵活反应。

在国际危机管理中,国家实力的强弱在很大程度上决定了一国进行国际危机管理能力的高低以及危机事件的大概结局。国际社会中各国存在实力差距,所以国际危机管理也存在着是否具有对称性的问题。

三、国际维和

国际维和是一种特殊的国际危机管理形式。国际维和是指由国际组织出面邀请有关国家参加的军事行动,用以防止国际冲突的进一步升级。自1948年5月29日联合国决定成立停战监督组织、监督以色列与阿拉伯国家执行停战协定以来,联合国维和行动已走过70多年的历程。联合国维持和平部队是

---

① 布里吉特·斯塔奇:《外交谈判导论》,陈志敏、陈玉聃、董晓同,等译,北京大学出版社2005年版,第38页。

根据有关联合国决议建立的一支跨国界的特种部队,成立于1956年苏伊士危机之际,它受联合国大会或安全理事会的委派,活跃于国际上有冲突的地区。联合国维和部队是联合国维和行动的一种形式,联合国维和行动还有军事观察团和多国部队两种形式。

国际维和的主要功能有两个方面:一是防止已经发生的军事冲突蔓延和升级,二是促使已经发生的军事冲突结束。在国际实践中,国际维和发挥第一种功能的情况较多。所以国际维和的主要任务是"看火"——负责将冲突双方隔离开,而不是卷入军事冲突之中,更不能支持任何一方的军事行动。因为国际维和行动通常不主动采取消灭冲突方军事能力的行为,所以很难发挥"灭火"功能——彻底消除已经发生的国际军事冲突。需要指出的是,依靠维和部队的军事能力是不可能消除引发国际冲突、国际危机的根本原因的,国际维和实质上是为政治解决军事冲突提供条件。

1988年12月联合国大会接受中国加入维和行动特别委员会,至今已有30多年。中国2013—2015年所承担的维和经费分摊比率从2010—2012年的3.9%上升到6.6%,2016—2018年更是上升为10.2%。这使中国一跃成为第二大维和经费贡献国,而且这一摊款比率仍将上升[①]。与此同时,中国维和人员的派遣数量也在安理会常任理事国中位列第一。中国维和人员始终牢记责任使命,勇担国际义务,树立和维护了我国负责任大国的良好形象。在2015年联合国维和峰会上,中国领导人强调中国要做世界和平的建设者,并就加强联合国维和行动做出了多项新的承诺,包括加入联合国新的维和能力待命机制,率先组建常备成建制维和警队,建立8000人规模的维和待命部队,派遣更多的工程、运输、医疗人员,支持非洲常备军和危机应对快速反应部队建设,以及向联合国在非洲的维和行动部署直升机分队等。中国的承诺表明中国对联合国维和行动的积极态度和立场,表明中国愿意在这一领域承担更多的国际责任,同时也期望能够发挥更具建设性的作用。

---

① 李东燕:《中国国际维和行动:概念与模式》,《世界经济与政治》2018年第4期,第95页。

第三节　国家对外政策与决策模式

《孙子兵法》就曾指出："上兵伐谋,其次伐交,其下攻城。"美国前总统约翰·肯尼迪也说:"在国内事务上犯错误,你总能劫后余生,但是对外政策上的一个错误就能让你性命难保。"而国际关系学中的热门领域——国家对外政策研究,则兴起于20世纪50年代,以国家对外政策的制定或对外行为为研究对象。如何推进对外决策研究的科学化,提高国家对外决策的水平,是关系到国家利益维护和对外决策成效的核心问题。

一、国家对外战略与对外政策

国家所进行的对外交往和对外关系行为均离不开一定的国家对外战略和对外政策的指导,国家对外战略和对外政策是国家对外交往和发展对外关系的基本依据及所遵循的根本原则和行动方针。国家对外战略和对外政策在指导国家对外行为方面,虽然所发挥的具体作用各不相同,但都属于国家对外行为的谋略范畴,彼此密切联系、相互影响,共同起作用。

1. 国家对外战略

国家对外战略是指一国对较长一个时期整个国际格局、本国国际地位、国家利益和目标,以及相应的外交、军事政策等总的认识和谋划。国家对外战略具有全局性、战略性、政治性、长期性和高层次性等特征,是国家处理国际事务,进行国际活动的总路线、总方针。因此,国家对外战略决定着国家对外政策的制定和实施,也可以说,国家对外战略是国家最高层次的对外政策。

现代国家对外战略是对政治、经济、军事、意识形态、核战略等诸领域的总体协调和运用。国家对外战略是一个国家制定的既符合国内外形势又有利于自身利益的长期对外政策谋略、思路和策划,是国家为实现对外目标而设计、规划的全局性指导思想和方针,是一国对本国的利益、国际地位、对外关系发展目标和理论,以及国际社会事务的看法。

国家对外战略所考虑和追求的是长远的战略利益,国家对外战略一旦制定,一般情况下不能在短时间内大幅度改变,否则就会失去政策上的连续性,导致外交上的挫折和失误。对自身国家实力和国际地位要有正确的认识和评估,对当时和未来较长一段时期的国际格局和国际形势的发展方向要有总体的判断、认识,这是制定对外战略的根本,而对国家利益的分析、判定及阐述是国家对外战略的起点。

2. 国家对外政策

在国际社会,主权国家除了对内活动,还必须通过超越其领土边界的对外活动来促进经济福利、社会繁荣和政治影响。国家对外活动的具体体现是其对外政策的取向及对外交往实践,如建立或中止外交关系、威胁或实际使用武力、国家间缔结联盟、实行经济制裁或给予经济优惠、在国际组织中表示赞成或反对等。国家对外政策是国家对外战略基本结构的一部分和重要环节,是为实现对外战略所规定的利益和目标服务的,但国家对外政策本身又是国家对外行为的一个相对独立的领域,有自己的系统与结构。

国家对外政策是国家依据其对外战略、国家利益和特定环境,确定、规范为促进国家利益、实现国家对外目标而从事对外活动的原则和方针。国家对外政策从属于国家对外战略,因此,国家对外政策的原则性是最根本的。国家对外政策直接体现了国家的对外职能,它包含着国家的意志,因此,国家对外政策必然也体现着统治阶级的利益,服从和服务于这个国家的阶级性质。所以,不同的国家有不同的对外政策。同时,国家对外政策又有其特定前提下的灵活性,在实现国家对外政策过程中,有轻重缓急之分,对具体的国际事件、国家之间关系问题要区别对待,有时还要视具体情形,采取折中办法。国家对外政策的原则性和灵活性是辩证统一的。没有灵活性的对外政策是僵硬刻板的政策,但对外政策的灵活性必须有适当限度,超过限度区间就会失去原则性。总之,国家对外政策的灵活性从属于原则性,反过来又服务于原则性。

国家对外政策的构成要素一般包括对外政策的基本原则与立场、对外政策的目标与任务、国别与地区政策等。一般而言,在实践中,国家对外政策所包含的内容和拟解决的问题有:把国家利益由观念变成具体的、可操作化的目标;判断同政策目标相关的国际和国内形势;评估实现所期望目标的国家能力;制定运用国家能力实现国家目标的计划或战略;定期回顾和评估政策的实施过程。

3. 国家对外战略与对外政策的关系

国家对外战略是国家对外政策的基础。国家对外政策是国家实施对外战略的行动手段和具体措施,是国家处理国际问题和对外关系问题的基本原则,即国家对外行为准则。

国家对外政策是国家对外战略的具体化和可操作化的体现。国家对外战略指的是对外关系的方向、目标与规划,而对外政策指的是对外关系中的规定方针、准则以及原则,国家对外政策是国家对外战略的具体化,是国家对外战略可操作化的现实展开。

二、国家对外政策的决策过程与模式

国家对外政策决策,简称国家对外决策,是国家对外决策系统以某种方式,通过一定程序制定国家对外政策的过程。国家对外政策的决策模式、决策过程和决策机制影响、制约着国家对外行为的效能。

1. 对外政策的决策过程

对外政策的制定是一个由一系列具体程序工作所组成的过程。虽然各国决策程序各具特色,但一般都包括以下几个基本程序[①]。第一步,情报信息收集。情报信息收集是对外决策程序中前提性的工作,是对外决策的基础和依据。情报信息的内容分为经常(基本)情报信息和特殊情报信息两类。情报信息收集途径有公开方式和秘密方式两种。第二步,情报信息综合分析。情报信息综合分析就是由专门研究机构、专业研究者(如"智囊""脑库""思想库"等)对收集来的大量情报信息进行去伪存真、去粗取精、由表及里地梳理,并对之予以综合研判,进而提出总体评价和倾向性意见的过程。研究机构及人员对情报信息进行分析研究后,提出种种可供选择的战略、策略和政策方案,供政府决策部门决策参考。第三步,决策者选择、制定决策方案。决策者对情报信息分析研究成果、政策意见主张进行评估和思考,根据国家利益、国际环境及其他现实因素,尽可能选择、制定出最佳政策方案。决策者依据政策研究的成果和自身经验在多种可行的对外政策备选方案之间进行权衡和选择,其本质是对各方复杂利益关系的平衡,而选择的过程更多地体现了外交领域的领导艺术。高质量的情报信息分析研究有助于对外决策水平的提高。第四步,实施、反馈和调整。对外政策在具体贯彻执行过程中,根据实际效果,针对变化了的形势和任务及时进行校正、调整和修订。

---

① 蔡拓:《国际关系学》,南开大学出版社 2005 年版,第 173 – 174 页。

2. 对外政策的决策模式

对外决策过程是决定对外政策结果的重要因素,谁参与了决策、什么样的决策机制、谁在决策中最有发言权等对决策结果的影响重大。学者们根据已知的对外决策的规律和实践经验,再对决策过程在行政机构内的运行方式进行研究的基础上,归纳出五种定型的、标准的对外决策的具体形式,称之为"对外决策模式"。

对外决策模式由决策主体、决策程序和决策方法三个基本要素构成,这三者组合可形成个人决策模式、理性决策模式、组织过程决策模式、官僚政治决策模式、群体决策模式五种形式。国家对外政策决策是一个复杂的动态过程,受多种因素的影响,其决策模式的运用也因国际环境、国内舆论动向、时代背景、政治体制、领导人性格、问题的本质等而相应变化。

(1)个人决策模式。此种模式是最为原始的一种对外决策模式,决策主体通常只有最高统治者一个人,完全依据最高统治者个人的经验、才智、情绪、好恶进行决策。在当代国际社会,这种决策模式已经极少采用。

(2)理性决策模式。这种决策模式曾一度在国际关系学界颇为流行,也是传统的外交史学和国际政治学常用的分析方法。理性决策模式有三个基本的假定:第一,国家是一个单一的行为主体,它有一个单一的意志,并可由一个单一的个人或群体来代表;第二,决策中的信息传递是完全的、可靠的;第三,国家的对外决策是一个理性选择的过程,通过一种成本核算的方式,试图以最低的成本实现最佳的效果。

在这种决策模式中,决策的主体是追求国家利益的"合理行为者"——被拟人化了的、统一的政府。对外政策是"整体性政府"理性选择的产物,即政府依据明确的对外政策目标,对各种可行的备选方案理智地加以评估、比较和筛选,从中选出一种获利最大、风险最小、见效最快的最佳方案的过程。

该模式强调决策者对行动方案进行评估时是客观的,还根据形势的变化不断地对决策进行修正、调整。但在具体的决策过程中,时间的紧迫性,决策环境的压力,决策者对与自身的升迁、再次当选等切身利益有关的问题的考虑等都会影响决策者对决策方案的选择。

(3)组织过程决策模式。组织过程决策模式描绘的是一种分权式的政府。此种决策模式的决策主体是政府内部的各种行政组织、职能部门,而不是最高决策者。这些部门根据组织内的标准运作程序在决策中发挥自己的作用。该模式假定对外政策不是一个"整体性政府"理性选择的产物,而是依照常规运作程序而运作的大型组织的产品,是基于组织内常规运作程序的一种机械或半机械过程的产物。在这种模式里,政府涉及外交事务的行政部门在各自的领域里按照既定的常规运作程序自动采取对应措施,而最高决策者只是顺应各个组织的请求作出应有的回答,或者在必要时调整政府内各组织之间的关系。

在这种决策模式下,政府大量的日常事务的决策是以这种按部就班的形式(流水线作业)进行的,各部门并不注重长远战略目标,只是专注于眼前的具体事务。换句话讲,国家决策行为是按照标准的行为模式发挥其功能的大型组织的一种输出,而不是深思熟虑的选择。

这种模式的优点是组织分工与责任清晰、明确,有专门人才施展能力的空间,便于发展。缺点在于各行政组织都因试图推进自己的组织使命、职业角色并捍卫自己的组织利益,因此相互之间必然要发生激烈的竞争,从而导致由行政机构控制的决策过程可能不仅会使对外政策不太具有内聚力,还可能出现彼此对立的政策。

(4)官僚政治决策模式。官僚政治决策模式的中心假设是"对外政策是参与外交决策的政府领导人及其在不同的官僚机构中的代表们相互竞争、讨价还价的结果"①。如果说,理性决策模式是从国家(或政府)角度进行分析,组织过程决策模式是以政府内的组织为重点进行分析,那么,官僚政治决策模式则是从政府内各个成员的活动为着眼点进行分析。

和组织过程决策模式一样,官僚政治决策模式假定对外政策的决策权是分散的,存在多元决策者,最高领导人并不完全控制着决策过程和决策结果。和组织过程模式不同的是,官僚政治决策模式更加关注参与决策的个人,更注意分析参与决策的各方如何相互竞争以影响最后的决策过程,而不是仅仅把决策看作是各方政策的简单总和。具体来说,官僚政治决策模式中地位决定立场,参与决策的每个人都有不同的目标,而又没有一个权威来控制整个决策过程,在不同决策单位之间存在着激烈的竞争,但最高决策层会对各部门利益进行协调,对外政策的形成是不同官僚机构之间讨价还价、竞争妥协的结果。

---

① 冯玉军:《对外政策研究中的决策理论》,《世界经济与政治》2000年第2期,第33页。

(5)群体决策模式。群体决策模式是以群体为决策主体,如就某一重大问题由全体公民投票表决,决定国家的某项对外政策。"采取群体决策模式需要有制度保证,因成员众多、差异大,在决策过程中必须重视进行有效协调,平等相待,求同存异"①。

以上五种不同决策模式各具优缺点,并且彼此具有一定关联性。在具体的对外政策决策实践中,决策者要尽量排除不切实际的期望和要求,避免可能出现的重大失误以及单一决策模式可能造成的僵化、保守、片面的缺点,防止受到内部个人利益、机构争权以及组织惰性的伤害,力求采取科学的方法,按照科学的程序,进行科学论证,广泛听取各方面的意见,作出科学的决策。

在一国对外政策决策过程中,对外政策的决策机制是核心环节,具有一个协调的对外政策决策机制是成功制定、执行对外战略及对外政策的首要条件。对外政策的决策机制,也称对外决策机制、外交决策机制,是指对外决策工作系统中各个组织之间相互作用的过程和运行方式,其中外交决策工作系统中各个组织属于硬件,各个组织之间相互作用的过程和运行方式属于软件②。受国家政治体制、国内政治结构,以及民众对国际事务的关心程度的影响,不同国家的决策机构、对外职能并不相同,对外政策的决策机制也不一致。

三、对外决策中的决策者

在不少人心目中,"外交""国际关系""世界政治"与领导人或外交家的个性、心理等个人原因没有太大关系,它们是由国家利益、国家实力、国际联盟、国际体系等客观的、不以人的意志力为转移的因素决定或影响的。更多的人认为,人的心理(不论是政治家的心态还是普通百姓的想法)难以对对外决策、国际关系造成大的影响,因为形势比人强,人心总是基于并追随大势。实际上,人性的方方面面,包括领导人的个性和一般人的心理,对各国外交的塑造及国际政治的形成,有着不可忽视的重要作用③。决策者在对外决策中发挥着最终的决定作用。"决策者个人因素对对外决策有相当大的影响。决策者个人因素,

---

① 蔡拓:《国际关系学》,南开大学出版社2005年版,第177-178页。
② 张历历:《新时期中国外交决策领域的新变化》,《当代世界》2015年第9期,第51页。
③ 王逸舟:《国际政治概论(第二版)》,北京大学出版社2016年版,第174页。

是指最高决策者的个人经历、学识、信仰、特点、风格、能力、习惯、家庭等因素，以及由这些因素所决定的决策者对国内国际环境、国家利益的认识与理解。决策者最后的决策是以他或他们的认识和理解为依据的。"①不少学者围绕决策者的性格、健康状况和心理特征对决策的影响，做了大量的专门研究，由此诞生了国际关系中的一个分支学科——国际政治心理学。

1. 决策者的类型

在国际实践中，决策者的个人能力与魅力对对外政策的效果有很大影响。例如，1955年万隆会议上，当时许多国家对新中国还没有普遍接受，对中国共产党怀有敌意，有人估计会议不会通过中国代表的任何提案。出乎意料的是，中国倡导的和平共处五项原则受到绝大多数国家的普遍认同，并在许多实质性问题上同新中国达成了共识。一位西方国家的首脑在接受采访时说："是周恩来的人格力量说服了我。我觉得，一个拥有如此高尚的领导人的政党是值得信赖的。"

国外有学者将领导人分为讨伐型和实际型；有的将领导人分成空想型（或理论型）和机会主义型；有的学者将领导人分成独裁型和民主型，认为独裁型属于对环境不敏感型的领导人，而民主型则属于对环境敏感型的领导人②。我国学者阎学通将国家的政治领导人分为无为型、守成型、主动型和争斗型四种。他认为无为型的决策者没有明确的政治目标，缺少拓展国家利益的动力，崇尚无为而治的哲学，是观念决定论者，例如张伯伦、宇野宗佑；守成型的决策者主张维持现状，并在无外来军事入侵威胁的情况下将经济利益视为最高利益、将经济实力视为综合实力的基础，是经济决定论者，例如奥巴马、海部俊树；主动型的决策者重视提高本国的国际地位，相信事在人为的哲学理念，将国家兴衰归于政治领导能力的强弱，是政治决定论者，例如斯大林、克林顿；争斗型的决策者主张以强力手段实现目标，相信军事是最有效的击败对手的手段，是军事决定论者，例如杜鲁门、安倍晋三③。

---

① 张季良：《国际关系学概论》，世界知识出版社1989年版，第89页。
② 张清敏：《外交决策的微观分析模式及其应用》，《世界经济与政治》2006年第11期，第18－19页。
③ 阎学通、何颖：《国际关系分析（第三版）》，北京大学出版社2017年版，第208－209页。

2. 决策者的意象、信仰、知觉对外交决策的影响

决策者的意象、信仰、知觉等都会影响其外交决策。罗伯特·杰维斯(Robert Jervis)指出:"抛开决策者的信仰和对别人的印象去解释关键决定和政策通常是不可能的。"

意象是人们过去所获得的信息的产物,它不是信息的一般性积累,而是一种高度结构化的信息资本。此处的意象特指一国领导人(决策层)对于别国或地区的本质特征的认识,即一国领导人对其他国家和地区所有的国家意象。"意象是决策者认知图式中的重要组成部分,也是外交决策者决策过程的一个重要干预性变量。"[①]在国家领导人的对外决策中,有五种常见的意象影响他们的基本判断,进而影响他们的外交决策:第一种是敌人意象,把其他国家视为威胁,认为对方富有侵略性、扩张性、动机邪恶;第二种是盟友意象,认为对方与自己国家追求共同的互惠的利益,加强使双方都能获利的联盟与合作最为重要,将对方视为盟友;第三种意象是退化者意象,自我感觉具有文化优越性,认为对方国家弱小,权力未得到正当使用,为其提供了可利用的机会;第四种是依附者/殖民地意象,把别的国家看成落后的和文化上低劣的国家,认为自己有义务和责任帮助其获得管理自己事务的能力,惩罚管教其中的"极端分子";第五种意象是复合型意象,兼有上述各种意象特征,但不走极端。决策者意象类型的理想模式见表10-1。

表10-1 决策者意象类型的理想模式[②]

意象类型	动机	能力	文化	决策过程
敌人意象	对方富有侵略性、扩张性、动机邪恶	对方实力与本国相当(只有本国政策坚定,对方才能被打败)	对方文化品质与本国相当	对方决策过程铁板一块,政府的政策不代表民意

[①] 陈东晓:《意象在美国外交决策中的作用——以美国军事干预科索沃为例》,《现代国际关系》2003年第8期,第35页。

[②] 同上,第37页。

续表

意象类型		动机	能力	文化	决策过程
盟友意象		对方追求与本国共同的互惠的利益	对方实力尚可	对方文化品质与本国相当	对方管理良好、决策过程复杂、民众支持政府的决策
退化者意象		对方领导人千方百计维护自身的既得利益	对方国家弱小,权力未得到正当使用	对方文化处于衰落阶段	对方决策过程比较混乱,权威不明确
依附者/殖民地意象	A:温和派	对方为家长式的领导人,推动国家现代化,以人民的利益为政策目标	对方能力弱,如同家庭中的孩子一样需要帮助	对方文化落后	对方决策过程失控,需要外部经济和军事的帮助
	B:极端派	对方为疯狂极端主义者	对方能力弱,如恐怖主义者、挑衅者;必须受到宗主国的教训,使其更循规蹈矩	对方文化落后	对方决策过程组织严密、有效率
复合型意象		兼有上述几种意象特征,但不极端化			

前文已经提到,对外政策的决策过程一般包括情报信息收集、情报信息综合分析、决策者选择与制定决策方案、实施和调整方案等四个程序。从决策者的角度来说,在选择与制定决策方案这一程序,如果把方案的选择决策过程看作一个信息输入和政策产出的流程,那么这个流程主要分为两个阶段:第一阶段为决策者对需要作出反应的问题的认识和理解,用认知心理学的术语来表述,就是决策者如何再现问题,即决策者在一定认知因素(如意象)的作用下对问题的目标、手段和限制性条件的理解和认识。第二个阶段是运用成本—收益分析对一系列政策选项进行遴选取舍。再现问题是决策者选择与制定决策方案这一程序的首要环节,它主要展现的是决策者在一定的认知因素的作用下对问题的基本方面的认识和理解,如目标、手段和限制性条件等因素。意象的作用也主要体现在决策的这一阶段,它是决策者处理信息、再现问题过程中的"滤镜"和"选择器",而问题的再现则是意象的载体,意象通过再现问题展现其

影响。

通常情况下,信仰越复杂的人,其认知能力越复杂,认知能力越复杂的人,其政策合作性越强,反之则对抗性越强。特别在危机状态下,由于情况紧急,多数人的认识复杂性呈下降趋势,"只有认识能力复杂性很强的人,才能在危机时刻保持头脑冷静,制定出理性的对外政策"[①]。

第四节 博弈论与决策应用

1944年,冯·诺依曼(John von Neumann)和奥斯卡·摩根斯坦(Oskar Morgenstern)共著的《博弈论与经济行为》归纳总结出存在于扑克之类赌博游戏中的一整套运筹理论,从而形成了一个独立的学科,即博弈论(Game Theory)。自1944年正式诞生以来,博弈论相关领域的基础研究已经六次折桂诺贝尔奖。其中,与国际关系最为密切的一位诺贝尔奖得主为托马斯·克罗姆比·谢林(Thomas Crombie Schelling),他对博弈论的非数理化研究和运用增进了人们对国家间冲突与合作的理解。作为一种理论兼分析工具,博弈论能够获得如此多的荣誉实为罕见,足见其已经成为社会科学中一个相当重要的研究领域,具有重要的学术地位和应用价值。本节仅介绍博弈论在国际关系中的简单运用,选择的都是只有两个国家参加的静态博弈。

一、博弈与纳什均衡

博弈就是行为者在一定的环境条件和规则约束下,选择一定的行为或策略加以实施并取得相应结果的过程。博弈论是研究在策略性环境中,如何进行策略性决策和采取策略性行为的科学。所谓策略性环境是指每个行为人在进行决策和行动时,都会对他人产生影响;策略性决策和行动是指每个参与者要根据其他人的可能反应来决定自己的决策和行动。一场博弈包括了许多要素,如参与者、收益、博弈规则、参与者策略、相关信息的数量质量及获取的难易程度、博弈的总体环境等。如果国家以对对方行为的判断作为自己决策的基础,那么

---

① 阎学通、何颖:《国际关系分析(第三版)》,北京大学出版社2017年版,第212页。

如何判断对方行为并制定出己方的对策就是博弈论研究的问题。

博弈的一个核心概念是纳什均衡。纳什均衡假设有 n 个国家参加博弈，$i = 1,2,\cdots,n$，在给定其他 $n-1$ 个国家 $(1,2,\cdots,i-1,i+1,\cdots,n)$ 策略的条件下，第 i 个国家选择自己的最优战略。所有参与国的最优战略组合就构成了一个纳什均衡。在其他条件不变的情况下，没有国家愿意打破这种均衡。

从不同的视角对博弈可以进行不同的分类，从博弈的参与人是否拥有其他参与人的特征、策略集和收益函数，博弈分为完全信息博弈和不完全信息博弈，如果完全掌握上述信息则称为"完全信息博弈"，只了解部分上述信息则称为"不完全信息博弈"。从博弈方是否同时选择策略，博弈可分为同时博弈（simultaneous game）和序贯博弈（sequential game）。同时博弈是指参与人同时进行决策或行动的博弈，这里所谓的"同时"可以理解为参与人在做决策时是否知道其他参与人的决策，而不一定是取决于物理意义的时间。这就是说，只要博弈参与人在做决策前彼此不清楚其他参与人的决策，即使在做决策的时间上有先后，该博弈仍可被视为同时博弈。序贯博弈是指在博弈中，后行动的参与人能够观察到先行动的参与人选择的策略，所以后行动者能够利用这些信息作出相应的决策。

国家间对外决策互动在本质上是两个或多个行为者之间的策略博弈行为。运用博弈分析工具分析国际关系问题一般分两步：第一步是把国际关系问题提炼为一个简单的博弈，把策略集简化为只保留很少几个关键要素；第二步是解析给定的博弈，即推算在博弈中会发生何种结果。

二、零和博弈与非零和博弈

依据博弈行为给双方带来的结果，博弈可以分为零和博弈与非零和博弈两种基本类型。零和是指双方得失之和为零，即博弈双方的收益之和为零，一方所得必须为另一方所失。在两人参加的零和博弈中，理性的策略应该建立在"最小化—最大化"原则基础之上，即每个参与者都应该尽量把能够确保的最小收益最大化，或者把必须承担的最大损失最小化。当然，该策略只有在持续不断的博弈中并且对手行为符合理性的条件下才是有效的。非零和博弈是指博弈一方所得并不等于另一方所失，博弈双方收益之和并不等于零。这种博弈的结果既可能是冲突也可能是合作。"在特定的简单情况下，围绕领土、资产、势力等资源发生零和博弈,但在大多数国际战略形势下,零和博弈的概念完全不符合实际,国际关系本质上是非零和博弈,即'有限的敌对关系'(limited adversary relationship)、'不确定的伙伴关系'。"①

懦夫博弈是典型的零和博弈。懦夫博弈主要是用来描述现实世界中所谓的"狭路相逢勇者胜"这种情况,它原本是美国嬉皮士青年玩的一种死亡游戏。游戏者从两个相对的方向将汽车高速开过来,谁先打方向盘躲闪对方的汽车谁就被称为"懦夫"。第一个转向的人虽然避免了碰撞,但颜面尽失,而如果没人转向,则双方最终会碰撞在一起,一起受损乃至丧命,具体的博弈结果从表10-2的支付矩阵可知,对甲来说,在乙转向的前提下,甲也转向,则双方平手,都失颜面,甲获益为0,而如果不转向的话,甲则成英雄,获益为10,所以理性的甲在乙转向的前提下会选择不转向;再看第二种情况,在乙不转向的前提下,甲如果转向,他将颜面尽失,获益为-10,而如果不转向的话,他将和乙碰撞受伤乃至丧命,造成更大损失,获益为-∞,因此,在乙不转向的前提下,甲的理性选择应当是转向,尽管颜面尽失,但尚能保命,因此获益为-10。同理对乙也一样。

表10-2 懦夫博弈

博弈者甲	博弈者乙	
	转向	不转向
转向	(0,0)	(-10,10)
不转向	(10,-10)	(-∞,-∞)

这里就有两个均衡解,即均衡一:甲选择不转向,乙选择转向;均衡二:甲选择转向,乙选择不转向。显然甲偏好第一个均衡,而乙偏好第二个均衡。但无论哪个均衡都比撞车好,即博弈双方做相同的事要劣于做不同的事。每个参与人都知道,如果他能承诺直线驾驶,对方就会因害怕而放弃直线驾驶,如何做到这一点呢? 假定甲在出发前,夸张地将汽车方向盘锁住,将自己绑在驾驶座位上,于是乙就意识到甲此时只有直线驾驶而别无选择,那他只有选择转向。当然如果双方都把自己绑上,那将只有碰撞这一灾难性的后果。一些西方学者运

---

① 李兴:《从博弈论视角看欧亚大陆与俄美关系》,《俄罗斯中亚东欧研究》2004年第5期,第58页。

用懦夫博弈模型对1962年美苏古巴导弹危机事件进行了分析和解释,并认为这次较量是美国成功运用博弈论的一个例证。

囚徒困境是最著名的非零和博弈的案例。囚徒甲和囚徒乙被抓获后在两个独立的囚房候审。警察告知有关政策:如果两人都抵赖,双方将会无罪释放;如果一人坦白而另一人抵赖,坦白罪行的不但会被无罪释放而且可能得到奖赏,而抵赖者将被处以10年重刑;如果两人都坦白,双方都将被关押5年。囚徒博弈的支付矩阵见表10-3。

表10-3　囚徒困境博弈

囚徒甲	囚徒乙	
	抵赖	坦白
抵赖	(1,1)	(-10,10)
坦白	(10,-10)	(-5,-5)

两个囚徒最终的博弈均衡结果是双方都选择坦白,各自将被关押5年,也就是说纳什均衡是(坦白,坦白),双方收益是(-5,-5)。双方明知有比现实最终均衡更好的结果,也就是共同抵赖,但由于存在背叛的危险,所以双方难以取得相互信任,无法进行合作。囚徒困境深刻揭示了这样一个道理,即个体追求最优,达不到集体的最优。

冷战期间,苏联和美国的安全决策与囚徒困境如出一辙。美苏双方在不断升级的军备竞赛中最理性或合算的选择是停止军备竞赛,也就相当于两个囚徒共同选择抵赖,这样做能够把节省下来的资源用于经济发展、社会福利等更有意义的事,但由于互相不信任,双方都选择了进一步扩充军备,这也是本书前文中已经讲到的"安全困境"的体现。

我们在此例中讨论的只是一次博弈,而如果囚徒困境的参与人从事无限重复博弈,会是什么结果呢?答案是双方有可能达成合作的结果。

智猪博弈是另一个有趣的非零和博弈。智猪博弈的本义是,大猪和小猪共用一个自动化的槽位进食,只有踩下踏板食物才会出来,但踏板却在猪圈的另一端。谁去踩踏板,不但自己会消耗体力,而且另一方也会抢在自己赶回食槽之前多吃。智猪博弈的支付矩阵见表10-4。

第十章 国际危机管理与国家对外决策

表 10-4 智猪博弈

大猪	小猪	
	踩下踏板	等待
踩下踏板	(5,1)	(4,4)
等待	(9,-1)	(0,0)

在这个博弈中,如果大猪、小猪都等对方踩踏板,自然双方都无食物可以吃,大猪和小猪的收益是(0,0);如果小猪去踩踏板,大猪等待,那么大猪会抢在小猪赶回食槽前把食物都吃光,而小猪耗费了体力白劳动一场,大猪和小猪的收益是(9,-1);如果大猪、小猪同时去踩踏板,对于小猪来说这种情形比自己去踩而大猪等待的情况要好一些,但由于大猪比小猪跑得快,所以大猪还是会比小猪吃得多,大猪和小猪的收益是(5,1);如果大猪去踩踏板,小猪等待,自然对小猪最为有利,大猪和小猪的收益是(4,4)。该博弈的纳什均衡是(踩下踏板,等待),也就是大猪选择踩踏板,小猪选择等待,大猪和小猪的收益是(4,4)。

这个博弈告诉我们强者和弱者要想实现合作,强者必须承担更多的责任。智猪博弈给了竞争中的弱者以等待为最佳策略的启发,同时,也反映了"搭便车"现象。

通过观察国际关系中的智猪博弈案例,我们可以看出,在博弈双方力量不对等的情况下,力量强的一方的正确策略是主动出击,正如对大猪而言,最好的策略是主动去踩踏板,以此获得食物。而力量弱的一方的正确策略是等待,搭强者的便车。对小猪而言,它的最佳选择,应该是耐心等大猪去踩踏板,才能获得生存发展的最佳机会。

本节仅简单介绍了博弈论的基本知识以及零和博弈与非零和博弈的有关问题,读者可以进一步阅读有关博弈论方面的著作,试着将博弈论工具用于分析具体的国际关系案例。博弈论的真正力量在于它可以用来产生新的发现和理解,而非重构单个的情势。博弈模型的简约性有助于更加清晰地说明社会现象,而博弈论的演绎使我们得以预测国家互动行为以及对国际政治产生新的理解。在中国国际关系理论研究中,博弈论目前还处于辅助性的位置,未来对博弈论的研究和运用必然逐步深入并走向多样化,博弈论对决策过程的指导作用也将会进一步增强。

思考题

1. 国际危机有何特征？
2. 如何认识国际冲突、国际危机、国际战争三者的关系？
3. 什么是国际危机管理？成功的国际危机管理需要满足哪些条件？
4. 国际危机管理有哪些具体方式？各有何利弊？
5. 国家对外政策与对外战略有何关系？
6. 国家对外政策的决策过程大体分为几个步骤？
7. 国家对外政策的决策模式有哪几种,各有何特点？
8. 什么是国家对外政策决策机制？它的作用是什么？
9. 什么是零和博弈？什么是非零和博弈？两者的区别是什么？

PART 5

第五篇　制度篇

第十一章　国际军备控制与核威慑

军备控制与威慑是维持国际体系稳定的常见手段。两次世界大战的惨痛教训、核战争的阴霾、大规模杀伤性武器扩散的隐患,特别是国际暴力恐怖势力对人类安全的挑战,使得国际安全合作,尤其是军备控制与防扩散的国际合作,成为国际社会关注的热点。至今,军控与裁军仍是国际政治的重要内容,涉及世界和平与地区稳定,并与现实的外交和军事斗争密切关联。

第一节　国际军备控制

军备控制是国际政治与军事领域的重大问题,直接关系到国家的安全利益、政治利益和经济利益,关系到世界和平与安全。当前,国际军控与裁军领域正发生着深刻变化,充满机遇与挑战,值得国际社会高度关注。本节主要介绍国际军控的概念、原因、方式,二战后的国际军控成就及困难等问题。

一、国际军备控制的概念

安全困境是分析国际军备控制的逻辑起点,在第八章、第十章的学习中,我们已经了解了安全困境和囚徒困境博弈的基本知识。一般来讲,各国参加国际军控谈判的目的是缓解安全困境,减少军备竞赛给本国带来的政治、经济、技术压力。参与博弈的两个国家,在有限次的重复博弈中(例如,博弈进行五年,每年一次),双方每次都会选择扩张军备,而如果两国进行无限次的重复博弈,当未来各个时期收益的贴现因子 δ[①] 达到一定的数值时,也就是说博弈双方都对未来收益比较看重时,双方完全有可能选择军备控制,达成军控协议。贴现因子表示博弈双方对彼此未来利益的重视程度。因此使用无限次重复囚徒博弈可以较好地解释二战以来国际社会达成的为数不少的军控条约。

军控即军备控制,我们可以从狭义和广义两个层面来理解军备控制。狭义的军备控制是指通过双边或多边国际协定对有关国家武器系统(包括武器本身及其指挥控制、后勤保障和相关的情报收集系统)的研制、试验、生产、部署、使用及转让进行限制。广义的军备控制包括狭义的军备控制、不扩散、建立信任措施。建立信任措施是指采取一些措施便于其他国家或实体了解自己的军备发展和军事活动,从而减少对方对自己的误解和猜疑。在应用中,广义的军备控制也常常包括裁减军事人员。

"军备控制"与"裁军"这两个概念在传统表述上有细微差别。军备控制是指通过双边或多边国际协定对武器装备和武装力量的发展、部署和使用等进行规范和限制;裁军则侧重于对武器装备的裁减、销毁和禁止,其中也包括对武装人员的裁减和解除武装。近年来,国际上更多使用"军备控制"这一较为广泛的概念,将裁军也置于军备控制的范围内。不过,联合国等国际机构至今仍然使用"裁军"这一概念。

军备控制作为维护国际安全的一项重要手段,通过国际外交与军事活动在维护各个国家安全利益的基础上达成共识,制定相应的国际条约及有关行为准则,共同促进世界和地区的和平与稳定。参与军控斗争的主角往往是不同制度、不同发展阶段的国家或国家集团,它们围绕各自的安全利益在军备控制进程中相互作用,既有相互影响与相互制约,又呈现出相互竞争与冲突以及相互协调与合作。一方总是把对方作为参照系,"魔高一尺,道高一丈",只有彼此相互信任、相互理解才能达成真正有效的协议,并切实执行;一旦军事平衡遭到破坏,相互之间的不信任和敌意又成了军备竞赛的动因。

[①] δ 表示博弈双方未来收益的贴现因子,即博弈双方对彼此未来利益的重视成功度,δ 的值在 $0 \sim 1$,δ 越趋近于 0 意味着双方越急功近利,而 δ 越趋近于 1 意味着双方越重视未来收益。

二、国际军控的原因与方式

1. 国际军控的原因

军备控制在维护国际社会和地区安全、缓解国家间对立关系、减少战争风险和危害、节约军费开支等方面起着重要作用,国家选择军备控制的具体原因是多方面的,每个国家选择军控可能出于不同的考虑。

(1)增加相互信任,避免军事冲突发生。降低军备水平,实行部分裁军,通常是为了保持各国相互之间的威慑效力,减少对方对己方的担心,期望对方也采取同样的政策,通过减轻军事存在以促进国家间关系的稳定,降低爆发战争的可能性。当双方都同意以一种核查的方式限制或者减少某种军事力量时,军事关系的可预测性就可能显著增加。"有关国家通过建立热线,相互通报军事活动情况等措施以减少猜疑,防止出现误判和意外事故,增加有关国家的相互信任,促进了国际合作与世界和平。"①

(2)避免战争的灾难性后果。军备发展是从提高武器的质量和增加武器数量来达到国家安全的目的,而军备控制是通过限制、冻结、改组、削减、禁止、监督、核查、消除敌意、增进信任、中介调停等手段,在较低的军备水平上维护国家安全。国际军控可以控制武器水平,控制战争中所允许使用的武器标准。例如,国际社会已经禁止使用化学武器和生物武器,许多类型的地雷和钢珠炸弹都被禁止使用,因为对平民造成的伤害很大。

(3)减少国家的军费开支压力。裁减和控制军备可有效减轻财政压力,以增加政府用于社会发展的支出。例如1985年,中央军委作出的百万大裁军决策,是中国人民解放军为贯彻落实把党和国家工作重点转移到社会主义现代化建设上来的战略决策而采取的一项重大行动,也是中国政府为维护世界和平作出的重要贡献。军控与裁军可以促进世界经济的发展,为各国特别是广大发展中国家的经济发展节省更多的资源,创造更好的条件。判断一项军控条约的好坏,一个重要标准就是看它是否有利于促进各国特别是广大发展中国家的经济发展,是否有利于加强国际科学技术合作。

---

① 蒋振西:《论当前国际军备控制与裁军形势》,《和平与发展》2010年第3期,第13页。

（4）出于某种法律规定、社会禁忌的考虑。有些国家自觉进行军备控制,其动机并非出于上文讲到的利益权衡,而可能是出于某种法律规定、社会禁忌的考虑。例如二战后日本将军费控制在 GDP 的 1% 的水平,就是因为日本宪法约束日本政府的军费开支。国际和国内的一些社会运动也能促使政府进行单方面的军控或裁军,如在北欧国家就存在此种情形。

2. 国际军控的方式

军备控制一般通过国际协定来完成,主要方式有四种:

（1）限制武器的数量。限制武器数量,即对武器施加高于、等于或低于现有水平的数量限制。这也是最为普遍的军备控制的方法,例如,两个阶段的《削减战略武器条约》和 2002 年签署的《莫斯科条约》都极大地削减了美俄两国的核武器数量。

（2）限制或取消一定种类的武器。例如,《中导条约》限制了美苏双方试验、生产和部署射程 500 至 5500 公里的陆基巡航导弹和弹道导弹,包括搭载常规与核子弹头的导弹、导弹的陆基发射器;新的《禁止杀伤人员地雷公约》禁止生产、研制、使用、储存和转让杀伤人员地雷。

（3）限制武器的研究、开发和部署,试图确保武器系统永远不会进入发展和测试阶段,或是武器即使进入这一阶段,也不会得到部署。这种方式可以在一些军备扩张之前就阻止其发生。例如,目前不拥有核武器并签署了《核不扩散条约》的国家就承诺不发展核武器。

（4）禁止或限制武器或是武器技术的跨国流动。例如,根据《核不扩散条约》,拥有核武器及其制造技术的国家承诺不把核武器及其制造技术转让给非核国家。而根据 1991 年 12 月第 46 届联大通过的决议,常规武器的普遍性和非歧视性等级制度也已建立,从而可以有效掌握国际武器转让的数据,提高军控的效率。

三、冷战时期与冷战后的国际军控特征

1. 冷战时期国际军控特征

二战结束后,国际社会要求和平的呼声越来越高,美苏等大国都进行了大规模的常规军备的裁军。但由于以苏联为首的华沙条约组织和以美国为盟主的北大西洋公约组织两大对立的政治军事集团在意识形态等方面的对立,东西

方军事对抗和军备竞赛得到加剧。美苏一方面为争夺军事优势,大力发展常规军事力量,同时由于核武器的出现,出于安全的考虑,各自又发展了远远超过实战需要的庞大核武库;另一方面,核武器的巨大毁灭能力,又使它们无法接受核战争的后果,设法控制核武器扩散,壮大自己,削弱对方成了当时双方进行军备控制斗争的主要目的。于是,两个超级大国得出共识:需要防止核战争,需要对军备竞赛进行一定的控制,从而形成一种军备竞赛和军备控制并行的局面。

于是,美苏以及国际间达成了一系列军备控制条约,主要有:1959年的《南极条约》、1963年签订的《部分限制核试验条约》、1967年的《外空条约》、1968年签署的《不扩散核武器条约》、1972年的《禁止生物武器公约》、1972年美苏签订的《反弹道导弹条约》、1975年的《欧洲安全与合作会议赫尔辛基会议关于建立信任与安全措施的文件》、1980年的《美苏限制进攻型战略武器条约》、1980年的《联合国关于各国填报军费报表的制度》、1986年的《斯德哥尔摩文件》、1987年的《中导条约》、1991年的《美苏第一阶段削减战略武器条约》等。自1945年成立以来,联合国一直把推动普遍裁军、维护世界和平作为主要任务之一。《联合国宪章》对裁军问题做了具体规定,并把军备控制与裁军事务正式纳入联合国大会和安理会的议事日程。联合国根据其宪章的宗旨先后设立了负责军备控制与裁军的机构。联合国大会分别于1969年、1979年和1990年宣布20世纪70年代为第一个裁军十年、80年代为第二个裁军十年、90年代为第三个裁军十年,对推动国际军控和裁军进程起到了积极的作用。

冷战时期国际军控的特点是:第一,军控与裁军已成为国际安全与国际关系的一项重要内容;第二,美苏两大集团基本上主宰了国际军备控制的进程;第三,防止核扩散日益成为军备控制的重要领域;第四,核查日益成为军控与裁军条约中的一项重要内容;第五,建立信任措施开始成为军备控制的一个新的重要领域[1]。

2. 冷战后的国际军控特征

随着冷战结束,国际安全形势趋于缓和,国际军控与裁军取得较大进展。《关于禁止发展、生产、储存和使用化学武器及销毁此种武器的公约》(《禁止化学武器公约》)于1993年1月达成,并于1997年4月生效;《不扩散核武器条

---

[1] 刘华秋:《军备控制与裁军手册》,国防工业出版社2000年版,第8页。

约》于1995年5月实现无限期延长;《全面禁止核试验条约》于1996年9月在纽约联合国总部开放供签署;世界无核区范围不断扩大;《禁止或限制使用某些可被认为具有过分伤害力或滥杀滥伤作用的特定常规武器公约》(《特定常规武器公约》);《关于激光致盲武器的议定书》以及新的《地雷议定书》分别于1995年10月和1996年5月达成;1997年6月国际原子能机构通过了旨在加强保障监督有效性的议定书,同年12月,121个国家在加拿大渥太华签署了《禁止杀伤人员地雷公约》。

然而,裁军领域仍面临亟待解决的问题,一些国家逆世界和平与发展的潮流,公然破坏军备控制与裁军机制,给国际社会的稳定带来了隐患。美、俄两国仍保留着庞大的核武库,少数军事强国仍然坚持冷战思维和核威慑政策,大力发展高精尖武器,特别是先进的导弹防御系统。1998年5月,由印度,随后由巴基斯坦进行的核试验,对国际防扩散努力造成沉重打击,也对地区乃至世界和平与稳定产生了严重影响。1999年10月13日,美国参议院拒绝批准《全面禁止核试验条约》,这直接影响了该条约的生效时间,使军备控制进程受到严重的制约,同时使核不扩散体制受到严重的挑战。2001年12月13日,美国总统布什宣布退出《反弹道导弹条约》,对当前国际军控和裁军机制造成巨大冲击。美国政府于2019年2月1日宣布,自次日起暂停履行《中导条约》义务并启动退约程序,为地区和全球安全形势增添了新的不确定性,引发国际社会广泛担忧。

冷战后国际军控的特点是:第一,以美国为首的西方国家掌握了军控与裁军的主动权,尤其是美国,通过军控与裁军条约以及北约东扩确立了对俄罗斯的核与常规力量的优势;第二,西方军控与裁军的重点由过去的防止核战争转向防止核、生、化武器和弹道导弹等大规模杀伤性武器的扩散,军控与裁军主要针对发展中国家,存在着扩散与反扩散的矛盾;第三,在军控与裁军协议中,裁军的比重增加;第四,军控模式从传统的美苏对抗性军控转向安全合作模式,其措施包括对话、增加军事透明度、加强防扩散机制、建立信任措施和安全机制等;第五,美国通过利用军备控制达到控制异己的目的,在军备控制领域里实行单边主义政策,严重破坏了国际军控体制[①]。

[①] 刘华秋:《军备控制与裁军手册》,国防工业出版社2000年版,第10页。

四、二战后的国际军控成就及困难

1. 主要成就

二战结束之后,国际社会包括美苏之间便开始了军备控制的谈判,加之大量国际组织的大力推动,国际军控取得了重要的成就。联合国已建立起一套较为完整的包括审议、执行、研究和核查机构在内的裁军和军备控制工作机制,有效地推动了军备控制的进程。多年来,国际军备控制机制在制止军备竞赛,促进裁军与维持和平方面发挥了重要作用。二战后的国际军控成就体现在以下几方面:

(1)使美国与俄罗斯的核弹头数目大大减少,由冷战时期的69401枚减到2006年的26000枚[①]。

(2)使世界上拥有核武器的国家比预料的少了很多。20世纪60年代初有人曾预料,到20世纪末世界上的核武器国家将达30个,目前约有9个,大大低于当初预估,而且有一些无核国家已公开宣布放弃拥有核武器。目前世界上已建立了5个无核武器区,另有一些国家仍在努力建立新的无核武器区。

(3)禁止了生物和化学武器、地雷等一类武器,减少了战争威胁和对平民的伤害。

(4)制定了国际军备控制条约,如《不扩散核武器条约》《全面禁止核试验条约》《外层空间条约》等,并将其付诸实施。

(5)建立了军备控制的信任措施,增加了军事活动的透明度和可预见性,加强了国际合作。

下面将简要介绍二战后几个具有代表性的国际军控条约。

(1)《部分限制核试验条约》,全称《禁止在大气层、外层空间和水下进行核武器试验条约》,是苏联、美国和英国为巩固其核垄断地位而缔结的条约,1963年8月5日由三国外长在莫斯科签署,同年10月10日生效,无限期有效。该条约向所有国家开放签署。至1990年底,共有123个国家批准或加入。其主要内容是禁止在大气层中及水下进行核试验,但条约没有禁止地下核试验。

---

① 蒋振西:《论当前国际军备控制与裁军形势》,《和平与发展》2010年第3期,第13页。

(2)《不扩散核武器条约》,又称《防止核扩散条约》或《核不扩散条约》,简称 NPT,是为禁止核扩散而制定的。该条约的宗旨是防止核扩散、推动核裁军、促进和平利用核能的国际合作。《不扩散核武器条约》共有 11 条规定,主要内容是:有核国家不得向任何无核国家直接或间接转让核武器或核爆炸装置,不帮助无核国家制造核武器;无核国保证不研制、不接受和不谋求获取核武器;停止核军备竞赛,推动核裁军;把和平核设施置于国际原子能机构的国际保障之下,并在和平使用核能方面提供技术合作。该条约于 1968 年 7 月 1 日分别在华盛顿、莫斯科、伦敦开放签字,当时有 59 个国家签约加入。该条约于 1970 年 3 月正式生效。1995 年,《不扩散核武器条约》被无限期延长,目前该条约共有 189 个缔约国,中国于 1992 年加入该条约。朝鲜于 1985 年加入,2003 年正式退出。印度、巴基斯坦与以色列三国皆未签署。

(3)《反弹道导弹条约》,全称《限制反弹道导弹系统条约》,简称 ABM,这是苏联和美国于 1972 年签署的一项双边条约,自 1972 年 10 月 3 日起生效,主要内容是美苏双方不能部署全国性的防御体系,只能部署两个有限的反导体系:一个用于保护首都,一个用于保护陆基洲际导弹发射场。之所以作出这样的规定,其原因就在于为保证相互确保摧毁。美国曾一度将《反弹道导弹条约》称为是全球战略稳定的基石。有 32 个裁军和核不扩散的国际条约与这一条约挂钩。然而小布什就任总统后,美国为了发展反导系统不顾国际社会的普遍反对而退出该条约,2001 年该条约被废除。

(4)《中导条约》,全称《美苏两国消除中程和中短程导弹条约》。该条约于 1987 年达成,是 20 世纪 80 年代美苏缓和时期签订的重要军备控制协定之一,被誉为"冷战时期最成功的军控协议"。条约规定,苏美双方全部销毁和彻底禁止射程为 500 公里至 1000 公里的中短程导弹及射程为 1000 公里至 5500 公里的中程导弹,而且以后也不得试验、生产和拥有这些武器。同时,与这些导弹配套的各种设备和设施也都要销毁。为保证条约的实施,允许双方进行现场核查。近年来,美方多次指责俄罗斯长期违反条约,并执意退出《中导条约》,全球和平与安全将受到严重危害。

(5)《全面禁止核试验条约》,简称 CNTBT。该条约是一项由全面禁止核试验条约组织领导的,旨在全面防止核武器扩散与促进核裁军进程,从而增进国际和平与安全的条约。1954 年印度总理贾瓦哈拉尔·尼赫鲁在联合国大会上提出缔结一项禁止核试验国际协议的要求,1994年1月日内瓦裁军谈判会议就CNTBT正式开始谈判。历时两年半,谈判于1996年8月22日结束。1996年9月10日,第50届联大以压倒多数票通过决议,正式认可了CNTBT文本,并于1996年9月24日开始在纽约联合国总部开放供签署。其主要内容是:缔约国将作出有步骤、渐进的努力,在全球范围内裁减核武器,以求最终实现消除核武器,所有缔约国承诺不进行任何核武器试验爆炸或任何其他核爆炸,并承诺不导致、鼓励或以任何方式参与任何核武器试验爆炸。目前,共有包括中国在内的181个国家已签署这项条约,其中150个国家已批准这一条约。不过,由于裁军谈判会议成员国中的印度等国未签署、美国等国未批准这项条约,条约尚未生效。尽管条约目前并没有生效,但国际社会基本按照条约的精神在努力。

2. 面临的困难

尽管二战结束以来国际社会在核军备控制领域已经取得了NPT、ABM、CNTBT等一系列积极成果,但仍然面临着一些难以根除的困难,主要困难有三个方面:

(1)国家对安全的普遍担心依然没有得到缓解,安全困境使各国都想保持对于他国的军事优势,各国在安全问题上难以取得完全的相互信任。这是国际军控面临的最主要的困难。例如,仅仅在《不扩散核武器条约》附加协定书被批准的第二年和《全面禁止核试验条约》获联合国大会通过的第三年,印度和巴基斯坦就进行了核试验。由于国际体系是一个无政府体系,各国安全还是以自助或自保为主,所以各国在安全问题上很难取得完全的相互信任,即使彼此是军事盟友,也难以完全将自己的安全放心地交由对方来保障。

(2)除了政治上的困难,国际军控还面临着技术标准难以统一的困难。例如,进攻性武器和防御性武器的技术差别往往很难区分,如卫星技术、制导技术、预警技术等;战略武器与战术武器的技术标准也不易区分,如大型计算机技术、核临界爆炸技术等;武器核查可靠性的技术判断标准也难以统一。因技术标准产生的问题同样造成许多军控进程停滞不前①。

(3)由于多方面原因,国际军控机制存在着严重的脆弱性和执行的复杂性。由于国际军备控制与裁军属于多边事务,涉及参加国的政治、军事、科技、经济

---

① 阎学通、何颖:《国际关系分析(第三版)》,北京大学出版社2017年版,第230页。

等各方面的切身利益,因而常常受到多方面因素制约,时常出现一票否决的现象,因此一项国际军备控制条约通常需要数年甚至数十年的艰苦谈判才能完成。这是国际军控机制复杂性的体现。国际军备控制条约在实际执行过程中又受到多种现实因素制约,所以又具有严重的脆弱性。一是虽然军备控制与军备发展紧密相连,但是军备控制条约往往滞后于军事技术的发展,对新研发的武器装备常常无能为力、难以约束。二是军备控制条约的执行常常受到国际局势的影响和各国政治意愿的左右,在国际形势发展不稳定的情况下很难发挥作用。一些国家出于政治需要和自身利益,拒不参加条约或阻挠军控条约的实施。三是军备控制条约本身存在漏洞和不完善之处,如《不扩散核武器条约》对缔约国退约行为规定不够严苛,对不履约的国家难以实施严格监督,对那些不加入该条约的国家和非国家行为体束手无策。

第二节 核武器及防止核扩散

自核武器发明以来,核武器就成为国际军控的核心内容,也成为大国威慑战略的依据。本节主要介绍核武器的基本原理、核武器的作用、防止核扩散等方面的问题。

一、核武器的基本原理

核武器是指利用能自持进行的原子核裂变或聚变反应瞬时释放的巨大能量,产生爆炸作用,并具有大规模毁伤破坏效应的武器。核武器按其装料和主要杀伤因素,可分为原子弹、氢弹和中子弹等。

原子弹又称为裂变武器或裂变弹,其核装料选择易裂变原子核的铀-235或钚-239等,利用铀、钚等原子核分裂所产生的巨大能量进行杀伤和破坏。原子弹的威力通常在几百到几万吨级TNT当量之间,爆炸时产生冲击波、光辐射、贯穿辐射和放射性污染。

氢弹是指利用特制的原子弹作为引爆装置,点燃氘、氚等轻原子核的自持聚变反应,瞬时释放的巨大能量起杀伤破坏作用的核武器,又称聚变弹或热核弹。氢弹的威力小则几十万吨级TNT当量,大至几千万吨级。它可通过设计增强或减弱某些杀伤破坏因素,其战术技术性能比原子弹更好,用途也更广泛。

中子弹是一种以高能中子辐射为主要杀伤力的低当量小型氢弹。作为一种特殊设计的小型核武器,中子弹在核聚变时会产生大量毫无阻碍的放射性高能中子,对人体产生巨大的辐射,严重危害人的生命。中子弹爆炸时,聚变能量大大增强,而冲击波和放射性沾染却很少,因而对除人员之外的附带性毁伤很小,因此它"只杀人,不毁物"。与原子弹、氢弹等高威力毁伤性武器相比,中子弹是相对小巧的小型核武器。由于其杀伤机理限制,因此它比较适合作为战术核武器使用,尤其是其小当量、放射性沾染少、附带杀伤能力弱等独特优势,更是突破了核武器运用的底线。而中子弹一旦运用于实战,势必将对整个人类产生巨大危害。

原子弹出现于二战期间。1939年,物理学领域里的原子分裂实验就已在德国取得成功。二战前夕,为逃避德国法西斯迫害而移居美国的一些科学家,担心德国抢先造出原子弹,推举世界著名的物理学家爱因斯坦上书美国总统罗斯福,建议加强利用核裂变过程来制造超级炸弹。罗斯福总统采纳了爱因斯坦等科学家的建议,下令成立研究原子武器的委员会。1941年12月珍珠港事件发生后,美国加速了研制原子弹的进程。1942年开始实施以"曼哈顿工程"命名的庞大计划,由美国陆军工兵部队全面负责研制原子弹。该计划投资25亿美元,动用10多万科技人员和工人,在绝对保密的情况下加紧研制。1945年7月16日凌晨,第一颗原子弹在美国新墨西哥州阿拉默多尔空军基地的沙漠地区爆炸成功。原子弹问世是20世纪影响人类历史进程的一项重大科技成就,由此,人类进入了核时代。

1945年8月6日和9日,美国先后对日本广岛、长崎投掷了两颗原子弹。这是人类历史上第一次将核武器用于实战。杜鲁门政府此举究竟意图何在,学术界一直众说纷纭。传统学派认为,这完全是出于军事考虑,旨在减少美军伤亡,加快战争结束的步伐。修正学派则指出,美国试图通过显示原子弹的威力,以迫使苏联在战后安排问题上作出让步。现在比较流行的说法是,杜鲁门政府之所以决定使用原子弹,军事考虑是第一位的,当然也确有政治目的,只不过占有次要地位。

枪法和内爆法是生产原子弹的两种爆炸原理。枪法和内爆法生产的原子弹有三个主要区别:

(1) 从外形上看,枪法原子弹呈圆柱状,接近炮弹形状,而依据内爆法原理生产的原子弹近似于球状。投放在广岛的"小男孩"原子弹按枪法原理制造,投放在长崎的"胖子"原子弹用内爆法生产。

(2) 枪法原子弹的原理相对简单,不必经过复杂的工艺设计和试验,而内爆法原子弹则工艺复杂,需要反复进行核试验。内爆型原子弹如果研制成功,就表明下一步有可能造出氢弹,所以被许多人称为"有发展前途"的原子弹制作方式。众所周知,为了发展核武器朝鲜需要不断地进行核试验,而且朝鲜已经宣称拥有了自己的氢弹,所以朝鲜的核武属于内爆法核武。

(3) 枪法原子弹只能使用高浓铀为材料,而内爆法使用的核材料既可以是高浓铀也可以是武器级钚。进入21世纪后伊朗进行大规模的铀浓缩活动,因此推断伊朗研究的原子弹可能按枪法原理设计。中国1964年试爆的第一颗原子弹采用内爆法,以铀-235为材料。

二、核武器的杀伤破坏因素

核武器爆炸后,能产生五种杀伤破坏因素:光辐射、冲击波、早期核辐射、核电磁脉冲、放射性沾染。前四种杀伤破坏因素一般只出现在爆炸后几十秒内,因此统称为瞬时杀伤破坏因素。放射性沾染持续时间较长,可持续几天或更长时间,称为缓效杀伤破坏因素。五种杀伤破坏因素在核武器爆炸总能量中所占的比例分别为:冲击波约占50%,光辐射约占35%,放射性沾染约占10%,早期核辐射约占5%,核电磁脉冲所占比例很小,可忽略不计。

1. 光辐射

光辐射(又称热辐射)是爆炸后1秒至10秒内的闪光及几千万摄氏度以上的高温火球辐射出来的强光和热,其杀伤破坏因素包括烧、爆。光辐射直接照射无隐蔽的人员会造成烧伤。如果用眼睛看核爆炸的火球,会产生闪光盲或造成眼底烧伤,在爆炸时附近人员吸入被光辐射加热的空气,会造成呼吸道烧伤。光辐射能引起大面积火灾,引燃、引爆其他易燃易爆物,同时造成人员的间接伤害。

2. 冲击波

冲击波是核爆炸时(几十秒钟内)高温高压火球猛烈膨胀压缩周围空气而形成的高速、高温、高压气浪。它对人员、物体能够造成挤压、抛掷作用。挤压作用可造成严重内伤,如肺、胃、肝、脾等出血;抛掷作用可造成外伤,如皮肉撕裂和骨折。冲击波可造成建筑物倒塌、砖瓦抛掷,从而造成人员间接伤害及交通堵塞。

3. 早期核辐射

早期核辐射(又称贯穿辐射)是核武器所特有的一种杀伤破坏因素。早期核辐射是核爆炸最初十几秒内放射出来的人眼看不见的射线,作用于人体时无特殊感觉,能破坏人的组织细胞,使人得急性放射病。早期核辐射会使光学玻璃变暗、胶卷曝光、化学药品失效,并能影响电子仪器性能。

4. 核电磁脉冲

核电磁脉冲是核爆炸瞬间产生的一种强电磁波。其作用半径可达几千千米,对人员没有直接的杀伤力,但能消除计算机上存储的信息,使自动控制系统失灵,家用电器受到干扰和破坏。

5. 放射性沾染

放射性沾染是核爆炸后,从蘑菇状烟云中散落下来的放射性物质。它像尘埃一样,随风漂移,逐渐沉降,使爆心周围和下风方向地区的物体、空气和地面等受到沾染,并形成不同程度的放射性沾染区。放射沾染的程度和分布情况与天气、地形、爆炸方式有关。放射性灰尘的沉降会造成三种伤害:当放射性沾染随空气、水、食物通过呼吸道、消化道、伤口进入人体时,可引起内照射损伤;人处在被沾染的环境中,周围被沾染的物体向人体发出的射线会造成外照射损伤;皮肤落上放射性灰尘,或接触沾染严重的物体会引起皮肤灼伤。

三、核武器的作用

核武器的出现和发展,对军事斗争乃至人类社会产生了巨大的影响,核武器的作用主要表现在军事和政治两个方面。自从核武器出现以来,尽管只有一次被用于实战,但在维持主要大国之间的战略稳定、维护地区和平以及世界和平方面都发挥了重要作用。核武器是一种极限武器,世界上已有的核武器可以将地球炸毁多次。为了防止核战争发生,大国都自我限制战争规模,避免战争规模升级为核战争。自1945年美国对日本进行核打击之后,拥有核武器的国家之间没有正面发生过大规模战争。

总的来说,核武器的作用(表11-1)体现在以下几个方面:

(1)使用核武器打击其他国家,也就是核作战,其目的是杀伤目标,发挥作用的时间是在使用过程中及使用以后。核武器发生爆炸时,核材料中的原子核在非常短的时间内进行大规模的裂变、聚变反应,释放出大量能量,并由此产生冲击波、热(光)辐射、瞬时核辐射、电磁脉冲、放射性尘降等核爆炸毁伤效应。这些毁伤效应构成了核武器的最基本作用。

表11-1 核武器可能发挥的主要作用①

作用	主要目的	发挥作用的时间
核作战	杀伤目标	使用过程中及以后
核强迫	迫使其他国家做某事	使用之前
核威慑	迫使其他国家放弃做某事	使用之前
大国地位	使其他国家产生总体性敬畏	与使用无明确关联

(2)迫使其他国家做不愿意做的事情,也就是核强迫,发挥作用的时间是在使用之前。20世纪50年代朝鲜战争中美国对中国就进行了核讹诈,然而并未达到自己的目的。

(3)迫使其他国家放弃做某件事情,也就是核威慑,发挥作用是在使用之前。使用核武器进行核威慑,实际是在利用核武器毁伤效应所产生的心理作用。当前不少学者认为核武器与核威慑因素是使中美两国能够避免修昔底德陷阱的一个重要因素。

(4)迫使其他国家产生总体性敬畏,获得大国地位,发挥作用的时间与使用无明确关联。是否拥有核武器以及核武器的数量是一国大国地位的体现。例如,从冷战开始,苏联就一直追求在核领域与美国平起平坐;冷战结束后,俄罗斯总体实力虽然有很大下降,但是仍然希望在核武器领域能够保持与美国平起平坐,并通过追求在部署的战略核武器数量上与美国对等的举措来维护自己的大国地位。"现在置身于核扩散问题中的国家(如朝鲜、伊朗)也往往把核武器、核技术看作是国家地位的重要象征。"②在当今世界中,核武器塑造国家地位的另外一个非常重要的方式就是提供核保护伞。

应当指出的是,核武器的作用不应被无限夸大,核禁忌与"纸老虎"论就对

---

① 李彬:《军备控制理论与分析》,国防工业出版社2006年版,第71页。
② 李彬、肖铁峰:《重审核武器的作用》,《外交评论》2010年第3期,第8页。

核武器的作用形成了一定的限制。核禁忌指的是首先使用核武器是当代文明国家从道德上难以接受的选择,由于实战中使用核武器是不道德的,所以核武器在军事方面的作用主要局限于心理威慑。"现在,核领域的专家学者都倾向于承认存在着这种不使用核武器的核禁忌。只不过一些专家不敢肯定核禁忌是否是百分之百有效的,而核禁忌一旦被突破,后果又极其严重。"①毛泽东将冷战时期美苏的核讹诈政策称为"纸老虎",虽然美苏拥有对中国进行核打击的物质能力,但是如果中国不会因此产生心理上的恐惧和不安,核武器的威慑作用就不会有效力。因此,核武器的首要作用是心理作用,其次才是实战作用。当前,核军控外交的势头高涨,但是核裁军与核不扩散的步伐却依旧缓慢,其原因就在于核武器的作用被不恰当地夸大了,实际上,核武器更多是被用作被动性的强制力量以及国家地位的象征。

三、防止核扩散

核扩散有水平扩散和垂直扩散之分。没有核武器的国家获得核武器是水平扩散。核国家不断提高核武器质量被称为垂直扩散。上一节中提到的《不扩散核武器条约》主要是约束水平扩散,对垂直扩散则没有明确的约束。在1996年签署的《全面禁止核试验条约》中,只有对全面核试验的禁止,但对临界核试验没有约束,核武器技术发达的国家就可以通过临界核试验提高其核武器性能。世界上对临界核试验有不同的叫法,俄罗斯称之为"非核爆试验",美国称之为"流体动力试验"。临界核试验是一种核爆炸的模拟试验,钚发生连锁反应后引起核裂变,在达到临界状态之前立即停止试验,并不释放核能量、不发生真正的核爆炸。

当前,在核不扩散领域,可以说已形成了结构复杂的国际体制,除《不扩散核武器条约》这一基本条约之外,还包括有关无核区的各种条约以及对核材料的出口进行控制与核查的各种国际机构。作为全球核裁军以及核军控进程的不可分割的组成部分,核不扩散又与其他核裁军与核军控体制共同构成了一个更大的控制核武器发展的体制②。当今世界核不扩散的主要特点是:首先,在原则上,所有国家都有责任参与核不扩散,但有核国家和无核国家的义务不同,前

---

① 李彬、肖铁峰:《重审核武器的作用》,《外交评论》2010年第3期,第3页。
② 李少军:《论核不扩散体制》,《世界经济与政治》2001年第1期,第37页。

者是裁军以及承担相关义务,后者是不进行核武器研制;其次,在措施上,制定了一系列国际条约和相关规则,成立了相关的国际机构和组织(包括联合国大会第一委员会、联合国裁军审议委员会、国际原子能机构、核供应集团、澳大利亚集团、巴黎统筹委员会以及一些国际专门会议等),以促进核不扩散目标的实现;最后,在体制上,努力在各国磋商基础上运用国际力量实现目标,同时不排斥各国单独采取行动。

毋庸置疑,核不扩散已经取得了明显的成果,但核不扩散机制还难以得到有效的执行,主要原因有两个方面。一是核不扩散机制总体上讲是不平等机制,也称为歧视机制。核不扩散机制的规定将国家分为有核国家和无核国家,条约对它们进行的约束有所不同,因此一些国家不愿接受核不扩散机制的规定。二是对违反核不扩散原则的行为限制手段有限。在核不扩散领域,并不存在具有绝对权威的管理机构,因此可供选择的治理手段十分有限。对相关行为体状况的及时监督是有效防止核扩散的前提,但是像国际原子能机构这样的组织要履行职能却存在诸多限制因素,在相当长的时间里,该机构只能对《不扩散核武器条约》签字国进行核查,而对非签字国却束手无策。由于国际原子能机构的行动不具有法律地位,所以当其获得联合国授权对某国实施核查时,必须首先得到被核查国的同意和配合,并只能采取各方都同意的方式,在各方都同意的范围内开展工作。这就容易导致分歧、影响核查结果且降低各国采取一致行动的可能性。

冷战结束后,核扩散有愈演愈烈的趋势[①]。1998 年,印度和巴基斯坦先后进行了核试验,正式成为核国家。此外,世界上还有一批核门槛国家也在试图谋求和提高制造核武器的技术。截至 2017 年 9 月 3 日,朝鲜共进行过六次被证实的核试验,地点分别位于咸镜北道的五处核试验场,均为地下核试验;2018 年 6 月美国总统特朗普和朝鲜最高领导人金正恩在新加坡举行的首次峰会上同意朝着"朝鲜半岛完全无核化"的方向努力,但在如何实现这一点上,双方未能克服他们之间的重大分歧。2015 年 7 月,伊朗与伊核问题六国(美国、英国、法国、俄罗斯、中国和德国)达成伊核问题全面协议,根据协议,伊朗承诺限制其核计划,国际社会将解除对伊制裁,国际原子能机构负责督查伊朗履行协议情况。

---

① 王君:《后冷战时代核扩散形势的演变及其成因》,《当代亚太》2004 年第 12 期,第 53 页。

然而2018年5月美国政府无视国际社会的普遍反对,正式宣布退出伊核全面协议,并恢复此前为履行协议而放弃的所有对伊朗的制裁,这严重损害了国际核不扩散机制的权威性和公信力。

防止大规模杀伤性武器及其运载工具的扩散事关国际和平、安全与稳定。当前,在国际社会不懈努力下,国际防扩散共识不断加深,机制日趋完善,合作稳步推进,但防扩散形势依然严峻:一些防扩散热点问题延宕难决,防扩散国际规范的普遍性仍未实现,科技进步降低了扩散门槛,非国家行为者特别是恐怖分子获取大规模杀伤性武器及其材料的风险上升,不稳定的安全环境加剧了一些国家的"受威胁感",增加了扩散风险。当前形势下,各国日益成为利益交融、安危与共的命运共同体,有效应对防扩散挑战,需要国际社会的通力合作,需要所有国家尤其是核大国更新安全观念,祛除强权政治对核不扩散规范的侵蚀。

第三节 核威慑

威慑思想源于古代军事理论与实践,运用威慑手段制服和战胜敌人早在古代中国、古希腊、古罗马就已有之,这就是所谓的"不战而屈人之兵"。但是,威慑手段形成完整的、系统的威慑理论并予以运用则是核武器出现以后并且核战争的毁灭性后果为世人所悉之后的事情。美国将先进的核武器系统相联系,最先产生并运用了核威慑理论。军备控制的理论有很多,之所以选择单独重点阐述核威慑理论,是因为在冷战的近半个世纪里,没有任何一个概念能够像核威慑理论那样主导国际战略理论。尽管冷战结束后,世界上的核武库得到大幅度的削减,但核威慑理论仍然在军备控制理论中占据着重要的位置。同时,核威慑理论不仅一直是美国安全战略理论的主导,也是中国等一些核国家在制定防务政策时必须考虑的内容。

一、核威慑的概念

威慑是指使对手认识到他想要进行的某个行动会受到严重报复或者行动效果不明显,从而迫使对方放弃这个行动。关于威慑的概念,学术界有着多种解释,其中较有代表性的有以下两种:

（1）美国《军事及其有关术语辞典》对威慑的定义是："它是使对方因惧怕不堪设想的后果而不敢采取行动。威慑是由于使对方受到确实存在的难以承受的报复行动威胁所产生的一种心理状态。"

（2）国际问题专家亨利·基辛格认为："威慑就是设法向对方提出危险性，这种危险将使对方认为与其要获得的利益不成比例，因而使对方不敢采取某种行动。"①

这两种核威慑概念的解释大同小异，概括起来可以认为，核威慑就是以核力量为基础，以使用核武器相威胁，使对手害怕可能导致无法承受的核报复而不敢发动核战争或常规战争。

核威慑是一种惩罚性威慑。根据核威慑原理，核威慑的主要目的是防止大国之间发生大规模战争，不仅要防止发生核战争，还要防止可能升级为核战争的常规战争。人们普遍认为，核威慑是在拥有强大核力量基础上发出的一种心理信号，让潜在进攻者确信，改变现状的收益远比安于现状的收益小得多，以此慑止潜在入侵者的贸然行动，维护威慑方的有利状态。核威慑的作用还在于保持现有稳定的状态，特别是大国关系的稳定。核威慑是以使用核武器作威胁，其效益源于核武器的巨大毁伤力。正如美国前总统尼克松所指出的："一种真正的和平的结构，只能被建立在核威慑的基础上。"②国际关系理论家罗伯特·吉尔平也同样强调："敌对的核国家之间的相互威慑限制了暴力，继而保护了整个国际社会免受全面战争的侵害。"③

核威慑的效力由战略力量和战略决心两个要素构成，有力量并且有决心才能起到威慑的效用。基辛格认为对方意识到本国的战略力量和决心才能使威慑生效，他指出："威慑要求把力量、使用力量的意志及潜在侵犯者对两者的估计结合为一体……如果其中任何一项等于零，威慑必然失败。"因此他认为威慑效力由战略力量、战略决心和对方的确信三个要素构成。然而核战略是关系国家生存的事务，对于如此重大的事务，敌对双方一般是不会误判的。

---

① 王仲春、夏立平：《美国核力量与核战略》，国防大学出版社1995年版，第78页。
② 尼克松：《1999，不战而胜》，中国人民公安大学出版社1988年版，第71页。
③ 田景梅：《核威慑与核战争》，《外交学院学报》1997年第4期，第91页。

二、几种影响力较大的威慑战略

核武器问世以后,美苏两国在不同的历史时期,曾制定了不同的有关核武器使用的指导原则和战略,例如美国的"扣杀"行动计划、"NSC – 68 号文件""大规模报复战略""灵活反应战略""相互确保摧毁战略""确保充足论""施莱辛格主义""相互确保抵销""确保生存战略"等。而苏联则有"核均衡战略""火箭核战略""灵活反应"(即"核与常规并重")、"合理足够理论"等。其中,美国的"大规模报复战略""灵活反应战略""相互确保摧毁战略"以及"确保生存战略"是最有影响、最具代表性,并能够切实反映出冷战时期美苏核威慑思想和核实力变化对比的核威慑战略。

1. 大规模报复战略

这一理论是艾森豪威尔政府的国务卿杜勒斯为对付他所说的苏联的战争威胁而提出的,他于 1954 年首次全面系统地阐述了这一理论。其主要内容是:"以核武器威慑苏联,使之不敢轻举妄动。如果威慑失灵,就以战略核武器进行大规模报复,最后夺取战争胜利。"杜勒斯于 1954 年 1 月 12 日在美国对外关系协会发表讲话称:"单纯的局部防御绝不可能遏制共产党世界强大的陆军力量,必须用大规模报复的打击力量作为进一步威慑来加强局部防御""美国要有一支强大的报复力量,以能够在自己选择的地方,用自己选择的武器,立即实施报复。"①

这一威慑理论表明,无论何时何地只要发生苏联发动的战争,美国都要使用核武器进行大规模报复。大规模报复威慑理论一提出,在美国就对其可信性展开了一场激烈的辩论,在现实运用中,这一理论也受到了很大挑战。大规模报复战略是建立在美国对苏联拥有绝对优势的核武器的基础之上。但是苏联的战略核武器发展迅速,于 1960 年 1 月成立了战略火箭军,并逐步部署"两位一体"战略核力量,奉行准备全面打赢核战争的"火箭核战略"。随着苏联的核武器及其运载工具的迅速发展,拥有直接打到美国本土的核力量的能力越来越强,美苏的核力量均衡的趋势开始显露出来。该理论失去了存在的基本前提和可行性,美国遂调整其威慑理论。

---

① 劳伦斯·弗里德曼:《核战略的演变》,中国社会科学出版社 1990 年版,第 107 页。

2. 灵活反应战略

这一战略是美国肯尼迪政府于 1961 年提出的,盛行于 20 世纪 60 年代初的美国,目的同样是应对苏联在全球特别是在欧洲的渐进扩张。

随着苏联远程战略核力量的发展,美国对遭受核报复的担心也增加了。大规模报复战略很快就被它自己的创立者所推翻。1957 年 10 月,杜勒斯本人忧心忡忡地说:"美国应该较少地依赖巨大报复力量的威慑作用,以避免因为我们自己的行动而引起一场全面核战争。"1959 年 12 月,美国参议院外交委员会发表了《军事技术的发展及其对美国战略和对外政策的影响》的专题报告。罗伯特·奥斯古德(Robert E. Osgood)的《有限战争》、伯纳德·布罗迪(Bernard Brodie)的《导弹时代的战略》、马克思威尔·泰勒(Maxwell Taylor)的《音调不定的号角》、基辛格的《选择的必要》以及若干作者集体编写的《美国未来的战略》等书相继出版。这些作者一致对大规模报复战略作了否定性评价,也为 20 世纪 60 年代灵活反应战略的出笼提供了理论依据。

灵活反应战略的基本观点是美国掌握核打击力量尽管是头等重要的,但常规力量也应该相应地实现现代化;发展不同种类的核武器,制定不同规模的报复方案,以应付对手小规模渐进进攻,并根据对手进攻行为的严重程度决定核报复的规模。与大规模报复战略相比,这种战略的报复手段灵活多样,可以实现分级威慑,所以对付战争升级的余地较大。灵活反应战略的实质是有限核威慑,如果核大国之间的有限核报复升级为全面核战争,这种战略也就会失去意义。灵活反应战略使美国的西欧盟国产生了强烈的怀疑和不满,它们认为这一转变可能意味着美国放弃对苏联入侵西欧的核威慑政策。所以,到了 20 世纪 60 年代中期,美国又转过头来鼓吹"确保摧毁"。

3. 相互确保摧毁战略

这一理论是由美国前国防部长麦克纳马拉提出的,1964 年正式被肯尼迪政府采纳。20 世纪 60 年代,由于美国和苏联都有了可靠的第二次核打击能力,双方出现了一种相互威慑的恐怖平衡。美国认为只要保持这种平衡,就可使双方都不敢轻易发动核战争。为此麦克纳马拉提出了相互确保摧毁战略,一个国家的核武器能够造成对手不可承受的损失,可称之为确保摧毁(assured destruction),如果两个国家彼此的核报复打击都能给对方造成不可承受的损失,则称之为相互确保摧毁(mutual assured destruction),相互确保摧毁是构成战略稳定性的重要条件。麦克纳马拉主张侧重打击城市目标,即在实施报复性打击中,摧毁对方的全部城市,以此相威胁,使苏联不敢对美国发动核袭击。他认为,美国只要拥有在第二次打击时摧毁苏联20%~25%的人口和50%的工业生产能力(这一标准被称为"麦克纳马拉标准")的核力量,即可给对方造成不可承受的损失,达到确保摧毁的要求。其战略意图是保持对苏联的相对核优势,即要求建立一支遇到对方核突击后,仍能确保摧毁对方的第二次打击力量。这一战略侧重打击苏联的城市和工业中心目标,以此威慑对方,迫使对方不敢对美国发动突然核袭击。为实现这一战略设想,要求建立一个能打击城市目标的第二次核打击力量,以遏制苏联的核攻击。

在相互确保摧毁战略的指导下,美国加强了"三位一体"进攻性战略核力量的建设,大力发展陆基洲际导弹、潜射战略导弹和新型战略轰炸机,加紧核弹头的生产,使20世纪60年代美国战略核武器在数量和质量上均拥有明显的优势。在美国,相互确保摧毁战略不仅在20世纪60年代发挥了作用,而且在美苏冷战关系结束之前一直是起着实际作用的核战略理论之一。

4. 确保生存战略

这一新战略的形成背景是美苏核力量从单纯发展进攻性核武器开始转向发展战略防御性武器系统,逐步改变有攻无防的状况,力求达到攻防兼备。这一理论是由里根政府提出的,里根政府为重寻对苏联压制性战略优势,大力增强战略核力量,实施"星球大战计划",提出确保美国单方面安全而苏联绝对不安全的确保生存战略。里根在1983年3月的一次演讲中说:"我们谋求使恐怖平衡战略,亦即人们所说的相互确保摧毁战略,变得过时,用一种不会挑起武装冲突或造成大规模毁灭,但能有效地防止战争的武器系统取而代之。"[①]此次演讲中,里根正式提出了"星球大战计划"。它是在美苏双方进攻性战略核武器达到"饱和"的状态下,为削减对方的核进攻能力而准备部署的一种重要的攻防兼备的太空武器系统。确保生存战略要求建立攻防兼备的核战略力量体系和天战反击体系,反击敌核战略进攻,以确保美国生存与安全。因此,美国不仅要发展进攻性的战略核力量,而且要大力研制战略防御系统,以削弱苏联的战略核力量,抵御苏联的核攻击。

---

① 祁学远:《世界有核国家的核力量与核政策》,军事科学出版社1991年版,第45页。

确保生存威慑理论在实践中没实行多久,就随着华约的解散、苏联的解体而停止。由于国际战略格局发生了重大的变化,美国又重新修改了它的核威慑理论。

美国的核威慑理论虽然随着不同时期各种内外因素的变化而不断地作出调整,也具有某些合理的成分,但是这些理论本身或多或少都有局限性和弱点,在实践应用中也都遇到了不同程度的挑战。例如,社会公众认为大规模报复战略扬言用大量核武器报复对手的小规模进攻,对手可能根本无法相信,所以难以慑阻对手的小规模进攻行为;而在核国家对本国发动小规模进攻之后,如果本国对其进行有限核报复,对手一定会发动全面核报复,这样一来灵活反应战略也就变得没有意义;相互确保摧毁战略以摧毁对方的软目标(城市、工业中心)为首先选择,也就是把对方的平民作为"人质",这不太符合美国传统的道德观,难以为美国公众所接受;确保生存战略所需要的武器系统要以高科技和巨额军费做保障,从当时的条件看美国显然是难以做到的。总之,"它们缺乏可信性和有效性,这样的威慑理论很难说能抑止核战争。确切地说,核威慑只能是抑止核战争诸多因素之一,决不能过高估计其作用"①。有学者指出,"西方不少人认为战后40年的和平,主要是由于核威慑机制在国际关系中的作用所至。这种看法虽是偏颇之论,但也不可完全被斥之为悖谬","核威慑对国际关系确有一定的积极稳定作用,但是这种作用并非是两个核大国的主观意图,而是双方都以对方为敌手,以自身安全为出发点发展核力量,最终自觉不自觉地形成的一种局面。"②

三、美国反导计划

上文已提到,冷战期间核威慑是防止美苏之间发生直接战争的因素之一,然而冷战后美国发展的覆盖国土全境的导弹防御系统,能够通过拦截敌国导弹,减少本国遭受打击的损失,使先发制人的战略具有了优势。这就破坏了基于核恐怖平衡的战略稳定性,因此如何在反导系统下实现战略平衡成为新的战略研究问题。

为确保自身绝对安全,美国把导弹防御作为军事战略的重要组成部分。经

---

① 田景梅:《核威慑与核战争》,《外交学院学报》1997年第4期,第91页。
② 李正信:《试论西方核威慑理论》,《现代国际关系》1990年第1期,第55页。

过几十年的发展,美国已经建成了世界上最全面的弹道导弹防御系统,并具备一定的防御能力。美国反导系统采取陆海空基多系统全程拦截方式,它的反导系统主要包括以下几个方面:一个是可以拦截洲际弹道导弹的陆基中段拦截系统,一个是拦截中远程弹道导弹的海基"标准-3"拦截系统,还有陆军装备的"爱国者-2""爱国者-3"和"萨德"系统,该系统能对中近程弹道导弹进行所谓的末段拦截。其中,"萨德"系统是目前世界上唯一一种既能在大气层内又能在大气层外拦截来袭弹道导弹的反导系统。

冷战时期,为了应对苏联的导弹威胁,保护美国本土人口密集地区以及核力量的安全,美国开始研制反导系统。20世纪六七十年代,美国先后研制部署有"奈基-宙斯""奈基-X""哨兵""卫兵"等反导系统。由于费用高、系统生存能力差、拦截数量有限,这些系统很快就被拆除。1983年,为了使苏联的核武器成为无效的武器,美国提出战略防御计划,即"星球大战计划"。苏联解体后,1993年克林顿宣布"星球大战"时代结束,取而代之的是"NMD"(用于保护美国本土的"国家导弹防御系统")和"TMD"(用于保护美国海外驻军及相关盟国的"战区导弹防御系统")。2001年小布什上台后,加快了研制和部署国家导弹防御系统的步伐,并将拟议中的美国导弹防御系统扩展为由陆基、海基和空基拦截导弹组成多层次防御体系;谋求建立一体化的导弹防御系统,将克林顿时期的"战区导弹防御系统"和"国家导弹防御系统"合二为一,统称导弹防御系统。由于国家导弹防御系统违反了美国和苏联于1972年签署的《反弹道导弹条约》(《反导条约》),布什政府先是寻求修改这一条约,遭俄方拒绝后于2001年12月决定单方面退出。2002年6月13日,布什政府正式退出《反导条约》,突破了发展反导的最主要的条约限制。

为尽快建立全球一体化反导系统,美军特别强调反导系统结构的开放性。近年来,在欧洲,美军不断加强与英国、法国、德国、罗马尼亚、波兰、捷克等国在反导体系建设上的合作;在亚太地区,美国加快了围绕中国构建亚太反导同盟的步伐,除继续与日本、韩国、澳大利亚加强合作外,还积极寻求与印度合作开发反导预警系统,特别是"萨德"系统入韩,虽然名为应对朝鲜导弹威胁,却在行围堵中国之实。这些国家在与美国合作的过程中,将会接受美国的反导技术标准、融入美国的全球军事体系,从而与美国在政治上建立更紧密的关系。所以,反导问题已经超越了军事层面,成为美国全球政治博弈的手段与工具。

美国反导计划对国际军控产生了重大影响。其一,美国退出《反导条约》后大力发展的导弹防御系统打破了大国核威慑平衡,造成了大国关系的紧张;其二,美国退出《反导条约》对国际多边裁军进程是一个严重打击,美国导弹防御系统的实施将导致其他核大国加强自保,减少国际合作,加快国防建设,发展突防技术和分导多弹头,以及退出现有核军控条约等。

四、中国的核战略

1.中国核战略的演变

中国的核战略是对中国核武器发展和运用具有全局意义的筹划和指导,它服从和服务于中国的国家发展战略、国家安全战略、国防政策和军事战略。中国核战略具有两个基本出发点,即中国国家安全和人道主义[①]。

中国的核战略经历了一个从反核讹诈战略逐步演变到最低核威慑战略的进程。反核讹诈战略是指一国在只有极少数量的核武器因而还不拥有有效核反击能力的情况下,面对对手的核威胁与核讹诈,利用本国有应对核打击的广大战略回旋余地,以及对手不能确定己方核反击所造成的损害的能力等,着眼于用常规战争克敌制胜,采用综合性战略应对对手的核讹诈。

最低核威慑战略是指一国拥有最低限度核反击能力,能够在遭受第一次核打击后进行报复打击,给对手造成不可承受的损失。这种损失的认定是由对手的国家利益决定的。

反核讹诈战略与最低核威慑战略的本质区别是:反核讹诈战略的基础是只有极少数量的核武器因而还不具备有效核反击能力,而最低核威慑战略是基于已拥有最低限度核反击能力。中国核战略从反核讹诈战略逐步演变到最低核威慑战略,既是中国核武器发展过程的产物和国防建设的需要,也是中国决策者战略谋划的结果。

从1964年10月16日第一次核试验成功至20世纪80年代中期,中国核战略本质上是反核讹诈战略。在这一时期,中国核武器数量很少,而且,当时中国政府和中国人民解放军在官方文件中都未接受核威慑的概念。1985年以来,中国逐渐由反核讹诈战略转变到最低核威慑战略。中国核战略发生转变的主要

---

① 夏立平:《论中国核战略的演进与构成》,《当代亚太》2010年第4期,第114页。

原因有：中国的战略核力量有了长足进展、中国接受核威慑的思想并将核威慑作为核战略的组成部分、中国大规模裁减常规部队后核武器的重要性提升等。

2. 中国核战略的内容

中国核战略的主要内容包括：中国始终奉行不首先使用核武器的政策；中国坚持自卫防御的核战略；中国无条件不对无核武器国家和无核武器区使用或威胁使用核武器；中国不与任何国家进行核军备竞赛，核力量始终维持在维护国家安全需要的最低水平；在国家受到核威胁时，中国核导弹部队根据中央军委命令，提升戒备状态，做好核反击准备，慑止他国对中国使用或威胁使用核武器；在国家遭受核袭击时，中国使用导弹核武器，对敌实施坚决反击。

通过本章内容的学习，我们已经了解到，一方面，国际军控、裁军与防扩散体系作为全球安全秩序的有机组成部分，为维护世界和平与稳定依然发挥着重要作用，自20世纪90年代以来，军控、裁军与防扩散又取得了新的积极成果；另一方面，多边军控与裁军仍然任重道远，核裁军步履维艰，建立在首先使用核武器基础之上的核威慑战略尚未被摒弃，降低核武器使用门槛、研发新型核武器的动向堪忧，外空武器化和外空军备竞赛的危险加大，多边军控和裁军机制面临困难。中国一贯重视并支持国际军控与裁军努力。早在新中国诞生之初，反对军备竞赛、争取实现裁军就已成为中国外交政策的重要组成部分。中国相继加入并切实履行了有关国际军控条约，积极参加国际军控和裁军领域的各项重大活动，积极参与联合国和有关国际机构关于裁军问题的审议和谈判，提出许多合情合理、切实可行的主张，努力推进国际军控与裁军进程。

为推进国际军控、裁军和防扩散事业公正、合理、全面、健康的发展，国际社会应遵守《联合国宪章》的宗旨和原则以及其他公认的国际关系准则，树立以互信、互利、平等、协作为核心的新安全观，通过对话增进相互信任，通过合作促进共同安全；确保各国平等参与国际军控、裁军与防扩散事务的权利，坚持在各国安全不受减损的基础上推进国际军控、裁军和防扩散进程；坚持在国际法框架内，通过政治和外交手段处理防扩散问题；维护并进一步加强和完善现有国际军控、裁军与防扩散法律体系；确保各国和平利用科学技术的正当权益；充分发挥联合国等多边机构的作用。

思考题

1. 国际军控的目的、方式分别是什么?
2. 冷战时期与冷战后的国际军控特征有何区别?
3. 二战后的国际军控成就体现在哪些方面? 目前还面临哪些困难?
4. 核武器有哪些作用? 核武器的杀伤破坏因素有哪些?
5. 当前核不扩散机制还难以得到有效的执行,其原因是什么?
6. 什么是战略威慑? 它的原理是什么?
7. 冷战时期,美国实行的大规模报复核威慑战略与灵活反应核威慑战略的区别是什么?
8. 中国核战略经历了什么样的演变历程?
9. 中国核战略的内容主要有哪些?

第十二章 国际组织与国际法

面对国际社会冲突频发的现实,人们希望通过建立国际组织、制定国际法等途径来维护国际秩序,二战结束后,特别是冷战结束以来,国际组织和国际法在国际关系中发挥的作用日益突出。国际组织是一种重要的非国家行为体,20世纪以来,国际组织迅猛发展,除建立几乎包括世界上所有国家的普遍性一般国际组织——联合国外,区域性国际组织也大量涌现。国际组织跨越了政治、经济、文化等人类生活的各个领域,成为国际社会的重要角色。从政治、经济到军事,从环境保护到人权保护,从救济难民到疾病预防控制,从外层空间到海洋洋底和虚拟空间,国际组织制造了大量的跨国政治与非国家间政治现象和政治空间,国家不再垄断国际政治中所有事务和所有领域。在全球化时代,国际组织以自己独特的方式参与国际社会的维护和运作。国际法是国际关系发展的产物,反过来又对国际关系的发展产生重要影响,主权国家在处理国际关系中遇到问题时,都将不可避免地要受到国际法规则的影响。本章将专门讨论国际组织和国际法的有关问题。

第一节 国际组织的特点与发展历史

第三章已经介绍了国际行为体分为国家行为体和非国家行为体两类,而非国家行为体又包括国际组织、跨国公司等。本节主要探讨作为国际行为体重要组成部分的国际组织的概念、特点、分类、发展历程等问题。

一、国际组织的概念和构成要素

1. 国际组织的概念

国际组织是国际关系发展到一定历史阶段的产物。一般认为,国际组织有广义和狭义之分,就广义来说,凡是两个以上的国家,或其政府、政党、民间团体、个人基于特定的非营利性目的和任务,以一定的协议或法律形式而建立的各种常设机构,都可以称为国际组织。广义的国际组织包括政府间国际组织(IGO:International Governmental Organizations)和非政府国际组织(INGO:International Non-Governmental Organizations)。而狭义的国际组织仅指政府间国际组织,它是由两个以上的国家组成的一种国家联盟或国家联合体,是其成员国政府为谋求符合共同利益的特定目标,通过符合国际法的协议而创立的一种常设体系或机构。这一概念指的是严格的国际法意义上的国际组织。

2. 国际组织的构成要素

作为非国家行为体,国际组织在其活动中展现出有别于国家行为体的独特属性。美国学者贝涅特将所有国际组织(既包括政府间国际组织也包括非政府国际组织)的特征归纳为五点:具有永久性机构;能够承担一系列功能;成员自愿加入;有一套阐述目标、结构和行动方法的基本章程;有一个具有广泛代表性的协商机构;有一个常设的秘书处从事连续性的管理、研究和信息处理工作[①]。中国学者梁守德认为组成国际组织的要素,"一是多国,至少三国以上,主权国家和群众团体是国际组织的主体,也是行使权力和进行活动的保障。二是以联合面目出现,有正式协议作为纽带。三是宣布特定的目的和原则,其活动只限于国际事务。"[②]阎学通认为国际组织有三个最基本的构成要素,即有明确的政治理想和目标作为政治原则、有制度化的组织机构、有组织活动的程序规则[③]。贝涅特的观点注重国际组织应有稳定的组织运作框架和机制,后两种观点强调国际组织与国家、跨国公司和国际会议的区别所在,对我们认识国际组织的基本特征和构成要素大有裨益。

---

① 杨广、尹继武:《国际组织概念分析》,《国际论坛》2003年第3期,第56页。
② 梁守德、洪银娴:《国际政治学理论(第二版)》,北京大学出版社2013年版,第83页。
③ 阎学通、何颖:《国际关系分析(第三版)》,北京大学出版社2017年版,第282页。

综合以上内容,我们认为国际组织必须具备以下要素:

(1)来自两个以上国家的成员,即组成国际组织的主体必须是两个以上的国家,要么是主权国家及代表国家的政府和官员,要么是民间团体或个人。

(2)跨国性的宗旨目标。国际组织是介于成员之间的组织,其宗旨目标都是跨国性的。国际组织的权力来源于成员的授予,是国家主权在国际范围内作用的结果。它不应该成为某一个国家控制的工具,也不能违背国家主权原则,凌驾于国家之上,它服务于成员的共同利益。

(3)常设的组织机构。国际组织必须具备常设的正式机构处理连续性的日常事务,没有这样的机构就无法处理日常工作,这个组织就无法运转。区分国际会议和国际组织的一个重要标准就是看该机构是否有常设的秘书处,没有常设秘书处的机构不属于国际组织。

(4)组织活动的程序规则。国际组织的所有活动都需有明确的程序性规定,这样才能有秩序地进行国际活动,其章程必须明确规定该组织的宗旨原则、主要机构、职权、活动程序和范围以及成员国的权利与义务。

(5)一定的自主权。国际组织建立在各成员对共同利益的认同基础之上,不代表某个特定成员的利益。国际组织本身的利益体现出一种超国家性,这使国际组织拥有不同于其成员的行为能力,能够独立运作。

二、国际组织的特点

一般说来,国际组织具有以下特点:

(1)多国性。任何一个国际组织,其成员的来源必定涉及两个以上的国家,且国际组织的活动范围、目标宗旨必须具有跨国性,不是以处理某一个国家的内部事宜为作用范围。

(2)工具性。国际组织是本组织成员实现其共同利益和目标的工具。来自不同国家的身份、地位差异极大的组织成员之所以倡导、创立、加入国际组织,是因为它能服务于相关的共同利益,有利于共同目标的实现,这是国际组织存在的根本意义。

(3)制度化。国际组织必须根据本组织的章程,履行组织成员所议定的职责,以达到成立该组织的目的,这就需要国际组织建立一系列能够承担持续职责的常设机构,以便通过制度化的途径,使组织成员所追求的共同利益和目标得到稳定的有保障的实现。

(4)非强制性。主权国家的强制性来源于主权国家有一个而且只有一个自上而下的中央政府,有统一的法律制度,并且有保证法律制度实施的暴力机器(如军队、警察、监狱、法庭等)。国际组织的建立是成员之妥协合作的产物,正是其妥协决定了国际组织的非强制性,即国际组织的决定对成员国没有强制性的约束,主要依靠成员国的自觉执行和国际舆论的压力。联合国和其他国际组织虽然也有权力机构、执行机构和法院等,但这些机构没有强制手段。联合国安理会虽然可以采取强制行为,但这种强制行动受到严格的限制。《联合国宪章》规定的联合国维和行动的三项原则是:同意原则、中立原则和非武力原则。冷战后的维和行动有突破这种限制的趋势,但并没有得到国际社会广泛的认同。

(5)自愿性。成员有权加入或退出某个国际组织,也有权创立国际组织;任何国家都无权强迫某国加入或不加入某一国际组织。

(6)非营利性。国际组织不是主权国家,不是以领土为依据的实体,不能直接获取可以正常获取的物质资源,没有主权国家所具有的强制性特点,因此,国际组织不能像国家那样通过强制性的税收获取财富,主要依靠成员的会费维持运转。国际组织在活动中,虽然也可能进行一定的经营活动,但这类活动大多是为了弥补经费的不足或满足一些特殊要求,而不以营利为目的,这是国际组织与跨国公司最本质的差异。

三、国际组织的分类

国际组织数量众多,功能各异,活动范围广泛,其分类以及分类标准十分复杂。

(1)按照成员的法律地位来分类,国际组织可以分为政府间国际组织、非政府国际组织两大类。政府间国际组织是根据多边国际条约,即创设性文件建立的组织,它是若干国家为实现特定目的和任务而建立的。成员国根据自身的需要,在一定范围内赋予有关国际组织以若干职权和法律行为能力,使政府间国际组织具有了国际法主体资格,在参与国际事务时能超越其成员的个别利益而采取有利于成员共同利益的行动,并能直接以该组织的整体形态来承担国际义务和权利,成为独立的国际行为体。联合国、东南亚国家联盟、欧洲联盟、非洲联盟、上海合作组织、国际货币基金组织等都是政府间国际组织。非政府国际组织则是由不同国家的社会团体或个人为一定目的组成的组织,如国际奥林匹克委员会、国际红十字会、保护记者委员会等。

(2)按照基本性质和职能来分类,国际组织可以分为一般性国际组织、专门性国际组织两大类。一般性国际组织具有较广泛的宗旨、原则和职能范围,其活动涉及政治、经济、军事、文化等国际社会生活的各个方面。国际联盟和联合国是一般性国际组织的典型代表。专门性国际组织的宗旨较为单纯,活动局限于某个专门领域,职能范围受到特定的专业技术限制,如科技、经济、军事、文化、体育、卫生等。世界卫生组织、世界贸易组织、世界气象组织、国际刑警组织等都属于专门性国际组织。

(3)按照地域来分类,国际组织可以分为全球性国际组织、区域性国际组织两大类。全球性国际组织对所有国家均开放,其成员没有地理条件上的限制,各组织的成员数量不等。区域性国际组织一般只吸收特定地区的成员,职能范围也常常局限于本组织所在地区,如阿拉伯国家联盟、非洲联盟、欧洲联盟、北美自由贸易区等。

(4)按照主导性目标来分类,国际组织可以分为政治性国际组织(如阿拉伯国家联盟)、经济性国际组织(如石油输出国组织)、文化性国际组织(如世界知识产权组织)、军事性国际组织(如北大西洋公约组织)等。

四、国际组织的发展历史与现状

一般认为,国际组织的产生有两个先决条件,即国际体系由独立、平等的主权国家组成,以及主权国家之间的联系和交往增加,世界日渐复杂和相互交织,有必要创建专门的机构来处理国家间共同面临的问题①。1648年威斯特伐利亚会议召开以后,现代意义上的主权国家开始作为国际法的主体在国际舞台上发挥作用,国际关系进入了独立的主权国家多国体系。只有进入这个时期之后,国家之间的交往(包括民间交往)才真正带有"国际"的性质。可是最早的政府间国际组织莱茵河委员会(Rhine Commission)出现于1815年而不是17世纪中叶。为什么民族国家出现之后并没有立即出现国际组织?这是因为在当

---

① 饶戈平:《全球化进程中的国际组织》,北京大学出版社2005年版,第25页。

时,国际组织产生的第二个先决条件还不具备。19世纪以前,战争是国家交往的主要方式,并且当时各国经济、科技和通信方式较为落后。19世纪之后,科学技术对国际政治的影响日益加深,两次工业革命促使西欧生产力极大飞跃,国家间交往日益频繁,蒸汽机、轮船、铁路、电报的相继出现,缩短了时间和空间距离,因工业革命而出现的新的通信方式以及交通运输的发展大大加速了国际间货物、劳务、人员的流动。与此同时,国际和平与安全、经济与社会的问题急剧增加,需要多边合作才能予以解决。现代国际组织之所以破土而出、蓬勃发展,在很大程度上正是对这种技术和竞技的急剧发展以及随之而来的政治和社会剧变的反应。

威斯特伐利亚会议开创了近代国家间通过举行大规模国际会议这种形式来解决重大国际问题的先例。自从威斯特伐利亚会议以来,国际会议作为和平解决国家之间争端的一种有效途径逐渐频繁。这种早期的国际会议被视为现代国际组织的一种原始状态。现代国际组织就是在国际会议的基础上发展、演变来的。从1815年维也纳会议召开以后到第一次世界大战爆发,全世界共召开各种类型的国际会议2500余次,其中绝大部分是民间团体的国际会议①。最引人注目的还是欧洲大国发起的30多次会议,并通过会议形成欧洲协调机制。欧洲协调机制作为法国大革命的产物,是欧洲大国为维护欧洲安全而采取的一种机制,即欧洲列强以会议的方式协商处理欧洲或与欧洲有关的重大问题的多边外交机制。欧洲协调是大国一致的产物,只有大国才能决定重大的安全问题,因而被视为联合国安理会的前身,但欧洲协调没有常设机构。维也纳会议后成立了世界上第一个国际组织——莱茵河委员会。19世纪70年代以后,随着自由资本主义向垄断资本主义的不断发展,国家间交往愈加密切,国际关系逐步由欧洲向全球扩展。在这种背景下,世界主要大国在1899年和1907年先后召开两次海牙国际会议,参加者由欧洲国家扩大到北美和其他一些国家。两次海牙国际会议采用的"一国一票制度",成为以后国际会议和国际组织的基本准则,其分组讨论、表决等方法也为后来国际组织的体制提供了一种模式。

两次世界大战后是国际组织的普遍化、政治化发展时期。第一次世界大战后出现的国际联盟是人类历史上第一个全球性的国际政治组织。它的主要目

---

① 胡宗山:《国际政治学基础》,北京大学出版社2005年版,第224页。

的是维持人类和平,同时也关注一些经济和社会合作的问题。二战后诞生的联合国是最有代表性、最具权威性的国际组织。联合国在会籍范围、宗旨性质、创立意图、结构功能、组织体系、政治基础、法律地位等方面超越了历史上所有国际组织,体现了国际组织自其产生以来发展的最高水平,成为当代国际社会的协调中心、会议中心,不可须臾离开的最重要的角色之一①。二战后殖民地半殖民地国家的独立、经济相互依赖性的增强、科学技术的极大进步,以及全球性问题的出现,促进了国际组织井喷式的增长。现有国际组织的九成以上都是在二战后建立起来的。1909年世界上各类国际组织有213个;2007年增加到61836个,其中政府间国际组织为7459个,非政府国际组织为54377个,非政府国际组织占87.94%;2016年,世界上的国际组织已超过62000个。

冷战后,全球化进程日益加快,国际组织正经历着前所未有的大变革、大分化、大改组②。国际社会要求加强国际治理的呼声日益高涨,国际组织的职能和作用被寄予更高的期待。中国与国际组织的互动关系是伴随着中国对国际体系的接触和融入而发生的。自19世纪中叶被强行纳入西方大国主导的国际体系以来,中国在国际体系中的角色和地位经历了一个复杂而曲折的发展过程,与之相应,中国与国际组织的关系也经历了曲折的发展过程。中国对国际组织的基本态度经历了尝试性接受(1949年以前)、相对排斥(20世纪五六十年代)、有限参与(20世纪七八十年代)和积极参与(20世纪90年代至今)四个阶段的历史演变③。在确立了积极参与的基本态度后,中国积极参加国际组织,广泛而深入地开展了国际组织外交,并且取得了积极的成效。

第二节　国际组织的作用

从世界上第一个国际组织成立算起,至今已有两个世纪。国际组织早已冲破初创时期的地域、领域局限,活跃在当今世界人类生活的各个方面。任何国

---

① 李铁城:《联合国的历程》,北京语言学院出版社1993年版,第647页。
② 刘胜湘:《国际政治学导论》,北京大学出版社2010年版,第174页。
③ 刘宏松:《中国的国际组织外交:态度、行为与成效》,《国际观察》2009年第6期,第1页。

家,无论大小强弱,都一定是这个或那个国际组织的成员,它们之间只有参加国际组织的多寡之别,而一定没有自外于国际组织的。因为,自外于国际组织,无异于在国际社会中自我隔绝。现今六万多个大大小小的国际组织如同神经系统布满整个国际社会,标志着国际社会组织化的深入程度。它们彼此协调,分工合作,联系频繁,构成一个庞大的国际组织网络,在调整当代国际关系、促进国际合作、维持世界和平与发展方面发挥着不可或缺的作用。人们难以想象,在全球化时代,在各国及其民众相互依存关系如此密切的今天,假若没有国际组织的存在,整个世界将如何维持和运作。因此,用"国际组织的世纪"来概括我们这个时代的国际关系特点毫不过分,可以毫不夸张地说,当今世界,任何全球性与区域性重大问题的处理,如果没有相关的国际组织的参与,都难以获得圆满解决①。本节中所讲的国际组织,主要指的是政府间国际组织,第四节将专门介绍非政府国际组织的有关问题。

一、政府间国际组织的地位和作用

从本质上说现代政府间国际组织是国家间多边合作的法律形式,是一种机制化、组织化的国家合作,国家间合作是政府间国际组织基本的和首要的作用。

1. 国际社会的论坛和谈判场所

主权并存的各国之间需要有共同交流、议事的渠道和平台,国际组织就是一种法定形式的国际论坛,是一种常设的固定的国际会议制度,是连接、沟通各成员国的国际平台。国际组织的存在使得世界各国有了举行会晤、进行交流、表明立场、提出问题、消除分歧、化解矛盾、增进了解的畅通渠道。经由这一平等参与的国际议事机构,各成员国可自由表达本国的立场观点,充分商讨共同关注的国际问题,有利于形成、宣示国际共识和舆论,有利于协调成员国的政策和行动。国际组织同时也是一种多边外交、多边谈判的机制,为成员国之间正式或非正式的交流提供便利的时间和场所,为国家间合作提供法律保障。国际规则的制定、国际争端的解决,往往都是从国际组织的谈判桌上开始的。

2. 国际事务的管理者和组织协调者

国际社会固然不存在世界政府,但是全球性或区域性共同事务的管理和协

---

① 饶戈平:《论全球化进程中的国际组织》,《中国法学》2001年第6期,第127页。

调却是不可或缺的,而作为国际立法的推动者、组织者和国际机制的重要载体,国际组织承担着这样的管理和组织协调职责。特别是在那些专门性或技术性领域,国际组织正越来越多地承获成员国政府移转的职能性权力,在一定程度上行使着国际社会的政府性行政职能,规范、监督成员国的行为,从成员国的整体利益出发对各项活动进行协调和管理,通过制定原则、规则、制度对不同领域内国家或非国家活动进行治理,组织协调全球性或区域性经济、社会、文化的整体发展。如世界贸易组织,现在人们很难想象,如果没有它,单个国家将如何在双边层面上处理它们进行全球贸易时遇到的问题。国际社会可以借助于国际组织的机构网络制定有一定约束力的国际法律规则,指导和管理各类行为体在各领域的活动,并对蓄意破坏者和违规行为采取某些集体制裁措施。

3. 和平解决国际争端的机构

国际组织为和平解决国家间政治经济等领域的争端提供了有效机制。国际政治经济相互依赖加深必然导致国家间矛盾和纷争的增加,和平解决国际争端是现代国际法的一项基本原则,其实施已经不仅仅依赖争端当事国本身,而在很大程度上有赖于国际组织的相关机制。国际组织为发生冲突或争端的国家提供了一套司法程序,充当国际社会的执法者,国际组织设计专门的争端解决机构和解决程序,以保证争端解决方案得到顺利执行。多数国际组织的基本文件都把和平解决成员国之间的争端明确规定为自己的职能。在这方面,一般政治性组织,如联合国、非洲联盟、美洲国家组织等的作用且不必论,年轻的世界贸易组织争端解决机构的业绩就足以说明问题。

4. 国际和平与安全的维护者

全球性和区域性政治组织都在其基本文件中将维持和平与安全规定为自己的宗旨,并以整个组织的机制来履行这一职能。《联合国宪章》开篇表明联合国致力于建立反对暴力的准则,签署《联合国宪章》的国家保证遵循为共同利益而避免使用武力的原则,进而同意在国际关系中不使用武力或以武力相威胁,除非为了自卫。虽然这些谴责和反对侵略的原则没有能完全终止暴力,但它们给那些首先使用武力的国家增加了越来越重的负担,即便是超级大国美国,也无法忽视国际压力的存在。国际组织在冲突和争端各方之间进行积极的斡旋活动,有效地缓解或平息了武装冲突和内部动乱,防止了战火的蔓延,为争端的解决、和平的恢复作出了贡献。尽管迄今为止,联合国、非洲联盟、美洲国家组织等政府间国际组织的维持和平行动远不能说是十全十美,仍存在着局限性,但它们对和平解决国际争端,维护国际社会安全的重要作用是不言而喻的。

二、国际组织的表决制度

制度化的国际组织自然会拥有较为完整的结构体系和运行机制,但如何设置本组织的内部结构和运行机制并不存在统一标准。政府间国际组织一般依据本组织的宗旨和职责要求,自行设计和建立自身的组织架构与运行机制。如果把国际组织视为一个具有反应、决策和实施能力的大系统,其内部结构一般由三个层次的机构组成。

(1)最高机构,即"大会"或"理事会",由该组织的全体成员派出代表组成,拥有决策权。最高机构一般定期举行会议。

(2)执行与主管机构,即"执行局""执行理事会"或"行政理事会",处理两次大会期间的有关组织职能和大会决议的事宜。

(3)行政管理机构,承担本组织日常的行政管理事务,为本组织的活动提供协调、信息分析、法律和组织技术保障,即"秘书处"。此外,有些国际组织还将处理争端和纠纷的司法机构也纳入其组织机构里。

国际组织的决议案在讨论结束后,需要有一种方式来表达成员国对它的态度,或赞成或反对,这就是表决。国际组织在进行决策时,表决是决策程序的核心内容、议事规则中的最重要部分。表决涉及两方面的问题:表决权的分配和表决权的集中,表决权的分配是指投票权如何在国际组织的成员之间分配,表决权的集中是指经多少比例的同意才能通过决议。国际组织的规则制定过程充满了斗争与妥协。从表决制度看,国际组织做出的每个决议几乎都是国家角力的结果。国际组织的章程都有关于表决制度的规定,每个组织的表决制度和规则是不同的,通常与决议的性质有关。最为常见的表决制度有以下几种:

(1)一致同意原则。需要参加表决的全体成员的同意,决议或决定才能获得通过。

(2)多数同意原则。成员国的多数表决同意,决议才能通过。多数表决可分为简单多数和特定多数两种。简单多数表决是指参加表决的国家中同意票超过50%即可通过。特定多数表决则指参加表决的国家中有2/3或更多的投同意票才能通过,此外有的还包括特定成员投同意票方可通过的规定,如安理会常任理事国同意。

（3）加权表决原则，也称一国多票制。它具有某些股份制表决的特征，多用于金融等经济组织。根据章程规定的标准，各成员国按其对组织的贡献确定其表决权的大小。

（4）协商一致原则。经广泛协商而不采用投票方式表决，成员国经过协商对议案达成一致或不持异议的立场，决议即可通过。

第三节 联合国等政府间国际组织介绍

上一节讨论了政府间国际组织的地位作用、表决制度等问题，本节将介绍联合国、北约、上合组织等国际政治和安全组织，以及世界银行、国际货币基金组织等国际金融组织的有关情况。

一、国际政治和安全组织

通过前几章的学习，我们已经知道国际事务可以分为高位政治领域和低位政治领域事务，这里介绍几个与高位政治有关的政府间国际组织。

1. 联合国

"联合国"这一名称第一次见诸文字是在1942年1月1日。太平洋战争爆发以后，罗斯福和丘吉尔为加强所有反法西斯国家的统一行动，拟定了一个各国共同遵守的原则，并获得了苏联的赞同。1942年1月1日，美、英、中、苏等26个反法西斯国家签署了这个文件，即《联合国家共同宣言》，为联合国的成立奠定了基础。1943年10月30日，中、苏、美、英四国在莫斯科发表了《普遍安全宣言》，正式提出建立一个普遍性的国际组织。1944年8月21日至10月7日，美、英、苏三国和美、英、中三国先后在华盛顿附近的敦巴顿橡胶园举行会议，根据《普遍安全宣言》的精神，草拟了建立新的国际组织的章程，并通过了《关于建立普遍性国际组织的建议案》。1945年2月，雅尔塔会议又进一步讨论了成立联合国的问题，会议公报宣布，为了维护世界和平与安全，反法西斯同盟国将尽快建立一个普遍性的国际组织，并决定同年4月25日在美国旧金山召开联合国制宪会议。根据这一决定，由美、英、中、苏、法五国发起，并邀请《联合国家共同宣言》各签字国参加的联合国制宪大会,于 1945 年 2 月 25 日在旧金山隆重举行,50 个国家的 280 多名代表和 1700 多名顾问、专家及记者聚集一堂,会议以敦巴顿橡胶园会议的建议为基础,经过两个多月的讨论,起草了《联合国宪章》;6 月 25 日,代表们一致通过了这个宪章;6 月 26 日,制宪会议在旧金山进行最后一项,也是此次大会最庄重的议程——与会代表在宪章上签字;签署宪章的 51 个国家成为联合国的创始会员国。1945 年 10 月 24 日,美、英、中、苏、法等多数签字国送交了批准书,宪章开始生效,标志着联合国正式成立。

在全球层面,联合国是迄今为止最著名的、最有影响力的政府间国际组织。联合国建立在三个基本原则基础之上:主权国家一律平等是联合国的第一个基本原则;只有国际问题属于联合国的管辖范围,这是联合国的第二个基本原则;主要关注国际和平与安全是联合国的第三个基本原则。可以说,在联合国的发展过程中,这些原则都逐渐遇到重大挑战。《联合国宪章》是一个国际条约,规定了国际关系的基本原则。根据《联合国宪章》,联合国的四个宗旨为:维持世界和平及安全;发展国家间友好关系;合作解决国际问题,增进对人权的尊重;成为协调各国行动的中心。

联合国大会、安全理事会、经济及社会理事会、托管理事会、国际法院、秘书处六个主要机关,均设立于 1945 年联合国成立之时。其中联合国大会、安全理事会、经济及社会理事会、托管理事会、秘书处五个机关设在美国纽约联合国总部,国际法院设在荷兰海牙。

联合国大会是联合国的主要审议、决策和代表性机关,由联合国全部会员国组成,是唯一具有普遍代表性的机关。每年九月,所有会员国齐聚美国纽约,在联合国大会会议厅召开年度会议,并举行一般性辩论,多国国家元首出席一般性辩论并发表讲话。联合国大会对于重要问题的决定,例如,关于和平与安全、接纳新会员国和预算事项的决定,必须由三分之二多数通过;其他问题只需以简单多数通过。联合国大会每年选举一名大会主席,任期一年。

联合国安全理事会是由《联合国宪章》授权的、负责维持国际和平与安全的机构。任何时候,只要和平受到威胁,安全理事会都可召开会议。安全理事会有 15 个理事国(5 个常任理事国和 10 个非常任理事国),每个理事国有一个投票权,其中中国、法国、俄罗斯、英国、美国等五国为常任理事国,其他理事国由大会选举产生,任期两年。安全理事会需要有九票赞成才能作出决定,除关于

国际关系学概论

程序问题的表决外,只要任何一个常任理事国投反对票(否决),安理会就无法作出决定。《联合国宪章》规定,所有理事国都有义务履行安理会的决定。安全理事会率先断定对和平的威胁或侵略行为是否存在。安理会促请争端各方以和平手段解决争端,并建议调整办法或解决问题的条件,在某些情况下,安全理事会可实行制裁,甚至授权使用武力,以维护或恢复国际和平与安全。安全理事会设立轮值主席,任期一个月。安理会还就秘书长人选和接纳新会员国问题向大会提出建议。

联合国经济及社会理事会(简称经社理事会)是就经济、社会和环境问题进行协调、政策审查和政策对话并提出建议,以及落实国际发展目标的主要机关。经社理事会作为联合国全系统开展各项活动的中央机制,下设多个涉及经济、社会和环境领域的专门机构、附属监督机构和专家机构。经社理事会共有54个理事国,经大会选举产生,任期三年。经社理事会是联合国对可持续发展问题进行反思、辩论和创新思考的核心平台。

联合国托管理事会于1945年根据《联合国宪章》第十三章设立,对由7个会员国管理的11个托管领土实行国际监督,并确保管理国采取适当措施为托管领土的自治或独立做好准备。截至1994年,所有托管领土都已取得自治或独立。托管理事会于1994年11月1日停止运作。根据1994年5月25日通过的决议,托管理事会对其议事规则作出修正,取消每年举行会议的规定,并同意根据托管理事会或托管理事会主席的决定,或托管理事会多数成员或大会或安全理事会提出的要求,视需要举行全体会议。

国际法院是联合国的主要司法机关,位于荷兰海牙的和平宫,是联合国六大主要机关中唯一设在美国纽约之外的机关。国际法院的职责是依照国际法解决各国向其递交的法律争端,并就正式认可的联合国机关和专门机构提交的法律问题提供咨询意见。国际法院由15名不同国籍的法官组成,法官由联合国大会、安全理事会选举产生,任期九年,可连选连任,每三年改选三分之一的法官。国际法院有一个常设的行政机关,即书记官处,协助国际法院履行职责。

联合国秘书处由秘书长和在世界各地为联合国工作的数万名国际工作人员组成,负责处理大会和其他主要机关委任的各项日常工作。秘书长是联合国的首席行政长官,秘书长由大会根据安理会的推荐任命,任期五年,可以连任。联合国从世界各地招聘国际和当地职员,其工作地点及维和特派团也遍布世界各个角落。

应该说,联合国绝非完美无缺,但没有联合国恐怕更是人们难以接受的事情。70多年来联合国在为人类作出巨大贡献的同时,也暴露出机制与制度安排上的缺陷。在过去70多年中,联合国改革一直在陆续进行。但是,20世纪90年代以前,联合国的改革基本上属于程序性范畴,并未触及联合国的基本结构以及如何应对新形势和新挑战等重大原则问题。冷战结束后,以恐怖主义、跨国有组织犯罪、环境恶化和生态灾难等为代表的非传统安全问题直接威胁着世界的和平与安全。联合国改革已刻不容缓。联合国改革是一个关系到联合国前途和成员国利益的重大问题,改革主要涉及三个方面的内容:安理会和其他重要机构的改革、维和原则与危机处理机制改革、财政改革。其中,安理会改革是联合国改革的焦点,也是最为困难的,既关系到大国的重新定位和国际格局的调整,也关系到在21世纪建立一个什么样的世界秩序。目前,对改革安理会和扩大安理会最积极的是日本、德国、印度和巴西四国,其中日本最为活跃。它们希望通过改革成为享有否决权的安理会常任理事国,从而成为世界政治大国。但目前各方还未就否决权和成员扩大这两个实质性问题达成共识。

中华人民共和国在联合国代表权的恢复历经坎坷。1949年10月1日,中华人民共和国成立,却未能获得在联合国中的合法地位和权利。自1950年开始,苏联等国家在历次联合国会议上提出中国代表权问题,认为应由中华人民共和国取代"中华民国"在联合国及安理会的席位。1950年联合国通过了仍由"中华民国"代表中国的决议。1951年美国采取延期审议程序法,阻挠联合国其他成员要求由中华人民共和国代表中国的议案。1961年美国利用联合国的程序法将中国的联合国代表权问题改为重要问题议案,为此联合国大会需要全体会员的三分之二多数票才能恢复中华人民共和国的席位。1971年联合国大会否决了中国席位问题为重要问题的议案,然后以76票赞成、35票反对、17票弃权的结果通过2758号决议(由阿尔巴尼亚带头提出的提案),恢复了中华人民共和国在联合国的合法席位。中国代表团团长乔冠华开怀大笑的照片成为中国外交历史上经典的瞬间。

2. 北大西洋公约组织

北大西洋公约组织也称"北大西洋联盟""北大西洋集团",简称"北约",是战后美国为了维护其在欧洲的霸权地位,联合西方国家建立的区域性的军事政治组织。

二战结束不久,并肩作战埋葬德、意、日法西斯的美国和苏联,及其各自所代表的国家集团迅速进入冷战状态。1946年3月,英国首相丘吉尔在美国富尔顿城威斯敏斯特学院发表著名的"铁幕演讲"。随后,美国开始奉行以冷战为特征的"杜鲁门主义"外交政策,并出台以帮助西欧恢复战争创伤为目的的"马歇尔计划",以加强美国和西欧国家的政治、经济关系以及美国对西欧国家的影响。1948年6月,美国参议院以绝对优势通过了时任美国空军参谋长范登堡提出的议案,允许美国政府在和平时期同美洲以外的国家缔结军事同盟条约。1949年4月4日,美国与加拿大、英国、法国、比利时、荷兰、卢森堡、丹麦、挪威、冰岛、葡萄牙、意大利等12国在华盛顿签订了《北大西洋公约》,决定成立北大西洋公约组织,同年8月24日各国完成批准手续,该组织正式成立。希腊、土耳其于1952年2月18日、联邦德国于1955年5月6日、西班牙于1982年正式加入该组织,1996年波兰、捷克和匈牙利加入。之后,北约成员国数量继续不断扩大,目前有30个成员国。北约的宗旨是缔约国实行集体"防御",任何缔约国同他国发生战争时,必须给予援助,包括使用武力。

北约总部设在比利时布鲁塞尔,组织机构主要有北大西洋理事会、防务计划委员会、常设代表理事会、军事委员会、国际秘书处等。欧洲盟军最高司令历来由美军将领担任。北约就重大国际问题进行磋商合作,协调立场,加强集体防务,每年举行各种联合军事演习。冷战结束后,北约非但没有像华约那样解散,反而进一步扩大范围。苏联的解体使北约成员国所面临的共同安全战略威胁消失,北约一度面临生存的困难,当"9·11"事件之后恐怖主义成为北约成员新的共同安全威胁时,北约有了新的军事使命,生存基础得到了巩固。

3. 上海合作组织

上海合作组织(简称上合组织)是由中华人民共和国、哈萨克斯坦共和国、吉尔吉斯共和国、俄罗斯联邦、塔吉克斯坦共和国、乌兹别克斯坦共和国于2001年6月15日在中国上海宣布成立的永久性政府间国际组织。它的前身是"上海五国"会晤机制。1996年4月26日,中国、俄罗斯、哈萨克斯、吉尔吉斯斯坦、塔吉克斯坦五国元首在上海举行了第一次首脑会晤,签署了《关于在边境地区加强军事领域信任的协定》。2001年6月14日至15日"上海五国"元首在上海举行第六次会晤,乌兹别克斯坦以完全平等的成员身份加入"上海五国"。2002

年,在上合组织圣彼得堡峰会上签订了《上海合作组织宪章》,文件于2003年9月19日生效。这是一份章程文件,规定了组织的宗旨与原则、组织架构、主要活动方向。2017年6月8日至9日,上合组织元首理事会阿斯塔纳会议作出历史性决定,给予印度共和国和巴基斯坦伊斯兰共和国成员国地位,首次实现扩员。上海合作组织是第一个以中国城市命名的国际组织,它进一步加强了中国与周边国家的关系。

上海合作组织的宗旨是:加强各成员国之间的相互信任与睦邻友好;鼓励各成员国在政治、经贸、科技、文化、教育、能源、交通、环保及其它领域的有效合作;共同致力于维护和保障地区的和平、安全与稳定;建立民主、公正、合理的国际政治经济新秩序。上海合作组织对内遵循"互信、互利、平等、协商、尊重多样文明、谋求共同发展"的"上海精神",对外奉行不结盟、不针对其他国家和地区及对外开放的原则。

上合组织最高决策机构是成员国元首理事会,该会议每年举行一次,决定本组织所有重要问题。政府首脑(总理)理事会每年举行一次,讨论本组织框架下多边合作和优先领域的战略,决定经济及其他领域的原则性和重要问题,通过组织预算。除元首理事会会议和政府首脑理事会会议外,运行的机制还有议会领导人会议、安全会议秘书会议、外长会议、国防部长会议、紧急救灾部门领导人会议、经贸部长会议、交通部长会议、文化部长会议、教育部长会议、卫生部长会议、执法部门领导人会议、最高法院院长会议、总检察长会议等。上合组织成员国国家协调员理事会是上合组织框架下的协调机制。上合组织有两个常设机构,分别是设在北京的上合组织秘书处和设在塔什干的上合组织地区反恐怖机构执行委员会。上合组织秘书长和地区反恐怖机构执行主任由成员国元首理事会任命,任期三年。

目前上合组织包括八个成员国、四个观察员国、六个对话伙伴。八个成员国分别是印度共和国、哈萨克斯坦共和国、中华人民共和国、吉尔吉斯共和国、巴基斯坦伊斯兰共和国、俄罗斯联邦、塔吉克斯坦共和国、乌兹别克斯坦共和国。四个观察员国分别是阿富汗伊斯兰共和国、白俄罗斯共和国、伊朗伊斯兰共和国、蒙古国。六个对话伙伴分别是阿塞拜疆共和国、亚美尼亚共和国、柬埔寨王国、尼泊尔联邦民主共和国、土耳其共和国和斯里兰卡民主社会主义共和国。

二、国际金融组织

金融是现代经济的核心,以国际货币基金组织、世界银行、亚洲开发银行、亚洲基础设施投资银行、欧洲投资银行等为代表的国际金融组织在当今世界经济中扮演着越来越重要的角色。

表12-1简要介绍了当前国际金融体系中较为主要的几大组织的有关情况。

表12-1 主要国际金融组织概况

名称	性质	成立时间	成员国数量（截至2019年4月）	总部	主要机构	宗旨
世界银行	全球性金融组织	1945年	189	美国华盛顿	国际复兴开发银行、国际开发协会、国际金融公司、多边投资担保机构、国际投资争端解决中心	通过提供长期贷款和投资,解决成员国经济复兴和开发所需的资金
国际货币基金组织	全球性金融组织	1945年	189	美国华盛顿	理事会、执行董事会、总裁常设职能部门	促进国际货币合作;促进国际贸易的扩大和平衡发展;促进汇率稳定;协助建立多边支付体系;向面临国际收支困难的成员国提供资金(在具有充分保障的前提下)
亚洲开发银行	半区域性金融组织①	1966年	68	菲律宾马尼拉	理事会、董事会、行长、代表处	为亚太地区的发展计划筹集资金,提供技术援助,帮助协调成员国在经济、贸易和发展方面的政策,与联合国及其专门机构进行合作,以促进区域内经济的发展

---

① 之所以是半区域性国际金融组织,是因为其成员主要在区域内,但也有区域外成员参加。

续表

名称	性质	成立时间	成员国数量（截至2019年4月）	总部	主要机构	宗旨
亚洲基础设施投资银行	半区域性金融组织	2015年	97	中国北京	理事会、董事会、行长、常设职能部门	通过在基础设施及其他生产性领域的投资,促进亚洲经济可持续发展、创造财富并改善基础设施互联互通;与其他多边和双边开发机构紧密合作,推进区域合作和伙伴关系,应对发展挑战
欧洲投资银行	区域性金融组织	1957年	28	卢森堡	理事会、董事会、管理委员会、审查委员会	向欧盟成员国家和申请加入欧盟的中东欧国家提供长期项目融资,促进欧盟平衡发展和一体化建设;对在欧盟之外的欧投行伙伴国家提供项目融资,支持欧盟的援助和金融合作政策,促进非成员国的可持续发展

国际金融组织在加强各国金融领域的国际合作方面起到了一定的积极作用,主要表现在以下几个方面:

(1)制定并维护共同的国际货币制度,稳定汇率,保证国际货币体系的正常运转,促进国际贸易增长;

(2)为出现金融危机或债务危机的会员国提供短期资金,调节国际收支逆差,在一定程度上缓和国际支付危机;

(3)为发展中国家的经济发展和改革计划提供长期资金援助,促进了发展中国家的经济增长。

从当前全球金融治理体系来看,现有金融体系由少数发达国家占据主导权,发展中国家处于不利地位,西方发达国家主导的国际金融制度没有根据各国经济实力地位的变化作出及时调整,与当前的国际经济格局不匹配。发展中国家的投票权比重仍低于发达国家,美国的一票否决权依然存在,大国在金融领域的权力垄断依然明显。

进一步参与全球金融治理是中国在国际金融体系中影响力提升的重要表现。近年来,中国积极加强与各国合作,推动全球金融治理结构改革,提升包括中国在内的新兴发展经济体的话语权,主要行动包括三个方面。一是积极参与20国集团(G20)在提高全球金融监管效率和维护全球金融稳定方面的努力,作为G20的重要成员之一,中国在全球金融治理中的作用日益凸显。二是积极推动世界银行和国际货币基金组织改革。2010年世界银行和国际货币基金组织分别提出了改革方案,提高了发展中经济体的份额。其中,中国的投票权份额由原来的第六位上升为第三位。三是结合中国实际,积极践行《巴塞尔协议Ⅲ》的监管准则。

一国在国际金融体系中的地位可以归纳为三个主要方面:该国货币在国际货币体系中的地位;该国在国际金融治理体系中的地位;该国利用国家资本整合国际资源和发挥影响力的能力。近年来,中国在全球金融治理体系中的作用不断提升,但这仍未改变美欧等发达经济体主导全球金融治理的格局。虽然从根本上改变全球金融治理的利益分配格局是一个长期过程,但国际金融体系改革的势头已不可逆转。

第四节　非政府国际组织

近年来,非政府国际组织在国际关系领域中的活动十分活跃,它们的影响和能量之大超出人们的预料。非政府国际组织已逐步成为全球化时代国际社会的完全参与者,是国际关系中的非国家行为体。非政府国际组织代表了国际合作的民间形式,参与全球性或区域性国际治理。各类非政府国际组织不但形成了自身的全球性和区域性组织网络,而且同国家和政府间组织建立起密切的协调、合作关系,共同促进国际社会的和平与发展。

一、非政府国际组织的概念和分类

非政府国际组织是指由若干个国家的民间团体或个人参加的国际组织。非政府国际组织是由各国的自然人或法人根据国内法订立协议而自愿成立或加入的,属民间性质,在政治上、经济上独立于各国政府;它们的构成是国际性的,活动范围是跨国的,设有总部与常设机构,通常享有总部所在国的法人资格;它们是非营利的社会组织,自主经营,以服务于国际社会的公共利益为宗旨。

依据其作用,非政府国际组织可以分为公共利益代言人和特定集团利益代表人两类,如绿色和平组织属于前者,而保卫犹太人联盟则属于后者。由于法律地位的不同,非政府国际组织与政府间国际组织在行为能力、责任能力以及组成、运作和作用上都存在很大差异。非政府国际组织的活动受到各国政府的影响和制约,主要是通过加强民间的国际交流,进而从各自的角度对国际关系发展进程施加间接影响。非政府国际组织通过各种渠道,以咨询、游说、宣传、倡议等方式,影响国家政策的制定,敦促各国政府乃至国际社会重视一些具有紧迫性、全球性的问题,协助有关各方达成协议,制定解决问题的行动框架,参与并监督各类规划、项目的实施。

非政府国际组织产生于19世纪中叶的欧洲。1839年成立的第一个国际非政府废奴组织——英国及外国反奴隶制社和1855年成立的世界基督教青年会联盟属于最早成立的一批非政府国际组织。从思想和社会实践的角度说,非政府国际组织在欧洲的产生源于基督教传统、人道主义传统、慈善传统等三方面。冷战后,非政府国际组织在国际社会的各个领域发挥作用,它们不仅继续在经济和社会领域产生重要影响,而且通过参与人道主义行动在安全领域也有所作为。非政府国际组织面向各个对象全方位地开展活动,除注重影响各国政府和政府间国际组织外,冷战后它们又开始开展面向跨国公司的活动。

二、非政府国际组织的特点和作用

非政府国际组织的主要特点有:国际性;非政府性;自愿性;一定范围的公益性。非政府国际组织在全球治理的各个领域内利用各种方式和手段发挥作用、扩大影响,追求组织自身目标的实现。

1. 影响各国政府和政府间组织的决策过程

尽管迄今为止尚缺乏非政府国际组织直接参与国际决策的机制,但非政府组织通过咨商、建议、游说等方式,在国际会议的准备阶段和会议当中,能对各国政府及政府间国际组织施加特殊影响,力图使自己的理念和要求反映在官方决策过程和法律文件中,从而间接地参与国际决策。非政府国际组织在其活动的实践中,更易于发现社会的及时需求,从而具体促成社会改革,引发政策与法规的制定或修正。

2. 监督国家及政府间组织国际义务的实施

非政府国际组织不仅参与了政府和国际组织的决策过程,而且积极地对国际条约、承诺、计划和项目的落实过程进行监督,许多国家政府在做出了发展承诺,或签署了国际宣言和协议之后,常常处于非政府国际组织的监督之下。非政府国际组织通过其全球网络的合作机制,进行及时准确的信息收集和发布以唤起公众的意识,严密跟踪、监督各国政府履行条约义务和国际承诺的实施情况,监督政府间国际组织的决议及计划、项目的落实情况。例如1961年在伦敦成立的"大赦国际"已成为颇具影响力的全球范围内关于人权状况的监督机构,发表有关践踏人权的报告,派遣观察员观察审判活动,并对政府进行游说。

3. 向国家及政府间组织提供咨询和信息

非政府国际组织的一项普遍性工作,就是收集资料,研究、起草文件和报告,制度性或非制度性地向国家和政府间组织提供咨询和信息,在国际舞台表达和宣传自己的观点、建议。对于一些缺乏必要专家和专门知识的发展中国家来说,非政府国际组织在收集信息,提供专业性的知识、意见和建议方面所发挥的作用是无可比拟的,而且政府间国际组织在讨论议题、起草决议、制定法律性文件的过程中也常常会借鉴非政府国际组织的一些信息和意见。通过这样的方式,非政府国际组织不仅为国际社会提供了智力服务,还表达和宣传了自己的理念、要求和建议,影响着国际舆论和国际决策过程。

4. 作为非正式协调者促进国际争端的和平解决

尽管冷战的结束使全球性武装冲突的可能变得微乎其微,但区域性、种族和民族冲突却仍在世界各个角落发生。国际争端的和平解决,不但有赖于争端当事国之间的谈判协商,有赖于它们所属国际组织的政治或司法的解决机制,同时也可以借助非政府国际组织这一民间的中介环节。非政府国际组织以其民间的中立身份,在当事国政府之间斡旋、调停,促使双方对话和谈判,以推动问题的和平解决。非政府国际组织在对冲突地区和人民及时提供人道主义援助的同时,并直接参与到维持和平和解决冲突的过程中,所采取的方式是全面而多种多样的,如在冲突前建立冲突预防和预警;在冲突中充当调解、游说劝服、实施监控,在冲突后帮助重建和实现冲突转换等。

虽然非政府国际组织在国际社会中发挥着不可替代的重要作用,但是部分非政府组织的活动也有其负面性。非政府国际组织在发展中国家进行活动时,难免会带来西方文化的传输和价值观念的渗透,尤其在有些别有用心的政府或组织的支持和引导下,情况更为严重。部分西方国家对一些非政府国际组织进行大力资金支持,将其当作对外渗透、干预和扩张的工具,借助非政府国际组织的力量,既可以防止背上干涉他国内政的包袱,又可以达到全面文化渗透和政治制度移植,动摇甚至颠覆发展中国家政府执政基础的目的。正因如此,2006年俄罗斯通过《非政府组织法》,规定了国外非政府组织和社会团体在俄设立机构的一整套程序,并且对俄非政府组织接受国外资助进行了严格限制[①]。在中国,《中华人民共和国境外非政府组织境内活动管理法》也于 2016 年 4 月 28 日发布,自 2017 年 1 月 1 日起施行。对中国来说,推动立法、依法加强对境外非政府组织在华活动的管理是法治国家建设的必然要求,这既是中国维护国家安全、确保社会安定有序的合理需要,也是维护境外非政府组织的合法权益、引导其依法在华开展活动的负责任的举措。

第五节　国际法

冷战结束以来的全球化进程大大加快,不管是科技、经济、贸易等物流方面,还是规范、组织、体系等制度层面,都可见到交往范围的扩大和相互作用程度的加深。今天在国际政治和安全领域发生的各种现象,包括战争冲突与外交博弈,也包括日益增多的非政府国际组织和和平主义运动,都脱不开这种物质

[①] 丁宏:《全球化、全球治理与国际非政府组织》,《世界经济与政治论坛》2006 年第 6 期,第 105 页。

和制度的网络,或是力量倍增、影响扩张,或是被各种制度所约束、定向。国家间的各种法律,归根结底,就是有关这些网络的说明和约定。各国之间相互联系的增强,离不开法律的调节与规范。本节主要介绍国际法的起源、国际法的基本原则与司法规则、国际法在国际关系中的地位和作用等问题。

一、国际法的概念

国际法(International Law)又称"国际公法",是指在国际关系中形成的,用于规范和调整主权国家之间的关系并决定其权利和义务的,具有法律约束力的原则、规则和制度的总和。国际法的内容主要包括以下几个方面:

(1)国际法的基本原则,如《联合国宪章》规定的宗旨和原则;

(2)关于国家或国际法主体本身的一些制度,如国际法上的国家和政府、领土、居民、国家的基本权利义务、国家责任、国际争端的解决等;

(3)国际法各个相对独立的分支,如国际环境法、航空法、条约法、海洋法、国际人权法、外空法、战争与武装冲突法等。

国际法和国际政治、国际关系有着密切联系。一方面,国际法实质上就是制度化或法制化的国际关系,"国际法律关系也就是以法律形式表现出来的国际关系"①。国际法同样反映了国际关系中各国利益的冲突与妥协。国际法规则的制定是有关国家之间政治、经济等综合力量对比的反映,是各国在国际合作与斗争中不同利益冲突和妥协的结果。另一方面,作为国际关系发展产物的国际法,反过来影响国际关系的发展演进。主权国家在应对国际关系中遇到具体问题时,都将不可避免地要受到国际法规则的制约和影响。如今,随着国际社会共同利益的增长,国际法约束力的加强已成为必然的趋势。国际法具有三个特征:

(1)国际性。国际法所规范和调整的社会关系是国际行为体之间,特别是主权国家之间的关系。

(2)普遍性。国际法是对国际体系内所有主权国家和其他国际法主体都普遍适用的国际法原则、规则和制度。

(3)约束性。国际法具有法律约束力,国际法的主体在相互关系中如果违

---

① 王铁崖:《国际法》,法律出版社1995年版,第1页。

反国际法,将承担相应后果。

国际法是国家及其他国际法主体间进行交往的行为规范,是在平等基础上自我约束和相互制约的法律形式。如果两个国家在国际关系中对同一件事情的做法截然不同,并且都声称自己符合国际法,那么应当如何去寻找判定是非的标准?这一问题在国际法上被称为"国际法的渊源",也就是国际法规则和制度最初出现的地方,同时,它也被称为"国际法的表现形式"。国际法的渊源包括国际条约、国际习惯和一般法律原则。国际条约是指两个或两个以上国际法主体之间缔结的、规定当事方权利和义务的协议。今天,国际条约已经成为国际法最主要的渊源。国际习惯即国际惯例,是指在长期的国际交往中逐渐形成的不成文的行为规则,因各国默示的共同同意而被广泛接受的具有法律约束力的行为规则,例如外交特权与豁免,起初就是在各国交往中形成的一种惯常做法。一般法律原则是指各国法律体系中所共有的一些原则,是确定国际法原则的辅助渊源。

二、国际法的发展历史

近代国际法发源于欧洲。国际法体系产生的主要条件是独立主权国家的兴起,1643—1648年结束欧洲三十年战争的威斯特伐利亚和会的召开和《威斯特伐利亚和约》的缔结标志着近代国际法的开始。此次会议开创了以和会形式解决国际争端的先例,该和约确认了欧洲国家的主权和独立地位,破除了罗马教皇在欧洲的神权统治体制,在西欧开始确立常驻外交代表机关的制度。荷兰法学家胡果·格劳秀斯(图12-1)是近代国际法的奠基人,他于1625年出版了《战争与和平法》,首次从理论上阐述了国际法的规则和基本问题,使国际法从中世纪神学的桎梏中解放出来。在格劳秀斯之后,国际法发展了,国际法学也同步发展了,在实践中,国际法原则、规则和规章、制度不断增多;在理论上,也出现了以自然法学派和实在法学派为主的不同派别。

资产阶级革命,特别是1789年法国大革命,对于国际法的发展产生了重大影响。法国大革命提出国家的基本权利和义务的概念,主张不干涉原则、国家主权原则(包括国家对领土的主权和对公民的管辖权),在战争法中贯彻某种人道主义精神,推动了国际法发展。资产阶级革命产生的一些国际法原则、规则和规章、制度,是为资产阶级国家利益服务的,但是,它们具有一定的进步意义,因而持久地作为国际法的组成部分。

图12-1 荷兰法学家胡果·格劳秀斯(1583—1645)

1839年林则徐在广东禁烟时组织人翻译了一些西方国家的法律条文和国际法著作片段。李鸿章也曾希望中国与西方国家的关系适用国际法规则,并为此专门请人翻译了西方国际法著作。但当时的西方国家认为,国际法只适用于它们那样的西方"文明国家",其他的国家、地区和民族基本没资格适用国际法。因此,"那时的国际法不是整个国际社会的,而仅仅是欧洲列强支配下的国际法"①。

第一次世界大战破坏了一系列的国际法原则和规则,使人们开始质疑国际法的存在。但是,国际关系毕竟还在发展,国家间的交往还在深化,国际法也就必然要发挥其应有的作用。1917年的十月革命提出"不兼并和不赔款"的民主概念,宣布侵略战争为反人类罪行、废除秘密外交和废除不平等条约的正义主张,使国际法的发展进入一个新阶段②。一战后,历史上第一个世界性的国际政治组织——国际联盟建立;《国际常设法院规约》通过;第一个世界性的国际司法机构设立。1928年,德、美、比、法、英等15个国家的代表在巴黎签订了《关于废弃战争作为国家政策工具的一般条约》,即《非战公约》,反对以战争解决国际争端和废除战争为"施行国家政策工具",是一个重要的国际法文件。在此期间,国际法的编纂工作开始有计划地进行,有关和平解决争端和战争的国际法部分也有一些发展。在一战和十月革命之后,传统的国际法开始有了变化,现

---

① 卢松:《国际法在国际关系中的作用》,《外交学院学报》1997年第2期,第6页。
② 王铁崖:《国际法》,法律出版社1995年版,第17页。

代国际法开始形成。

二战使国际法又一次遭到大规模的破坏,但是,在国际关系中,国际法仍然没有失去它的意义。二战结束后,《联合国宪章》的产生和联合国的建立表明国际法又有了新的发展。二战后民族解放独立运动的蓬勃发展使国际法的领域名副其实地包括了全世界所有国家,在第三世界国家的推动下,国际法的原则、规则和制度得到了新的发展。国际法基本原则以及国际法的传统部分有了新的进展,国际法的编纂工作全面铺开,而且国际法还开始涉及国际关系中出现的许多新问题,如核武器、海底、外层空间、环境保护等等。二战后在国际法的发展过程中,科学技术的进步起到了明显的推动作用。例如航空法是在飞机被用于第一次世界大战后才形成的,外空法是随着1957年10月4日人类成功地把第一颗人造卫星发射上天后才形成的。

总之,近代国际法发源于17世纪上半叶的欧洲,在第一次世界大战和十月革命后,现代国际法开始形成,现代国际法在第二次世界大战以后得到了很大的发展[1]。国际法从过去仅仅作为欧洲列强之间的法律,发展到今天已经成为与国际社会全体成员密切相关的法律体系,在总体上反映了国际社会多方面的利益。

三、国际法与国内法的关系

国际法和国内法是两套不同的法律体系,在立法方式、法律关系主体、所调整的法律对象、强制力的依据和方式等方面均有不同。两者的区别体现在以下几个方面:

(1)立法方式不同。国内法是凌驾于国内社会之上的国家立法机关依一定的程序制定出来的,在大陆法系国家多表现为成文法,在英美法系国家则多表现为判例法形式;国际法的规则只能由国家之间在平等的基础上以协议的方式共同制定,这种协议可以是成文公约、条约、协定,也可以是以不成文习惯法的形式表现出来。

(2)法律关系的主体和调整对象不同。国内法的主体主要是一国境内的自然人和法人,调整自然人和法人之间的权利、义务关系;国际法主要是调整国家

---

[1] 王铁崖:《国际法》,法律出版社1995年版,第17页。

之间的政治、经济、军事、外交等关系,在一定范围和条件下,政府间国际组织和某些特定的政治实体也可作为国际法的主体。

(3)强制力的依据和方式不同。国内法强制力的依据是上升为国家意志的国内统治者的意志;国际法的依据一般认为是产生于国际交往和发展需要的、国家之间的意志协调,即国家的共同意志,而非某个国家的意志。与之相应,国内法的强制力是由超越个体之上的有组织的国家强制机器(司法机关、执法机构等)来保障和实施的;在国际社会,没有超越国家之上的强制机构,当今的国际法的强制力还是通过单个国家的强制行为或若干国家集体的行动来实现的。

虽然国际法与国内法有诸多方面的区别,但二者也不是彼此完全孤立的,它们之间有着相互渗透、互相补充的密切联系。二者都以主权国家的存在及其意志活动为前提,国家是国内法的制定者,同时又是参与制定国际法的主体、国际法的法律关系主体,因此国家是国际法与国内法发生联系的最重要的动力。

四、当代国际法的基本原则与司法规则

1. 当代国际法的基本原则

国际法基本原则是指被各国公认的、具有普遍意义的、适用于国际法一切效力范围的、构成国际法的基础的法律原则。《联合国宪章》是联合国的组织章程,虽然它从严格的法律意义上讲属于一项多边性的国际条约,但是由于联合国会员的广泛性,以及宪章最重要的条款,即宗旨和原则,集中地体现了公认的国际法基本原则,所以它已不再是一个简单意义上的法律文件,而是作为国际公认的国际法基本原则被各国所接受。《联合国宪章》规定的基本原则包括以下几个方面:

(1)主权平等原则。《联合国宪章》第二条第一款载明:"本组织基于各会员国主权平等之原则。"和平共处五项原则的第一条也是"互相尊重主权与领土完整"。国家主权平等原则意味着每个国家均享有充分的主权权利,各国都有义务相互尊重主权;国家无论大小强弱,在国际社会中均具有平等的地位,在国际法面前地位平等。主权平等原则是国际法中最为重要的原则。它的内容可以从对内和对外两方面来看:对内方面,各国拥有对内的最高权,即在其领土内享有充分的立法权、行政权和司法权等;对外方面,各国的领土完整及政治独立不受侵犯。任何国家的领土遭到武力侵犯,该国有权根据《联合国宪章》采取单

独或集体自卫的措施。主权平等原则在对外方面还意味着每个国家有权执行独立的外交政策和国防政策,不听命于任何其他国家。主权平等原则还表现在国家交往的一些具体的问题上,如国际会议的座次安排(圆桌、字母顺序和抽签)、国际文件的签字顺序、条约文本文字的使用等。一国在行使自己的主权时,不应影响其他国家主权的行使。国家行使主权与承担国际义务并不矛盾[①]。

(2)不干涉内政原则。这一原则规定在《联合国宪章》第二条第七款中,也是和平共处五项原则的第三项,它与主权平等原则密不可分,是主权平等原则的延伸。内政的实质是国家基于其管辖的领土而行使主权的表现,包括建立国家政权体制和建立社会、经济、教育、文化等制度,处理其立法、行政、司法事务,以及制定对外政策、开展对外交往等各方面的措施和行动。不干涉内政原则体现在两个方面:一方面,任何国际法主体在国际关系中,不得以任何借口或任何方式直接或间接地干涉本质上属于任何国家国内管辖的事件,即一国内政,也不得以任何手段强迫他国接受自己的意志,维持或改变被干涉国社会制度和意识形态,对一个国家内部事务的干预,无论是武装干涉还是任何其他形式的干预都违反国际法;另一方面,国际法允许国家在平等和自愿的基础上,根据国际条约或国际义务,对他国进行援助,也承认各国对他国违背国际法义务的行为有权采取相应的单独或集体的行动,但这些行动必须具有公认的法律依据并且应严格在国际法律框架中进行。

(3)不使用武力或武力威胁原则。《联合国宪章》第二条第四款载明:"各会员国在其国际关系上不得使用威胁或武力,或以与联合国宗旨不符之任何其他方法,侵害任何会员国或国家之领土完整或政治独立。"该原则是指各国不得以任何与《联合国宪章》或其他国际法原则所不符的方式使用武力。不得使用武力或武力威胁原则并不是禁止一切武力的使用,凡是符合《联合国宪章》和国际法规则的武力使用是被允许的,包括国家对侵略行为进行的自卫行动和联合国集体安全制度下的武力使用。

(4)和平解决国际争端原则。这一原则规定在《联合国宪章》第二条第三款中,和平共处五项原则的第五项也体现了这一原则的精神。和平解决国际争端原则是指国家间在发生争端时,各国都必须采取和平方式予以解决,避免从

---

① 卢松:《国际法在国际关系中的作用》,《外交学院学报》1997年第2期,第9页。

事使局势恶化以至危及国际和平与安全的行为。和平解决国际争端的方法有多种,包括当事国之间的直接谈判与协商,有第三方介入的斡旋、调停或调解,国际仲裁裁决或国际法院判决等,有关国家可以根据主权平等原则自由选择。

(5)条约必须遵守原则。这一原则是指国家应尊重由条约而产生的国际义务,条约一旦缔结就应当遵守。凡有效之条约对其各当事国有拘束力,必须由各国善意履行,对条约履行应真诚、善意、全面,即所谓"约定必守"。"约定必守"是国际法的最基础的规范之一,对于联合国的成员国,《联合国宪章》特别规定了宪章中的义务优先于其参加的其他国际条约中的义务。

除上述五项外,《联合国宪章》以及其他国际法文件还规定了一些其他的国际法基本原则,如民族自决、集体协助、平等互利等,对于这些国际法原则,此处就不详细展开介绍了。

2. 国际司法规则

当争端方同意将国际争端提交给国际机构进行裁决时,国际裁判不仅要依据国际法中的政治规则,还要依据一些司法规则。很多国内和国际司法规则是有共性的,常见的国际司法规则有证据裁判规则、关键日期确定规则、禁止反言规则、时际法规则、法不溯及既往规则、有利追溯规则等。

五、国际法在国际关系中的地位和作用

国际关系的基本形式是以主权国家为主的行为体之间的竞争与冲突、协调与合作。国际社会是一种处于无政府状态的社会关系,但是,国际社会和国际行为体的行为又呈现出一定的有序性和相互制约性。这一方面是由于拥有强力工具的主权国家之间的相互制衡,另一方面则是由于国际社会存在一定的法律规范、行为约束和游戏规则。任何国际行为体的行为都不是绝对、无限制的,都要受到来自其他行为体和整个国际社会所共同接受和认可的国际法及国际规范的制约。

一般而言,国际法对国际关系的影响和作用主要是通过三种方式实现的:首先,国际法为国家间的相互关系提供了一系列基本的法律规范和原则;其次,国际法提供国际社会解决国际争端的法律依据;最后,国际法为协调国家间相互关系提供基本的仲裁、审判等司法程序和机构。

中华人民共和国自成立以来,严格遵循公认的国际法原则、规则和制度,严

格履行基于国际条约所承担的国际义务。改革开放四十多年来,中国是现行国际法的学习者、追随者、适应者,也是现行国际法的遵守者、践行者、受益者,更是现行国际法的维护者、建设者、贡献者。基于不断增长的综合国力和影响力,中国正逐渐从国际法的接受者、跟跑者向参与者、建设者转变,在某些领域更是成为引领者(如气候变化领域)。在新时代砥砺奋进、开拓进取的伟大征程中,中国有信心、有决心、有恒心,同世界各国一道,遵循国际法,践行国际法,促进世界各国和平共处、和衷共济、和而不同、和谐发展,构建新型国际关系,为国际法的理论和实践创新作出新的贡献,为中国和世界的共同发展创造更为有利的条件。

思考题

1. 国际组织的构成要素有哪些?
2. 政府间国际组织与非政府国际组织的区别是什么?
3. 国际组织具有哪些方面的特征?
4. 政府间国际组织的地位作用是什么?
5. 非政府国际组织的地位作用是什么?
6. 国际组织的表决制度一般分为哪几种?
7. 什么是国际法?国际法的渊源是什么?
8. 当代国际法的基本原则有哪些?
9. 国际法与国内法的区别体现在哪些方面?
10. 国际法对国际关系发挥影响和作用的方式有哪些?

参考文献

[1] 张季良. 国际关系学概论[M]. 北京:世界知识出版社,1989.

[2] 邢悦,詹奕嘉. 国际关系:理论、历史与现实[M]. 上海:复旦大学出版社,2008.

[3] 阎学通,何颖. 国际关系分析[M]. 3版. 北京:北京大学出版社,2017.

[4] 蔡拓. 国际关系学[M]. 天津:南开大学出版社,2005.

[5] 霍夫曼. 当代国际关系理论[M]. 林伟成,译. 北京:中国社会科学出版社,1990.

[6] 李少军. 国际政治学概论[M]. 上海:上海人民出版社,2002.

[7] 梁守德,洪银娴. 国际政治学理论[M]. 2版. 北京:北京大学出版社,2013.

[8] 俞正樑. 国际关系与全球政治:21世纪国际关系学导论[M]. 上海:复旦大学出版社,2007.

[9] 卡普兰. 国际政治的系统和过程[M]. 薄智跃,译. 北京:中国人民公安大学出版社,1989.

[10] 阎学通. 中外关系鉴览1950—2005:中国与大国关系定量衡量[M]. 北京:高等教育出版社,2010.

[11] 王首伟. 国际关系学概要[M]. 天津:天津人民出版社,2015.

[12] 华尔兹. 国际政治理论[M]. 信强,译. 上海:上海人民出版社,2003.

[13] 康绍邦,宫力. 国际战略新论[M]. 2版. 北京:解放军出版社,2010.

[14] 葛勇平. 国际关系理论与实践[M]. 哈尔滨:哈尔滨工业大学出版社,2014.

[15] 邢悦. 国际关系学入门[M]. 北京:北京大学出版社,2011.

[16] 宋新宁,陈岳. 国际政治学概论[M]. 北京:中国人民大学出版社,2000.

[17] 刘胜湘. 国际政治学导论[M]. 北京:北京大学出版社,2010.

[18] 基欧汉,奈. 权力与相互依赖[M]. 门洪华,译. 北京:北京大学出版社,2002.

[19] 黄硕风. 综合国力新论:兼论新中国综合国力[M]. 北京:中国社会科学出版社,1999.

[20] 奈. 硬权力与软权力[M]. 门洪华,译. 北京:北京大学出版社,2005.

[21] 鲁毅,黄金祺,王德仁,等. 外交学概论[M]. 北京:世界知识出版社,1997.

[22] 李渤. 新编外交学[M]. 天津:南开大学出版社,2005.

[23] 王逸舟. 国际政治概论[M]. 2版. 北京:北京大学出版社,2016.

[24] 郭树勇. 大国成长的逻辑[M]. 北京:北京大学出版社,2006.

[25] 黄仁宇. 大历史不会萎缩[M]. 桂林:广西师范大学出版社,2004.

[26] 王逸舟. 全球化时代的国际安全[M]. 上海:上海人民出版社,1999.

[27] 汉德森. 国际关系:世纪之交的冲突与合作[M]. 金帆,译. 海口:海南出版社,2004.

[28] 摩根索. 国家间政治:权力斗争与和平[M]. 7版. 徐昕,郝望,李保平,译. 北京:北京大学出版社,2006.

[29] 加尔通. 和平论[M]. 陈祖洲,舒小昀,刘成,等译. 南京:南京出版社,2006.

[30] 多尔蒂,普法尔茨格拉夫. 争论中的国际关系理论[M]. 5版. 阎学通,陈寒溪,等译. 北京:世界知识出版社,2003.

[31] 多伊奇. 国际关系分析[M]. 周启朋,郑启荣,译. 北京:世界知识出版社,1992.

[32] 倪世雄,冯绍雷,金应忠. 世纪风云的产儿:当代国际关系理论[M]. 杭州:浙江人民出版社,1989.

[33] 高金钿. 国际战略学概论[M]. 北京:国防大学出版社,2001.

[34] 金应忠,倪世雄. 国际关系理论比较研究[M]. 北京:中国社会科学出版社,2003.

[35] 基欧汉. 霸权之后:世界政治经济中的合作与纷争[M]. 苏长和,译. 上海:上海人民出版社,2001.

[36] 俞正樑. 当代国际关系学导论[M]. 上海:复旦大学出版社,1996.

[37] 王逸舟. 西方国际政治学:历史与理论[M]. 上海:上海人民出版社,1998.

[38] 祁学远. 世界有核国家的核力量与核政策[M]. 北京:军事科学出版

社,1991.

[39] 饶戈平. 全球化进程中的国际组织[M]. 北京:北京大学出版社,2005.

[40] 胡宗山. 国际政治学基础[M]. 武汉:华中师范大学出版社,2005.

[41] 蒲俜. 当代世界中的国际组织[M]. 北京:当代世界出版社,2002.

[42] 李铁城. 联合国的历程[M]. 北京:北京语言学院出版社,1993.

[43] 王铁崖. 国际法[M]. 北京:法律出版社,1995.

[44] 王志民,申晓若,魏范强. 国际政治学导论[M]. 北京:对外经济贸易大学出版社,2010.

[45] 黄日涵,张华. 国际关系学精要[M]. 北京:社会科学文献出版社,2017.

[46] 倪世雄. 当代西方国际关系理论[M]. 上海:复旦大学出版社,2001.

[47] 李彩英,竺培芬. 当代国际关系[M]. 上海:上海交通大学出版社,2001.

[48] 吴康和,袁胜育. 当代国际关系[M]. 北京:军事谊文出版社,2001.

[49] 顾关福. 战后国际关系(1945—2003)[M]. 北京:时事出版社,2003.

[50] 杨曼苏. 国际关系基本理论导读[M]. 北京:中国社会科学出版社,2001.

[51] 鲁毅,顾关福,俞正樑等. 新时期中国国际关系理论研究[M]. 北京:时事出版社,1999.

[52] 袁明. 国际关系史[M]. 北京:北京大学出版社,2005.

[53] 王辑思. 高处不胜寒:冷战后美国的全球战略与世界地位[M]. 北京:世界知识出版社,1999.

[54] 时殷弘. 现当代国际关系史(从16世纪到20世纪末)[M]. 北京:中国人民大学出版社,2006.

[55] 内斯特. 国际关系:21世纪的政治与经济[M]. 姚远,汪恒,译. 北京:北京大学出版社,2005.

[56] 秦亚青. 西方国际关系理论经典导读[M]. 北京:北京大学出版社,2009.

[57] 李少军. 国际关系学研究方法[M]. 北京:中国社会科学出版社,2016.

[58] 吴恐展. 国际关系概论[M]. 上海:上海外语教育出版社,1987.

[59] 张历历. 现代国际关系学[M]. 重庆:重庆出版社,1989.

[60] 程毅,杨宏禹. 国际关系基础理论[M]. 武汉:华中师范大学出版社,1991.

[61] 白希. 现代国际关系学导论[M]. 北京:中国政法大学出版社,1991.

[62] 冯绍雷. 国际关系新论[M]. 上海:上海社会科学院出版社,1994.

[63]秦亚青.权力·制度·文化:国际关系理论与方法研究文集[M].2版.北京:北京大学出版社,2016.

[64]明斯特,阿雷奎恩-托夫特.国际关系精要[M].5版.潘忠岐,译.上海:上海人民出版社,2012.

[65]唐贤兴.近现代国际关系史[M].上海:复旦大学出版社,2002.

[66]郭学堂.国际关系学:理论与实践[M].北京:时事出版社,2004.